Der funktionelle Auftraggeberbegriff des § 99 GWB

Europäische Hochschulschriften Recht

European University Studies in Law

Publications Universitaires Européennes de Droit

Band/Volume **6150**

Martin Peterle

Der funktionelle Auftraggeberbegriff des § 99 GWB

Der Anwendungsbereich des § 99 GWB unter besonderer Berücksichtigung des Europäischen Beihilfenrechts

PETER LANG

Bibliografische Information der Deutschen Nationalbibliothek
Die Deutsche Nationalbibliothek verzeichnet diese Publikation in der Deutschen Nationalbibliografie; detaillierte bibliografische Daten sind im Internet über http://dnb.d-nb.de abrufbar.

Zugl.: Speyer, Dt. Hochsch. für Verwaltungswiss., Diss., 2018

Gedruckt auf alterungsbeständigem, säurefreiem Papier.
Druck und Bindung: CPI books GmbH, Leck

Sp 3
ISSN 0531-7312
ISBN 978-3-631-80963-1 (Print)
E-ISBN 978-3-631-81635-6 (E-PDF)
E-ISBN 978-3-631-81636-3 (EPUB)
E-ISBN 978-3-631-81637-0 (MOBI)
DOI 10.3726/b16714

Diese Publikation wurde begutachtet.

www.peterlang.com

VORWORT

Die vorliegende Arbeit entstand im Rahmen meines Promotionsstudiums an der Deutschen Universität für Verwaltungswissenschaften in Speyer. Sie befasst sich mit dem Begriff des Öffentlichen Auftraggebers im Vergaberecht. Die Ausarbeitung wurde im Juni 2017 abgeschlossen und von der Deutschen Universität für Verwaltungswissenschaften Speyer unter dem Titel „Der funktionelle Auftraggeberbegriff des § 99 GWB – Der Anwendungsbereich des § 99 GWB unter besonderer Berücksichtigung des Europäischen Beihilfenrechts" als Dissertation angenommen. Die Verteidigung der Dissertation erfolgte am 12. Juni 2018. Mein besonderer Dank gilt Herrn Prof. Dr. Jan Ziekow für die Betreuung der Arbeit, seine Unterstützung und sein persönliches Engagement. Ebenfalls bedanke ich mich bei Herrn Prof. Dr. Wolfgang Weiß für die Übernahme des Zweitgutachtens sowie bei Frau Professor Dr. Constanze Janda für ihr Mitwirken in der Prüfungskommission.

Die Erarbeitung der fachlichen Erkenntnisse ging stets mit persönlich bereichernden Erfahrungen einher. Herausforderungen lassen sich besser meistern und die notwendige Motivation leichter aufbringen, wenn man sich mit Gleichgesinnten austauscht. In diesem Sinne bedanke ich mich in erster Linie bei meinem guten Freund, Herrn Rechtsanwalt Dr. Matthias Spitz für seine Unterstützung. Neben den fachlichen Diskussionen, dem gedanklichen Austausch und dem sorgfältigen Korrekturlesen, war es vor allem die „Schicksalsgemeinschaft" im Promotionsverfahren, die zur Abfassung der Arbeit motivierte.

Als weiteren Weggefährten, der mich während der Promotionszeit begleitete, möchte ich Herrn Dipl.-Kfm. Dr. Axel Böttger dankend erwähnen, der – ebenfalls mit einer berufsbegleitenden Promotion befasst – mir stets Rückhalt gab und den notwendigen Kampfgeist aufbot.

Mein größter Dank gilt schließlich meinen Eltern, Frau Beate Dresch-Peterle und Herrn Dr. Jürgen Peterle, die mich nicht nur bei der Dissertation, sondern auf meinem gesamten bisherigen Lebensweg vorbehaltlos unterstützen und förderten, auch und insbesondere in schwierigen Phasen. Ihnen widme ich diese Arbeit. Ihr steter Rückhalt, ihr Zuspruch und ihre Liebe haben mir meine ganze Ausbildung und den Zugang zur Rechtswissenschaft erst ermöglicht. Durch das Korrekturlesen trugen sie zudem im wesentlichen Maße zum Gelingen der Arbeit bei. Meiner Ehefrau Franziska und meinem Sohn Emil danke ich für die fröhliche Unterstützung, mit der sie den Abschluss der Arbeit begleiteten.

Heilbronn, im Oktober 2019

Inhaltsübersicht

Inhaltsverzeichnis

Abkürzungsverzeichnis

a.A.	anderer Auffassung
a.a.O.	am angeführten/angegebenen Ort
Abs.	Absatz
AEUV	Vertrag über die Arbeitsweise der Europäischen Union
a.F.	alter Fassung
AktG	Aktiengesetz
Art.	Artikel.
Aufl.	Auflage
Az.	Aktenzeichen
Begr.	Begründer
Beschl. v.	Beschluss vom
BGBl.	Bundesgesetzblatt
BGH	Bundesgerichtshof
BHO	Bundeshaushaltsordnung
bspw.	beispielsweise
bzgl.	bezüglich
BVR	Basisvergaberichtlinie, RiLi 2014/24/EU über die öffentliche Auftragsvergabe und zur Aufhebung der RiLi 2004/18/EG
BVerwG	Bundesverwaltungsgericht
BVerfG	Bundesverfassungsgericht
d.h.	das heißt
EU	Europäische Union
EuG	Gericht der Europäischen Union
EuGH	Gerichtshof der Europäischen Union
EuR	Europarecht (Zeitschrift)
EUV	Vertrag über die Europäische Union
EuZW	Europäische Zeitschrift für Wirtschaftsrecht
ff.	fortfolgende
GWB	Gesetz gegen Wettbewerbsbeschränkungen
HGrG	Haushaltsgrundsätzegesetz
h.M.	herrschende Meinung
Hrsg.	Herausgeber
i.S.d.	im Sinne der/des
i.S.v.	im Sinn von
KVR	RiLi 2014/23/EU über die Konzessionsvergabe

LHO	Landeshaushaltsordnung
NJW	Neue juristische Wochenschrift
NVwZ	Neu Zeitschrift für Verwaltungsrecht
NZBau	Neue Zeitschrift für Baurecht
ÖPNV	Öffentlicher Personennahverkehr
PBefG	Personenbeförderungsgesetz
Rdnr.	Randnummer
RiLi	Richtlinie
Rs.	Rechtssache
Rz.	Randziffer
SektVO	Verordnung über die Vergabe von Aufträgen im Bereich des Verkehrs, der Trinkwasserversorgung und der Energieversorgung
SKR	RiLi 2014/25/EU über die Vergabe von Aufträgen durch Auftraggeber im Bereich der Wasser-, Energie- und Verkehrsversorgung sowie der Postdienste und zur Aufhebung der RiLi 2004/17/EG
u.a.	unter anderem/unter anderen
Urt. v.	Urteil vom
VergR	Zeitschrift für das gesamte Vergaberecht
vgl.	vergleiche
VgV	Verordnung über die Vergabe öffentlicher
VK	Vergabekammer
VKR	RiLi 2004/18/EG über die Koordinierung der Verfahren zur Vergabe öffentlicher Bauaufträge, Lieferaufträge und Dienstleistungsaufträge
VO	Verordnung
VO 1370	Verordnung (EG) Nr. 1370/2007 über öffentliche Personenverkehrsdienste auf Schiene und Straße
VOB	Vergabe- und Vertragsordnung für Bauleistungen
VOF	Vergabeordnung für freiberufliche Leistungen
VOL	Vergabe- und Vertragsordnung für Leistungen
WeinG	Weingesetz

Einleitung und Gang der Untersuchung

Einleitung – Das „Netz“ des europäischen Vergaberechts

Ein perfektes Netz würde sich beim Fischen dadurch auszeichnen, dass es exakt die Fische aus dem Ozean zieht, die der Fischer möchte und Beifang vermeidet. Dieses perfekte Netz gibt es nicht, aber durch die Größe der Maschen und mit der richtigen Technik bei seinem Einsatz lässt sich der Beifang reduzieren, der anschließend mittels Einzelfallbetrachtung aussortiert werden muss. Das Unterfangen, aus dem europäischen Ozean der Auftraggeber die „öffentlichen Auftraggeber“ herauszuziehen, ist ebenso schwierig. Da diese in immer neuen Formen daherkommen, bedarf es flexibler Maschen, die sich den Gegebenheiten anpassen, und gleichsam zuverlässig diejenigen Auftraggeber erfassen, die dem Vergaberecht zu unterwerfen sind. Um diese flexiblen Maschen geht es in dieser Arbeit. Diese sollen überprüft und wenn, möglich verbessert, werden. Zwar wird sich die Notwendigkeit der Betrachtung des Einzelfalls nicht ganz vermeiden lassen, aber eine Optimierung ist möglich – wie zum Beispiel durch Knowhow, das bei der Entwicklung anderer Netze entwickelt wurde. Dies setzt natürlich voraus, dass damit auch die selben Fische gefangen werden sollen. Wie schon der Titel der Arbeit verrät, geht es dabei um das, mit dem staatliche oder aus staatlichen Mitteln gewährte Beihilfen aus dem Ozean der von staatlicher Seite stammenden Mittelflüsse gefischt werden.

Konkret: Gegenstand der Arbeit ist der Anwendungsbereiche des § 99 GWB unter besonderer Berücksichtigung des europäischen Beihilfenrechts.

§ 99 GWB regelt den Begriff des „öffentlichen Auftraggebers“ im deutschen Vergaberecht, bestimmt also dessen persönlichen Anwendungsbereich. Festgelegt wird, welche Personen des öffentlichen oder privaten Rechts dem Vergaberechtsregime des GWB bei der Vergabe öffentlicher Aufträge unterliegen. Die Auftraggebereigenschaft ist damit eine zentrale Voraussetzung für die Anwendbarkeit des Vergaberechts. Aus dieser systematisch bedeutsamen Stellung der Vorschrift resultiert deren besondere praktische Relevanz.

In § 99 GWB sind die Vorgaben der Basisvergaberichtlinie (BVR) zu deren persönlichen Anwendungsbereich, bestehend aus „öffentlichen Auftraggebern“ und „Einrichtungen des öffentlichen Rechts“[1], umgesetzt. Im deutschen Recht spiegeln diese sich in den Tatbeständen des § 99 Nr. 1, 2 und 3 GWB wider.

---

1 Art. 2 Abs. Nr. 1 BVR.

Darüber hinaus ist in § 99 Nr. 4 GWB die europäische Regelung zu Aufträgen, die von öffentlichen Auftraggebern subventioniert werden[2], umgesetzt. Diese erfasst sog. Drittvergaben, bei denen die Gefahr der Umgehung des Vergaberechts durch die direkte Subventionierung bestimmter Bauaufträge besteht. Damit wird zwar nicht der persönliche, sondern der sachliche Anwendungsbereich der BVR bestimmt, sodass die Umsetzung in der Regelung zum „öffentlichen Auftraggeber" in systematischer Hinsicht verfehlt erscheint[3], jedoch aufgrund der Sachnähe nachvollziehbar ist.

Die besondere Komplexität des § 99 GWB resultiert aus der Entwicklung, die sich unter dem Stichwort der funktionellen Privatisierung bis heute vollzieht. Längst tritt der Staat bei der Erfüllung der ihm obliegenden Aufgaben nicht nur in der althergebrachten Weise, d.h. mittels seiner Behörden, sondern auch in Privatrechtsform oder mittels Zwischenschaltung Dritter in Erscheinung. Zudem gibt es eine große Bandbreite an Einrichtungen, die sich zwar durch ein gewisse Eigenständigkeit auszeichnen, deren Bestehen der Staat aber durch die Zuweisung bestimmter Aufgaben und die Sicherstellung der wirtschaftlichen Grundlagen, beispielsweise durch das Einräumen bestimmter Rechte oder durch Gebührentatbestände, absichert. Ebenso gibt es Konstellationen, bei denen der Staat sich unabhängiger Personen bedient, denen er Mittel zur Verfügung stellt, um bestimmte vorgegebene Projekte zu realisieren. Die Anzahl denkbarer Konstellationen ist auf nationaler Ebene und erst recht auf europäischer Ebene nahezu unermesslich.

Da die rechtliche Erscheinungsform in diesen Fällen keine Rückschlüsse über die Zuordnung einer Person oder eines Beschaffungsverhältnisses zum „Staat" zulässt, wurden – zunächst von der europäischen Rechtsprechung – andere Kriterien entwickelt, um die Adressaten vergaberechtlicher Vorschriften auszumachen. Entscheidend ist danach eine funktionelle Betrachtungsweise, bei der auf die Bindung einer juristischen Person zum Staat abgestellt wird.[4] Der europäische Gesetzgeber hat diesen Ansatz aufgenommen, in den Vergaberichtlinien kodifiziert und stetig fortentwickelt. In den genannten Vorschriften zum subjektiven Anwendungsbereich des europäischen Vergaberechts ist das Netz gespannt, mit dem möglichst alle Umgehungsstrategien ausgeschaltet werden sollen. Der Vielgestaltigkeit dieser Strategien entspricht die Flexibilität

---

2 Art. 13 BVR.

3 *Ziekow*, in *Ziekow-Völlink* Kommentar zum Vergaberecht, § 98 Rdnr. 149.

4 EuGH, Urt. v. 20.9.1988, Rs. 31/87 (Gebroeders Beentjes BV/Niederländischer Staat), Slg. 1988, S. 4635, Rdnr. 11.

des Netzes, das dementsprechend aus hochgradig auslegungsbedürftigen Tatbestandsmerkmalen besteht.

Während § 99 Nr. 1 und 3 GWB die klassischen öffentlichen Auftraggeber, deren Sondervermögen und Zusammenschlüsse von öffentlichen Auftraggebern erfassen, werden in § 99 Nr. 2 und 4 GWB die europarechtlichen Vorgaben zum funktionalen Auftraggeberbegriff und des dazugehörigen Tatbestandes zur Umgehungsverhinderung umgesetzt. Da die Tatbestände des § 99 Nr. 1 und 3 GWB im Vergleich zu § 99 Nr. 2 und Nr. 4 GWB, welche die Komplexität des funktionalen Auftraggeberbergriffs verkörpern, vergleichsweise leicht anzuwenden sind und in Literatur und Rechtsprechung hinreichend behandelt wurden, stehen bei dieser Arbeit § 99 Nr. 2 und Nr. 4 GWB im Mittelpunkt. Zudem weisen die Tatbestände des § 99 Nr. 2 und Nr. 4 GWB Parallelen auf. Neben der Tatsache, dass beide Tatbestandsmerkmale aus dem funktionellen Verständnis des Auftraggeberbegriffs heraus entstanden sind, verbindet § 99 Nr. 2 und Nr. 4 GWB auch eine gemeinsame Grundstruktur. Wie dargelegt, stellt § 99 Nr. 2 GWB im Kern auf die Nähe einer Person zum Staat und dessen Aufgaben ab, § 99 Nr. 4 GWB auf die Finanzierung enumerativ aufgezählter Bauprojekte. Beide erfassen juristische Personen des privaten und des öffentlichen Rechts, deren Staatsnähe sich anhand weiterer Kriterien orientiert. So weist § 99 Nr. 2 GWB zwei Hauptkriterien für die Zuordnung zum Staat auf. Zum einen ist das der Gründungszweck einer „im Allgemeininteresse liegenden Aufgabe nichtgewerblicher Art" und zum anderen die Nähe zu staatlichen Stellen aufgrund überwiegender Finanzierung, Ausübung der Aufsicht über die Leitung oder das Stellen von mehr als der Hälfte der Mitglieder eines der zur Geschäftsführung oder zur Aufsicht berufenen Organe. § 99 Nr. 4 GWB verfügt in funktioneller Hinsicht über vergleichbare Staatszuordnungskriterien, also über eine dem Gründungszweck entsprechende sachliche Einschränkung und ein Staatsnähekriterium. Die Vorschrift schreibt einen Gründungszweck zwar nicht explizit vor, die aufgezählten Bauwerke sind allerdings derart, dass ihrer Errichtung in der Regel ein Zweck zugrunde liegt, der eine im Allgemeininteresse liegenden Aufgabe nichtgewerblicher Art im Sinne des § 99 Nr. 2 GWB darstellt.[5] Die erforderliche Nähe zu staatlichen Stellen wird bei § 99 Nr. 4 GWB durch das Kriterium der mehr als fünfzigprozentigen Subventionierung des Bauprojekts durch öffentliche Auftraggeber nach § 99 Nr. 1, 2 oder 3 GWB vermittelt. Dies ist der Ansatzpunkt für

---

5 *Wagner*, in *Bunte u.a.* Kommentar zum deutschen und europäischen Kartellrecht, § 98 Rdnr. 67.

die Verhinderung der Umgehung des Vergaberechts durch die Ausgliederung von Beschaffungsvorgängen an Dritte.

Aufgrund der Unbestimmtheit der Tatbestandsmerkmale sowie der Komplexität der Regelungsmaterie sind die besagten Kriterien in der Rechtsanwendung schwer handhabbar. Die damit einhergehenden Unsicherheiten stellen die Praxis immer wieder vor ganz erhebliche Probleme. Die lange fragliche Auftraggebereigenschaft von berufsständischen Kammern, den gesetzlichen Krankenkassen und des öffentlichen Rundfunks seien hier beispielhaft genannt.

In den vergaberechtlichen Veröffentlichungen zum Begriff des „öffentlichen Auftraggebers" wird bei der Auslegung insbesondere dem zugrundeliegenden europäischen Sekundärrecht und der diesbezüglichen Rechtsprechung des EuGH wesentlicher Einfluss zugeschrieben. Daneben spielt im Hinblick auf die spezifischen nationalen Gegebenheiten auch die nationale Rechtsprechung zu den Vergabenachprüfungsverfahren eine Rolle. Die europarechtskonforme Auslegung und die Handhabung durch die Rechtsprechung wird zwar auch im Rahmen dieser Arbeit eine Rolle spielen, der Schwerpunkt wird jedoch ein anderer sein. Denn neben den genannten Aspekten, bieten auch die Bezüge zu anderen Rechtsbereichen Möglichkeiten des Erkenntnisgewinns. Während die europarechtskonforme Auslegung schon in zahlreichen Veröffentlichungen ausdifferenziert wurde, wurde der Aspekt der teleologisch-systematischen Auslegung mit Blick auf andere Rechtsbereiche vergleichsweise stiefmütterlich behandelt. Grund hierfür mag sein, dass sich die entsprechenden Zusammenhänge nicht auf den ersten Blick erschließen und daher auch einer tiefergehenden Begründung bedürfen. Entsprechend interessant sind die möglichen Rückschlüsse. Diese könnten nicht nur eine kohärente Rechtsanwendung im Hinblick auf unterschiedliche europäische Regelungsbereiche, sondern auch die Übertragung von Lösungsansätzen, die zwar in anderem Zusammenhang, aber für funktional vergleichbare Konstellationen entwickelt wurden, ermöglichen. In besonderem Maße trifft das für das Europäische Beihilfenrecht zu, dessen Konnexität zum Vergaberecht der Schwerpunkt dieser Arbeit ist. Grund hierfür ist, dass das Vergaberecht und das Beihilfenrecht ökonomische Instrumente beinhalten und in tatsächlicher und rechtsdogmatischer Hinsicht teils ähnliche Strukturen aufweisen.[6] Beide Rechtsgebiete sind dem Wirtschaftsverwaltungsrecht zuzuordnen, sind an „den Staat" im weiten Sinne adressiert und lassen darüber hinaus auch hinsichtlich der sachlichen Anwendungsbereiche Überschneidungen erkennen. Vorangestellt ist der Untersuchung des Auftraggeberbegriffs daher eine Analyse

---

6 *Bultmann* Beihilfenrecht und Vergaberecht, S. 2.

des Beihilfenrechts. Bei dieser Untersuchung wird der Frage nachgegangen, ob bei der Auslegung des vergaberechtlichen Auftraggeberbegriffs, also den Tatbestandsmerkmalen des § 99 GWB, dem Beihilfenrecht eine auslegungsergänzende Wirkung zugesprochen werden kann.

Wenn im Titel der Arbeit die Sprache von der besonderen Berücksichtigung des europäischen Beihilfenrechts bei der Bestimmung des Anwendungsbereichs des § 99 GWB ist, so bedeutet dies selbstverständlich nicht, dass andere Methoden der Auslegung ausgeblendet werden, zumal diese eng miteinander verwoben sind. Neben der bereits erwähnten europarechtskonformen Auslegung wird die historisch-teleologische Auslegung eine Rolle spielen. Die Entwicklung des europäischen und nationalen Normengefüges wird daher ebenfalls vorab dargestellt.

Unter Zugrundelegung der gewonnenen Erkenntnisse wird der aktuelle Stand der Rechtsprechung und Literatur zu den Anwendungsbereichen des § 99 GWB aufgezeigt, gegebenenfalls in Frage gestellt und fortentwickelt. Das Ziel ist es, die Systematik der Prüfungskriterien zu verbessern, anhand derer die Bestimmung der Auftraggebereigenschaft stattfindet. Die theoretischen Erkenntnisse werden dabei auch auf aktuelle streitige Sachverhalte angewendet. Nicht zuletzt soll der Versuch unternommen werden, Problemstellungen zu antizipieren und aufzulösen.

Daraus ergibt sich folgender Gang der Untersuchung:

In dem sich anschließenden Grundlagenkapitel soll kurz auf die inhaltliche Struktur und die Entwicklung des Vergaberechts allgemein und auf den Begriff des „öffentlichen Auftraggebers" speziell eingegangen werden. Das Kapitel beschränkt sich somit auf den zum Verständnis erforderlichen Gesamtüberblick. Ziel ist es, ein Bild über die inhaltliche Entwicklung des Auftraggeberbegriffs in der Gesamtsystematik des Vergaberechts zu vermitteln.

Im zweiten Kapitel wird die Konnexität von Vergaberecht und Beihilfenrecht dargestellt und erörtert, inwiefern diese ein Einflussfaktor für die Auslegung des Tatbestandes des öffentlichen Auftraggebers sein kann. Auf dieser Basis widmen sich anschließend das dritte und vierte Kapitel § 99 GWB. § 99 Nr. 2 und Nr. 4 GWB werden in all ihren Facetten beleuchtet, wobei den Erkenntnissen aus dem zweiten Kapitel besonderes Gewicht zukommt. Im fünften Kapitel folgen Schlussbetrachtung und Thesen.

Erstes Kapitel Das Vergaberecht und der Begriff des „öffentlichen Auftraggebers“

Die Evolution unterschiedlicher Regelungssysteme zur Auftragsvergabe wird bei den folgenden Untersuchungen eine wichtige Rolle spielen. Wenn daher im Folgenden die wesentlichen Meilensteine der Entstehung des heute geltenden Vergaberechts beschrieben werden, dient dies nicht nur der thematischen Annäherung an die eigentliche Untersuchung, sondern auch der historischen Auslegung. So wird beispielsweise bei der beihilfenrechtlichen Konvergenzuntersuchung auf die primärrechtlichen Ursprünge des Vergaberechts zurückzukommen sein. Die Entwicklung des Vergaberechts von der klassischen Auftragsvergabe durch die Staatsverwaltung bis hin zum modernen Beschaffungswesen wird mit besonderem Augenmerk auf dessen subjektiven Anwendungsbereich, namentlich des Begriffs des „öffentlichen Auftraggebers“, dargelegt. Die europarechtlichen Ursprünge der Regelungsmaterie stehen dabei im Vordergrund. Soweit dies für das Verständnis des Begriffs des öffentlichen Auftraggebers erforderlich ist, erfolgt die Darstellung im Kontext der übrigen Vorschriften des Vergaberechts.

Der Aufbau gliedert sich zum einen nach der zeitlichen Abfolge, zum anderen von den allgemeinen Ausführungen zum Vergaberecht hin zu den speziellen Vorschriften zum Begriff des „öffentlichen Auftraggebers“ und letztlich abgestuft nach Regelungsebene vom europäischen ins nationale Recht. Dementsprechend erfolgt (A) zuerst ein kurzer Rückblick in die Zeit vor der europäischen Rechtsvereinheitlichung. Dem schließt sich (B) die Darstellung der europäischen Rechtsvereinheitlichung im Vergabebereich an. Schließlich geht es (C) um die nationale Umsetzung des europäischen Vergaberechts in Deutschland. Ein Überblick über das Ergebnis dieses Prozesses, der § 99 GWB in seiner heutigen Fassung (D), schließt das erste Kapitel ab.

A. Der „öffentliche Auftraggeber“; von den Anfängen bis zur europäischen Rechtsvereinheitlichung

Der Begriff des öffentlichen Auftraggebers geht bis zu den Anfängen des Vergaberechts zurück, wobei die Bezeichnung „öffentlicher Auftraggeber“ eine Schöpfung des modernen, europäisch geprägten Vergaberechts ist. Allerdings findet sich schon in den Verdingungsordnungen des 19. Jahrhunderts der Begriff des

Auftraggebers, in den Erstfassungen von VOB und VOL wird die Begrifflichkeit „Beschaffer“ verwendet.[7]

Während der Geltungsdauer des haushaltrechtlichen Vergaberechts war der persönliche Anwendungsbereich des gesamten Vergaberechts auf die Adressaten des öffentlichen Haushaltsrechts beschränkt. Der Kreis der Auftraggeber wurde durch das HGrG, die BHO, die Haushaltsordnungen der Länder sowie weiteren haushaltsrechtlichen Vorschriften festgelegt.[8]

Erfasst waren dementsprechend der Bund, die Länder und die Gemeinden sowie die weiteren Körperschaften und Einrichtungen des öffentlichen Rechts, also die sog. „klassischen“ Auftraggeber.[9] Da juristische Personen des Privatrechts von dieser institutionellen Bestimmung des Auftraggeberbegriffs grundsätzlich nicht erfasst wurden, gab es die Abgrenzungs- und Rechtsanwendungsschwierigkeiten, wie sie sich bei der Anwendung des GWB-Vergaberechts ergeben, nicht.[10]

B. Der „öffentliche Auftraggeber“ im Kontext des europäischen Vergaberechts

Der Impuls für die grundlegende Änderung des deutschen Vergaberechts und damit einhergehend den Vorschriften zum „öffentlichen Auftraggeber“ ging von der europäischen Ebene aus. Die Entwicklung vom klassischen zum funktionalen Auftraggeberbegriff vollzog sich in mehreren Stufen, die im Kontext der Entwicklung des europäischen Vergaberechts zu sehen sind.

I. Vom europäischen „Primärvergaberecht“ zu den Vergaberechtsrichtlinien

Im europäischen Primärrecht finden sich keine die Vergabe öffentlicher Aufträge betreffenden Vorgaben. Dennoch hatte der EuGH in seiner Judikatur unter Anwendung des europäischen Primärrechts die vergaberechtlichen Prinzipien der Transparenz, der Gleichbehandlung und des Wettbewerbs abgeleitet und

7 *Boesen* Vergaberecht, § 98 Rdnr. 4.

8 *Kratzenberg,* NZBau 2009, 103–107 (103).

9 *Eschenbruch*, in *Kulartz-Kus-Portz* Kommentar zum GWB-Vergaberecht, § 98 Rdnr. 2; *Wagner*, in *Bunte u.a.* Kommentar zum deutschen und europäischen Kartellrecht, § 98 Rdnr. 3.

10 *Werner*, in *Byok-Jaeger* Kommentar zum Vergaberecht, § 98 Rdnr. 283.

daraus Mindeststandards für Verfahren der Auftragsvergabe entwickelt,[11] die als primärrechtliches Vergaberecht bezeichnet werden können.[12] Auf dieses „Primärvergaberecht“ wird im zweiten Kapitel noch im Detail einzugehen sein.

Trotz der unmittelbaren Geltung dieser Vorgaben forcierten die öffentlichen Auftraggeber in den Mitgliedstaaten die Auftragserteilung an national oder gar regional ansässige Unternehmen.[13] Die wenigen primärrechtlichen Bestimmungen konnten auch im Zusammenspiel mit der EuGH-Rechtsprechung keine verlässlichen Regeln aufstellen.[14] Es fehlte an einer eindeutigen und im Detail nachlesbaren Rechtssetzung, da die Präzisierung des Primärrechts durch die Rechtsprechung des EuGH nicht jedem, der sie zu beachten hätte, bekannt war und dieser zudem oftmals keine eindeutigen Vorgaben zu entnehmen waren.[15] Insbesondere auf europäischer Ebene wurde nach Lösungen gesucht, um den Bieterschutz zu verbessern, d.h. dem betreffende Wirtschaftsteilnehmer einen Anspruch auf Einhaltung der Vergaberegeln zu vermitteln.[16] Der damaligen Europäischen Gemeinschaft war zudem daran gelegen, den Binnenmarkt im Bereich des öffentlichen Auftragswesens zu fördern.[17]

Nachdem das unmittelbar geltende europäische Primärrecht es allein nicht vermochte, den Unzulänglichkeiten in den nationalen Vergabepraktiken abzuhelfen, begann der europäische Gesetzgeber Anfang der 70er-Jahre mit dem Erlass von Richtlinien zum Zwecke der Rechtsvereinheitlichung.[18] Bis Mitte der 90er-Jahre war das Vergabewesen in sechs Richtlinien geregelt.[19] Im Jahr 2004

---

11 Vgl. bspw. EuGH, Urt. v. 18.06.1985, Rs. 197/84 (Steinhauser), Slg. 1985, 1819, Rdnr. 17; EuGH, Urt. v. 22.9.1988, Rs. 45/87 (Dundalk), Slg. 1988, 4929, Rdnr. 17; EuGH, Urt. v. 20.3.1990, Rs. 21/88 (Du Pont de Nemours Italiana), Slg. 1990, I-889, Rdnr. 7 ff.

12 *Frenz* Handbuch Europarecht, Band 3 Beihilfe- und Vergaberecht, Rdnr. 1721.

13 *Dageförde* Einführung in das Vergaberecht, Rdnr. 23.

14 *Wagner*, in *Bunte u.a.* Kommentar zum deutschen und europäischen Kartellrecht, Rdnr. 30.

15 *Frenz* Handbuch Europarecht, Band 3 Beihilfe- und Vergaberecht, Rdnr. 1722.

16 *Schneider*, in *Kapellmann-Messerschmidt* VOB, Teile A und B, Rdnr. 3 ff.

17 *Schneider*, in *Kapellmann-Messerschmidt* VOB, Teile A und B, Rdnr. 3 ff.

18 *Dageförde* Einführung in das Vergaberecht, Rdnr. 23.

19 Vier davon dienten der Einführung von Verfahren zur Auftragsvergabe: RiLi 93/37/EWG v. 14.6.1993 über die Koordinierung der Verfahren zur Vergabe öffentlicher Bauaufträge, Abl. EG L v. 9.8.1993, S. 54 (zuvor bereits RiLi 71/305/EWG und 89/440/EWG); RiLi 93/36/EWG v. 14.6.1993 über die Koordinierung der Verfahren zur Vergabe öffentlicher Lieferaufträge, Abl. EG L 199 v. 9.8.1993, S. 1 (zuvor bereits RiLi 77/62/EWG und RiLi 88/295/EWG); RiLi 92/50/EWG v. 18.6.1992 über die Koordinierung der Verfahren zur Vergabe öffentlicher Dienstleistungsaufträge, Abl. EG L 209 v. 24.7.1992, S. 1; RiLi 93/38/EWG v. 14.6.1993 zur Auftragsvergabe durch

wurde das bis dato bestehende System durch das EU-Legislativpaket zum Vergaberecht grundlegend erneuert, da die bisherigen Bemühungen mangels Regelungsdichte sowie Umsetzungs- und Vollzugsdefiziten nicht in dem gewünschten Umfang zu einer Europäisierung der Beschaffungsmärkte geführt hatten.[20] Ergebnis des Prozesses war die Neuregelung des Vergaberechts, wobei die zuvor nach Leistungsarten getrennten Richtlinien zu einer Vergabekoordinierungsrichtlinie (VKR) komprimiert wurden.[21] Des Weiteren wurde die Sektorenrichtlinie (SKR) erlassen[22], die zwei vormals bestehenden Rechtsmittelrichtlinien wurden im Jahre 2007 in einer neuen Rechtsmittelrichtlinie[23] zusammengefasst. Im Jahr 2009 folgte eine Vergabekoordinierungsrichtlinie für den Verteidigungsbereich.[24] Im Jahr 2014 fand abermals eine umfassende Novellierung statt.

Auftraggeber im Bereich der Wasser- Energie- und Verkehrsversorgung sowie im Telekommunikationssektor, Abl. EG L 199 v. 9.8.1993, S. 84, in der Fassung der RiLi 98/4/EG v. 16.2.1998, Abl. EG L 101 v. 1.4.1998, S. 1 (zuvor bereits RiLi 90/531/EWG). Zusätzlich zu der Reglementierung des Vergabeverfahrens gab es zwei Rechtsmittelrichtlinien, die ein Nachprüfungsverfahren für die öffentliche Auftragsvergabe etablierten: RiLi 89/665/EWG v. 21.12.1989 zur Koordinierung der Rechts- und Verwaltungsvorschriften für die Anwendung der Nachprüfungsverfahren im Rahmen der Vergabe öffentlicher Liefer- und Bauaufträge, Abl. L 395 v. 30.12.1989, S. 33; RiLi 92/13/EWG v. 25.2.1992 zur Koordinierung der Rechts- und Verwaltungsvorschriften für die Anwendung der Gemeinschaftsvorschriften betreffend die Auftragsvergabe im Bereich der Wasser-, Energie- und Verkehrsversorgung sowie im Telekommunikationssektor, Abl. EG v. 23.3.1992 L 76, S. 14.

20 Grünbuch der Europäischen Kommission „Das öffentliche Auftragswese in der Europäischen Union: Überlegungen für die Zukunft“, KOM 96, 583 v. 27.11.1996, S. 3 (in der Zusammenfassung).

21 RiLi 2004/18/EG über die Koordinierung der Verfahren zur Vergabe öffentlicher Bauaufträge, Lieferaufträge und Dienstleistungsaufträge, Abl. EG L 134 v. 31.3.2004, S. 114.

22 RiLi 2004/17/EG zur Koordinierung der Zuschlagserteilung durch Auftraggeber im Bereich der Wasser- Energie- und Verkehrsversorgung sowie der Postdienste, Abl. EG. L 134 v. 30.4.2004, S. 1.

23 RiLi 2007/66/EG zur Änderung der RiLien 89/665/EWG und 92/13/EWG im Hinblick auf die Verbesserung der Wirksamkeit der Nachprüfungsverfahren bezüglich der Vergabe öffentlicher Aufträge, Abl. EG. L 355 vom 11.12.2007, S. 31.

24 RiLi 2009/81/EG über die Koordinierung der Verfahren zur Vergabe bestimmter Bau-, Liefern und Dienstleistungsaufträge in den Bereichen Verteidigung und Sicherheit und zur Änderung der Richtlinien 2004/17/EG und 2004/18/EG, Abl. EG. L 216/76 vom20.08.2009, S. 76.

Die Vergabekoordinierungsrichtlichtlinie wurde in der Basisvergaberichtlinie[25] (BVR) neugefasst.[26] Daneben wurde auch die Sektorenrichtlinie[27] erneuert und erstmals eine Konzessionsvergaberichtlinie[28] (KVR) eingeführt. Die Richtlinien sind am 17.4.2014 in Kraft getreten und waren – bis auf einige Ausnahmen – binnen 24 Monaten von den Mitgliedstaaten umzusetzen.

Zu beachten ist, dass die Vorgaben des europäischen Gesetzgebers nicht für alle Auftragsvergaben verbindlich sind. Der Anwendungsbereich der aufgeführten Richtlinien ist gemäß Art. 4 BVR, Art. 15 SKR und Art. 8 KVR durch das Erreichen bestimmter Auftragsvolumina begrenzt.[29] Nur wenn diese als „Schwellenwerte“ bezeichneten Auftragsvolumina überschritten sind, beeinflussen die aufgeführten Richtlinien das Vergaberecht der Mitgliedstaaten zwingend.

II. Der Begriff des „öffentlichen Auftraggebers“ im Europarecht

Auch auf europäischer Ebene ging die Kommission zunächst von einem institutionellen Verständnis des öffentlichen Auftraggebers aus, was sich in den ersten vergaberechtlichen Bestimmungen des europäischen Sekundärrechts widerspiegelt. Ihre Geltung beschränkte sich nach der Baukoordinierungsrichtlinie von 1971[30] und der Lieferkoordinierungsrichtlinie von 1976[31] auf den Staat, die Gebietskörperschaften und die im Anhang aufgeführten juristischen Personen des öffentlichen Rechts. In diesen wurden für die Bundesrepublik Deutschland *„bundesunmittelbare Körperschaften sowie Anstalten und Stiftungen des öffentlichen Rechts“* benannt. Formal privatrechtlich organisierte Auftraggeber wurden somit per se nicht erfasst, auch wenn sie staatliche Aufgaben wahrnahmen.[32] Durch diese rechtsformale Abgrenzung entlang der institutionellen Zugehörigkeit zum Staat wurden hinsichtlich des Umfangs der Anwendungsverpflichtung

25 RiLi 2014/24/EU des Europäischen Parlaments und des Rates vom 26.2.2014 über die öffentliche Auftragsvergabe und zur Aufhebung der RiLi 2004/18/EG, Abl. EU L 94 vom 28.03.2014, S. 65.

26 Ein Überblick zu Vergabebasisrichtlinie vermittelt *Jaeger*, NZBau 2014, 259–267.

27 RiLi 2014/25/EU über die Vergabe von Aufträgen durch Auftraggeber im Bereich der Wasser-, Energie- und Verkehrsversorgung sowie der Postdienste und zur Aufhebung der RiLi 2004/17/EG, Abl. EU L vom 94 28.03.2014, S. 243.

28 RiLi 2014/23/EU über die Konzessionsvergabe, Abl. EU L 94 vom 28.03.2014, S. 1.

29 Nach Art. 77 RiLi 2004/18/EG überprüft die Kommission die Schwellenwerte alle zwei Jahre ab Inkrafttreten der Richtlinie und setzt diese, soweit erforderlich, neu fest.

30 Art. 1 b RiLi 71/305/EWG.

31 Art. 1b RiLi 77/62/EWG.

32 *Boesen* Vergaberecht, § 98 Rdnr. 9.

die Mitgliedstaaten benachteiligt, welche staatliche Aufgaben mittels öffentlich-rechtlicher Organisationsformen erfüllten und diejenigen bevorzugt, die sich privatrechtlicher Gestaltungsformen bedienten.[33]

Der Übergang vom institutionellen zum funktionellen Verständnis des Auftraggeberbegriffs wurde durch die Rechtsprechung des EuGH eingeleitet. In der Rechtssache *Beentjes* führte der EuGH im Hinblick auf den Begriff des Staates als öffentlicher Auftraggeber aus:

> *„Der in dieser Bestimmung verwendete Begriff des Staates ist im funktionellen Sinne zu verstehen. Das Ziel der Richtlinie, die die tatsächliche Verwirklichung der Niederlassungsfreiheit und des freien Dienstleistungsverkehrs auf dem Gebiet der öffentlichen Bauaufträge anstrebt, wäre gefährdet, wenn sie allein deswegen unanwendbar wäre, weil ein öffentlicher Bauauftrag von einer Einrichtung vergeben wird, die geschaffen wurde, um ihr durch Gesetz zugewiesene Aufgaben zu erfüllen, die jedoch nicht förmlich in die staatliche Verwaltung eingegliedert ist."*[34]

Durch die europäische Rechtssetzung wurde in der Folge der vom EuGH vollzogene Wechsel hin zu einem funktionellen Auftraggeberbegriff kodifiziert. Dieser wurde in identischer Form in die novellierten damaligen Richtlinien über die Koordinierung des Verfahrens zur Vergabe öffentlicher Bauaufträge[35], Lieferaufträge[36] und Dienstleistungsaufträge[37] integriert. Die Vorschrift wurde bei der Zusammenfassung der drei Richtlinien im Rahmen des Legislativpakets in die VKR und im Jahr 2014 in Art. 2 Abs. 1 Nr. 4 der BVR übernommen.

Danach sind *„Öffentliche Auftraggeber"* der *„Staat, die Gebietskörperschaften, die Einrichtungen des öffentlichen Rechts und die Verbände, die aus einer oder mehreren dieser Körperschaften oder Einrichtungen des öffentlichen Rechts bestehen."*.

Der Begriff der *„Einrichtung des öffentlichen Rechts"* ist ebenfalls in Art. 2 Abs. Nr. 1 BVR definiert. Als *„Einrichtung des öffentlichen Rechts"* gilt *„jede Einrichtung, die*

> a) *zu dem besonderen Zweck gegründet wurde, im Allgemeininteresse liegende Aufgaben nichtgewerblicher Art zu erfüllen,*
> b) *Rechtspersönlichkeit besitzt und*

33 *Werner*, in *Byok-Jaeger* Kommentar zum Vergaberecht, § 98 Rdnr. 286; *Pünder*, in *Pünder-Schellenberg* Kommentar zum Vergaberecht, § 98 Rdnr. 11.

34 EuGH, Urt. v. 20.9.1988, Rs. 31/87 (Gebroeders Beentjes BV/Niederländischer Staat), Slg. 1988, S. 4635, Rdnr. 11.

35 Art. 1 lit. b) RiLi 93/37/EWG.

36 Art. 1 lit. b) RiLi 93/36/EWG.

37 Art. 1 lit. b) RiLi 92/50/EWG.

c) *überwiegend vom Staat, von Gebietskörperschaften oder von anderen Einrichtungen des öffentlichen Rechts finanziert wird, hinsichtlich ihrer Leitung der Aufsicht durch Letztere unterliegt oder deren Verwaltungs-, Leitungs- oder Aufsichtsorgan mehrheitlich aus Mitgliedern besteht, die vom Staat, von den Gebietskörperschaften oder von anderen Einrichtungen des öffentlichen Rechts ernannt worden sind.(...)“.*

Einer weiteren Gefahr der Umgehung vergaberechtlicher Vorschriften wirkt Artikel 13 BVR entgegen.[38] Die Regelung befasst sich mit Konstellationen, in denen der Staat nicht die unmittelbare oder mittelbare Kontrolle über eine Einrichtung hat, sondern einzelne Bauaufträge „direkt subventioniert“. Zweck ist es, die Umgehung des Vergaberechts im besonders relevanten Baubereich durch die Zwischenschaltung Dritter zu verhindern (sog. Drittvergabe).[39] Im Ergebnis darf es keinen Unterschied machen, ob ein öffentlicher Auftraggeber einen Auftrag selbst vergibt oder eine natürliche oder juristische Person zwischenschaltet, die er durch auftragsbezogene Zuwendungen von mehr als 50 % unterstützt.[40]

Erfasst werden sollen demnach die Aufträge von Einrichtungen, die grundsätzlich nicht als öffentliche Auftraggeber im Sinne der Richtlinie eingestuft werden, von diesen aber Mittel für bestimmte Auftragsvergaben erhalten. Unter der Überschrift *„Aufträge, die zu mehr als 50 % von öffentlichen Auftraggebern subventioniert werden“* regelt Artikel 13 BVR:

„Die Bestimmungen dieser Richtlinie finden auf die Vergabe folgender Aufträge Anwendung:

a) *Bauaufträge, die zu mehr als 50 % von öffentlichen Auftraggebern direkt subventioniert werden und deren geschätzter Wert ohne MwSt. mindestens 5 186 000 EUR beträgt, sofern diese Aufträge eine der folgenden Tätigkeiten umfassen:*
   i) *Tiefbauarbeiten gemäß der Auflistung in Anhang II,*
   ii) *Bauleistungen für die Errichtung von Krankenhäusern, Sport-, Erholungs- und Freizeitanlagen, Schulen und Hochschulen sowie Verwaltungsgebäuden;*
b) *Dienstleistungsaufträge, die zu mehr als 50 % von öffentlichen Auftraggebern direkt subventioniert werden und deren geschätzter Wert ohne MwSt. mindestens 207 000 EUR beträgt, wenn diese Aufträge mit einem Bauauftrag gemäß Buchstabe a verbunden sind.“*

Art. 13 BVR definiert somit keinen persönlichen, sondern einen sachlichen Anwendungsbereich des Vergaberechts, wurde aber vom deutschen Gesetzgeber

---

38 Dieser entspricht, abgesehen von kleineren redaktionellen Änderungen, Artikel 8 VKR.

39 *Werner*, in *Byok-Jaeger* Kommentar zum Vergaberecht, § 98 Rdnr. 100; *Stickler*, in *Glahs u.a.* Vergaberecht, § 98 Rdnr. 58.

40 *Hailbronner*, in *Grabitz-Hilf-Nettesheim* Kommentar zur Europäischen Union, B4, Rdnr. 89.

in der Vorschrift des § 99 GWB, also der Bestimmung zum persönlichen Anwendungsbereich des Vergaberechts, umgesetzt.[41] Aus diesem Umstand resultiert trotz der Auftragsbezogenheit der Regelung im deutschen Recht deren Nähe zum Auftraggeberbegriff.

C. Der Begriff des „öffentlichen Auftraggebers“ nach der europäischen Rechtsvereinheitlichung

Der deutsche Gesetzgeber tat sich anfänglich schwer, die Vergaberichtlinien in das nationale Recht zu implementieren. In einem ersten Umsetzungsversuch im Jahre 1990 beschränkte man sich darauf, diese in der VOB/A (Ausgabe 1990)[42] und der VOL/A (Ausgabe 1990)[43] umzusetzen.

Keine Berücksichtigung fand die damals geltende Richtlinie über die Koordinierung der Verfahren zur Vergabe öffentlicher Dienstleistungsaufträge sowie die zwei Rechtsmittelrichtlinien, gerichtlichen Rechtsschutz zur Verhinderung des Zuschlags an Konkurrenten gab es in Deutschland folglich nicht.[44] Die Europäische Kommission beanstandete die ihrer Ansicht nach defizitäre Umsetzung und leitete mehrere Vertragsverletzungsverfahren gegen Deutschland ein.[45] Der EuGH bestätigte die Auffassung der Kommission und stellte die nicht ordnungsgemäße Umsetzung der Richtlinien 88/295/EWG und 89/440/EWG fest.[46]

Inzwischen hatte der bundesdeutsche Gesetzgeber neue legislative Maßnahmen ergriffen und in den Jahren 1993 und 1994 die §§ 57 a-c HGrG a.F. geschaffen.[47] Diese *„haushaltsrechtliche Lösung“* sollte dem Vergaberecht eine formell-gesetzliche Grundlage geben.[48] Dabei wurde in § 57 a HGrG a.F.[49] erstmals der Übergang vom klassischen zum funktionellen Auftraggeberbegriff nachvollzogen, welcher die unter Berücksichtigung der Beentjes-Rechtsprechung neugefassten Vergaberichtlinien umsetzte.[50]

---

41 *Ziekow*, in *Ziekow-Völlink* Kommentar zum Vergaberecht, § 98 Rdnr. 149.

42 VOB/A, Ausgabe 1990, BAnz Nr. 132 v. 19. Juli 1990.

43 VOL/A, Ausgabe 1990, BAnz Nr. 45a v. 6. März 1990.

44 *Dageförde* Einführung in das Vergaberecht, Rdnr. 32–34.

45 *Dageförde* Einführung in das Vergaberecht, Rdnr. 32–34 mit weiteren Nachweisen.

46 EuGH, Urt. v. 11.8.1995, Rs. C-433/93 (Kommission./.Deutschland), Slg. 1995, I-2303.

47 Zweites Gesetz zur Änderung des HGrG vom 26. November 1993 (BGBl. I S. 1928).

48 *Dageförde* Einführung in das Vergaberecht, Rdnr. 36–38.

49 Zweites Gesetz zur Änderung des HGrG vom 26. November 1993 (BGBl. I S. 1928).

50 *Eschenbruch*, in *Kulartz-Kus-Portz* Kommentar zum GWB-Vergaberecht, § 98 Rdnr. 3.

Da der deutsche Gesetzgeber sich jedoch bewusst dafür entschied, keine subjektiven Bieterrechte entstehen zu lassen,[51] war es absehbar, dass auch die *„haushaltsrechtliche Lösung“* den Vorgaben der Richtlinien nicht genügte. Das Mahnschreiben der Kommission ließ nicht lange auf sich warten.[52] Im Mittelpunkt der Kritik, die zur Neuregelung des Vergaberechts führte, standen dabei allerdings die Regelungen zum Rechtsschutz (§§ 57 b und c HGrG a.F.). Die Europarechtskonformität des § 57 a HGrG a.F., der Regelungen zum Auftraggeberbegriff beinhaltete, wurde nicht angezweifelt.[53] Die Bundesregierung entschloss sich zu einer grundlegenden Novellierung des Vergaberechts.

Das Gesetz zur Änderung der Rechtsgrundlagen für die Vergabe öffentlicher Aufträge (VgRÄG)[54] trat am 1. Januar 1999 in Kraft. Das neue Vergaberecht wurde in den §§ 97 bis 129 GWB a.F. verankert. Das GWB wurde als Regelungsort gewählt, um zu unterstreichen, dass man den Wandel vom haushaltsrechtlichen Beschaffungsverständnis zum vom Wettbewerbsgedanken geprägten europäischen Vergaberecht vollzogen hatte.[55] Im Zuge der Neuregelung des Vergaberechts durch das Vergaberechtsänderungsgesetz[56] wurde § 57 a HGrG a.F. bis auf einige formale textliche Änderungen inhaltsgleich in § 98 GWB a.F. übernommen. In materieller Hinsicht sollte der Kreis der Auftraggeber nicht verändert werden.[57]

Der deutsche Gesetzgeber hat sich wegen der *„Vielzahl der Fälle“* bei der Implementierung der europäischen Vergaberegeln in das GWB auf den Bereich oberhalb der Schwellenwerte beschränkt[58], was zu einer teils heftig kritisierten Spaltung des Vergaberechts führte.[59] Im Ergebnis gilt nun im Bereich oberhalb

---

51 BR-Ds 5/1993, S. 21.

52 Mahnschreiben der Kommission vom 31.10.1995, abgedruckt in ZIP 1995, S. 1940 ff.; Zusätzlich zu den Forderungen von europäischer Seite drohte ein Handelsstreit mit den Vereinigten Staaten, da sich die amerikanischen Unternehmen auf dem deutschen Beschaffungsmarkt benachteiligt sahen, vgl. *Byok,* NJW 1998, 2774–2779 (2775).

53 *Boesen* Vergaberecht, § 98 Rdnr. 15.

54 Gesetz zur Änderung der Rechtsgrundlagen für die Vergabe öffentlicher Aufträge (VgRÄG) v. 26. August 1998 (BGBl. I 1998, S. 2515).

55 *Dageförde* Einführung in das Vergaberecht, Rdnr. 43.

56 Gesetz zur Änderung der Rechtsgrundlagen für die Vergabe öffentlicher Aufträge (VgRÄG) v. 26. August 1998 (BGBl. I 1998, S. 2515).

57 Dies ergibt sich aus der Gesetzesbegründung, die bei der Begründung auf die Gesetzesmaterialien zum zweiten Gesetz zur Änderung des HGrG Bezug nimmt.

58 BT-Drucks. 13/9340, S. 15.

59 Ausführlich zu der Problematik der Spaltung des deutschen Vergaberechts *Widmann* Vergaberechtsschutz im Unterschwellenbereich, S. 24–28; *Dageförde* Einführung in das Vergaberecht, Rdnr. 45–52.

der Schwellenwerte gemäß § 106 GWB das europäisch determinierte Kartellvergaberecht, während unterhalb dieser haushaltsrechtliche Grundsätze zur Anwendung kommen, die keinen vergleichbaren Vergaberechtsschutz beinhalten.[60] Obwohl § 99 GWB den Auftraggeberbegriff unmittelbar nur für den Bereich ab dem Erreichen der Schwellenwerte regelt, ist die Vorschrift über den kartellvergaberechtlichen Kontext hinaus relevant. Sie kommt insbesondere durch Verweise in den Vergabegesetzen der Länder, aber auch aufgrund gesellschaftsvertraglicher Vereinbarungen zur Anwendung.[61]

Bis zur Novellierung durch das Gesetz zur Modernisierung des Vergaberechts (2009)[62] im Jahr 2009 blieb die gesetzliche Regelung des Auftraggeberbegriffs unverändert. Das Gesetz, welchem langwierige Reformbemühungen vorausgegangen waren, bezweckte eine verbesserte Transparenz bei allen Vergabeverfahren, die Umsetzung der Vorgaben des EU-Vergaberecht-Legislativpaket von 2004, die Mittelstandsförderung, einen effizienteren Rechtsschutz sowie die Vereinfachung des Vergaberechts im Sinne der Anwenderfreundlichkeit.[63] Entsprechend der Zielsetzung des Gesetzes dienten auch die Änderungen des § 98 GWB a.F. in erster Linie der Anpassung an die europarechtlichen Vorgaben. Da mit der Neuregelung des Vergaberechts in der VKR keine Änderungen der dem Auftraggeberbegriff zugrundeliegenden Vorgaben in den Richtlinien einherging, konnte sich der deutsche Gesetzgeber diesbezüglich auf eine Korrektur des § 98 Nr. 5 GWB a.F., dessen Anwendungsbereich *um „juristischen Personen des öffentlichen Rechts“* erweitert wurde, und auf eine Klarstellung hinsichtlich Baukonzessionen in § 98 Nr. 6 GWB a.F. beschränken. Der weitaus größere Teil

---

60 Zum Rechtschutz unterhalb der Schwellenwerte vgl. *Ziekow* Öffentliches Wirtschaftsrecht, § 9 Rdnr. 96 ff.

61 Unterhalb der Schwellenwerte richtet sich der Auftraggeberbegriff nach den haushaltsrechtlichen Bestimmungen, die sich in der Vergangenheit die klassischen öffentlich Auftraggeber (Gebietskörperschaften) erfassten, nun aber oftmals auf § 98 ff. GWB verweisen. So z.B. § 2 Abs. 4 TVgG – NRW. Vgl. *Ziekow* Öffentliches Wirtschaftsrecht, § 9 Rdnr. 41 u. 51.

62 Gesetz zur Modernisierung des Vergaberechts v. 20.04.2009 (BGBl. 2009 I, S. 790).

63 Ausführlich zu den Änderung durch das Gesetz zur Modernisierung des Vergaberechts: NZBau-Serie zur Vergaberechtsreform (*Kus*, NZBau 2009, 490–493.; *Kratzenberg*, NZBau 2009, 103–107.; *Hölzl/Prieß*, NZBau 2009, 159–163.; *Dreher/Hoffmann*, NZBau 2009, 216–219.; *Brauer*, NZBau 2009, 297–300.; *Kühnen*, NZBau 2009, 357–360.; *Rechten/Junker*, NZBau 2009, 490–493.); *Ley/Schabel* Das neue Vergaberecht 2009, S. 13 ff.; *Wietersheim* Das neue Gesetz gegen Wettbewerbsbeschränkungen, S. 9 ff.; *Roth*, VergabeR 2009, 404–413.

der Anpassungen erfolgte im Bereich der Sektorenauftraggeber, mithin bei § 98 Nr. 4 GWB a.F.[64]

Durch das Gesetz zur Modernisierung des Vergaberechts (2016)[65] fand abermals eine tiefgreifende Novellierung des Vergaberechts statt. Es mussten die Neuregelungen der Vergaberichtlinien aus dem Jahr 2014 umgesetzt werden, was zum Anlass genommen wurde, die überkommene Struktur des Vergaberechts im Sinne der Anwenderfreundlichkeit zu vereinfachen.[66] Die Regelungsstruktur des Vergaberechts wurde im Zuge dessen grundlegend verändert. Die Zweiteilung des deutschen Vergaberechts blieb zwar bestehen, es wurde aber ein – wenn auch nicht vollkommener – Wandel vom dreistufigen Kaskadensystem hin zur Zweistufigkeit von Gesetzes- und Verordnungsrecht vollzogen.[67]

Diese Neustrukturierung dient nach der Gesetzesbegründung der *„verbesserten Übersichtlichkeit und Lesbarkeit für den Rechtsanwender“* sowie der Umsetzung der Konzessionsvergaberichtlinie. § 98 GWB regelt als übergeordnete Kategorie den Begriff der Auftraggeber, der sich weiter unterteilt. In der Tat bringt dies ein Mehr an Übersichtlichkeit mit sich. Während in § 98 GWB a.F. mehrere Richtlinien ihren Niederschlag fanden, findet nun eine differenzierte Zuordnung statt. Im Sinne einer übersichtlichen und klar strukturierten Regelung wird zwischen den Begriffen des öffentlichen Auftraggebers im Sinne der Art. 2 und 13 RiLi 2014/24/EU (99 GWB), der Sektorenauftraggeber im Sinne des Art. 4 RiLi 2014/25/EU (§ 100 GWB) und den Konzessionsgebern im Sinne des Art. 6 und 7 der RiLi 2014/23/EU (§ 101 GWB) differenziert.[68]

Die Regelung zu den öffentlichen Auftraggebern in § 99 GWB entspricht daher nur teilweise dem § 98 GWB a.F. Der bisherige § 98 Nr. 4 GWB a.F., der die Sektorenauftraggeber regelte, ist in § 100 GWB überführt worden; § 98 Nr. 6 GWB a.F., der sich mit Baukonzessionären befasste, ist aufgrund der abschließenden Regelung der Vergabe von Konzessionen in der Konzessionsvergaberichtlinie entfallen. Dementsprechend hat die Regelung zu den „öffentlichen Auftraggebern“ nicht nur einen neuen Paragraphen, sondern auch eine neue Nummerierung. Daneben gab es auch inhaltliche Änderungen.

Die zentrale Regelung zum funktionellen Auftraggeberbegriff, welche sich nunmehr in § 99 Nr. 2 GWB findet, wurde zum besseren Verständnis neu

---

64 Zu den Änderungen im Bereich der Sektorenauftraggeber vgl. *Hölzl/Prieß*, NZBau 2009, 159–163 (160); *Kratzenberg*, NZBau 2009, 103–107 (104).

65 Gesetz zur Modernisierung des Vergaberechts v. 17.02.2016 (BGBl. 2016 I, S. 203).

66 *Knauff*, NZBau 2016, 195–198.

67 Zu den Einzelheiten vgl. *Knauff*, NZBau 2016, 195–198.

68 Vgl. Gesetzesbegründung, BT-Drucks. 18/6281, S. 69 ff.

strukturiert. Darüber hinaus wurde die Korrektur eines Redaktionsversehens vorgenommen, das vorher der richtlinienkonformen Auslegung bedurfte.[69] Bei § 99 Nr. 4 GWB, der im Wesentlichen dem § 98 Nr. 5 GWB a.F. entspricht, wurde ebenfalls eine Klarstellung vorgenommen, indem das Verb „finanzieren“ durch das Wort „subventionieren“ ersetzt wurde.[70] Auf den Hintergrund dieser Änderung wird im Rahmen der Untersuchung des Tatbestandsmerkmals noch einzugehen sein.[71]

Dass die KVR in ihren Artikeln 6 und 7 zwischen „öffentlichen Auftraggebern“ einerseits und „Auftraggebern“, die einer Sektorentätigkeit nachgehen und zum Zwecke dieser Tätigkeit Konzessionen vergeben, andererseits unterscheidet, erforderte auch im nationalen Recht eine klare Trennung zwischen diesen beiden Kategorien von Konzessionsgebern.[72] In der Systematik des GWB spiegelt dies sich insofern wider, als dass die Regelung zu den Konzessionsgebern in § 101 GWB auf § 99 und § 100 GWB Bezug nimmt. Dies bringt es mit sich, dass die Untersuchung des Tatbestandes von § 99 GWB teils auch für den persönlichen Anwendungsbereich der KVR von Relevanz ist.

§ 99 GWB in der aktuellen Fassung lautet:

„Öffentliche Auftraggeber sind

1. *Gebietskörperschaften sowie deren Sondervermögen,*
2. *andere juristische Personen des öffentlichen und des privaten Rechts, die zu dem besonderen Zweck gegründet wurden, im Allgemeininteresse liegende Aufgaben nichtgewerblicher Art zu erfüllen, sofern*
   a) *sie überwiegend von Stellen nach Nummer 1 oder 3 einzeln oder gemeinsam durch Beteiligung oder auf sonstige Weise finanziert werden,*
   b) *ihre Leitung der Aufsicht durch Stellen nach Nummer 1 oder 3 unterliegt oder*
   c) *mehr als die Hälfte der Mitglieder eines ihrer zur Geschäftsführung oder zur Aufsicht berufenen Organe durch Stellen nach Nummer 1 oder 3 bestimmt worden sind; dasselbe gilt, wenn diese juristische Person einer anderen juristischen Person des öffentlichen oder privaten Rechts einzeln oder gemeinsam mit anderen die überwiegende Finanzierung gewährt, über deren Leitung die Aufsicht ausübt oder die Mehrheit der Mitglieder eines zur Geschäftsführung oder Aufsicht berufenen Organs bestimmt hat,*
3. *Verbände, deren Mitglieder unter Nummer 1 oder 2 fallen,*
4. *natürliche oder juristische Personen des privaten Rechts sowie juristische Personen des öffentlichen Rechts, soweit sie nicht unter Nummer 2 fallen, in den Fällen, in denen sie*

69 Vgl. Gesetzesbegründung, BT-Drucks. 18/6281, S. 69 ff.
70 Vgl. Gesetzesbegründung, BT-Drucks. 18/6281, S. 69 ff.
71 Vgl. Ausführungen unter 4. Kapitel C.
72 Vgl. Gesetzesbegründung, BT-Drucks. 18/6281, S. 69 ff.

für Tiefbaumaßnahmen, für die Errichtung von Krankenhäusern, Sport-, Erholungs- oder Freizeiteinrichtungen, Schul-, Hochschul- oder Verwaltungsgebäuden oder für damit in Verbindung stehende Dienstleistungen und Wettbewerbe von Stellen, die unter die Nummern 1, 2 oder 3 fallen, Mittel erhalten, mit denen diese Vorhaben zu mehr als 50 Prozent subventioniert werden.“

D. § 99 GWB im Überblick

Im zweiten Kapitel wird der Frage nachgegangen, ob das Beihilfenrecht auslegungsergänzend für die Bestimmung des Anwendungsbereichs des § 99 Nr. 2 und Nr. 4 GWB herangezogen werden kann. An einzelnen Stellen wird dabei der genauen Untersuchung der Anwendungsbereiche dieser Tatbestände im dritten und vierten Kapitel vorgegriffen. Der zum Verständnis notwendige Überblick soll im Folgenden vermittelt werden. Zudem können § 99 Nr. 2 und Nr. 4 GWB, die im Mittelpunkt der Arbeit stehen, aufgrund der Verweise innerhalb der Tatbestände des § 99 GWB nicht völlig losgelöst betrachtet werden.

I. § 99 Nr. 1 GWB

Bei den von § 99 Nr. 1 GWB erfassten Gebietskörperschaften sowie deren Sondervermögen handelt es sich um die Gruppe der klassischen institutionellen öffentlichen Auftraggeber.[73] Gebietskörperschaften zeichnen sich durch die rechtliche Zuordnung zu einem räumlich abgegrenzten Teil der Erdoberfläche aus, auf dem sie eigene hoheitliche Rechte ausüben.[74] Dies trifft auf Bund, Länder, Kreise, Gemeinden und Gemeindeverbände zu. Unter das Sondervermögen der Gebietskörperschaften fallen vom sonstigen Vermögen einer Gebietskörperschaft getrennte Vermögen, die eine rechtliche Sonderstellung innehaben, aber rechtlich unselbständig sind.[75] Dies sind beispielsweise unselbständige Eigenbetriebe, nicht rechtsfähige Anstalten sowie nicht rechtsfähige Stiftungen des öffentlichen Rechts.[76]

---

73 Auf Richtlinienebene sind diese in Art. 2 Abs. 1 Nr. 1 BVR verortet.

74 *Werner*, in *Byok-Jaeger* Kommentar zum Vergaberecht, § 98 Rdnr. 299.

75 *Dreher*, in *Dreher-Stockmann* Kartellvergaberecht, § 98 Rdnr. 16.

76 *Diehl*, in *Müller-Wrede* GWB-Vergaberecht, § 98 Rdnr. 14 mit weiteren Beispielen.

II. § 99 Nr. 2 GWB

Im Tatbestand des § 99 Nr. 2 GWB, der in der Einleitung schon thematisiert wurde, kommt der funktionelle Auftraggeberbegriff zum Ausdruck.[77] Der Kreis der öffentlichen Auftraggeber wird unter bestimmten Voraussetzungen auf juristische Personen des öffentlichen Rechts, die nicht den klassischen öffentlichen Auftraggebern zugeordnet werden können, und juristische Personen des privaten Rechts, die zur öffentlichen Hand gehören, erweitert.[78] Aufgrund der komplexen Definition des funktionellen Auftraggeberbegriffs in § 99 Nr. 2 GWB, birgt dieser für die Praxis wohl die größten Anwendungs- und Abgrenzungsprobleme.[79] Die Norm ist *„sowohl funktionell als auch weit auszulegen“*[80] und fungiert in der Entscheidungspraxis so als Auffangtatbestand.[81]

Der Tatbestand des § 99 Nr. 2 GWB setzt sich aus drei wesentlichen Teilen zusammen, die kumulativ erfüllt sein müssen.[82] Die erste Voraussetzung ist, dass es sich um eine juristische Person handelt, gleich ob privatrechtlicher oder öffentlich-rechtlicher Natur. Die zweite ist, dass diese zu dem besonderen Zweck gegründet wurde, im Allgemeininteresse liegende Aufgaben nichtgewerblicher Art zu erfüllen. Die letzte Voraussetzung ist die Bindung an den Staat, die organisatorischer oder finanzieller Art sein kann.

III. § 99 Nr. 3 GWB

§ 99 Nr. 3 GWB stellt einen Auffangtatbestand dar.[83] Erfasst werden Verbände, deren Mitglieder unter § 99 Nr. 1 oder Nr. 2 GWB fallen. Dies sind in Deutschland insbesondere die Zweckverbände der Gemeinden sowie Kommunalverbände, deren Zweck die gemeinsame Erfüllung der den Verbandsmitgliedern obliegenden staatlichen Aufgaben ist und die keine juristischen Personen sind.[84]

---

77 *Wieddekind*, in *Willenbruch-Wieddekind* Kompaktkommentar Vergaberecht, § 98 Rdnr. 9.

78 *Eschenbruch*, in *Kulartz-Kus-Portz* Kommentar zum GWB-Vergaberecht, § 98 Rdnr. 84.

79 *Dippel*, in *Hattig-Maibaum* Praxiskommentar Kartellvergaberecht, § 98 Rdnr. 22.

80 EuGH, Urt. v. 16.10.2003, Rs. C-283/00 (Siepsa), Slg. 2003, I-11697, Rdnr. 72–73.

81 *Zeiss*, in *Heiermann-Zeiss* Praxiskommentar Vergaberecht, § 98 Rdnr. 51–53.

82 vgl. *Pünder*, in *Pünder-Schellenberg* Kommentar zum Vergaberecht, § 98 Rdnr. 18.

83 *Weyand* Praxiskommentar Vergaberecht, § 98 Rdnr. 144.

84 *Wieddekind*, in *Willenbruch-Wieddekind* Kompaktkommentar Vergaberecht, § 98 Rdnr. 74; *Wagner*, in *Bunte u.a.* Kommentar zum deutschen und europäischen Kartellrecht, § 98 Rdnr. 53; *Aicher*, in *Müller-Wrede (Hrsg.)* Kompendium des Vergaberechts, Kapitel 4, Rdnr. 44.

IV. § 99 Nr. 4 GWB

Auch § 99 Nr. 4 GWB ist entsprechend der Regelung des Art. 13 BVR ein Auffangtatbestand. Es soll vermieden werden, dass ein öffentlicher Auftraggeber sich den Vorgaben des Vergaberechts dadurch entzieht, dass er ein bestimmtes Bauprojekte durch Dritte realisieren lässt, denen er finanzielle Mittel zur Verfügung stellt.[85] Man spricht daher in diesem Kontext auch von Drittvergaben.[86] Wie bereits im Zusammenhang mit dem europäischen Primärrecht dargelegt, ist § 99 Nr. 4 GWB im Gegensatz zu den anderen Tatbeständen des § 99 GWB nicht organisations- sondern auftragsbezogen und fügt sich in systematischer Hinsicht damit nicht in den Rahmen der Vorschrift ein, da kein persönlicher, sondern ein sachlicher Anwendungsbereich bestimmt wird.[87] Es kommt hier nicht auf die Person des Auftraggebers an, die per se im personellen Anwendungsbereich des Vergaberechts liegt, sondern auf ein einzelnes Projekt, während dessen Realisierung eine juristische Person an das Vergaberecht gebunden ist.[88]

E. Zusammenfassung und Bewertung

In der Gesamtschau können bei der Entwicklung des Vergaberechts in Europa und auf nationaler Ebene Gemeinsamkeiten festgestellt werden. Auf beiden Ebenen war die vom EuGH initiierte Entwicklung der Startschuss für die grundlegende Änderung des Rechtsgebietes, welches mit den subjektiven Bieterrechten als Triebfeder eine rasante Entwicklung durchmachte, die sich bis heute im Fluss befindet. Der europäische Gesetzgeber entwickelte ausgehend vom Primärvergaberecht zunächst drei Richtlinien für unterschiedliche Bereiche der Auftragsvergabe. Da diese Richtlinien neben den spezifischen, vom Auftragsgegenstand abhängigen Regelungen, allgemeine Regelungen gemeinsam hatten (bspw. die zum Auftraggeberbegriff), wurden die drei Richtlinien im späteren Verlauf zu einer Richtlinie zusammengefasst. Dabei wurde das Allgemeine vom Speziellen getrennt und so kompakter gefasst. Parallel wurden aus dem Primärvergaberecht neue Subsysteme entwickelt, beispielsweise die Konzessionsvergaberichtlinie. Wie sich diese Neuerungen mittelfristig in das Gesamtgefüge vergaberechtlicher

---

85 VK Bund, Beschl. v. 29.10.2004, Verg 22/054; *Diehl*, in *Müller-Wrede* GWB-Vergaberecht, § 98 Rdnr. 162 GWB.

86 *Werner*, in *Byok-Jaeger* Kommentar zum Vergaberecht, § 98 Rdnr. 100; *Stickler*, in *Glahs u.a.* Vergaberecht, § 98 Rdnr. 58.

87 *Ziekow*, in *Ziekow-Völlink* Kommentar zum Vergaberecht, § 98 Rdnr. 149.

88 *Zeiss*, in *Heiermann-Zeiss* Praxiskommentar Vergaberecht, § 98 Rdnr. 229.

Regelungskomplexe einfügen werden, bleibt abzuwarten. Nicht anders ist die Situation im deutschen Recht zu beurteilen. Das Kaskadenprinzip entlang des GWB, der VgV und der Vergabe- und Vertragsordnungen wurde insbesondere durch die letzte Novellierung komprimiert. Auch hier ist das Potenzial zur Trennung von Allgemeinem und Speziellem noch nicht ausgeschöpft.[89] Bildlich gesprochen vollzieht sich die Entwicklung von einer Quelle in unterschiedliche Bahnen, die sich teils wieder vereinen.

Die fortwährenden Neuregelungen bringen neben den gewünschten Vereinfachungen auch Nachteile mit sich. Bei der ständigen Weiterentwicklung der komplexen Regelungssysteme kommt es zwangsweise zu Reibungsverlusten. Nur eine stetige Fortentwicklung über viele Jahre und Novellierungen hinweg erlaubt die schrittweise Ausschöpfung des Optimierungspotenzials. Bei der Aufspaltung und späteren teilweisen Wiedervereinigung von Regelungssystemen durch die Extraktion von allgemeingültigen Regelungen, die quasi vor die Klammer gezogen werden, kommt es zu Friktionen. Ein Beispiel für diese Problematik, auf die bei der Untersuchung noch eingegangen wird, ist die schwer nachvollziehbare Einschränkung des sachlichen Anwendungsbereichs des Tatbestandes von § 99 Nr. 4 GWB auf einen sehr eingeschränkten Kreis von Bauaufträgen.

---

89 Vgl. *Knauff*, NZBau 2016, 195–198 (197), der feststellt, dass der systemorientierte Regelungsansatz dadurch relativiert wird, dass die damit verbundenen Potenziale regelungstechnisch nicht ausgeschöpft werden.

Zweites Kapitel Der funktionale Auftraggeberbegriff und das Beihilfenrecht

Im Folgenden soll die in der Einleitung umrissene Fragestellung, ob das Beihilfenrecht auslegungsergänzend für die Bestimmung des Anwendungsbereichs des § 99 Nr. 2 und Nr. 4 GWB herangezogen werden kann, untersucht werden.

Es soll an dieser Stelle nochmals an den in der Einleitung entwickelten Ausgangsgedanken erinnert werden. Vergabe- und Beihilfenrecht weisen Parallelen auf. In ihrer Eigenschaft als ökonomische Lenkungsinstrumente sind sie an den Staat im weiten Sinne adressiert. Darüber hinaus weisen sie bei näherem Hinsehen tatsächliche und rechtsdogmatische Ähnlichkeiten auf. Daraus resultiert die Überlegung, ob zwischen diesen Rechtsgebieten eine Wechselbezüglichkeit oder Verwandtschaft besteht, welche es erlaubt, dem Beihilfenrecht eine Bedeutung für die systematische Auslegung des Vergaberechts, speziell dem funktionellen Auftraggeberbegriff, zuzuschreiben. Dieser Überlegung widmet sich dieses Kapitel. Bevor mit der eigentlichen Gegenüberstellung von Vergabe- und Beihilfenrecht begonnen wird, soll zunächst der methodische Ansatz der in diesem Kapitel vorgenommenen Untersuchung erläutert werden. Dabei werden aus Gründen der besseren Nachvollziehbarkeit auch bestimmte Begriffe definiert.

A. Begriffsdefinitionen und methodischer Ansatz

I. Begriffsdefinitionen

Die untersuchte Regelungsmaterie zeichnet sich durch eine Vielzahl von Begrifflichkeiten aus, die aufgrund Ihrer Ähnlichkeit schnell verwechselt werden können, was die Gefahr von Missverständnissen birgt. Die terminologische Zuordnung ist dabei nicht zuletzt deswegen erschwert, weil diese vom europäischen Primärrecht des AEUV, über verschiedene sekundärrechtliche Vorschriften wie Richtlinien und Verordnungen zu verschiedenen Regelungsmaterien bis hin zu den nationalen Umsetzungsvorschriften verteilt sind. Dies führt dazu, dass mit unterschiedlichen Begriffen teilweise dasselbe gemeint ist und umgekehrt identischen Begriffen mitunter eine unterschiedliche Bedeutung beizumessen ist. Um zu vermeiden, dass häufig verwendete Begriffe bei jeder Verwendung in den richtigen Kontext gestellt werden müssen, sollen an dieser Stelle einige Begriffe, die bei den folgenden Ausführungen eine zentrale Rolle spielen, definiert werden.

„Staatliche Seite“ und „Staatsbegriff“

Wenn die Rede von der „staatlichen Seite“ oder den „Staatsbegriff(en)“ ist, entspricht dies im Vergaberecht sämtlichen „öffentlichen Auftraggebern“ im Sinne von Art. 2 Abs. 1 Nr. 1 der BVR. Dies sind der Staat im engeren Sinn, die Gebietskörperschaften, die Einrichtungen des öffentlichen Rechts sowie die Verbände, die sich aus einer oder mehreren dieser Einheiten zusammensetzen. Mithin alle Rechtssubjekte, die sich in den Tatbeständen des § 99 Nr. 1, 2 und 3 widerspiegeln. Im Beihilfenrecht entspricht dies der die Begünstigung gewährenden Seite im Sinne des Art. 107 Abs. 1 AEUV, also die Rechtssubjekte, welche „staatliche oder aus staatlichen Mitteln gewährte Beihilfen“ gewähren.

„Unternehmerische Seite“ und „Unternehmensbegriff“

Wenn von der „unternehmerischen Seite“ und den „Unternehmensbegriff(en)“ geschrieben wird, so ist dies funktionell in dem Sinne zu verstehen, dass damit sämtliche Einheiten gemeint sind, die im Wettbewerb stehen und als Empfänger einer Gegenleistung für das Erbringen von Auftragsleistungen im Vergaberecht oder als Empfänger einer Beihilfe im Beihilfenrecht in Erscheinung treten.

Der Begriff ist daher nicht in dem Sinne zu verstehen, dass es sich um eine juristische Person des Privatrechts handeln muss. Des Weiteren besteht auch ein Unterschied zum Begriff des „(öffentlichen) Unternehmens“ im beihilfenrechtlichen Zusammenhang, auf welchen noch eingegangen wird. Es sind nicht sämtliche Rechtssubjekte erfasst, die Leistungen gleich welcher Art gegen Entgelt auf einem Markt anbieten.

„Einrichtung“

Der Begriff der Einrichtung ist an die Terminologie der BVR angelehnt und wird als übergeordnete Kategorie für eine organisatorische Einheit verwendet, gleich ob diese öffentlich-rechtlicher oder privatrechtlicher Natur ist und unabhängig davon, ob diese nach dem deutschen Recht als eigenständiges Rechtssubjekt einzustufen ist.

„Zuordnung“ (einer Einrichtung zur staatlichen oder unternehmerischen Seite)

Sofern im Rahmen der Untersuchung die Frage aufgeworfen wird, ob eine Einrichtung der staatlichen bzw. unternehmerischen Seite zugeordnet wird, so ist dies eingeschränkt dahingehend zu verstehen, dass es sich um die Bewertung der Einrichtung in einem Zusammenhang handelt, auf den Vergabe- und/oder Beihilfenrecht angewendet werden. Eine „Zuordnung“ schließt daher keinesfalls aus, dass ein- und dieselbe Einrichtung zugleich auf staatlicher und unternehmerischer Seite stehen kann.

„Ausschreibungsverfahren“ (z.B. vergaberechtliches, beihilfenrechtliches)
Bei der Gegenüberstellung von Vergabe- und Beihilfenrecht sowie der Analyse der Entstehung des funktionellen Auftraggeberbegriffs im Vergaberecht werden nicht nur die Vergaberegelungen der BVR und die entsprechenden Umsetzungsvorschriften eine Rolle spielen. Neben den unmittelbar aus dem EU-Primärrecht abgeleiteten Verfahrensgrundsätzen gibt es auch im Beihilfenrecht und auf Ebene der VO 1370/2007 (kurz: VO 1370)[90] über öffentliche Personenverkehrsdienste auf Schiene und Straße wettbewerbliche Verfahren zur Ermittlung des wirtschaftlichsten Angebots. Wenn ein Vergleich dieser unterschiedlichen Vergaberegime stattfindet, wird das Wort „Ausschreibungsverfahren“ als Oberbegriff verwendet, um Konfusionen zu vermeiden, da dieser rein terminologisch einen gewissen Abstand zum „Vergaberecht“ aufweist. Es wird also zwischen dem „vergaberechtlichen Ausschreibungsverfahren“, dem „beihilfenrechtlichen Ausschreibungsverfahren“, dem „primärvergaberechtlichen Ausschreibungsverfahren“ und dem „Ausschreibungsverfahren der VO 1370“ unterschieden.

„Mittelfluss“ (von der staatlichen zur unternehmerischen Seite)
Das Wort „Mittelfluss“ ist als Oberbegriff gewählt worden, um im weitesten Sinne die Transaktion geldwerter Vorteile zu beschreiben, unabhängig davon, ob dies im Rahmen von (wirtschaftlich ausgewogenen) Austauschverhältnissen geschieht oder zur einseitigen wirtschaftlichen Besserstellung. Im Vergaberecht kann dies im Rahmen der Finanzierung von Einrichtungen, der „Subventionierung“ bestimmter Aufträge aber auch das Entgelt für das Erbringen einer Leistung sein. Im Beihilfenrecht findet der „Mittelfluss“ hauptsächlich in Form der „Beihilfen gleich welcher Art“ statt.

II. Methodischer Ansatz

Dieser Abschnitt vermittelt den für die Nachvollziehbarkeit des Aufbaus der Untersuchung notwendigen Überblick. Diese grundlegenden methodischen Ausführungen geben den Rahmen für die Prüfung in diesem Kapitel vor.

Vorangestellt sei an dieser Stelle der Hinweis auf das Werk von *Bultmann* *„Beihilfenrecht und Vergaberecht“*, welches sich mit Beihilfen und öffentlichen Aufträgen als funktional äquivalenten Instrumenten der Wirtschaftslenkung auseinandersetzt und diese einem Leistungsvergleich unterzieht. Zwar steht dieser Untersuchungsgegenstand nicht in direktem Zusammenhang mit dem hier

90 VO (EG) Nr. 1370/2007 der Europäischen Parlaments und des Rates vom 23. Oktober 2007 über öffentliche Personenverkehrsdienste auf Schiene und Straße und zur Aufhebung der Verordnungen (EWG) Nr. 1191/69 und (EWG) Nr. 1107/70 des Rates.

untersuchten Auftraggeberbegriff, die methodische Herangehensweise *Bultmanns* kann jedoch als Orientierung und Leitbild herangezogen werden. Im Kern geht *Bultmann* der Frage nach, inwieweit Beihilfen und öffentliche Aufträge als Instrumente der Wirtschaftslenkung funktional austauschbar sind und mit welchem der beiden Instrumente sich Ziele der Wirtschaftslenkung, insbesondere das der Wirtschaftsförderung, besser erreichen lassen.[91] Die Untersuchung nimmt ihren Ausgang bei der Feststellung, dass sich „*strukturelle und funktionale Ähnlichkeiten der beiden Instrumente beobachten*" lassen.[92] Darauf aufbauend wird die funktionale Äquivalenz von Beihilfen und öffentlichen Aufträgen für Zwecke der Wirtschaftslenkung untersucht.[93] Diese Untersuchung bildet die Basis für den abstrakten Leistungsvergleich.[94]

In Anlehnung daran bildet den Ausgangspunkt der folgenden Untersuchung die im konkreten Zusammenhang noch zu begründende Beobachtung, dass beide Rechtsgebiete den Wettbewerb vor Eingriffen von staatlicher Seite durch die Besserstellung von einzelnen Unternehmen schützen sollen. Dabei gibt es Konstellationen, bei denen es trotz grundsätzlich unterschiedlicher sachlicher Anwendungsbereiche funktional vergleichbare Regelungsmechanismen zu geben scheint. Das Vergaberecht und das Beihilfenrecht weisen an Schnittstellen in tatsächlicher und rechtsdogmatischer Hinsicht teils ähnliche Strukturen auf.[95] Diese Schnittstellen werden zu Beginn dieses Kapitels im Hinblick darauf analysiert, ob sich Anhaltspunkte für eine auslegungsergänzende Wirkung des Beihilfenrechts für den funktionellen Auftraggeberbegriff, also den subjektiven Anwendungsbereich des Vergaberechts, ergeben. Es wird dabei der Frage nachgegangen, wer genau Adressat der Regelungsinstrumente ist, ob diese einen vergleichbaren Zweck haben und dieser zumindest teilweise mit vergleichbaren Mitteln erreicht wird. Gesucht wird nach konkreten Anhaltspunkten, die für einen identischen oder zumindest vergleichbaren zugrundeliegenden Staatsbegriff sprechen könnten.

Indes kann allein aufgrund struktureller und funktionaler Ähnlichkeiten zwischen Vergabe- und Beihilfenrecht nicht auf eine auslegungsergänzende Wirkung hinsichtlich des funktionellen Auftraggeberbegriffs geschlossen werden. Ergeben sich im ersten Schritt konkrete Anhaltspunkte dafür, ist die

---

91 Vgl. *Bultmann* Beihilfenrecht und Vergaberecht, § 1 Einleitung.
92 Vgl. *Bultmann* Beihilfenrecht und Vergaberecht, § 1 II. 1. A.
93 *Bultmann* Beihilfenrecht und Vergaberecht, Zusammenstellung in § 5.
94 *Bultmann* Beihilfenrecht und Vergaberecht, Zusammenstellung in § 10.
95 *Bultmann* Beihilfenrecht und Vergaberecht, S. 2.

Untersuchung in einem detaillierten instrumentellen Vergleich zu vertiefen. Es ist zu analysieren, welcher Wechselbezug den beiden Rechtsgebieten im Hinblick auf den jeweils zugrundeliegenden Staatsbegriff zugesprochen werden kann. Ziel ist die Beantwortung der Frage, ob eine Einrichtung oder ein Handeln sowohl im Vergabe- als auch um Beihilfenrecht einheitlich der staatlichen oder unternehmerischen Seite zugeordnet werden kann.

Auch *Bultmann* geht bei seiner Analyse davon aus, dass aus der funktionalen Ähnlichkeit der Regelungsinstrumente des Vergabe- und Beihilfenrechts auf deren grundsätzliche funktionale Austauschbarkeit nur geschlossen werden kann, sofern dies im Einzelfall plausibel begründbar ist.[96] Es bedarf darüber hinaus der funktionalen Vergleichbarkeit in dem Sinne, dass das Vergaberecht und das Beihilferecht in den relevanten Überschneidungsbereichen gleichartig sind, d.h. vergleichbare Ziele mit vergleichbaren Mitteln verwirklichen.[97] *Bultmann* geht begrifflich von einer *„funktionalen Äquivalenz"* bzw. einer *„funktionalen Gleichwertigkeit"* von Steuerungsmitteln aus, wenn sich durch diese ähnliche Ziele erreichen lassen.[98] Überträgt man dies auf die Annahme einer auslegungsergänzenden Wirkung, so kann diese nicht mittels einer bloßen funktionalen Ähnlichkeit der subjektiven Anwendungsbereiche, der Regelungsziele und der weiteren Beteiligten begründet werden. Einem beihilfenrechtlichen Tatbestandsmerkmal kann nur dann eine auslegungsergänzende Wirkung zugeschrieben werden, wenn eine funktionale Äquivalenz zu dem betreffenden vergaberechtlichen Tatbestandsmerkmal gegeben ist. Die konkrete Regelungskonstellation muss derart sein, dass beide Rechtsregime auf die Erfassung eines tatsächlich vergleichbaren Tatbestandes abzielen.

Auf den Untersuchungsgegenstand dieser Arbeit lässt sich die Annahme *Bultmanns* dahingehend projizieren, dass es bei der Frage nach einer auslegungsergänzenden Wirkung des „beihilfenrechtlichen Staatsbegriffs" nicht um einen Leistungsvergleich geht, sondern um eine systematisch-teleologische Auslegung. Diese hat das Ziel einer größtmöglichen Einheitlichkeit der Rechtsordnung bei gleichzeitiger bestmöglicher Zielerreichung im Hinblick auf die Verhinderung staatlicherseits verursachter Wettbewerbsstörungen.[99]

---

96 *Bultmann* Beihilfenrecht und Vergaberecht, S. 2.

97 *Bultmann* Beihilfenrecht und Vergaberecht, S. 4 mit weiteren Nachweisen.

98 *Bultmann* Beihilfenrecht und Vergaberecht, S. 4 mit weiteren Nachweisen.

99 Zum Verhältnis der teleologischen zur systematischen Auslegungsmethode bei der Auslegung des Unionsrechts, vgl. *Frenz* Handbuch Europarecht, Band 5 Wirkungen und Rechtsschutz, Rdnr. 339–340.

Für die Untersuchung bedeutet dies, dass in einem zweiten Schritt instrumentell und funktional ähnliche Konstellationen detailliert auf ihre funktionale Vergleichbarkeit zu untersuchen sind, wenn diese für die Begründung einer auslegungsergänzenden Wirkung herangezogen werden sollen. Hier liegt der Schwerpunkt dieses Kapitels. Es gilt zu ergründen, ob das primäre und sekundäre EU-Recht hinsichtlich der „staatliche(n) oder aus staatlichen Mitteln gewährte Beihilfen“ und der „Einrichtungen des öffentlichen Rechts“[100], die den funktionelle Auftraggeberbegriff in der BVR regeln, von einem einheitlichen Staatsverständnis ausgehen. Dabei kommt neben den betreffenden unionsrechtlichen Vorschriften auch deren Auslegung durch den EuGH, aber auch dem in Mitteilungen und Erklärungen kodifizierten Auslegungsverständnis der Kommission, eine zentrale Rolle zu, wobei letzteres aufgrund seiner Unverbindlichkeit eine untergeordnete Rolle spielt.[101]

Sollte nach alldem dem Beihilfenrecht eine auslegungsergänzende Wirkung in Bezug auf den funktionellen Aufraggeberbegriff zugesprochen werden können, wird im Detail auf die beihilfenrechtlichen Tatbestandsmerkmale eingegangen, die für die spätere Untersuchung von Relevanz sind, namentlich die Tatbestandsmerkmale der „staatlichen oder aus staatlichen Mitteln gewährten Beihilfe“ und der „Dienstleistungen von allgemeinem wirtschaftlichen Interesse“.

Zusammenfassung: Der Aufbau dieses Kapitels gliedert sich daher wie folgt:

- Funktionen und Zusammenwirken von Vergabe- und Beihilfenrecht. Ziel ist das Aufzeigen funktionaler Ähnlichkeiten der Regelungsinstrumente, die für die Auslegung des funktionellen Auftraggeberbegriffs von Bedeutung sein könnten.(B)
- Funktionale Vergleichbarkeit von Vergabe- und Beihilfenrecht in den unter (B) aufgezeigten Überschneidungsbereichen. Beantwortung der Frage, ob dem „beihilfenrechtlichen Staatsbegriff“ tatsächlich eine auslegungsergänzende Wirkung in Bezug auf den Begriff des öffentlichen Auftraggebers, also dem „vergaberechtlichen Staatsbegriff“ zugesprochen werden kann.(C)
- Unter Berücksichtigung des unter (C) ermittelten Ergebnisses: Untersuchung des Beihilfentatbestandes im Hinblick auf konkrete Aspekte, die bei der Auslegung des funktionellen Auftraggeberbegriffs aufgrund der funktionalen Äquivalenz Berücksichtigung finden sollten.(D)

---

100 Vgl. Art. 2 Abs. 1 Nr. 4 BVR.

101 Zur Bedeutung der Unionsorgane bei der Auslegung des EU Rechts vgl. *Frenz* Handbuch Europarecht, Band 5 Wirkungen und Rechtsschutz, Rdnr. 339–340.

B. Funktionen und Zusammenwirken von Vergabe- und Beihilfenrecht

Wie in der Einleitung dargelegt, ist das Vergaberecht sekundärrechtlich ausgestaltet, wobei sich außerhalb der Anwendungsbereiche der sekundärrechtlichen Vorschriften die essentiellen vergaberechtlichen Grundprinzipien der Gleichbehandlung, Nichtdiskriminierung und Transparenz aus dem Primärrecht des AEUV ableiten lassen.[102] Demgegenüber ist das Beihilfenrecht nach dem Vertrag von Lissabon[103] weiterhin im europäischen Primärrecht geregelt. Es ist Bestandteil der in der EU geltenden Wettbewerbsregeln.

Gleichwohl darf das Zusammenspiel von Vergabe- und Beihilfenrecht nicht vereinfacht unter dem Gesichtspunkt der Normenhierarchie gesehen werden.[104] Um die Einzelheiten des komplizierten Verhältnisses besser nachvollziehen zu können, sind zunächst die grundlegenden Funktionen von Vergabe- und Beihilfenrecht gegenüberzustellen, bevor auf die Wechselbezüglichkeit der Rechtsgebiete allgemein und die zugrundeliegenden Staatsbegriffe speziell eingegangen wird.

I. Die Funktionen des Vergaberechts

Das Vergaberecht stellt eine Maßnahme im Sinne des Art. 26 Abs. 1 AEUV dar, um den Binnenmarkt in der Europäischen Union zu verwirklichen beziehungsweise dessen Funktionieren zu gewährleisten. Der Erlass der Vergaberichtlinien wird daher insbesondere auf Art. 53 Abs. 1, Art. 62 und Art. 114 AEUV gestützt. In den Erwägungsgründen Ziffer 1 der BVR[105] ist zusammengefasst, was den europäischen Gesetzgeber zur Schaffung detaillierter Regelungen zur Vergabe öffentlicher Auftragsvergaben veranlasst hat:

> *„Die Vergabe öffentlicher Aufträge durch oder im Namen von Behörden der Mitgliedstaaten hat im Einklang mit den im Vertrag über die Arbeitsweise der Europäischen Union (AEUV) niedergelegten Grundsätzen zu erfolgen, insbesondere den Grundsätzen des freien Warenverkehrs, der Niederlassungsfreiheit und der Dienstleistungsfreiheit sowie den sich daraus ableitenden Grundsätzen wie Gleichbehandlung, Nichtdiskriminierung, gegenseitige Anerkennung, Verhältnismäßigkeit und Transparenz. Für über einen bestimmten*

---

102 Vgl. 1. Kapitel B.I.; 2. Kapitel C.I.

103 Vertrag von Lissabon zur Änderung des Vertrages über die Europäische Union und des Vertrages zu Gründung der europäischen Gemeinschaft, Abl. Nr. C 306 v. 17.12.2007, S. 1 ff.

104 *Bode* Beihilfenbegünstigte Bieter im Vergabeverfahren, S. 23.

105 Vergleichbar Erwägungsgründe Ziff. 2 RiLi 2004/18/EG.

Wert hinausgehende öffentliche Aufträge sollten Vorschriften zur Koordinierung der nationalen Vergabeverfahren festgelegt werden, um zu gewährleisten, dass diese Grundsätze praktische Geltung erlangen und dass das öffentliche Auftragswesen für den Wettbewerb geöffnet wird.“

Ausgehend von der genannten Zielsetzung regelt das Vergaberecht die Beschaffungsvorgänge der öffentlichen Hand. Durch die Vorschriften des Vergaberechts wird ein europaweiter Wettbewerb generiert und damit der Binnenmarkt verwirklicht. Nach der Rechtsprechung des EuGH besteht der Zweck des Vergaberechts auf dem Gebiet der Vergabe öffentlicher Aufträge darin, die Gefahr einer Bevorzugung einheimischer Bieter oder Bewerber bei der Auftragsvergabe auszuschalten und zugleich die Möglichkeit auszuschließen, dass sich ein öffentlicher Auftraggeber von anderen als wirtschaftlichen Überlegungen leiten lässt,[106] mithin eine marktgerechte Kompensation für eine Leistungserbringung ermittelt wird.

II. Die Funktionen des Beihilfenrechts

Durch staatliche Beihilfen kann der freie Wettbewerb erheblich beeinträchtigt und die Wettbewerbsgleichheit zwischen Unternehmen in gleicher Weise gestört werden, wie durch das antikompetitive Verhalten Privater.[107] Der EU-Beihilfenkontrolle gemäß den Art. 107–109 AEUV kommt als Bestandteil des EU-Wettbewerbsrechts wesentliche Bedeutung beim Schutz des Binnenmarkts vor staatlich initiierten Wettbewerbsverfälschungen zu.[108] Da diese aufgrund ihrer Selektivität diskriminierenden Charakter haben, beinhalten staatliche Beihilfen stets einen nicht zu rechtfertigenden Eingriff in die Grundfreiheiten.[109] Teilweise werden die beihilfenrechtlichen Regelungen daher als Unterfall der Grundfreiheiten angesehen, die ein Überwachungssystem für besonders gefährliche Verstöße vorsehen.[110]

Das Beihilfenverbot erfüllt seine wettbewerbsschützende Funktion, indem Art. 107 Abs. 1 AEUV staatliche oder aus staatlichen Mitteln gewährte Beihilfen

---

106 EuGH. Urt. v. 3.10.2000, C-380/98 (University of Cambridge), Slg. 2000, I-8035 Rdnr. 17; EuGH, Urt. v. 13. 12.2007, Az. C-337/06 (Bayrischer Rundfunk u.a.), Slg. 2007 I-11173 Rdnr. 36.

107 *Koenig/Schreiber* Europäisches Wettbewerbsrecht, Kapitel 8, S. 217; *Kühling*, in *Streinz* EUV/AEUV, Art. 107 AEUV, Rdnr. 1.

108 *Koenig/Schreiber* Europäisches Wettbewerbsrecht, Kapitel 8, S. 217.

109 *Bartosch* Kommentar EU-Beihilfenrecht, Einleitung, Rdnr. 1.

110 Grundlegend dazu *Bartosch* Kommentar EU-Beihilfenrecht, Einleitung, Rdnr. 1 mit weiteren Nachweisen.

gleich welcher Art, die durch die Begünstigung bestimmter Unternehmen oder Produktionszweige den Wettbewerb verfälschen oder zu verfälschen drohen, mit dem Binnenmarkt grundsätzlich für unvereinbar erklärt, soweit sie den Handel zwischen Mitgliedstaaten beeinträchtigen.

III. Die Wechselbezüglichkeit von Vergabe- und Beihilfenrecht

1. Funktionale Gemeinsamkeiten zwischen Vergabe- und Beihilfenrecht

Die Gegenüberstellung zeigt zunächst auf, dass sich die Verwirklichung des Binnenmarktes als gemeinsame Zielsetzung von Vergabe- und Beihilfenrecht ausmachen lässt. Da im Rahmen der europäischen Integration die Realisierung des europäischen Binnenmarktes im Vordergrund steht,[111] trifft diese Zielsetzung allerdings auf einen großen Teil des Unionsrechts zu. Dieses ökonomische Regelungsziel ist für sich genommen daher nicht signifikant. Eine weitere Gemeinsamkeit ist, dass der Adressat beider Regelungsregime der Staat ist. Ursächlich dafür ist, dass der Staat und die ihm zuzuordnenden Einrichtungen theoretisch über ein unerschöpfliches finanzielles Potenzial verfügen, folglich nur eingeschränkt wirtschaftlichen Zwängen unterliegen und daher durch die Instrumente der Auftragsvergabe sowie der Beihilfe in den Markt eingreifen und so Einfluss auf den Wettbewerb und die Wettbewerber nehmen können.[112] Der Regulierung dieser staatlichen Einflussmöglichkeiten auf den Wettbewerb dienen beide Regelungsinstrumente. Das Vergaberecht, indem es den europäischen Binnenmarkt für den Wettbewerb öffnet, und das Beihilfenrecht, in dem es den einmal geschaffenen Binnenmarkt erhält.[113] Im Zusammenspiel schützt das Beihilfenrecht das vom Vergaberecht geregelte Zusammentreffen von Angebot und Nachfrage dadurch, indem es verhindert, dass der entwickelte Wettbewerb durch staatliche Beihilfen wieder verzerrt wird.[114]

Beide Rechtsgebiete verfolgen dabei unterschiedliche Regelungsansätze. Während das Vergaberecht vertragliche Austauschbeziehungen mit Privaten erfasst und im Schwerpunkt verfahrensrechtliche Vorschriften enthält, regelt das Beihilfenrecht die Gewährung geldwerter Vorteile an Dritte und stellt

111 *Kirchner*, in *Riesenhuber* Europäische Methodenlehre, § 5, Rdnr. 1.

112 *Bultmann* Beihilfenrecht und Vergaberecht, S. 140–141.

113 Ausführlich zu Beihilfen und Vergaberecht als komplementäre Funktionsgarantien eines unverfälschten Wettbewerbs, *Bode* Beihilfenbegünstigte Bieter im Vergabeverfahren, S. 26 ff.

114 *Hertwig*, VergabeR 2008, 589–601 (597).

materiell-rechtlich darauf ab, in welchen Fällen eine Beihilfe zulässig respektive unzulässig ist.[115]

In der Praxis ist das Verhältnis zwischen Vergabe – und Beihilfenrecht vielfach problematisch. Die daraus für den Rechtsanwender resultierenden Abgrenzungs- und Auslegungsprobleme sind Gegenstand zahlreicher Veröffentlichungen.[116] Als gemeinsame Ursache der besagten Probleme wird insbesondere ausgemacht, dass beide Rechtsgebiete als Regelungskomplexe des Unionsrechts weitgehend unabgestimmt nebeneinander stehen und ihr Verhältnis in der Rechtsprechung der europäischen Gerichte und in der Verwaltungspraxis nur im Hinblick auf Einzelfragen, nicht aber in seiner Gesamtheit geklärt ist.[117] Hinzu kommt, dass aus der rechtlichen Trennung die organisatorische resultiert. Innerhalb der Kommission ist für das Vergaberecht die Generaldirektion Binnenmarkt und Dienstleistungen, für das Beihilfenrecht die Generaldirektion Wettbewerb zuständig.[118]

Die Hauptproblemfelder im Verhältnis von Vergabe- und Beihilfenrecht resultieren aus der besagten Wechselbezüglichkeit. Als neuralgische Berührungspunkte erweisen sich die Überschneidungsbereiche, also einerseits *„Beihilfenempfang durch die Auftragsvergabe"* und andererseits *„Beihilfenempfänger in der Auftragsvergabe"*.[119] Unbestritten dürfte dabei sein, dass Problemstellungen, die sowohl vergabe- als auch beihilfenrechtliche Bezugspunkte haben, nur unter Berücksichtigung beider Regelungskreise zufriedenstellend gelöst werden können, da diese korrelieren.[120]

Bei der Konstellation *„Beihilfenempfänger in der Auftragsvergabe"* werden in erster Linie Sachverhalte diskutiert, bei denen ein Bieter bereits im Vorfeld zum späteren vergaberechtlichen Vertragsschluss Subventionen erlangt hat.[121] So zum Beispiel, wenn ein Auftraggeber zu dem Schluss kommt, dass ein Bieter eine rechtswidrige Beihilfe bekommen hat und dadurch imstande ist, ein ungewöhnlich niedriges Angebot abzugeben und obendrein durch die Rückzahlungspflicht wirtschaftlich gefährdet sein könnte.[122] Da der betreffende Bieter demgemäß den

115 *Bultmann* Beihilfenrecht und Vergaberecht, S. 140–142.

116 Einen diesbezüglichen Überblick vermittelt *Bartosch* Kommentar EU-Beihilfenrecht, Einleitung, Rdnr. 12–16.

117 Vgl. *Fischer*, VergabeR 2004, 1–16 (1) mit weiteren Nachweisen.

118 *Hertwig*, VergabeR 2008, 589–601(597); *Koenig/Kühling*, NVwZ 2003, 779–786 (786).

119 So wörtlich *Bode* Beihilfenbegünstigte Bieter im Vergabeverfahren, S. 36.

120 *Bode* Beihilfenbegünstigte Bieter im Vergabeverfahren, S. 35.

121 Ausführlich dazu *Bode* Beihilfenbegünstigte Bieter im Vergabeverfahren.

122 Vgl. *Frenz* Handbuch Europarecht, Band 3 Beihilfe- und Vergaberecht, Rdnr. 1783 unter Bezugnahme auf EuGH, Urt. v. 7.12.2000, Rs. C-94/99, (ARGE-Gewässerschutz), Slg. 2000, I -11037.

Wettbewerb unter besseren Wettbewerbsbedingungen als seine Konkurrenten bestreiten kann und zusätzlich dessen Leistungsfähigkeit in Frage steht, kommt in der Prüfungs- und Wertungsphase des Vergabeverfahrens nach der Rechtsprechung des EuGH der Ausschluss des unangemessen niedrigen Angebotes in Betracht.[123] Obwohl bezüglich des Umgangs mit beihilfenbegünstigten Bietern in der Rechtsprechung keine widerspruchsfreie kohärente Linie gefunden wurde[124], hat das Problem Eingang in die Rechtssetzung gefunden. Die entsprechenden vergaberechtlichen Vorschriften bieten demnach ein Einfallstor für die Berücksichtigung beihilfenrechtlicher Aspekte.[125] Mit diesem Korrektiv wird der Wettbewerb im Binnenmarkt durch die Herstellung gleicher Wettbewerbsbedingungen geschützt. Die Konstellation *„Beihilfeempfänger in der Auftragsvergabe"* beeinflusst das Vergabeverfahren in der Prüfungs- und Wertungsphase.

Wie gleich aufzuzeigen sein wird, ist die Konstellation des *„Beihilfenempfangs durch die Auftragsvergabe"* sachnäher zum Auftraggeberbegriff. Auch hier liegen die Überschneidungen naturgemäß in den vom Vergaberecht erfassten Austauschverhältnissen. Abstrakt betrachtet sind – losgelöst von der exakten Ausgestaltung und der Bezeichnung der jeweiligen Tatbestandsmerkmale – Austauschverhältnisse zwischen dem Staat und den Unternehmen, die teils unter Zwischenschaltung Dritter stattfinden, betroffen. Graphisch lässt sich die Grundkonstellation wie folgt darstellen:

123 EuGH, Urt. v. 7.12.2000, Rs. C-94/99, (ARGE-Gewässerschutz), Slg. 2000, I -11037, Rdnr. 29 ff.

124 Vgl. *Bode* Beihilfenbegünstigte Bieter im Vergabeverfahren, S. 152, der insoweit eine tiefgehende Analyse der europäischen und nationalen Rechtsprechung in Deutschland durchgeführt hat.

125 Bspw. sieht § 60 Abs. 4 VgV vor: „Stellt der öffentliche Auftraggeber fest, dass ein Angebot ungewöhnlich niedrig ist, weil der Bieter eine staatliche Beihilfe erhalten hat, so lehnt der öffentliche Auftraggeber das Angebot ab, wenn der Bieter nicht fristgemäß nachweisen kann, dass die staatliche Beihilfe rechtmäßig gewährt wurde. (…)"

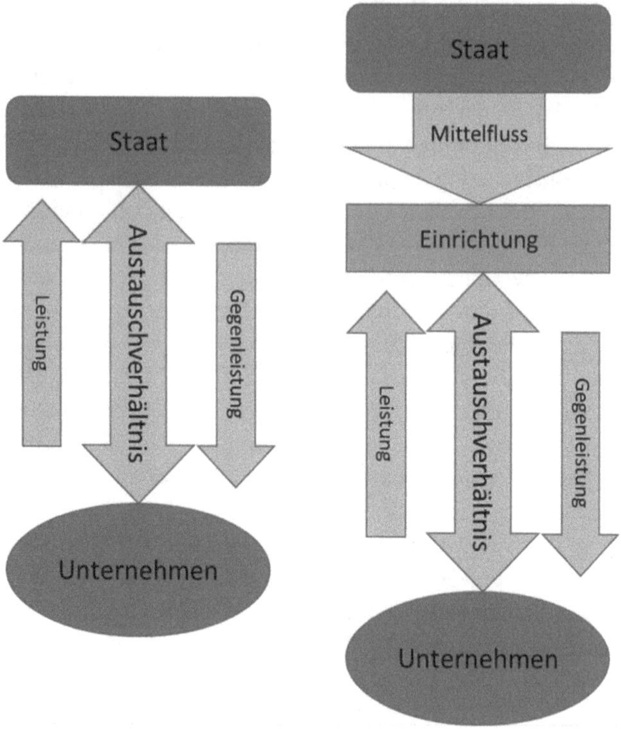

Schaubild 1:

Im Vergaberecht tritt das dargestellte Austauschverhältnis als öffentlicher Auftrag im Sinne des § 103 GWB in Erscheinung, der von einem öffentlichen Auftraggeber vergeben wird. Im Vergaberecht stellt sich die in Schaubild 1 dargestellte Grundkonstellation wie folgt dar:

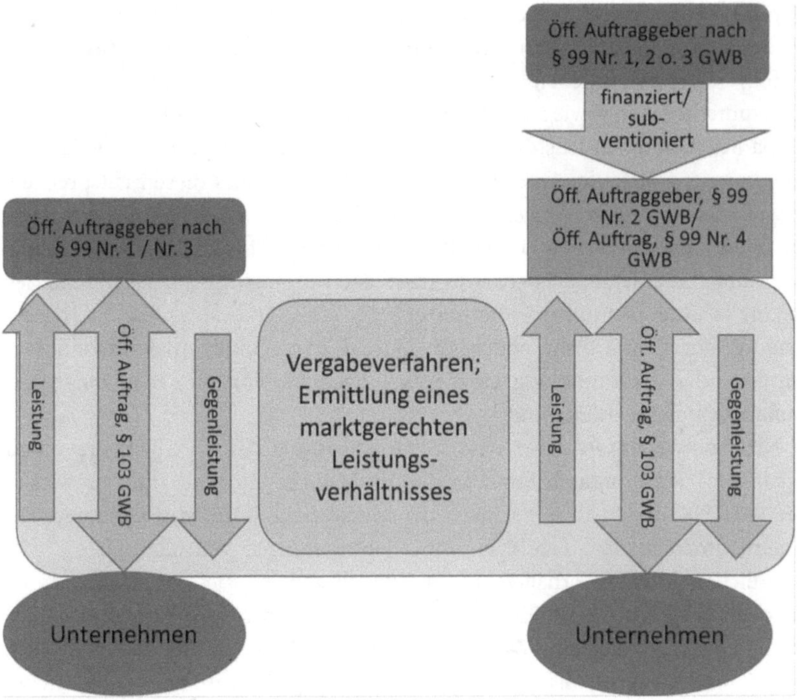

Schaubild 2:

Im Beihilfenrecht gibt es diese Leistungs-Gegenleistungs-Verhältnisse ebenfalls. Eine Beihilfe ist bei Austauschbeziehungen anzunehmen, wenn eine Überkompensation zugunsten eines Unternehmens stattfindet. Allein das Vorliegen einer Leistung führt hierbei noch nicht zur Annahme einer beihilfenrechtlichen Begünstigung, diese muss vielmehr ohne angemessene, d. h. marktübliche Gegenleistung erbracht werden.[126] Der zentrale materielle Maßstab für die Bestimmung der Marktüblichkeit eines Verhältnisses von Leistung und Gegenleistung ist der sog. „Private-Investor-Test". Ein unangemessenes Verhältnis in der Leistungsbeziehung – und daraus resultierend das Vorliegen einer Beihilfe – ist dann anzunehmen, wenn ein umsichtiger marktwirtschaftlich handelnder Kapitalgeber in einer vergleichbaren Lage wie die öffentliche Hand nicht zu einem entsprechenden

126 *Cremer*, in *Callies-Ruffert* EUV AEUV, Art. 107 AEUV Rdnr. 10; *Kühling*, in *Streinz* EUV/AEUV Art. 107 AEUV, Rdnr. 28.

Handeln bereit gewesen wäre.[127] In besonderem Maße gilt dies für Zuwendungen, die der Staat im Rahmen seiner Teilnahme am Wirtschaftsverkehr gewährt.[128] Dies trifft in erster Linie auf öffentliche Unternehmen, staatliche Kapitalbeteiligungen an Privatunternehmen sowie staatliche Bürgschaften und Darlehen zu.[129]

Da bei staatlichen Leistungsgewährungen eine Vielzahl von Konstellationen denkbar ist, wurde der Grundsatz des privaten Investors diesen entsprechend ausgeformt.[130] Wenige Anwendungsschwierigkeiten bereiten dabei Leistungen, die einen allgemein anerkannten Börsen- oder Marktpreis haben.[131] Für nicht marktübliche Leistungen bedarf es nach der Kommission formaler Kriterien, um die Marktgerechtigkeit in vorhersehbarer Weise zu bestimmen.[132] Als geeignete Verfahren sind insbesondere die Durchführung eines Ausschreibungsverfahrens oder die Einholung eines Wertgutachtens von einem unabhängigen Sachverständigen anerkannt.[133]

Nicht notwendig ist dabei, dass die Gegenleistung des Unternehmens unmittelbar dem Staat zugutekommt. In der Rechtssache *Altmark Trans* entwickelte der EuGH Kriterien zum Nachweis der Marktgerechtigkeit von Leistungen, die Unternehmen für das Erbringen von Dienstleistungen von allgemeinem wirtschaftlichen Interesse erhalten. Im zugrundeliegenden Sachverhalt ging es um die öffentlich bezuschusste Erbringung von Liniendiensten mit Omnibussen. Der EuGH entschied, dass eine Zahlung nicht als Beihilfe zu qualifizieren ist, *„soweit sie als Ausgleich anzusehen ist, der die Gegenleistung für Leistungen bildet, die von den Unternehmen, denen sie zugutekommt, zur Erfüllung gemeinwirtschaftlicher Verpflichtungen erbracht werden, so dass diese Unternehmen in Wirklichkeit keinen*

---

127 EuGH, Urt. v. 21.3.1991, Rs. C-303/88 (Italien/Kommission), Slg. 1991, I-1433, Rdnr. 20 ff.; EuGH, Urt. v. 8.5.2003, verb. Rs. C-328/99 u. C-399/00 (Seleco), Slg. 2003, S. I-4035, Rdnr. 38.

128 *Koenig/Schreiber* Europäisches Wettbewerbsrecht, 8. Kapitel, S. 224.

129 *Cremer*, in *Callies-Ruffert* EUV AEUV, Art. 107, AEUV Rdnr. 11.

130 Vgl. Übersicht *Ziekow* Öffentliches Wirtschaftsrecht, § 6, Rdnr. 24 ff. mit entsprechenden Einzelnachweisen.

131 *Cremer*, in *Callies-Ruffert* EUV AEUV, Art. 107 AEUV, Rdnr. 14.

132 *Cremer*, in *Callies-Ruffert* EUV AEUV, Art. 107 AEUV, Rdnr. 14; *Kühling*, in *Streinz* EUV AEUV, Art. 107 AEUV, Rdnr. 36.

133 Erstmals explizit vorgesehen in der Mitteilung der Kommission betreffend Elemente staatlicher Beihilfe bei Verkäufen von Bauten oder Grundstücken durch die öffentliche Hand (Grundstücksmitteilung) vom 10.7.1997, Abl. 1997 C-209/3. Im Laufe der Zeit wurden die Prinzipien durch die Kommission und den EuGH auf weitere Bereiche übertragen, in denen es für das Bestehen des Private-Investor-Test als geeignet erachtet wird, vgl. bzgl. der Einzelheiten *Kühling*, in *Streinz* EUV AEUV, Art. 107 AEUV, Rdnr. 36 ff.; *v. Donat*, in *Heidenhain* European State Aid Law, § 46 II, Rdnr. 35.

finanziellen Vorteil erhalten und die genannte Maßnahme somit nicht bewirkt, dass sie gegenüber den mit ihnen im Wettbewerb stehenden Unternehmen in eine günstigere Wettbewerbsstellung gelangen."[134] Dies ist nach dem EuGH dann der Fall, wenn folgende Voraussetzungen erfüllt sind:

- Erstens muss das begünstigte Unternehmen tatsächlich mit der Erfüllung gemeinwirtschaftlicher Verpflichtungen betraut sein, und diese Verpflichtungen müssen klar definiert sein.[135]
- Zweitens sind die Parameter, anhand derer der Ausgleich berechnet wird, zuvor objektiv und transparent aufzustellen, um zu verhindern, dass der Ausgleich einen wirtschaftlichen Vorteil mit sich bringt, der das Unternehmen, dem es gewährt wird, gegenüber konkurrierenden Unternehmen begünstigt.[136]
- Drittens darf der Ausgleich nicht über das hinausgehen, was erforderlich ist, um die Kosten der Erfüllung der gemeinwirtschaftlichen Verpflichtungen unter Berücksichtigung der dabei erzielten Einnahmen und eines angemessenen Gewinns aus der Erfüllung dieser Verpflichtungen ganz oder teilweise zu decken.[137]
- Viertens muss das zu betrauende Unternehmen entweder im Rahmen eines Verfahrens zur Vergabe öffentlicher Aufträge ermittelt werden, das die Auswahl desjenigen Bewerbers ermöglicht, der diese Dienste zu den geringsten Kosten für die Allgemeinheit erbringen kann, oder die Höhe des erforderlichen Ausgleichs ist auf der Grundlage einer Analyse der Kosten zu bestimmen, die ein durchschnittliches, gut geführtes und angemessen ausgestattetes Unternehmen bei der Erfüllung der betreffenden Verpflichtungen hätte, wobei die dabei erzielten Einnahmen und ein angemessener Gewinn aus der Erfüllung dieser Verpflichtungen zu berücksichtigen sind.[138]

Das letzte der vier Kriterien weist schon seinem Inhalt nach eine Nähe zum Vergaberecht auf. Sein Zweck ist die Auswahl eines effizienten Leistungserbringers. Denn selbst wenn die ersten drei Kriterien erfüllt sind, ist nicht gewährleistet, dass ein effizient wirtschaftendes und dementsprechend nicht auf überhöhte Kompensationsleistungen angewiesenes Unternehmen ausgewählt wird.[139] Dies

---

134 EuGH, Urt. v. 24.7.2003, Rs. C- 280/00 (Altmark Trans), Slg. 2003, I-7747, Rdnr. 83.
135 EuGH, a.a.O., Rdnr. 89.
136 EuGH, a.a.O., Rdnr. 90.
137 EuGH, a.a.O., Rdnr. 92.
138 EuGH, a.a.O., Rdnr. 93.
139 *Bartosch* Kommentar EU-Beihilfenrecht, Art. 107 Abs. 1 AEUV, Rdnr. 75.

soll verhindert werden, indem durch ein Verfahren zur Auftragsvergabe oder einer Kostenanalyse ein subjektives Element zur Sicherstellung der effizienten Leistungserbringung etabliert wird.[140]

Nach Ansicht der Kommission stellt ein Ausschreibungsverfahren die beste Möglichkeit zur Ermittlung einer marktgerechten Gegenleistung dar[141], was sowohl die Zustimmung des EuGH als auch zahlreicher Stimmen aus der Literatur findet.[142] Die Durchführung eines sogenannten *„EU-beihilfenrechtlichen Ausschreibungsverfahrens“* kann allerdings aus tatsächlichen oder rechtlichen Gründen nicht möglich sein, beispielsweise wenn Bedingungen erfüllt sein müssen, die nur bestimmte Unternehmen leisten können.[143] In diesem Fall ist auf die Möglichkeit zurückzugreifen, eine angemessene Gegenleistung mittels Wertgutachten zu ermitteln.[144]

Zusammenfassend ist daher festzuhalten, dass es auch im Beihilfenrecht ein Verfahren zur Auftragsvergabe gibt, durch das im Rahmen des Private-Investor-Tests marktangemessene Gegenleistungen evaluiert werden. Das Vorliegen einer marktangemessenen Gegenleistung lässt den Tatbestand der Beihilfe entfallen. Die in Schaubild 1 dargestellte Grundkonstellation entspricht im Beihilferecht folgender Darstellung:

140 *Bartosch* Kommentar EU-Beihilfenrecht, Art. 107 Abs. 1 AEUV, Rdnr. 75.

141 29. Wettbewerbsbericht der Kommission, 1999, SEK (2000) 720 endg., Ziff. 235.

142 EuGH, Urt. v. 20.9.2001, Rs. C-390/98 (Banks), Slg. 2001, I-6117, Rdnr. 77; EuGH, Urt. v. 24.7.2003, Rs. C- 280/00 (Altmark Trans), Slg. 2003, I-7747, Rdnr. 93; *Cremer*, in: *Callies-Ruffert* EUV AEUV, Art. 107 AEUV, Rdnr. 14; *Bär-Bouyssière*, in *Schwarze* EU-Kommentar, Art. 107 AEUV, Rdnr. 31; *Dörr*, NZBau 2005, 617–623 (621).

143 *Koenig/Schreiber* Europäisches Wettbewerbsrecht, Kapitel 8, S. 227.

144 *Koenig/Schreiber* Europäisches Wettbewerbsrecht, Kapitel 8, S. 228.

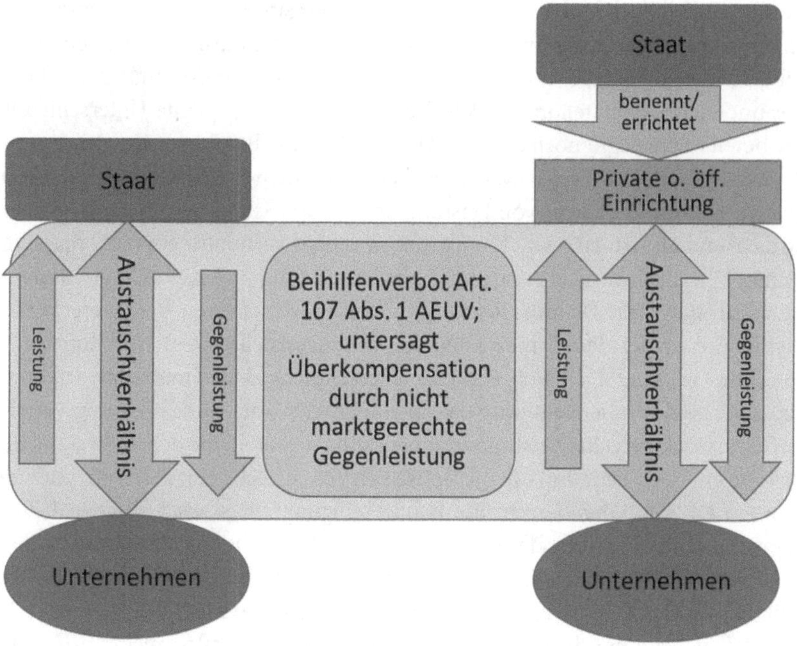

Schaubild 3:

2. *Auslegungsergänzende Wirkung des Beihilfenrechts?*

An dieser Stelle sei darauf hingewiesen, dass den folgenden Überlegungen ein vereinfachtes, auf das funktionale Grundmodell reduziertes Verständnis von Beihilfen- und Vergaberecht zugrunde liegt. Inwieweit sich daraus konkrete Schlussfolgerungen ableiten lassen, wird in den Abschnitten C. und D. dieses Kapitels thematisiert.

Anhand der Schaubilder 1 bis 3 wurde in vereinfachter Form aufgezeigt, wie sich bei Austauschverhältnissen die Mittelflüsse zwischen staatlicher und unternehmerischer Seite im Vergabe- und Beihilfenrecht darstellen. Es wurde des Weiteren aufgezeigt, dass es in diesem zwischen Vergabe- und Beihilfenrecht bestehenden Überschneidungsbereich jeweils Ausschreibungsverfahren zur Ermittlung eines marktgerechten Leistungs-Gegenleistungs-Verhältnisses gibt.

Als Hauptakteure können dabei der Staat und ihm untergeordnete Einrichtungen auf der einen Seite und im Wettbewerb stehende Unternehmen auf der anderen Seite ausgemacht werden. Zwischen diesen Rechtssubjekten finden die

Austauschverhältnisse statt, die sowohl für das Vergaberecht als auch für das Beihilfenverbot den Anknüpfungspunkt bilden. Die Regelungsmechanismen haben dabei dasselbe Ziel, die Vermeidung einer Überkompensation und einer damit verbundenen Besserstellung im Wettbewerb. Der grundlegende Unterschied ist der bereits dargelegte normative Ansatz, der hier nochmal in Erinnerung gerufen werden soll. Das Vergabeverfahren generiert einen Wettbewerb, aus dem ein marktgerechtes Verhältnis von Leistung und Gegenleistung resultiert. Gegenläufig dazu enthält Art. 107 AEUV ein grundsätzliches Verbot für ein nicht marktgerechtes Verhältnis von Leistung und Gegenleistung zugunsten des Unternehmens. Hält man sich diese Grundsystematik vor Augen, so scheinen Vergaberecht und Beihilfenrecht bei den dargestellten Austauschkonstellationen funktional austauschbar zu sein. Denn ob das „vergaberechtliche Ausschreibungsverfahren" einen Wettbewerb herstellt oder das „beihilfenrechtliche Ausschreibungsverfahren" eine marktgerechte Leistungskompensation ermittelt, die den Tatbestand der Beihilfe entfallen lässt, müsste theoretisch ergebnisgleich sein. Oder mit anderen Worten: Ob das Vergaberecht die Benachteiligung eines ausländischen Unternehmens verhindert oder das Beihilfenrecht die Bevorzugung eines inländischen Unternehmens unterbindet, ist im Endeffekt gleichgültig.[145] Vergaberecht und Beihilfenrecht erscheinen als die beiden Seiten derselben Medaille.[146]

Folglich wäre es ideal, wenn sich Vergabe- und Beihilfenrecht in der Art ergänzen würden, dass die Durchführung eines Vergabeverfahrens den Tatbestand der Beihilfe entfallen lassen würde und damit eine Kollision der Regelungsbereiche umgangen werden könnte. Dieses Bestreben liegt der Diskussion um die Konvergenz zwischen dem Vergaberecht und dem „beihilfenrechtlichen Ausschreibungsverfahren" zugrunde. Im Kern geht es dabei um Verfahrenskomplikationen, die entstehen, wenn ein öffentlicher Auftrag als Beihilfe im Sinne des Art. 107 Abs. 1 AEUV einzuordnen ist und demgemäß das Notifizierungsverfahren des Art. 108 Abs. 3 AEUV zur Anwendung kommt.[147] Angesichts der Parallelität der Steuerungsprinzipien von Beihilfen- und Vergaberecht wird teilweise davon ausgegangen, dass das „beihilfenrechtliche Ausschreibungsverfahren" und das EU-Vergaberecht grundsätzlich konvergent sind.[148] Dementsprechend würde die Durchführung eines Vergabeverfahrens das Vorliegen

145 *Hertwig*, VergabeR 2008, 589–601 (597).

146 *Hertwig*, VergabeR 2008, 589–601 (589).

147 Zu dieser Problematik vgl. *Kaelble*, in *Müller-Wrede* (Hrsg.) Kompendium des Vergaberechts, Kap. 36.

148 So *Kühling*, in *Streinz* EUV/AEUV, Art. 107 AEUV, Rdnr. 38; in diesem Sinne auch *Fischer*, VergabeR 2004, 1–16.

einer Beihilfe ausschließen und somit ein Exklusivitätsverhältnis zwischen beiden Rechtsgebieten begründet.[149] Dem wird entgegengehalten, dass die Anforderungen des Beihilfenrechts teilweise über die vergaberechtlichen Vorgaben hinausgehen.[150] Diese Problematik ist dem *„Beihilfenempfang durch Auftragsvergabe"* zuzuordnen. Hier liegt eines der zahlreichen Problemfelder, die sich im Hinblick auf die postulierte Konvergenz von Beihilfen- und Vergaberecht ergeben, auf die an dieser Stelle aber nicht vertieft eingegangen wird.[151]

Kernstück der folgenden Untersuchung ist eine Thematik, die mit den aufgezeigten Themen *„Beihilfenempfang durch die Auftragsvergabe"* und *„Beihilfenempfänger in der Auftragsvergabe"* mittelbar im Zusammenhang steht. Sie setzt eine Ebene über den geführten Diskussionen an und beschäftigt sich, dem Untersuchungsgegenstand dieser Arbeit entsprechend, mit dem Staat als einem der an dem graphisch dargelegten Mittelfluss beteiligten Rechtssubjekte.

Dass dem Vergabe- und Beihilfenrecht ein identischer Staatsbegriff zugrunde liegt, ist die oft unausgesprochene Prämisse in der Diskussion über die beschriebenen Problemfelder. Dies verdeutlicht folgendes Beispiel, welches mit den dargelegten Theorien um die Konnexität des „beihilfenrechtliche Vergabeverfahrens" und des EU-Vergaberechts in Zusammenhang steht.

Beispiel:
Die Annahme, dass die Durchführung eines vergaberechtlichen Ausschreibungsverfahrens eine beihilfenrechtliche Neutralisierung der Transaktion herbeiführt, setzt voraus, dass der Staat als Auftraggeber und als Gewährer von Beihilfen identisch ist. Die beihilfenrechtliche Neutralisierung der Transaktion durch das Vergaberecht kann nämlich von vornherein nicht stattfinden, wenn ein Tatbestand vom Beihilfenverbot zwar erfasst wird, aber mangels der Eröffnung des subjektiven Anwendungsbereichs des Vergaberechts eben dieses nicht anwendbar ist.

Es soll der Frage nachgegangen werden, ob Vergabe- und Beihilfenrecht tatsächlich eine einheitliche Zuordnung einer Einrichtung zur staatlichen oder unternehmerischen Seite vornehmen. Sind die Beteiligten im Vergabe- und im Beihilfenrecht wirklich dieselben? Auf der einen Seite der Staat, im Vergaberecht als „öffentlicher Auftraggeber", im Beihilfenrecht als „Beihilfen gewährendes Subjekt", auf der anderen Seite die Unternehmen, die als Empfänger einer

---

149 *Jennert,* EuR 2003, 343–355.

150 *Jellinghaus,* VergabeR 2010, 574–580.

151 Zur Auffassung der Kommission vgl. Mitteilung der Kommission über die Anwendung der Beihilfevorschriften der Europäischen Union auf Ausgleichsleistungen für die Erbringung von Dienstleistungen von allgemeinem wirtschaftlichem Interesse, Abl. C8/02, 11.01.2012, S. 4–14, Ziff. 62–68.

Gegenleistung für das Erbringen von Bau-, Dienst-, und Lieferleistungen oder einer Beihilfe in Erscheinung treten.[152]

Wäre dies anzunehmen, so könnte daraus geschlussfolgert werden, dass diejenigen Tatbestandsmerkmale des Vergabe- oder Beihilfenrechts, welche die Zuordnung zur staatlichen oder unternehmerischen Seite bestimmen, so ausgelegt werden müssen, dass Gleichklang zwischen den Rechtsgebieten besteht.[153] Um dieser in ihrer Allgemeinheit sehr abstrakten These Konturen zu geben und um Aussagen darüber treffen zu können, in welchen Zusammenhängen ein systematischer Vergleich zwischen Vergaberecht und Beihilfenrecht vorgenommen werden kann, müsste im Hinblick auf die Untersuchung zu § 99 Nr. 2 und Nr. 4 GWB eine Darlegung der einzelnen Facetten des Beihilfenverbots vorangehen. Ob eine dahingehende Untersuchung lohnt, hängt allerdings davon ab, ob dem Beihilfenrecht tatsächlich eine auslegungsergänzende Wirkung zugesprochen werden kann. Zwingend ist dieser Rückschluss nicht.

Die allgemeine Zielvergleichbarkeit sowie die funktionale und strukturelle Ähnlichkeit von Vergabe- und Beihilfenrecht mag zwar gewichtiges Indiz für eine auslegungsergänzende Wirkung des Beihilfenrechts sein, vermag diese für sich genommen aber nicht allein zu begründen. Denn wie bereits dargelegt, verfügt das Beihilfenrecht über eigene Instrumente, die im Rahmen des „Private-Investor-Test“ Feststellungen zur Marktüblichkeit ermöglichen. Insbesondere die Existenz des „beihilfenrechtlichen Ausschreibungsverfahren“ könnte daher ein Hinweis darauf sein, dass im Beihilfenrecht andere Maßstäbe für das Vergabeverfahren und die daran Beteiligten gelten. Obwohl das vergaberechtliche und das beihilfenrechtlich Ausschreibungsverfahren die Kriterien Wettbewerbsoffenheit, Transparenz und Diskriminierungsfreiheit gemeinsam haben[154] und – wie bereits festgestellt – unionsrechtlich vergleichbare Zielsetzungen verfolgen, wurden die Anforderungen an das „beihilfenrechtliche Ausschreibungsverfahren“ unabhängig von Vergaberechtsrichtlinien entwickelt.[155] Sie stellen keinen Verweis auf die in der BVR getroffenen Regelungen dar.

Um den Schluss auf eine auslegungsergänzende Wirkung des Beihilfenrechts weiter zu untermauern, müsste sich die dargelegte funktionale und strukturelle Ähnlichkeit daher auf der instrumentellen Ebene in der europäischen Rechtssetzung und Rechtsprechung fortsetzen. Den Ausgangspunkt für die diesbezügliche

---

152 So *Donat*, EuZW 2010, 812–817 (812).

153 So *Hertwig*, VergabeR 2008, 589–601 (590).

154 *Cremer*, in *Callies-Ruffert* EUV AEUV, Art. 107 AEUV, Rdnr. 14; *Frenz* Handbuch Europarecht, Band 3 Beihilfe- und Vergaberecht, Rdnr. 268.

155 *Donat*, EuZW 2010, 812–817 (816).

Analyse bilden die Regelungsinstrumente, mittels derer die Angemessenheit von Kompensationsleistungen in der Praxis der Regelungsregime von Vergabe- und Beihilfenrecht vollzogen wird. Dies sind das vergaberechtliche und das beihilfenrechtliche Ausschreibungsverfahren, da sich aus einem Vergleich derselben Rückschlüsse auf die daran Beteiligten ziehen lassen. Sind diese in dem Sinne funktional äquivalent, dass das Beihilfen- und das Vergaberecht eine einheitliche Zuordnung zur staatlichen bzw. zur unternehmerischen Seite vornehmen, spricht dies für die Möglichkeit einer auslegungsergänzenden Wirkung des Beihilfenrechts.

IV. Zwischenergebnis

Es ist festzuhalten, dass das Beihilfen- und das Vergaberecht trotz unterschiedlicher Ansatzpunkte strukturelle und funktionale Ähnlichkeiten aufweisen. Dies ist die Verwirklichung des gemeinsamen Binnenmarktes durch Wettbewerb in Ansehung der hier in Rede stehenden Austauschverhältnisse zwischen dem „Staat" und den „Unternehmen". Es wurde des Weiteren aufgezeigt, dass Vergabeverfahren und Beihilfenverbot in wechselseitiger Beziehung stehen und daher nicht isoliert betrachtet werden können. Veranschaulicht wurde dies speziell unter dem Blickwinkel des Mittelflusses zwischen der staatlichen und der unternehmerischen Seite im Rahmen besagter Austauschverhältnisse. In diesem Zusammenhang wurde dargelegt, dass nicht nur das Vergaberecht sondern auch das Beihilfenrecht über ein „Ausschreibungsverfahren" zur Ermittlung einer marktgerechten Gegenleistung verfügt. Damit einherging die Aufdeckung der weitgehend unbeachteten Frage, ob im Vergaberecht und im Beihilfenrecht die Zuordnung zur staatlichen bzw. zur unternehmerischen Seite, entlang der sich der jeweils regulierte Mittelfluss vollzieht, einheitlich ist. Die Zielvergleichbarkeit von Vergabe- und Beihilfenrecht sowie die strukturelle und funktionale Ähnlichkeit bei Austauschverhältnissen legt dies zwar nahe, ist aber nicht zwingend. Es gilt daher die Vermutung des Vorliegens eines einheitlichen „Staatsbegriffs" zu untersuchen.

Um dem Beihilfenrecht eine auslegungsergänzende Wirkung für die Tatbestandsmerkmale des vergaberechtlichen Auftraggeberbegriffs zuschreiben zu können, bedarf es daher einer tiefergehenden Analyse im Rahmen einer umfassenden instrumentellen Gegenüberstellung des „vergaberechtlichen" und des „beihilfenrechtlichen" Ausschreibungsverfahrens. Es ist dabei zu gewährleisten, dass die Gesichtspunkte besondere Berücksichtigung finden, die Rückschlüsse auf eine etwaige einheitliche Zuordnung beider Rechtsgebiete zur staatlichen bzw. unternehmerischen Seite zulassen. Stellen sich die beiden Rechtsgebiete diesbezüglich als funktional äquivalente Regelungsinstrumente dar, stützt dies die These, dass sowohl die dem Vergaberecht als auch dem Beihilfenrecht zugrunde liegenden Staatsbegriffe identisch sind.

C. Die funktionale Vergleichbarkeit des vergaberechtlichen und des beihilfenrechtlichen Ausschreibungsverfahrens

Die grundlegende Idee, eine marktgerechte Gegenleistung im Wettbewerb zu ermitteln und diesen Wettbewerb frei von Verzerrungen zu halten, haben das Vergaberecht und das beihilfenrechtliche Ausschreibungsverfahren gemeinsam. Ob daraus eine Wirkung für die systematische Auslegung abgeleitet werden kann, hängt – wie dargelegt – davon ab, ob das vergaberechtliche und das beihilfenrechtliche Vergabeverfahren funktional äquivalent im Hinblick auf die Zuordnung zur staatlichen bzw. unternehmerischen Seite sind.

Bevor mit der weiteren Untersuchung begonnen werden kann, sind Überlegungen dazu voranzustellen, welche Umstände für die vermutetet Einheitlichkeit der Zuordnung zur staatlichen Seite im Vergabe- und Beihilfenrecht sprechen und welche dagegen. Die Basis hierfür ist die bisherige Feststellung, dass es sowohl im Vergabe- als auch im Beihilfenrecht Ausschreibungsverfahren gibt, welche der Ermittlung einer angemessenen Gegenleistungen in einer Leistungsbeziehung zwischen einer staatlichen und einer unternehmerischen Seite dienen. Nicht geklärt ist, ob die Verfahren in ihrer Ausgestaltung vergleichbar sind und die Zuordnung zur staatlichen Seite identisch ist. Denn wie bereits dargelegt, besteht das „beihilfenrechtliche Ausschreibungsverfahren" unabhängig vom sekundärrechtlichen Vergaberecht der BVR und stellt insbesondere keinen Verweis auf dieses dar. Dies schließt jedoch eine Verwandtschaft in dem Sinne nicht aus, dass beide Verfahren unterschiedliche Anwendungsbereiche haben, denen aber ein identischer Staatsbegriff zugrunde liegt. Entscheidend für die auslegungsergänzende Wirkung bezüglich des Staatsbegriffs ist daher, ob eine funktionale Äquivalenz in dem Sinne ausgemacht werden kann, dass eine vergleichbare Regelungssystematik den Rückschluss auf einen identischen Staatsbegriff nahelegt.

Die folgende Untersuchung nimmt das (Primär-)Vergaberecht zum Ausgangspunkt für den Vergleich des vergaberechtlichen und des beihilfenrechtlichen Ausschreibungsverfahrens. Zu Beginn soll auf die Grundlagen des europäischen Primärvergaberechts eingegangen werden, da in diesem das heute geltende Vergaberecht der BVR seinen Ursprung hat. Dem schließt sich eine entsprechende Analyse der Grundlagen des beihilfenrechtlichen Ausschreibungsverfahrens an. Die grundlegende Betrachtung dient der Ermittlung des dogmatischen Ansatzpunktes für die folgende Gegenüberstellung der vergabe- und beihilfenrechtlichen Ausschreibungsverfahren.

I. Das Primärvergaberecht

Bezüglich der Vergabe öffentlicher Aufträge finden sich im europäischen Primärrecht keine direkten Vorgaben. Allerdings hat der EuGH in seiner Judikatur unter Anwendung des Unionsrechts Vorgaben für Vergabeverfahren herausgearbeitet. Insoweit wird von einem primärrechtlichen Vergaberecht gesprochen[156] Dieses basiert in erster Linie auf den Grundfreiheiten der Warenverkehrsfreiheit[157], der Niederlassungsfreiheit[158] und der Dienstleistungsfreiheit[159]. Subsidiär zu den speziellen Grundfreiheiten gilt das allgemeine Diskriminierungsverbot[160]. Angewendet auf europaweite Vergabeverfahren, steht dieser Grundsatz Bedingungen entgegen, die nur von einheimischen Bietern oder von Bietern aus anderen Mitgliedstaaten nur mit größeren Schwierigkeiten erfüllt werden können.[161] Unzulässig sind daher sämtliche Vorschriften und Verwaltungspraktiken, die mittelbar oder unmittelbar dazu führen, dass ausländische Unternehmen ihre Leistungen unter schlechteren Bedingungen als ihre inländischen Wettbewerber erbringen müssen oder diese rechtlich schlechter stellen.[162] Darüber hinaus postuliert der EuGH in seiner Rechtsprechung über das an die Staatsangehörigkeit gebundene Diskriminierungsverbot hinaus einen allgemeinen Grundsatz der Gleichbehandlung aller Bieter,[163] womit er richterliche Rechtsfortbildung jenseits der Grundfreiheiten als normative Grundlage betreibt.[164] Aus der Gesamtschau und der Verwandtschaft dieser Vorgaben leitet der EuGH in ständiger Rechtsprechung die vergaberechtlichen Prinzipien der Transparenz, der Gleichbehandlung und des Wettbewerbs ab.[165] Diese primärrechtlichen Grundsätze spiegeln sich in den detaillierten Verfahrensvorschriften

156 *Frenz* Handbuch Europarecht, Band 3 Beihilfe- und Vergaberecht, Rdnr. 1721; Ausführlich zu den Grundlagen der Primärrechtlichen Ableitung vgl. *Dörr*, in *Dreher-Motzke* Vergaberechtskommentar, Einleitung, Rdnr. 153.

157 Art. 34 AEUV (ex-Artikel 28 EGV); Vgl. bspw. EuGH, Urt. v. 22.9.1988, Rs. 45/87 (Dundalk), Slg. 1988, 4929, Rdnr. 17; EuGH, Urt. v. 20.3.1990, Rs. 21/88 (Du Pont de Nemours Italiana), Slg. 1990, I-889, Rdnr. 7 ff.

158 Art. 49 AEUV (ex-Artikel 43 EGV); Vgl. bspw. EuGH, Urt. v. 18.06.1985, Rs. 197/84 (Steinhauser), Slg. 1985, 1819, Rdnr. 17.

159 Art. 56 AEUV (ex-Artikel 49 EGV); Vgl. bspw. EuGH, Urt. v. 10.02.1982, Rs. 76/81 (Transporoute), Slg. 1982, 417, Rdnr. 14; EuGH, Urt. v. 27.3.1990, Rs. 113/89 (Rush Portuguesa), Slg. 1990, 1417, Rdnr. 12.

160 Art. 18 AEUV (ex-Artikel 12 EGV).

161 EuGH, Urt. v. 20.09.1988, Rs. 31/87 (Beentjes), Slg. 1988, 4635, Rdnr. 30.

162 *Wagner*, in *Bunte u.a.* Kommentar zum deutschen und europäischen Kartellrecht, Vor §§ 97 ff, Rdnr. 17–18.

163 EuGH, Urt. v. 13.10.2005, Az. C-458/03 (Parking Brixen), Slg. 2005, I-8612, Rdnr. 48; EuGH, Urt. v. 6.4.2006, Az. C-410/04 (ANAV), Slg. 2006, I-3303, Rdnr. 20 u.a.

164 *Dörr*, in *Dreher-Motzke* Vergaberechtskommentar, Einleitung, Rdnr. 158.

165 Vgl. bspw. EuGH, Urt. v. 18.06.1985, Rs. 197/84 (Steinhauser), Slg. 1985, 1819, Rdnr. 13 f; EuGH, Urt. v. 22.9.1988, Rs. 45/87 (Dundalk), Slg. 1988, 4929, Rdnr. 17; EuGH,

der Vergaberichtlinien wider, was die zu Beginn des Kapitels abgedruckten Erwägungsgründe der BVR zeigen.[166] Der Anwendungsvorrang des Sekundärrechts und dessen vom Unionsgesetzgeber begrenzte Reichweite determiniert dabei die inhaltlich mögliche Ableitung insoweit, als dass sich aus dem Primärrecht keine strengeren Verfahrensanforderungen ergeben dürfen wie in den Richtlinien vorgesehen.[167] Der Inhalt der Richtlinien ist auf diese Weise im Sinne eines *„Verschärfungsverbots Richtschnur und Obergrenze für die außerhalb ihres Anwendungsbereichs zulässige Entwicklung von Primärvergaberecht"*.[168]

Von besonderer Bedeutung ist das Primärrecht des AEUV heute, wenn die Vorschriften der Vergaberichtlinien mangels Erreichen der Schwellenwerte nicht anwendbar sind.[169] Die betroffenen Bieter können sich in diesem Fall direkt auf das Primärrecht berufen, sofern der Auftrag eine grenzüberschreitende Bedeutung hat.[170] Aber auch im Geltungsbereich der Vergaberichtlinien sind neben diesen die Vorschriften des primären EU-Rechts anwendbar.[171] Da die Vergaberichtlinien in ihrem Anwendungsbereich eine Auftragsvergabe gewährleisten, die den Anforderungen an ein diskriminierungsfreies Vergaberecht gerecht wird, hat das Primärrecht in diesem Zusammenhang in erster Linie eine unterstützende Funktion bei der Rechtsanwendung.[172] Auch im Bereich der Dienstleistungskonzessionen gilt das Primärvergaberecht[173], wenngleich es aufgrund der diesbezüglichen sekundärrechtlichen Regelungen[174] unterdessen auch nur mittelbare Bedeutung hat. Aus der

---

Urt. v. 20.3.1990, Rs. 21/88 (Du Pont de Nemours Italiana), Slg. 1990, I-889, Rdnr. 7 ff.; EuGH, Urt. v. 18.11.1999, Rs. C-275/98 (*Unitron*), Rdnr. 31; EuGH, Urt. v. 7.12.2000, Rs. C-324/98 (*Telaustria*), Slg. 2000, I-10745, Rdnr. 60 ff.; EuGH, Urt. v. 18.6.2002 – Rs. C-92/00 (Hopital Ingenieure), Slg. 2002 I-05553, Rdnr. 45 ff.; im deutschen Recht ist das Wettbewerbs- und Transparenzgebot des § 97 Abs. 1 GWB niedergelegt, das Gleichbehandlungsgebot in § 97 Abs. 2 GWB.

166 Erwägungsgründe Ziff. 1 RiLi 2014/24/EU.

167 vgl. *Dörr*, in *Dreher-Motzke* Vergaberechtskommentar, Einleitung, Rdnr. 155 mit weiteren Nachweisen.

168 vgl. *Dörr*, in *Dreher-Motzke* Vergaberechtskommentar, Einleitung, Rdnr. 155 mit weiteren Nachweisen.

169 *Bechtold-Otting* Kartellgesetz, vor § 97, Rdnr. 17; bzgl. der Einzelheiten vgl. *Ziekow*, in *Ziekow-Völlink* Kommentar zum Vergaberecht, Einl. GWB Rdnr. 10–11.

170 EuGH, Urt. v. 7.12.2000, Az. C-324/98 (Teleaustria), Slg. 2000, I-10745, Rdnr. 60 ff.; EuGH, Urt. v. 15.5.2008, Rs. C-147 und 148/06 (SECAP und Santorso), Slg. 2008, I-3565 Rdnr. 20–21.

171 *Bechtold-Otting* Kartellgesetz, vor § 97, Rdnr. 17.

172 *Frenz* Handbuch Europarecht, Band 3 Beihilfe- und Vergaberecht, Rdnr. 1723.

173 *Frenz* Handbuch Europarecht, Band 3 Beihilfe- und Vergaberecht, Rdnr. 1726.

174 RiLi 2014/23/EU des Europäischen Parlaments und des Rates vom 26.2.2014 über die Konzessionsvergabe, ABl. EU L 94 vom 28.03.2014, S. 1.

Rechtsprechung des EuGH zum Primärvergaberecht sowie aus den Entscheidungen der Kommission können Vorgaben zur Durchführung einer Auftragsvergabe entnommen werden.[175] Auf diese wird im Rahmen der Gegenüberstellung der Verfahren im Detail einzugehen sein.

Neben Urteilen des EuGH befasst sich auch die Kommission in einer Mitteilung mit *„Auslegungsfragen in Bezug auf das Gemeinschaftsrecht, das für die Vergabe öffentlicher Aufträge gilt, die nicht oder nur teilweise unter die Vergaberichtlinien fallen"* (sog. Auslegungsmitteilung).[176] Die Auslegungsmitteilung ist zwar nicht rechtsverbindlich, vielmehr erläutert die Kommission ihr Verständnis der Rechtsprechung des EuGH. Damit wird allerdings dem Rechtsanwender ein zusammenfassender Überblick vermittelt und der Versuch einer Systematisierung der schwer greifbaren Rechtsmaterie unternommen.

II. Das „beihilfenrechtliche Vergaberecht"

Auch für das „beihilfenrechtliche Ausschreibungsverfahren" existieren keine kodifizierten Verfahrensvorschriften für die Auftragsvergabe.[177] Wenngleich deren Ausgestaltung durch die Kommissionspraxis keine völlig einheitlichen Anforderungen entnommen werden können,[178] sind Wettbewerbsoffenheit, Transparenz und Diskriminierungsfreiheit als zentrale Prinzipien auszumachen.[179] Diese Anforderungstrias findet sich in vergleichbarer Weise in der besagten Rechtsprechung des EuGH zu den allgemeinen Steuerungsprinzipien des primären EU-Vergaberechts wieder.[180] Dementsprechend verweist die beihilfenrechtliche Literatur in diesem Zusammenhang auf die Rechtsprechung des EuGH zum Primärvergaberecht,[181] welches die einzelnen Anforderungen näher

---

175 *Frenz* Handbuch Europarecht, Band 3 Beihilfe- und Vergaberecht, Rdnr. 1722.

176 Mitteilung der Kommission zu Auslegungsfragen in Bezug auf das Gemeinschaftsrecht, das für die Vergabe öffentlicher Aufträge gilt, die nicht oder nur teilweise unter die Vergaberichtlinien fallen (ABlEG Nr. C 179 v. 1. 8. 2006).

177 *Donat,* EuZW 2010, 812–817 (813).

178 *Cremer,* in *Callies-Ruffert* EUV AEUV, Art. 107 AEUV, Rdnr. 14.

179 *Bartosch* Kommentar EU-Beihilfenrecht, Art. 107Abs. 1 AEUV, Rdnr. 45 ff.

180 Vgl. bspw. EuGH, Urt. v. 18.06.1985, Rs. 197/84 (Steinhauser), Slg. 1985, 1819, Rdnr. 13 f; EuGH, Urt. v. 22.9.1988, Rs. 45/87 (Dundalk), Slg. 1988, 4929, Rdnr. 17; EuGH, Urt. v. 20.3.1990, Rs. 21/88 (Du Pont de Nemours Italiana), Slg. 1990, I-889, Rdnr. 7 ff.; EuGH, Urt. v. 18.11.1999, Rs. C-275/98 (*Unitron*), Rdnr. 31; EuGH, Urt. v. 7.12.2000, Rs. C-324/98 (*Telaustria*), Slg. 2000, I-10745, Rdnr. 60ff.; EuGH, Urt. v. 18.6.2002 – Rs. C-92/00 (Hopital Ingenieure), Slg. 2002 I-05553, Rdnr. 45 ff.

181 Vgl. *Kühling,* in *Streinz* EUV/AEUV, Art. 107 AEUV, Rdnr. 37.

ausdifferenziert.[182] Demgemäß verweist die Literatur zum Beihilfenrecht auf die zum Primärvergaberecht ergangenen Urteile und Kommissionsentscheidungen[183], verbunden mit dem Hinweis, dass der unionsrechtliche Beihilfentatbestand entfallen dürfte, wenn den Anforderungen des „Primärvergaberechts" in Bezug auf Transparenz und Nichtdiskriminierung genügt wird.[184] Dies kann als Indiz dafür gewertet werden, dass die Autoren von einer funktionalen Äquivalenz des primärvergaberechtlichen und des beihilfenrechtlichen Vergabeverfahrens ausgehen. Ein Beweis ist es nicht. Es bedarf daher weiterer Anhaltspunkte dafür, dass das Beihilfenvergaberecht und das Primärvergaberecht funktional äquivalent sind oder zumindest artverwandte Systeme darstellen. Dies wäre die notwendige Mindestvoraussetzung für den angestrebten Vergleich.

III. Das Sondervergaberecht der VO 1370/2007 im Kontext von Vergabe- und Beihilfenrecht

1. *Die VO 1370/2007 als vergabe- und beihilfenrechtlicher Hybrid*

Eine mögliche Schnittstelle zwischen dem Vergabe- und dem Beihilfenrecht könnte dabei die Verordnung über öffentliche Personenverkehrsdienste auf Schiene und Straße (VO 1370) sein, da diese sowohl der Umsetzung der Dienstleistungsfreiheit als auch des Verbots staatlicher Beihilfen in diesen Bereichen dient.[185] Hierin könnte sich neben den dargelegten Literaturmeinungen auch in der Rechtssetzung manifestieren, dass beim „beihilfenrechtlichen Ausschreibungsverfahren" auf die Wertungen des primären Vergaberechts abzustellen ist. Um auch insoweit eine Aussage vornehmen zu können, ist zunächst zu klären, wie die VO 1370 mit Blick auf den Regelungsrahmen von Vergabe- und Beihilferecht zu verorten ist und inwieweit sie inhaltliche Bezüge zum Untersuchungsgegenstand aufweist.

Der ÖPNV hat aufgrund der Eigenheiten dieses Wirtschaftsbereichs eine gesonderte Stellung im AEUV. Im Hinblick auf die Dienstleistungsfreiheit nach Art. 56 AEUV regelt Art. 58 AEUV, dass auf dem Gebiet des Verkehrs die

---

182 Vgl. bspw. EuGH, Urt. v. 7.12.2000, Az. C-324/98 (Teleaustria), Slg. 2000, I-10745, Rdnr. 61 ff.; EuGH, Urt. v. 13.10.2005, Az. C-458/03 (Parking Brixen), Slg. 2005, I-8612, Rdnr. 49; EuGH, Urt. v. 6.4.2006, Az. C-410/04 (ANAV), Slg. 2006, I-3303, Rdnr. 21. Eine detalierte Analyse der Rechtsprechung des EuGH zum Primärvergaberecht findet sich im folgenden Abschnitt IV.

183 Vgl. bspw. *Kühling*, in *Streinz* EUV/AEUV, Art. 107 AEUV, Rdnr. 37; *Bartosch* Kommentar EU-Beihilfenrecht, Art. 107Abs. 1 AEUV, Rdnr. 45 ff.

184 So *Dörr*, in *Dreher-Motzke* Vergaberechtskommentar, Einleitung, Rdnr. 154.

185 Zur Einordnung der VO 1370 im EU-Recht vgl. *Zuck*, in *Ziekow-Völlink* Kommentar zum Vergaberecht, Einl. VO 1370, Rdnr. 1–5.

Bestimmungen des Titels über den Verkehr nach Art. 90 ff. AEUV gelten. Dies hat zur Folge, dass die Dienstleistungsfreiheit im Rahmen einer gemeinsamen Verkehrspolitik nur dann gilt, wenn diese nach Art. 91 AEUV über sekundäres EU-Recht eingeführt wird.[186] Ähnlich verhält es sich mit dem Beihilfenverbot des Art. 107 AEUV, welches im Verkehrsbereich nur eingeschränkt gilt. Denn zum einen gelten die Einschränkungen des Art. 106 AEUV für Dienstleistungen von allgemeinem wirtschaftlichen Interesse und zum anderen sind nach Art. 93 AEUV Beihilfen, die den Erfordernissen der Koordinierung des Verkehrs oder der Abgeltung bestimmter, mit dem Begriff des öffentlichen Dienstes zusammenhängender Leistungen entsprechen, mit den Verträgen vereinbar.[187] Dementsprechend stützt sich die Verordnung auf Art. 91 AEUV[188] und Art. 109 AEUV[189], welcher dem Rat die Befugnis zum Erlass von Sekundärrecht im Beihilfensektor einräumt. Schon hier offenbart sich, dass sowohl ein Bezug zu den Grundfreiheiten, nämlich dem *„freien Dienstleistungsverkehr auf dem Gebiet des Verkehrs“*, als auch zum Beihilfenrecht festgestellt werden kann. Im nächsten Schritt ist daher zu klären, in welchem Umfang dabei vergaberechtliche Gesichtspunkte eine Rolle spielen.

Ziel der Verordnung ist es, auf dem Gebiet der öffentlichen Personenverkehrsdienste auf Schiene und Straße *„einen gemeinschaftlichen Rechtsrahmen über die Art und Weise, wie in der Gemeinschaft öffentliche Dienstleistungsaufträge vergeben werden müssen und unter welchen Bedingungen diese ausgeschrieben werden sollten, festzulegen.“*[190] Damit werden den Mitgliedstaaten für den Fall, dass einem Unternehmen gemeinwirtschaftliche Pflichten auferlegt bzw. vergeben werden, die Parameter für die Bestimmung eines angemessenen Ausgleichs vorgegeben. Die Verordnung zielt damit auf eine Optimierung der Effizienz und Transparenz staatlicher Zuteilungs- und Kompensationsakte im Rahmen der Daseinsvorsorge ab.[191]

Die in der Verordnung getroffenen Regelungen sind auf die Besonderheiten des ÖPNV zugeschnitten. Spezifisch für den ÖPNV ist, dass zwar privates Unternehmertum und Wettbewerb vorzufinden sind, aber von staatlicher Seite regelmäßig Ausgleichsleistungen für die Übernahme der gemeinwirtschaftlichen

186 *Zuck*, in *Ziekow-Völlink* Kommentar zum Vergaberecht, Einl. VO 1370, Rdnr. 4.
187 Vgl. auch Erwägungsgründe zur VO 1370/2007, Rz. 2/3.
188 ex-Artikel 71 EGV.
189 ex-Artikel 89 EGV.
190 Vgl. Erwägungsgründe zur VO 1370, Rz. 6.
191 *Nettesheim*, NVwZ 2009, 1449–1455 (1449).

Verpflichtungen[192] geleistet oder ausschließliche Rechte[193] gewährt werden, da ansonsten die Erbringung von Dienstleistungen in dem von den Mitgliedstaaten gewünschten Umfang nicht möglich wäre.[194]

Für den Fall, dass die Dienste von Betreibern eines öffentlichen Dienstes in Anspruch genommen werden, der nicht interner Betreiber ist, ist vorgesehen, dass die zuständige Behörde die öffentlichen Dienstleistungsaufträge – außer in explizit geregelten Ausnahmefällen – im Wege eines wettbewerblichen Vergabeverfahrens zu vergeben hat.[195] Liegt eine Ausnahme vor und kann der Dienstleistungsauftrag direkt an ein Unternehmen vergeben werden, so sieht die Verordnung im Anhang Bestimmungen zur Ermittlung der angemessenen Ausgleichsleistung zuzüglich eines angemessenen Gewinns vor.[196] Der in Art. 4 Abs. 1 VO 1370 bestimmte „*obligatorische Inhalt öffentlicher Dienstleistungsaufträge*" korrespondiert mit den ersten der drei Altmark-Trans-Kriterien.[197] Vorgeschrieben ist – kurzgefasst –

- eine klare Definition der gemeinwirtschaftlichen Verpflichtung[198]
- die Aufstellung objektiver und transparenter Parameter zur Bestimmung der Ausgleichsleistungen[199]
- und die Vorgabe, dass der Ausgleich nicht über die Kosten der Erfüllung der gemeinwirtschaftlichen Verpflichtungen unter Berücksichtigung der dabei erzielten Einnahmen und eines angemessenen Gewinns hinausgehen darf.[200]

Was das Verfahren zur Vergabe der Dienstleistungsaufträge betrifft, so sieht der 20. Erwägungsgrund der VO, ausgehend vom dargelegten primärrechtlichen Spannungsgefüge, vor: „*Entscheidet eine Behörde, eine Dienstleistung von allgemeinem*

---

192 Als „Ausgleichsleistung für gemeinwirtschaftliche Verpflichtungen" definiert Art. 2 g VO „*jeden Vorteil, insbesondere finanzieller Art, der mittelbar oder unmittelbar von einer zuständigen Behörde aus öffentlichen Mitteln während des Zeitraums der Erfüllung einer gemeinwirtschaftlichen Verpflichtung oder in Verbindung mit diesem Zeitraum gewährt wird.*"

193 Ein „ausschließliches Recht" ist nach der Begriffsbestimmung des Art. 2 f VO ein Recht, „das einen Betreiber eines öffentlichen Dienstes berechtigt, bestimmte öffentliche Personenverkehrsdienste auf einer bestimmten Strecke oder in einem bestimmten Streckennetz oder Gebiet unter Ausschluss aller anderen solchen Betreiber zu erbringen."

194 *Nettesheim*, NVWZ 2009, 1449–1455 (1449).

195 Vgl. Art. 5 Abs. 3 VO 1370; auf die Einzelheiten sowie die Begriffsbestimmungen der Verordnung wird in der folgenden Untersuchung eingegangen.

196 Vgl. Art. 6 Abs. 1 VO (EG) Nr. 1370/2007.

197 Vgl. Erwägungsgründe zur VO 1370, Rz. 33.

198 EuGH, Urt. v. 24.7.2003, Rs. C- 280/00 (Altmark Trans), Slg. 2003, I-7747, Rdnr. 89, entspricht Art. 4 Abs. 1 a VO 1370.

199 EuGH, a.a.O., Rdnr. 90, entspricht Art. 4 Abs. 1 b (erster Abschnitt) VO 1370.

200 EuGH, a.a.O., Rdnr. 92, entspricht Art. 4 Abs. 1 b (zweiter Abschnitt) VO 1370.

Interesse einem Dritten zu übertragen, so muss die Auswahl des Betreibers eines öffentlichen Dienstes unter Einhaltung des für das öffentliche Auftragswesen und Konzessionen geltenden Gemeinschaftsrechts, das sich aus den Artikeln 43 bis 49 des Vertrags ergibt, sowie der Grundsätze der Transparenz und der Gleichbehandlung erfolgen.(...)".

2. *Die VO 1370/2007 als Indiz für einen einheitlichen Staatsbegriff im Vergabe- und Beihilfenrecht?*

Auffällig ist die direkte Bezugnahme auf das Primärvergaberecht. Der europäische Gesetzgeber erklärt für den Anwendungsbereich der VO 1370 die Grundsätze des Primärvergaberechts für anwendbar. Wegen der Stellung zwischen dem Primärvergaberecht auf der einen Seite und dem Beihilfenrecht auf der anderen Seite ist daher, unter dem Blickwinkel der funktionalen Vergleichbarkeit des vergaberechtlichen mit dem beihilfenrechtlichen Ausschreibungsverfahren, die Betrachtung des „*Sondervergaberechts*"[201] für Personenlandverkehrsdienste von außerordentlichem Interesse. Durch die Bezugnahme auf das Vergaberecht ist eine Deutung dahingehend möglich, dass aufgrund der Identität der Verfahren auch die daran Beteiligten identisch sind, also der VO 1370 und dem Vergaberecht der BVR derselbe funktionelle Staatsbegriff zugrunde liegt.

Diese Annahme wird auch durch die Tatsache gestützt, dass der Europäische Gesetzgeber ein komplementäres Verhältnis von Vergabe- und Beihilfenrecht vorsieht. Nach Art. 5 Abs. 1 VO 1370 gilt in Bezug auf das Vergaberecht ein Regel-Ausnahme-Verhältnis. Regelmäßig sind öffentliche Dienstleistungsaufträge im Sinn der VO 1370 nach deren Maßgabe zu vergeben. Weiter regelt Art. 5 Abs. 1 VO 1370:„ *Dienstleistungsaufträge oder öffentliche Dienstleistungsaufträge gemäß der Definition in den Richtlinien 2004/17/EG oder 2004/18/EG für öffentliche Personenverkehrsdienste mit Bussen und Straßenbahnen werden jedoch gemäß den in jenen Richtlinien vorgesehenen Verfahren vergeben, sofern die Aufträge nicht die Form von Dienstleistungskonzessionen im Sinne jener Richtlinien annehmen.*" Eine Ausnahme ergibt sich damit für Vergaben, die im Anwendungsbereich des (Sektoren-)Vergaberechts der SKR und der BVR liegen. Eine Rückausnahme gilt für Aufträge in Form von Dienstleistungskonzessionen, welche dem Vergaberecht nicht unterfallen, und für den Eisbahnverkehr, der nicht von den Vergaberichtlinien erfasst ist.[202] Etwas anderes ergibt sich auch nicht aus dem Umstand, dass sich die Vergabe von Dienstleistungskonzessionen nach der letzten Novellierung des europäischen Vergaberechts nach der KVR richtet. Diese gilt gemäß

201 *Polster*, NZBau 2010, 662–671.

202 Zu den Einzelheiten des diesbezüglichen Regel-Ausnahme-Verhältnis vgl. *Nettesheim*, NVwZ 2009, 1449–1455 (1451); *Polster*, NZBau 2010, 662–671 (663).

Art. 10 Abs. 3 KVR nicht für Konzessionen, die „*(...) im Bereich der öffentlichen Personenverkehrsdienste im Sinne der Verordnung (EG) Nr. 1370/2007 vergeben werden.*" Es besteht mithin ein diesbezüglicher Anwendungsvorrang der VO 1370. Der europäische Gesetzgeber hatte bei der Schaffung der VO 1370 und der KVR das Große und Ganze im Blick. Er regelte das Verhältnis zwischen dem Vergaberecht der VO 1370, der BVR, der Sektorenrichtlinie und der Konzessionsvergaberichtlinie, indem er dafür Sorge trug, dass immer eines dieser Vergaberegime zur Anwendung kommt. Diese Vorgehensweise ergibt nur Sinn, wenn man von einem einheitlichen staatlichen Adressatenkreis ausgeht. Wäre dieser nämlich divergent, würden unterschiedliche persönliche Anwendungsbereiche das Komplementärsystem stören.

IV. Gegenüberstellung des vergaberechtlichen und beihilfenrechtlichen Ausschreibungsverfahren

Die Frage nach der funktionalen Äquivalenz wird im Folgenden anhand einer Gegenüberstellung des primären und sekundären EU-Vergaberechts, des beihilfenrechtlichen Ausschreibungsverfahrens und des Verfahrens der VO 1370 als einem vergabe- und beihilfenrechtlichen Hybrid untersucht. Graduelle Unterschiede hinsichtlich einzelner Wertungsgesichtspunkte in den Verfahren spielen dabei weniger eine Rolle als die grundlegende Systematik. Im Fokus steht die Frage, ob die zugrunde liegenden Staatsbegriffe identisch sind. Die Analyse unterteilt sich – entsprechend dem vergaberechtlichen Prüfungsaufbau – in drei Teile: (1) der Anwendbarkeit der Regelungen zur Vergabe, (2) dem Ablauf des Vergabeverfahrens und (3) den Möglichkeiten des Rechtsschutzes. Ausgangspunkt bei der Untersuchung der einzelnen Abschnitte bilden dabei die Vorschriften der im GWB umgesetzten europäischen Vergaberechtsrichtlinien, mit diesen werden die Vorschriften der VO 1370 verglichen. Auf das Primärvergaberecht wird in diesem Rahmen Bezug genommen und gesondert hingewiesen.

1. Die Anwendbarkeit der Ausschreibungsverfahren

Um zu einer Anwendbarkeit des GWB-Vergaberechts zu gelangen, müssen drei Voraussetzungen kumulativ erfüllt sein: Zunächst muss der persönliche Anwendungsbereich eröffnet sein. Dies ist der Fall, wenn ein öffentlicher Auftraggeber im Sinne des § 98 i.V.m. § 99 GWB handelt. Dieser muss einen öffentlichen Auftrag nach § 103 GWB vergeben. Ferner darf kein Ausnahmetatbestand für die Anwendbarkeit vorliegen. Dies sind die allgemeinen Ausnahmen nach § 107 GWB und Ausnahmen bei öffentlich-öffentlicher Zusammenarbeit nach § 108 GWB. In § 108 GWB sind die vormals nicht kodifizierten Grundsätze zur

In-House-Vergabe geregelt. Zudem muss das Volumen des fraglichen Auftrags die Schwellenwerte gemäß § 106 GWB i.V.m. Art. 4 BVR überschreiten.

a) Persönlicher Anwendungsbereich, „Öffentlicher Auftraggeber" und „Zuständige Behörde"

Einen Vergleich der Auftraggeberbegriffe bzw. der persönlichen Anwendungsbereiche der Rechtsregime ist von Interesse, da sich in diesen das jeweilige Staatsverständnis im Sinne einer Zuordnung zur staatlichen oder unternehmerischen Seite widerspiegelt.

Der in § 98 i.V.m. § 99 GWB geregelte persönliche Anwendungsbereich des Vergaberechts wurde bereits im ersten Kapitel umrissen. Dabei wurde der Untersuchungsgegenstand dieser Arbeit auf den Kern des vergaberechtlichen Staatsbegriffs, bestehend aus „öffentlichen Auftraggebern" und „Einrichtungen des öffentlichen Rechts" nach Art. 2 Abs. Nr. 1 und Nr. 4 der BVR, beschränkt, welcher in § 99 GWB umgesetzt ist. Diese Einschränkung liegt auch der folgenden Darstellung zugrunde.

Als persönlichen Anwendungsbereich bestimmt die VO 1370 die "zuständigen Behörden".[203] „Zuständige (örtliche) Behörde" ist dabei jede Behörde oder Gruppe von Behörden eines oder mehrerer Mitgliedstaaten, die zur Intervention im öffentlichen Personenverkehr in einem bestimmten geografischen Gebiet befugt ist oder jede mit einer derartigen Befugnis ausgestatteten Einrichtung.[204] Das zentrale Tatbestandsmerkmal für die Zuordnung in den persönlichen Anwendungsbereich ist demnach die Interventionsbefugnis, deren bloßes Innehaben genügt.

Auf den ersten Blick könnte man annehmen, dass die Vorschrift des § 100 GWB zu den Sektorenauftraggebern den systematischen Anknüpfungspunkt zum Vergaberecht bilden. Denn § 100 Abs. 1 Nr. 2 GWB befasst sich mit Tätigkeiten, die auf „*Grundlage von besonderen oder ausschließlichen Rechten ausgeübt werden, die von einer zuständigen Behörde gewährt wurden*". Anstatt durch eine staatliche Beherrschung zeichnen sich diese privaten Rechtsträger gemäß Art. 4 Abs. 1 lit. b) SKR dadurch als Sektorenauftraggeber aus, dass sie Sektorentätigkeiten auf der Grundlage von besonderen oder ausschließlichen Rechten

---

203 Vgl. Art. 3 Abs. 1 VO 1370.

204 Vgl. Art. 2 b und c VO 1370; In Deutschland richtet sich die zuständige Behörde nach dem Landesrecht vgl. § 8a Abs. 1 PBefG. Welche die „zuständige Behörde" ist, ergibt sich somit aus den ÖPNV-Gesetzen der Länder, vgl. *Zuck*, in *Ziekow-Völlink* Kommentar zum Vergaberecht, Art. 2 VO 1370, Rdnr. 3–5.

ausüben, welche ihnen der Staat verliehen hat.[205] Die Begrifflichkeit der „besonderen und ausschließlichen Rechte“ ist dabei wiederum an das in Art. 106 Abs. 1 AUEV verwendete Begriffsverständnis angelehnt.[206]

Die Sektorenauftraggeber müssen das Sektorenvergaberecht einhalten, um trotz der auf staatlicher Ingerenz beruhenden Marktabschottung Wettbewerb herzustellen.[207] Allerdings bedarf es eines solchen Verfahrens nicht, wenn der vom Staat gewährten privilegierten Marktstellung ein qualifiziertes staatliches Verteilungsverfahren vorausging, beispielsweise das zur wettbewerblichen Vergabe von ÖPNV-Diensten gemäß Art. 5 VO 1370.[208] In diesem Sinne stellt Erwägungsgrund 20 der KVR klar, *„dass Rechte, die im Wege eines Verfahrens gewährt wurden, das auf objektiven Kriterien beruht, die sich insbesondere aus Rechtsvorschriften der Union herleiten, und bei dem eine angemessene Publizität gewährleistet wurde, keine besonderen oder ausschließlichen Rechte im Sinne dieser Richtlinie darstellen.“* In diesem Zusammenhang wird die VO 1370 also explizit genannt. In der Konsequenz ist dann die Eigenschaft als Sektorenauftraggeber nicht gegeben, da durch das wettbewerbliche Verfahren die wettbewerbshindernde Marktabschottung entfällt, es findet dann keine Tätigkeit auf der Grundlage besonderer oder ausschließlicher Rechte statt.[209] Oder wie es *Dörr* formuliert: *„Vergaberecht verhindert neue vergaberechtliche Bindungen.“*[210]

Dies zeigt, dass die VO 1370 nicht an die Inhaber besonderer oder ausschließlicher Rechte im Sinne von Art. 106 Abs. 1 AEUV adressiert ist[211], sondern an die Stellen, die diese Rechte gewähren, mithin an den Ausgangspunkt der besagten staatlichen Ingerenz. Der Begriff der „zuständigen Behörde“ im Sinne der VO 1370 setzt damit eine Stufe über der Regelung des § 100 Abs. 1 Nr. 2 GWB an. Es geht um den Staat, der die besagten Rechte gewährt.

Fraglich ist, ob – entsprechend den „öffentlichen Auftraggebern“ und „Einrichtungen des öffentlichen Rechts“ im Sinne der BVR[212] – mit den „zuständigen Behörden“ ein vergleichbarer Staatsbegriff zugrunde gelegt wird. Zu beachten ist dabei, dass es der spezifische Regelungsbereich und die spezifische Regelungssystematik der VO 1370 mit sich bringt, dass das Tatbestandsmerkmal der

205 *Dörr*, in *Dreher-Motzke* Vergaberechtskommentar, § 98 Rdnr. 51.
206 *Ziekow*, in *Ziekow-Völlink* Kommentar zum Vergaberecht, § 98 GWB, Rdnr. 135.
207 *Ziekow*, in *Ziekow-Völlink* Kommentar zum Vergaberecht, § 98 GWB, Rdnr. 118.
208 *Dörr*, in *Dreher-Motzke* Vergaberechtskommentar, § 98 Rdnr. 157.
209 *Ziekow*, in *Ziekow-Völlink* Kommentar zum Vergaberecht, § 98 GWB, Rdnr. 140.
210 *Dörr*, in *Dreher-Motzke* Vergaberechtskommentar, § 98 Rdnr. 157.
211 Im deutschen Recht sind dies teils die Sektorenauftraggeber nach § 100 GWB.
212 Vgl. Art. 2 Abs. 1 BVR.

„zuständigen Behörde" dabei nur im weiteren Sinne mit den Definitionen der BVR verglichen werden kann. So genügt im Anwendungsbereich der VO 1370 hinsichtlich den Anforderungen an die Rechtspersönlichkeit das Innehaben von Interventionsbefugnissen.[213] Die betreffende Einrichtung muss im Gegensatz zum vergaberechtlichen Auftraggeber nicht notwendigerweise Vertragspartner eines auszuschreibenden öffentlichen Auftrags werden. Erfasst werden auch Einrichtungen, welche die Interventionsbefugnisse übertragen bekommen und im eigenen oder fremden Namen ausüben[214].

Darauf aufbauend entfällt auch die Prüfung des zentralen Tatbestandsmerkmals des „Gründungszwecks" der „im Allgemeininteresse liegenden Aufgabe nichtgewerblicher Art", das neben der Rechtspersönlichkeit und der Staatsnähe, eines der drei zentralen Tatbestandsmerkmale der „Einrichtungen des öffentlichen Rechts" des Art. 2 Abs. 1 Nr. 4 BVR ist. Denn wenn die „zuständige Behörde" nicht notwendig über eine eigene Rechtspersönlichkeit verfügen muss, dann kann sie auch nicht zu einem bestimmten Zweck gegründet worden sein. Seine funktionale Entsprechung hat das Tatbestandsmerkmal der „im Allgemeininteresse liegenden Aufgabe nichtgewerblicher Art" in den „gemeinwirtschaftlichen Verpflichtungen", in deren Rahmen die ÖPNV-Dienstleistungen nach der VO 1370 erbracht werden. Art. 2 e) VO 1370 definiert diese als *„eine von der zuständigen Behörde festgelegte oder bestimmte Anforderung im Hinblick auf die Sicherstellung von im allgemeinen Interesse liegenden öffentlichen Personenverkehrsdiensten, die der Betreiber unter Berücksichtigung seines eigenen wirtschaftlichen Interesses nicht oder nicht im gleichen Umfang oder nicht zu den gleichen Bedingungen ohne Gegenleistung übernommen hätte"*. Das Bindeglied zur „zuständigen Behörde" bildet anstatt des „Gründungszwecks" die besagte Interventionsbefugnis, d.h. die Möglichkeit für das Erfüllen der „gemeinwirtschaftlichen Verpflichtung" Gegenleistungen in Form von ausschließlichen Rechten und/oder Ausgleichsleistungen gewähren zu können. Eine im Allgemeininteresse liegende Tätigkeit, die außerhalb eines entwickelten Wettbewerbs stattfindet[215], liegt daher in funktional vergleichbarer Weise vor, wenngleich diese Tätigkeit nicht durch den „Gründungszweck", sondern durch die Interventionsbefugnis der betreffenden Behörde, Gruppe von Behörden oder Einrichtungen zugeordnet wird.

213 *Zuck*, in *Ziekow-Völlink* Kommentar zum Vergaberecht, Art. 2 VO 1370, Rdnr. 5.
214 *Zuck*, in *Ziekow-Völlink* Kommentar zum Vergaberecht, Art. 2 VO 1370, Rdnr. 3.
215 Zu dem TB der im Allgemeininteresse liegenden Aufgabe nichtgewerblicher Art vgl. 3. Kapitel B II. und III.

Was das dritte Kriterium der Staatsnähe betrifft, so ist dieses in der Möglichkeit zur Gewährung wirtschaftlicher Vorteile zu sehen, die in vergaberechtlicher Hinsicht am ehesten der „Finanzierung“ entspricht. Neben der Festlegung allgemeiner Vorschriften für den Betrieb öffentlicher Verkehrsdienste, die für alle Betreiber gelten, gehört die Gewährung ausschließlicher Rechte an die Betreiber eines öffentlichen Dienstes und die Gewährung einer finanziellen Ausgleichsleistung für Betreiber eines öffentlichen Dienstes zu den Mechanismen, die die Behörden der Mitgliedstaaten nutzen können, um die Erbringung öffentlicher Personenverkehrsdienste sicherzustellen.[216] Mit diesen Instrumenten verschafft der Staat dem Betreiber eines öffentlichen Dienstes einen unmittelbaren oder mittelbaren wirtschaftlichen Vorteil, mit dem das Erbringen der „gemeinwirtschaftlichen Verpflichtung“ kompensiert werden kann.

Zusammengefasst kann daher festgestellt werden, dass „öffentliche Auftraggeber“ und „Einrichtungen des öffentlichen Rechts“ nach Art. 2 Abs. Nr. 1 der BVR auf der einen Seite und die „zuständige Behörde“ nach Art. 2 b) VO 1370 auf der anderen Seite trotz der unterschiedlichen Regelungsansätze funktional vergleichbar sind. Es geht in beiden Fällen darum, all diejenigen Einrichtungen zu erfassen, hinter denen sich letztlich der Staat verbirgt. Zum Zwecke der Zuordnung stellen beide Regelungsregime zum einen auf den Aufgabenbereich und zum anderen auf die Staatsnähe ab. Ersterer zeichnet sich durch eine Tätigkeit im allgemeinen Interesse aus, die im freien Wettbewerb von einem Unternehmen nicht oder nicht in diesem Umfange erbracht werden würde. Im zweiten Schritt geht damit die Kompensation dieser Leistung durch die Weitergabe ökonomischer Vorteile einher, die ihren Ursprung im staatlichen Finanzpotenzial oder der staatlichen Macht zur Schaffung wirtschaftlicher Vorzugsstellungen im Wettbewerb haben. Von letzterem geht die abstrakte Gefahr der staatlich initiierten Wettbewerbsstörung aus.

b) Sachlicher Anwendungsbereich; „Öffentliche Aufträge“ und „öffentlicher Dienstleistungsauftrag“

Der dargelegten Regelungsfunktion der Verordnung entsprechend unterscheidet sich die Beauftragung gemäß der Verordnung von dem in § 103 Abs. 1 GWB definierten „öffentlichen Auftrag“. Um Aussagen über die strukturelle Vergleichbarkeit treffen zu können, ist der Begriff des Auftrags auf seine drei Kernelemente zu reduzieren. Diese sind der Abschluss entgeltlicher Verträge (1) zwischen

216 Vgl. Erwägungsgründe zur VO 1370, Rz. 5.

öffentlichen Auftraggebern und Unternehmen (2) über die Beschaffung von Leistungen (3).

In der VO 1370 geht es gemäß Art. 3 Abs. 1 VO 1370 um die Gewährung ausschließlicher Rechte und/oder Ausgleichsleistungen für die Erfüllung gemeinwirtschaftlicher Verpflichtungen im Rahmen eines „öffentlichen Dienstleistungsauftrags". Als „öffentlicher Dienstleistungsauftrag" definiert Art. 2 i VO 1370 "einen oder mehrere rechtsverbindliche Akte, die die Übereinkunft zwischen einer zuständigen Behörde und einem Betreiber eines öffentlichen Dienstes bekunden, diesen Betreiber eines öffentlichen Dienstes mit der Verwaltung und Erbringung von öffentlichen Personenverkehrsdiensten zu betrauen, die gemeinwirtschaftlichen Verpflichtungen unterliegen; (...)". Als „Betreiber eines öffentlichen Dienstes" kommt dabei nach Art. 2 d VO *1370 „jedes privat- oder öffentlich-rechtliche Unternehmen oder jede Gruppe von privat- oder öffentlich-rechtlichen Unternehmen"* in Betracht.

Die genannten Kernelemente finden sich - wenn auch nur im weiteren Sinne - in der VO wieder.[217] Die „zuständige Behörde", die wie der „öffentliche Auftraggeber" nach § 99 GWB der staatlichen Seite zuzurechnen ist, schließt mit Unternehmen bzw. Unternehmensgruppen eine rechtsverbindliche Übereinkunft, kraft derer sie ausschließliche Rechte und/oder Ausgleichsleistungen für die Erfüllung der gemeinwirtschaftlichen Verpflichtungen gewährt. Diese stellen - ökonomisch betrachtet - eine Kompensationsleistung in Form eines wirtschaftlichen Vorteils dar, die einem Entgelt funktionell vergleichbar sind. Im Ergebnis besteht darin das funktionale Pendant der VO 1370 zum öffentlichen Auftrag im Sinne des § 103 Abs. 1 GWB.

c) Keine In-House-Vergabe

Die bisherige Untersuchung hat gezeigt, dass sowohl bezüglich des persönlichen als auch des sachlichen Anwendungsbereichs eine funktionale Vergleichbarkeit zwischen dem vergaberechtlichen Ausschreibungsverfahren und dem speziellen Vergaberecht der VO 1370 zu erkennen ist. Der spezifische Regelungsbereich der VO 1370 bringt es dabei mit sich, dass der Vergleich eines gesteigerten Maßes an Abstrahierung bedurfte. Insbesondere der Umstand, dass die Interventionsbefugnisse nicht in jedem Fall eine eigene Rechtspersönlichkeit voraussetzen

217 Entgegen dem Wortsinn setzt das Wort Übereinkunft keine vertragliches, vertragsähnliches oder bipolares Rechtsverhältnis voraus, die Rechtsform der Betrauung richtet sich nach dem Recht der Mitgliedstaaten, vgl. dazu *Zuck*, in *Ziekow-Völlink* Kommentar zum Vergaberecht, Art. 2 VO 1370, Rdnr. 15–18.

und der „öffentlichen Dienstleistungsauftrag" nicht unbedingt ein vertragliches, vertragsähnliches oder bipolares Rechtsverhältnis[218] erfordert, zeigt, dass die VO 1370 teils eigenen Regeln folgt. Um etwaigen Unsicherheiten entgegenzuwirken, soll die funktionale Vergleichbarkeit des persönlichen und sachlichen Anwendungsbereichs anhand der In-House-Problematik verifiziert werden. Diese befasst sich mit Konstellationen, in denen dem Staat zuzuordnende öffentliche Stellen untereinander bzw. mit der unternehmerischen Seite kooperieren. Ein vergleichbares Verständnis hinsichtlich der Beteiligten würde die These des einheitlichen funktionalen Auftraggeberbegriffs im Vergaberecht und im beihilfenrechtlichen Sondervergaberecht der VO 1370 stützen.

Nach vergaberechtlichen Grundsätzen ist die Eigenerledigung als Erledigung *„In-House"* vergaberechtsfrei, sodass es keines Vergabeverfahrens bedarf, wenn der potenzielle öffentliche Auftraggeber eine Aufgabe selbst erledigt. Problematisch sind indes Konstellationen, bei denen rechtlich selbständige Einheiten Leistungen erbringen, und die Stelle, für die die Leistung erbracht wird, auch an dieser Einheit beteiligt ist. Hier stellt sich die Frage nach der In-House-Fähigkeit des Geschäfts.[219] Ausgangspunkt der diesbezüglichen Prüfung bilden die im Urteil in der Rechtssache *Teckal* vom EuGH entwickelten Kriterien, bei deren Vorliegen die Beauftragung eines auftraggeberverschiedenen Rechtssubjekts der internen Leistungserbringung gleichgestellt wird. Demgemäß muss der öffentliche Auftraggeber über die fragliche Person

- eine Kontrolle ausüben, wie über eigene Dienststellen (erstes Teckal-Kriterium) und
- diese muss zugleich ihre Tätigkeit im Wesentlichen für den öffentlichen Auftraggeber verrichten(zweites Teckal-Kriterium).[220]

Des Weiteren geht der EuGH beim Vergaberecht in ständiger Rechtsprechung davon aus, dass eine – auch minderheitliche – Beteiligung eines privaten Unternehmens am Grundkapital einer Gesellschaft, an der auch der betreffende öffentliche Auftraggeber beteiligt ist, deren In-House-Fähigkeit ausschließt.[221] Der Gerichtshof begründet dieses Erfordernis zum einen damit, dass die Anlage privaten Kapitals nicht der Verfolgung von im öffentlichen Interesse liegenden

---

218 *Zuck*, in *Ziekow-Völlink* Kommentar zum Vergaberecht, Art. 2 VO 1370, Rdnr. 16–18.

219 Ausführlich zur ausdifferenzierten In-House-Dogmatik vgl. *Ziekow*, in *Ziekow-Völlink* Kommentar zum Vergaberecht, § 99, Rdnr. 96 ff.

220 EuGH, Urt. v. 18.11.1999, C-107/98 (Teckal), Slg. 1999, I-08121, Rdnr. 50.

221 EuGH, Urt. v. 22. 12. 2010, C-215/09 (Mehiläinen Oy u. a./Oulun kaupunki), Slg. 2010 I-13749, Rdnr. 32.

Zielen dient, sondern in einem Unternehmen stets auf Überlegungen beruht, die mit privaten Interessen zusammenhängen, mithin andersartige Ziele verfolgt werden.[222] Zudem würde das Ziel eines freien und unverfälschten Wettbewerbs und der Gleichbehandlungsgrundsatz beeinträchtigt, da die verfahrensfreie Vergabe eines Auftrags an einen Vertragspartner, an dessen Kapital ein privates Unternehmens beteiligt ist, letzterem einen Vorteil gegenüber seinen Konkurrenten verschaffen würde.[223]

Im Vergaberecht wurde die In-House-Problematik in die Vergaberichtlinien übernommen[224], um bestehende Rechtsunsicherheiten durch die Kodifizierung der diesbezüglich ergangenen EuGH-Rechtsprechung zu beseitigen.[225] Im deutschen Recht wurden die Regelungen zu den In-House-Konstellationen in § 108 Abs. 1–5 GWB niedergelegt. Der Inhalt der Regelungen wird an dieser Stelle in dem für den Vergleich mit der in VO 1370 erforderlichen Umfang wiedergegeben.[226]

Das Kontrollkriterium wurde dahingehend präzisiert, dass die erforderliche *„ähnliche Kontrolle wie über eine eigenen Dienststelle"* vermutet wird, wenn *„der öffentliche Auftraggeber einen ausschlaggebenden Einfluss auf die strategischen Ziele und die wesentlichen Entscheidungen der kontrollierten juristischen Person ausübt."*[227] Das Wesentlichkeitskriterium, demgemäß die beauftragte juristische Person im Wesentlichen für den öffentlichen Auftraggeber tätig sein muss, wurde durch die Einführung einer 80-Prozent-Grenze dahingehend definiert, dass *„die kontrollierte juristische Person mehr als 80 Prozent ihrer Tätigkeiten in Ausführung der Aufgaben ausführt, mit denen sie von dem kontrollierenden öffentlichen Auftraggeber oder von anderen durch diesen öffentlichen Auftraggeber kontrollierten juristischen Personen betraut worden ist."*[228] Entsprechend der EuGH-Rechtsprechung wurde klargestellt, dass bei einer privaten Beteiligung an der beauftragten juristischen Person eine In-House-Vergabe grundsätzlich ausgeschlossen ist. Ausnahmen zu der Ausschlussregelung gelten für nicht beherrschende Formen

222 EuGH, Urt. v. 1. 1. 2005, C-26/03 (Stadt Halle), Slg. 2005 I-00001, Rdnr. 50.

223 EuGH, Urt. v. 1. 1. 2005, C-26/03 (Stadt Halle), Slg. 2005 I-00001, Rdnr. 50.

224 Vgl. Art. 17 RiLi 2014/23/EU, Art. 12 RiLi 2014/24/EU, Art. 28 RiLi 2014/25/EU.

225 Vgl. Erwägungsgründe Ziffer 31 f Art. 12 RiLi 2014/24/EU.

226 Vgl. zur Rechtslage in Deutschland Gesetzesbegründung, BT-Drucks. 18/6281, S. 79 ff.

227 vgl. Art. 12 Abs. 1 a RiLi 2014/24/EU, im deutschen Recht § 108 Abs. 1 Nr. 1, Abs. 2 GWB.

228 vgl. Art. 12 Abs. 1 b RiLi 2014/24/EU, im deutschen Recht § 108 Abs. 1 Nr. 2, Abs. 4 Nr. 2 GWB.

der privaten Kapitalbeteiligung und Formen der privaten Kapitalbeteiligung ohne Sperrminorität, die durch gesetzliche Bestimmungen vorgeschrieben sind und die keinen maßgeblichen Einfluss auf die kontrollierte juristische Person vermitteln.[229]

In der VO 1370 sind die In-House-Konstellationen unter dem Begriff „interner Betreiber" normiert. Beabsichtigt die zuständige Behörde die Vergabe eines „öffentlichen Dienstleistungsauftrags" an ein eigenes Unternehmen, beispielsweise eine kommunale GmbH, richtet sich dies nach Art. 5 Abs. 3 VO 1370. Die Vergabe der „öffentlichen Dienstleistungsaufträge" hat nur dann nach den Verfahrensvorschriften der VO 1370 zu erfolgen, wenn sich die „zuständige Behörde" der Dienste Dritter, die keine „internen Betreiber" sind, bedient. Als interner Betreiber definiert Art. 2 j der VO dabei *„eine rechtlich getrennte Einheit, über die die Behördenseite eine Kontrolle ausübt, die der Kontrolle über ihre eigenen Dienststellen entspricht."* Das erste der beiden genannten Teckal-Kriterien findet sich mithin wortwörtlich in der Definition des internen Betreibers wieder. Die Verordnung führt in Art. 5 Abs. 1 lit b Faktoren wie *„den Umfang der Vertretung in Verwaltungs-, Leitungs- oder Aufsichtsgremien, diesbezügliche Bestimmungen in der Satzung, Eigentumsrechte, tatsächlicher Einfluss auf und tatsächliche Kontrolle über strategische Entscheidungen und einzelne Managemententscheidungen"* zur Bestimmung an, ob eine derartige Kontrolle vorliegt. Diese Kriterien sind erkennbar an diejenigen angelehnt, die im Vergaberecht angelegt werden.[230] Die Gesellschaft, die den (In-House)-Auftrag erhalten soll, muss einer Kontrolle unterworfen sein, die es ermöglicht, sowohl auf die strategischen Ziele als auch auf die wichtigen Entscheidungen ausschlaggebenden Einfluss zu nehmen.[231] Entscheidend ist eine Einzelfallbetrachtung.[232]

Das zweite Teckal-Kriterium (Wesentlichkeitskriterium) soll unterbinden, dass öffentlich beherrschte Unternehmen auf dem Markt tätig werden und mit anderen Unternehmen in Wettbewerb treten, da sie mit den als In-House-Geschäft übernommenen Aufträgen über eine den Wettbewerb verfälschende Zusatzoption verfügen.[233] Nach der VO 1370 unterliegen interne Betreiber hinsichtlich weiterer Tätigkeiten auf dem betreffenden Markt ebenfalls weitreichenden

---

229 vgl. Art. 12 Abs. 1 c RiLi 2014/24/EU, im deutschen Recht § 108 Abs. 1 Nr. 3, Abs. 4 Nr. 3 GWB.

230 *Stickler/Feske*, VergR 2010, 1–10 (7).

231 EuGH, Urt. v. 13. 10. 2005, C-458/03 (Parking Brixen), Slg. 2005, I-08585, Rdnr. 65.

232 Ausführlich dazu *Ziekow*, in *Ziekow-Völlink* Kommentar zum Vergaberecht, § 99, Rdnr. 113 ff.

233 EuGH, Urt. v. 11.05.2006, C-340/04 (Carbotermo), Slg. 2006 I-04137, Rdnr. 59 ff.

Beschränkungen. Nach Art. 5 Abs. 2 lit. b VO Nr. 1370 dürfen interne Betreiber ihre öffentlichen Personenverkehrsdienste ausschließlich innerhalb des Zuständigkeitsgebiets der zuständigen örtlichen Behörde ausführen und grundsätzlich nicht an wettbewerblichen Vergabeverfahren außerhalb dieses Zuständigkeitsgebiets teilnehmen.[234] Die erste der genannten Einschränkungen enthält nach überwiegender Auffassung eine lediglich territoriale Einschränkung, die den Schutz des Wettbewerbs bezweckt.[235] Dem wird unter Hinweis auf die Rechtsprechung zum Vergaberecht teils entgegengehalten, der Begriff sei funktional in dem Sinne auszulegen, dass eine Tätigkeit *„im Wesentlichen"* für den öffentlichen Auftraggeber zu verlangen ist und daher auch eine sachliche Einschränkung im Sinne der Rechtsprechung zum zweiten Teckal-Kriterium anzunehmen ist.[236] Diese Sichtweise ist im Hinblick auf die vergleichbare Regelungskonstellation sinnvoll. Dennoch ist davon auszugehen, dass der Verordnungsgeber eine lediglich territoriale Einschränkung bezweckte. Dafür spricht in erster Linie der natürliche Wortsinn, der eindeutig vom „Zuständigkeitsgebiet" und nicht vom „Zuständigkeitsbereich" spricht.[237] Dass der Verordnungsgeber sich an dieser Stelle bewusst von der vergaberechtlichen Teckal-Rechtsprechung entfernt hat, zeigt auch der Umstand, dass er sich bei den Erfordernissen einer Kontrolle *„wie über eine eigene Dienststelle"* am Wortlaut der Teckal-Entscheidung orientiert hat.[238] Im Übrigen begegnet die VO der Gefahr der Quersubventionierung durch die Verhinderung der Übertragung von Einnahmen in einen anderen Tätigkeitsbereich des Betreibers eines öffentlichen Dienstes durch die Verpflichtung zur getrennten Rechnungslegung gemäß Ziff. 5 Spstr. 3 des Anhangs der VO.[239] Wettbewerbsverzerrende Skaleneffekte, die sich daraus ergeben können, dass interne Betreiber insbesondere im Rahmen von Produktionskosten Ersparnisse erzielen, sind nach Ziff. 3 des Anhangs der VO bei der Berechnung des finanziellen Nettoeffekts als quantifizierbare finanzielle Auswirkungen zu berücksichtigen und so zu neutralisieren.[240]

Im Hinblick auf die Beteiligung Privater ist in Art. 5 Abs. 1 lit. b VO 1370 explizit geregelt, dass eine hundertprozentige Eigentümerstellung hinsichtlich der ÖPP-Gesellschaft nicht zwingend erforderlich ist, *„sofern ein beherrschender*

---

234 Näheres regelt Art. 5 II lit. b und c VO 1370.

235 *Zuck*, in *Ziekow-Völlink* Kommentar zum Vergaberecht, Art. 5 VO 1370, Rdnr. 18.

236 *Pünder*, EuR 2007, 564–596 (569).

237 *Stickler/Feske*, VergR 2010, 1–10 (8).

238 *Stickler/Feske*, VergR 2010, 1–10 (8).

239 *Zuck*, in *Ziekow-Völlink* Kommentar zum Vergaberecht, Art. 5 VO 1370, Rdnr. 18.

240 *Zuck*, in *Ziekow-Völlink* Kommentar zum Vergaberecht, Art. 5 VO 1370, Rdnr. 18.

öffentlicher Einfluss besteht und aufgrund anderer Kriterien die Kontrolle ausgeübt wird". Als Grund für diese Regelung wurde die Steigerung der Attraktivität von Public-Private-Partnerships bei Verkehrsunternehmen und der Wunsch des europäischen Gesetzgebers gesehen, der restriktiven Rechtsprechung des EuGH über den Verkehrsbereich hinaus entgegenzuwirken.[241] Da diese Formulierung im Vergleich zu den im Vergaberecht konkret bestimmten Rückausnahmen recht vage ist, dürfte das Recht der VO 1370 an dieser Stelle - trotz der zwischenzeitlichen Regelung der In-House-Problematik in der BVR durch den europäischen Gesetzgeber - eine weniger strenge Haltung gegenüber privaten Kapitalbeteiligungen einnehmen.

Als Zwischenergebnis kann festgestellt werden, dass die Vorschriften der VO 1370 zu „internen Betreibern" erkennbar an die vergaberechtliche Dogmatik zur In-House-Vergabe angelehnt ist. Insbesondere die teils wortwörtliche Übernahme der Teckal-Kriterien zeigt dies. Die aufgeworfene Frage, ob ein vergleichbarer Umgang mit der In-House-Problematik die These des einheitlichen funktionalen Auftraggeberbegriffs im Vergaberecht und dem beihilfenrechtlichen Sondervergaberecht der VO 1370 stützt, ist daher zu bejahen. Die Umstände zeigen, dass der Europäische Verordnungsgeber bei der Regelung zu den „Internen Betreibern" eine der vergaberechtlichen In-House-Konstellation dogmatisch vergleichbare Sachlage vor Augen hatte. Daraus lässt sich schlussfolgern, dass er auch von einer dogmatischen Vergleichbarkeit von „öffentlichen Auftraggeber" und der „zuständigen Behörde", dem In-House-fähigen Unternehmen und dem „internen Betreiber" und der außerhalb stehenden unternehmerischen Seite ausging. Dem stehen auch die Wertungsunterschiede betreffend die In-House-Fähigkeit bei privaten Beteiligungen und dem Umfang, in dem die beauftragte Stelle für den Auftraggeber tätig werden muss, nicht entgegen. Dies unterstreicht vielmehr, dass der Verordnungsgeber von einer Vergleichbarkeit ausging und aus den dargelegten Gründen bewusst weniger strenge Vorgaben als der EuGH bzw. die BVR zum Vergaberecht vorsah.

d) Überschreiten von Schwellenwerten

Auch die Funktion der Schwellenwerte, die sowohl im Vergaberecht als auch in der VO 1370 vorgesehen sind, ist vergleichbar. Im Vergaberecht haben diese die Funktion, die strengen formalen Anforderungen, die das Vergabeverfahren mit sich bringt, auf größere Aufträge zu beschränken. Von Aufträgen, die unterhalb dieser Schwellenwerte liegen, geht nach der Auffassung des

241 *Pünder*, NJW 2010, 263–268 (265).

EU-Richtliniengebers keine Gefahr für den grenzüberschreitenden Handel aus,[242] sodass auf die Durchführung aufwändiger Vergabeverfahren verzichtet werden kann. In vergleichbarer Weise gibt Art. 5 Abs. 4 UA 1 VO 1370 den Mitgliedstaaten die Möglichkeit, öffentliche Dienstleistungsaufträge, die entweder einen geschätzten Jahresdurchschnittswert von weniger als 1.000.000 EUR oder eine jährliche öffentliche Personenverkehrsleistung von weniger als 300.000 km aufweisen, direkt zu vergeben. Es gilt, unverhältnismäßigen Aufwand für die Durchführung eines wettbewerblichen Vergabeverfahrens bei kleinen Aufträgen zu vermeiden.[243]

e) Exkurs: Berücksichtigung mittelständischer Interessen

Einen anderen Regelungszweck hat die Regelung des Art. 5 Abs. 4 UA 1 VO 1370. Demgemäß können die Schwellen entweder auf einen geschätzten Jahresdurchschnittswert von weniger als 2.000.000 EUR oder eine jährliche öffentliche Personenverkehrsleistung von weniger als 600.000 km erhöht werden, wenn die öffentlichen Dienstleistungsaufträge direkt an kleine oder mittlere Unternehmen, die nicht mehr als 23 Fahrzeuge betreiben, vergeben werden. Durch diese Regelung wird die Direktvergabe an kleine oder mittelständische Unternehmen unterstützt.[244] Eine direkt vergleichbare Regelung gibt es bei den vergaberechtlichen Vorschriften zwar nicht, aber auch in den Vergaberichtlinien ist das Gebot der Mittelstandsförderung verankert. Namentlich im Gebot der Losteilung, der Zulassung von Bietergemeinschaften und der Verpflichtung zur Untervergabe unter vornehmlicher Berücksichtigung mittelständischer Interessen findet diese ihren Niederschlag.[245]

Trotz der Unterschiedlichkeit der Regelungsinstrumente verfolgen diese ein gemeinsames Ziel. Die Wahrung der Interessen kleiner und mittelständischer Unternehmen ist der gemeinsame Ausgangspunkt. Das Vergaberecht verfolgt dieses Ziel, indem es den Wettbewerbsnachteil fehlender Leistungsfähigkeit für Großaufträge gegenüber großen Unternehmen durch das Vorschreiben einer Losteilung zu kompensieren sucht. Bei der VO 1370 geschieht dies durch die Erweiterung der Möglichkeiten zur Direktvergabe von öffentlichen Dienstleistungsaufträgen an solche Unternehmen.

---

242 *Röwekamp*, in *Kulartz-Kus-Portz*, Kommentar zum GWB-Vergaberecht, § 100 Rdnr. 5.

243 *Saxinger*, in *von Wietersheim (Hrsg.)* Vergaben im ÖPNV, S. 95.

244 Vgl. Erwägungsgründe zur VO 1370, Rz. 9.

245 *Dreher*, in *Dreher-Stockmann* Kartellvergaberecht, § 97 Rdnr. 96 ff. Im deutschen Recht ist das Gebot der Mittelstandsförderung in § 97 Abs. 4 GWB geregelt.

2. *Die Ausschreibungsverfahren*

Nachdem die Voraussetzungen für die Anwendbarkeit der jeweiligen Vergaberegime untersucht wurden, soll im Folgenden auf die Vergabeverfahren eingegangen werden, die in der Rechtsfolge anzuwenden sind. Die vorangegangene Untersuchung hat aufgezeigt, dass sich das Vergaberecht und das in der VO 1370 kodifizierte beihilfenrechtliche Sondervergaberecht an vergleichbare staatliche Auftraggeber im weiten funktionalen Sinne richtet, was die Vermutung stützt, dass die Zuordnung zur staatlichen bzw. zur unternehmerischen Seite einheitlich ist. Die nun folgende Gegenüberstellung des „vergaberechtlichen" und des „beihilfenrechtlichen" Ausschreibungsverfahrens wird zeigen, ob die funktionale Vergleichbarkeit sich in den Verfahrensvorschriften fortsetzt.

Die zentrale Norm für das wettbewerbliche Vergabeverfahren ist Art. 5 Abs. 3 VO 1370. Demgemäß muss das für die wettbewerbliche Vergabe angewandte Verfahren allen Betreibern offenstehen, fair sein und den Grundsätzen der Transparenz und Nichtdiskriminierung genügen. Dass die Ähnlichkeit zu den im Primärvergaberecht geltenden Grundsätzen nicht zufällig ist, zeigt der 20. Erwägungsgrund der VO 1370. Dort heißt es: "*Entscheidet eine Behörde, eine Dienstleistung von allgemeinem Interesse einem Dritten zu übertragen, so muss die Auswahl des Betreibers eines öffentlichen Dienstes unter Einhaltung des für das öffentliche Auftragswesen und Konzessionen geltenden Gemeinschaftsrechts, das sich aus den Artikeln 43 bis 49 des Vertrags ergibt, sowie der Grundsätze der Transparenz und der Gleichbehandlung erfolgen.(…).*" Im Gegensatz zu den Vergaberichtlinien, welche detaillierte Vorgaben zu den Vergabeverfahren machen, enthält die VO somit nur eine ansatzweise normative Ausgestaltung, die auf die von EuGH und Kommission entwickelten Vorgaben zum Primärvergaberecht verweist und ihnen einen normativen Anknüpfungspunkt gibt.[246]

Neben Art. 5 Abs. 3 VO 1370 enthält die VO weitere Vorgaben zum Ablauf des wettbewerblichen Vergabeverfahrens, sodass dem Rechtsanwender ein Handlungsfaden gegeben wird. Strukturiert wird der Vergleich daher anhand des für Vergabeverfahren geltenden Grundmusters. Begonnen wird demgemäß mit der Publizitätsphase, welcher die Bekanntmachung und die Anforderungen an die Vergabeunterlagen zugordnet werden. Den Schwerpunkt bildet die sich anschließende Betrachtung der Verfahrensabläufe. Zuletzt wird die Überprüfungsphase thematisiert. Da das Sondervergaberecht der VO 1370 auf das europäische Primärvergaberecht verweist und dieses ergänzend für anwendbar

---

246 *Knauff*, NZBau 2011, 655–658(656).

erklärt, lässt sich dieses in die Gegenüberstellung unproblematisch miteinbeziehen.

a) Publizitätsphase

aa) Bekanntmachung

Die Vergaberichtlinien verlangen im Rahmen der Auftragsbekanntmachung genaue Angaben hinsichtlich des Auftraggebers, des ausgeschriebenen Auftragsgegenstandes, der Bedingungen des Auftrags, der Anforderungen an den potenzielle Auftragnehmer, der Verfahrensmodalitäten und der Rechtsschutzmöglichkeiten.[247] Die Bekanntmachung hat dabei unter Verwendung speziell hierfür entwickelter Formulare zu erfolgen.[248] Die Bekanntmachungsvorschriften dienen dem Prinzip, Transparenz durch Veröffentlichung zu schaffen.[249] Dieselbe Stoßrichtung haben die Veröffentlichungs- und Informationspflichten des Art. 7 Abs. 2 VO 1370. Die Vorschrift dient der Herstellung von Transparenz, die von grundsätzlicher Bedeutung für die Diskriminierungsfreiheit ist.[250] Gemäß Art. 7 Abs. 2 VO ist grundsätzlich[251] sicherzustellen, dass spätestens ein Jahr vor Einleitung des wettbewerblichen Vergabeverfahrens mindestens die folgenden Informationen im Amtsblatt der Europäischen Union veröffentlicht werden:

a) der Name und die Anschrift der zuständigen Behörde;
b) die Art des geplanten Vergabeverfahrens;
c) die von der Vergabe möglicherweise betroffenen Dienste und Gebiete.

Sollten sich Änderungen in Bezug auf die veröffentlichten Informationen ergeben, so hat eine Änderungsbekanntmachung zu erfolgen.

Teils werden im Rahmen der VO 1370 zusätzliche, konkretisierende Bekanntmachungspflichten aus dem allgemeinen Transparenzgebot des Art. 5 Abs. 3 S. 2 VO 1370 hergeleitet.[252] Dies würde voraussetzen, dass sich derartige

---

247 Im deutschen Recht sind die zentrale Publizitätsvorschriften §§ 37 ff. VgV. Diese setzen Art. 48 bis 55 der RiLi 2014/24/EU um; zur Publizitätsphase vgl. *Ziekow* Öffentliches Wirtschaftsrecht, § 9 Rdnr. 74–75.

248 Die Auftragsbekanntmachung wird nach dem im Anhang V der Durchführungsverordnung (EU) Nr. 2015/1986 enthaltenen Muster erstellt.

249 *Brauer*, in *Kulartz-Kus-Portz* Kommentar zum GWB-Vergaberecht, § 97 Rdnr. 20.

250 *Zuck*, in *Ziekow-Völlink* Kommentar zum Vergaberecht, Art. 7 VO 1370, Rdnr. 1.

251 Ausnahmen gelten, wenn der öffentliche Dienstleistungsauftrag eine jährliche öffentliche Personenverkehrsleistung von weniger als 50 000 km aufweist und bei Notmaßnahmen nach Art. 5 Abs. 5 AEUV.

252 Vgl. bspw. *Schröder*, NVwZ 2008, 1288–1295 (1293).

Verpflichtungen aus den Vorgaben des primären EU-Vergaberechts ergeben. Demgemäß ist der Wettbewerb in der Art zu öffnen, dass interessierten Unternehmen aus anderen Mitgliedstaaten vor der Vergabe der Zugang zu einem angemessenes Maß an Informationen ermöglicht wird, sodass diese Unternehmen gegebenenfalls ihr Interesse am Erhalt des öffentlichen Auftrags bekunden können.[253] Ob sich aus dieser Vorgabe weitergehende, über den Wortlaut des Art. 7 Abs. 2 VO 1370 hinausgehende, Verpflichtungen ableiten lassen, wird mit dem Argument angezweifelt, dieser stelle ein angemessenes Maß an Informationen bereit.[254] Dem wird wohl zuzustimmen sein. Die Kommission sieht in ihrer Mitteilung zum primären Vergaberecht die vom EuGH festgelegten Erfordernisse als erfüllt, wenn vor der Auftragsvergabe eine hinreichend zugängliche Bekanntmachung veröffentlicht wird, welche sich auf die wesentlichen Punkte des zu erteilenden Auftrags und des Vergabeverfahrens beschränkt.[255] Eines förmlichen Ausschreibungsverfahrens bedarf es hierzu nicht.[256] Auch die in Art. 7 Abs. 2 VO geregelte Verpflichtung, nachträgliche Änderungen betreffend das Vergabeverfahren bekannt zu machen, wurde vom EuGH aus der Transparenzpflicht abgeleitet.[257]

Ungeachtet der unterschiedlichen Auffassungen, betreffend den Umfang der Informationspflichten nach Art. 7 Abs. 2 VO 1370, ist festzustellen, dass sowohl die Vergaberichtlinien, das Primärvergaberecht und die VO 1370 Publizitätsvorgaben enthalten. Diese bezwecken Transparenz, um interessierten Unternehmen den Wettbewerb zu öffnen. Der Umfang der Informationspflichten ist unterschiedlich. Hinter den detaillierten Vorgaben des sekundären Vergaberechts bleiben die Anforderungen der VO 1370 und des Primärvergaberechts zurück.

---

253 So die Anforderung des EuGH an das Transparenzerfordernis bei der Konzessionsvergabe, vgl. EuGH, Urt. v. 7.12.2000, Az. C-324/98 (Teleaustria), Slg. 2000, I-10745, Rdnr. 61 ff.; EuGH, Urt. v. 21. 7. 2005, Rs. C-231/03 (Co.Na.Me), Slg. 2005 I-07287, Rdnr. 21; EuGH, Urt. v. 13.10.2005, Az. C-458/03 (Parking Brixen), Slg. 2005, I-8612, Rdnr. 49 f.

254 Ablehnend *Polster*, NZBau 2010, 662–671 (664).

255 Mitteilung der Kommission zu Auslegungsfragen in Bezug auf das Gemeinschaftsrecht, das für die Vergabe öffentlicher Aufträge gilt, die nicht oder nur teilweise unter die Vergaberichtlinien fallen (ABlEG Nr. C 179 v. 1. 8. 2006, S. 6).

256 EuGH, Urt. v. 21. 7. 2005, Rs. C-231/03 (Co.Na.Me), Slg. 2005 I-07287, Rdnr. 21.

257 EuGH, Urt. v. 13.04.2010, Rs. C-91/08, (Wall), Slg. 2010, I-2815 Rdnr. 37–42.

bb) Vergabeunterlagen

Gemäß der vergaberechtlichen Vorschrift des § 121 GWB ist in der Leistungsbeschreibung der Auftragsgegenstand so eindeutig und erschöpfend wie möglich zu beschreiben, sodass die Beschreibung für alle Unternehmen im gleichen Sinne verständlich ist und die Angebote miteinander verglichen werden können.[258] Ihre Grundlage habe diese Vorgaben in den Vergaberichtlinien zu den technischen Spezifikationen, dem Gebot der Produktneutralität sowie dem Gebot, die Gewichtung der Zuschlagskriterien bekannt zu geben.[259] Die Vergabeunterlagen müssen demnach alle Angaben umfassen, die erforderlich sind, um eine Entscheidung zur Teilnahme am Vergabeverfahren oder zur Angebotsabgabe zu ermöglichen, wozu auch die Beschreibung der Einzelheiten der Durchführung des Verfahrens einschließlich der Angabe der Zuschlagskriterien und deren Gewichtung gehört.[260]

Im Gegensatz dazu enthält die VO 1370 nur in sehr eingeschränktem Maße konkrete Anforderungen darüber, welche Informationen in die *„Unterlagen des wettbewerblichen Vergabeverfahrens"* aufzunehmen sind. Diese beziehen sich auf die Einhaltung bestimmter Sozialstandards nach Art. 4 Abs. 5 VO, bestimmter Qualitätsstandards nach Art. 4 Abs. 6 VO 1370 und die Möglichkeiten hinsichtlich einer in Frage kommenden Unterauftragsvergabe nach Art. 4 Abs. 7 VO. Darüber hinausgehende Anforderung an die Vergabeunterlagen sind dementsprechend aus den allgemeinen Grundsätzen der Transparenz und Gleichbehandlung des Art. 5 Abs. 3 S. 2 der VO abzuleiten. Insbesondere erfordert die Sicherstellung eines angemessenen Grads von Öffentlichkeit zugunsten der potenziellen Bieter eine transparente und diskriminierungsfreie Beschreibung der zu erbringenden Leistungen, da eine konkrete und einheitliche Informationsbasis Grundvoraussetzung für vergleichbare Angebote ist.[261] Beispielsweise darf in der Beschreibung der verlangten Produkt- oder Dienstleistungsmerkmale grundsätzlich nicht auf eine bestimmte Produktion oder Herkunft oder ein besonderes Verfahren oder auf Marken, Patente, Typen, einen bestimmten Ursprung oder eine bestimmte Produktion verwiesen werden, ohne gleichwertige Alternativen zuzulassen.[262] In

---

258 vgl. auch § 31 VgV.

259 Vgl. Art. 42 bis 44, 67 RiLi 2014/24/EU.

260 vgl. § 127 Abs. 5 GWB, § 29 VgV.

261 EuGH, Urt. v. 13.04.2010, Rs. C-91/08, (Wall), Slg. 2010, I-2815 Rdnr. 36; Generalanwalt beim EuGH, Schlussantrag v. 27.10.2009, Rs. C-91/08, (Wall), ZfBR 2010, S. 102.

262 EuGH, Beschl. v. 3.12.2001, Rs. C-95/00 (Bent Mousten Vestergaard), Slg. 2001, I-09505, Rdnr. 22 ff.; Mitteilung der Kommission zu Auslegungsfragen in Bezug auf das Gemeinschaftsrecht, das für die Vergabe öffentlicher Aufträge gilt, die nicht oder nur teilweise unter die Vergaberichtlinien fallen (ABlEG Nr. C 179 v. 1. 8. 2006, S. 5).

der Praxis dürfte sich die Beschreibung der Grundzüge des abzuschließenden Verkehrsvertrages im Sinne des Art. 4 Abs. 1 bis 4 der VO anbieten.[263]

Letztlich verhält es sich bei den Vergabeunterlagen ähnlich wie bei der Bekanntmachung. Die Regelungsfunktion ist bei den Vergaberichtlinien, dem Primärvergaberecht und der VO 1370 vergleichbar. Aus den Grundsätzen der Transparenz und der Gleichbehandlung ergibt sich die Notwendigkeit, einheitliche Bedingungen für vergleichbare Angebote in einem diskriminierungsfreien Wettbewerb zu schaffen. Unterschiede lassen sich wiederum bei der Regelungsdichte ausmachen. Während die Vergaberichtlinien detaillierte Vorgaben machen, bestimmt die VO 1370 nur in begrenztem Umfang Anforderungen, die dem Rechtsanwender einen weiten Ermessensspielraum eröffnen und den Rückgriff auf die diesbezüglichen Grundprinzipien des Primärvergaberechts erfordern.

b) Ablauf der Ausschreibungsverfahren

aa) Arten der Vergabe

In der BVR sind verschiedene zur Verfügung stehende Arten von Vergabeverfahren definiert.[264] Diese werden hier lediglich in dem für einen Vergleich mit den Vorgaben der VO 1370 erforderlichen Umfang dargelegt.[265] In erster Linie gibt es das offene Verfahren[266], bei dem alle interessierten Wirtschaftsteilnehmer ein Angebot abgeben können, und das nicht offene Verfahren, bei dem nach einem Teilnahmewettbewerb eine begrenzte Anzahl von Wirtschaftsteilnehmern zur Angebotsabgabe aufgefordert werden.[267] Einen Vorrang des offenen Verfahrens vor dem nicht offenen Verfahren gibt es nicht.[268] Entsprechendes gilt nach der Vergaberechtsmodernisierung 2016 auch im deutschen Recht, in dem das offene Verfahren bis dahin vorrangig war. Zudem gibt es den wettbewerblichen Dialog, ein subsidiär anzuwendendes Verfahren für besonders komplexe Aufträge, bei dem im Anschluss an einen Teilnahmewettbewerb der öffentliche

---

263 *Polster*, NZBau 2010, 662–671 (665).

264 Vgl. Art. 26 ff. RiLi 2014/24/EU.

265 Ausführlich zu den verschiedenen Arten der Auftragsvergabe *Kulartz*, in *Kulartz-Kus-Portz* Kommentar zum GWB-Vergaberecht, § 101 GWB; *Antweiler*, in *Ziekow-Völlink* Kommentar zum Vergaberecht, § 101 GWB.

266 vgl. Art. 27 Abs. 1; RiLi 2014/24/EU; im deutschem Recht § 119 Abs. 3 GWB.

267 vgl. Art. 28 Abs. 1 u. 2 RiLi 2014/24/EU; im deutschem Recht § 119 Abs. 4 GWB.

268 *Antweiler*, in *Ziekow-Völlink* Kommentar zum Vergaberecht, § 101 GWB, Rdnr. 2 unter Hinweis auf Art. 28 Abs. 2 RiLi 2004/18/EG; Art. 26 Abs. 2 RiLi 2014/24/EU.

Auftraggeber einen Dialog mit den zugelassenen Bewerbern führt, um eine oder mehrere seinen Bedürfnissen entsprechende Lösungen herauszuarbeiten, auf deren Grundlage anschließend zur Angebotsabgabe aufgefordert wird.[269] Der Vollständigkeit halber ist noch auf das Verhandlungsverfahren,[270] die Wettbewerbe[271] und die Innovationspartnerschaften[272] hinzuweisen. Auch innerhalb der genannten Verfahren gibt es verschieden Spielarten, beispielsweise betreffend die Durchführung von Verfahren als elektronische Auktion[273] oder das Entfallen von Bekanntmachungspflichten unter bestimmen Voraussetzungen[274]. In den Richtlinienvorschriften ist dabei exakt vorgegeben unter welchen Voraussetzungen die verschiedenen Verfahrensarten zur Anwendung kommen können, wobei die Voraussetzungen desto enger gefasst sind, je mehr der Wettbewerb eingeschränkt wird.

Art. 5 Abs. 3 VO 1370 bestimmt ebenfalls mehrere Möglichkeiten hinsichtlich des Verlaufs des wettbewerblichen Vergabeverfahrens. Art. 5 Abs. 3 S. 3 VO 1370 sieht vor, dass nach Abgabe der Angebote und einer eventuellen Vorauswahl in diesem Verfahren unter Einhaltung der Grundsätze von Fairness, Transparenz und Nichtdiskriminierung Verhandlungen geführt werden können, um festzulegen, wie der Besonderheit oder Komplexität der Anforderungen am besten Rechnung zu tragen ist. Auch wenn diese Vorgaben im Vergleich zu dem ausdifferenzierten System der BVR fragmentarischer Natur sind, lassen sich doch Ähnlichkeiten erkennen. So steht der zuständigen Behörde die Option offen, das wettbewerbliche Vergabeverfahren als einstufiges Angebotsverfahren oder zweistufig als Teilnahmewettbewerb und anschließender Aufforderung zur Angebotsabgabe zu gestalten, wobei erstes mit dem offenen Verfahren und zweites mit dem nicht offenen Verfahren vergleichbar ist.[275] Dabei stehen diese Verfahren, wie das offene Verfahren und das nicht offene Verfahren nach den Vorgaben der BVR, gleichrangig nebeneinander.[276] Die Voraussetzungen, unter denen Verhandlungen mit potenziellen Betreibern des öffentlichen Dienstes geführt werden können, erinnern an die vergaberechtlichen Vorschriften zum wettbewerblichen Dialog und dem Verhandlungsverfahren mit vorheriger öffentlicher

269 vgl. Definitionen in Art. 30 RiLi 2014/24/EU; im deutschem Recht § 119 Abs. 6 GWB.
270 vgl. Definitionen in Art. 29 RiLi 2014/24/EU; im deutschem Recht § 119 Abs. 5 GWB.
271 vgl. Art. 78 ff. RiLi 2014/24/EU; im deutschem Recht § 103 Abs. 6 GWB.
272 Art. 31 RiLi 2014/24/EU; im deutschem Recht § 103 Abs. 7 GWB.
273 vgl. Art. 35 RiLi 2014/24/EU.
274 vgl. Art. 32 Abs. 2 c RiLi 2014/24/EU.
275 *Schröder*, NVwZ 2008, 1288–1295 (1293).
276 *Schröder*, NVwZ 2008, 1288–1295 (1293).

Aufforderung zur Teilnahme. Insbesondere das Erfordernis der „besonderen Komplexität" erweckt den Eindruck, dass die Vorschriften zum wettbewerblichen Dialog Modell gestanden haben. So ist nach Art. 26 Abs. 4 a) iii RiLi 2014/24/EU[277] diese Verfahrensart nur bei „bei besonders komplexen Aufträgen" vorzusehen. Zu beachten ist allerdings, dass die Anforderungen an die Aufnahmen von Verhandlungen nach Art 5 Abs. 3 S. 3 VO 1370 nicht überspannt werden dürfen. Eine Gleichsetzung mit den strengen Voraussetzungen, unter denen im Vergaberecht ein wettbewerblicher Dialog oder ein Verhandlungsverfahren stattfinden kann, ist nicht geboten.[278] Können unter den Voraussetzungen des Art. 5 Abs. 3 VO Verhandlungen geführt werden, sind diese nach den allgemeinen Prinzipien des Unionsrechts wie dem Gleichbehandlungsgrundsatz und der daraus folgenden Verpflichtung zu Transparenz zu organisieren.[279] Konkret ergibt sich daraus, dass die Bieter den gleichen Zugang zu Informationen haben müssen, jedem Bieter dieselben Verhandlungsspielräume zu eröffnen sind und die Angebotsinhalte der Geheimhaltung gegenüber den Mitbietern unterliegen.[280]

Im Rahmen des Primärvergaberechts ist der Auftraggeber an die Vorschriften und Grundsätze des EU-Rechts gebunden. Demgemäß sind Verfahren, in denen Verhandlungen mit ausgewählten Bietern vorgesehen sind, so zu organisieren, dass keiner der Bieter Zugang zu mehr Informationen als andere hat und dass jegliche ungerechtfertigte Bevorteilung einzelner Bieter ausgeschlossen ist.[281] Öffentliche Auftraggeber haben bei Teilnahmewettbewerben, bei denen nur eine begrenzte Anzahl von Bewerbern zur Angebotsabgabe aufgefordert wird, aus Gründen der Nichtdiskriminierung sämtlichen interessierten Unternehmen die Kriterien für die Bewerberauswahl sowie eventuell geforderte Qualifikationsnachweise mitzuteilen.[282]

277 vorher Art. 29 Abs. 1 VKR.

278 *Polster*, NZBau 2010, 662–671 (664).

279 EuGH, Urt. v. 14.06.2007, Rs. C-6/05 (Medipac-Kazantzidis), Slg. 2007, I-4557 Rdnr. 33.

280 Mitteilung der Kommission zu Auslegungsfragen in Bezug auf das Gemeinschaftsrecht, das für die Vergabe öffentlicher Aufträge gilt, die nicht oder nur teilweise unter die Vergaberichtlinien fallen (ABlEG Nr. C 179 v. 1. 8. 2006, S. 5–6, Ziff. 2.2.1).*Schröder*, NVwZ 2008, 1288–1295 (1293); *Polster*, NZBau 2010, 662–671 (665).

281 Mitteilung der Kommission zu Auslegungsfragen in Bezug auf das Gemeinschaftsrecht, das für die Vergabe öffentlicher Aufträge gilt, die nicht oder nur teilweise unter die Vergaberichtlinien fallen (ABlEG Nr. C 179 v. 1. 8. 2006, S. 5–6, Ziff. 2.2.1).

282 Mitteilung der Kommission zu Auslegungsfragen in Bezug auf das Gemeinschaftsrecht, das für die Vergabe öffentlicher Aufträge gilt, die nicht oder nur teilweise unter

bb) Möglichkeit der Direktvergabe in Notfällen

Neben der Möglichkeit einer Direktvergabe an interne Betreiber und der Ausnahme für de minimis-Aufträge, ist nach Art. 5 Abs. 5 VO die zuständige Behörde im Notfall berechtigt, einen Dienstleistungsvertrag direkt zu vergeben oder durch eine förmliche Vereinbarung bzw. Auflage auszuweiten. Hiergegen ist dem Betreiber eines öffentlichen Dienstes ein Widerspruchsrecht einzuräumen und die Notmaßnahme ist zeitlich auf längstens zwei Jahre beschränkt. Diese schnelle und flexible Art der Auftragsvergabe, die mit einer Einschränkung des Wettbewerbs einhergeht, hat ihre Entsprechung in Art. 32 Abs. 2 c RiLi 2014/24/EU. Demgemäß ist eine Vergabe im Verhandlungsverfahrens ohne vorherige Veröffentlichung zulässig, wenn es äußerst dringliche, zwingende Gründe im Zusammenhang mit Ereignissen, die der betreffende öffentliche Auftraggeber nicht voraus sehen konnte, unbedingt erfordern.[283]

cc) Fristen für die Abgabe der Angebote bzw. der Teilnahmeanträge

Aus Gründen der Fairness, Transparenz und Gleichbehandlung müssen bei der Durchführung des wettbewerblichen Vergabeverfahrens nach der VO 1370 angemessene Fristen für die Abgabe der Angebote bzw. Teilnahmeanträge vorgesehen werden, wobei auf die Folgen einer Fristversäumnis, insbesondere eines damit verbundenen Ausschlusses des Angebots, klar und deutlich hinzuweisen ist.[284] Die Frist muss so lange sein, dass *„Unternehmen aus anderen Mitgliedstaaten eine fundierte Einschätzung vornehmen und ein Angebot erstellen können“*.[285] In der Zielsetzung entspricht dies den Fristenregelungen in Art. 27 bis 31 RiLi 2014/24/EU, obzwar dieser differenziert regelt, welche Fristen für den Eingang der Anträge auf Teilnahme und der Angebote vorzusehen sind, wie sich diese berechnen und unter welchen Umständen eine Verkürzung vorgenommen werden kann. Die in Art. 47 Abs1. RiLi 2014/24/EU enthaltene Generalklausel, dass *„unbeschadet der in diesem Artikel festgelegten Mindestfristen insbesondere die Komplexität des Auftrags und die Zeit, die für die Ausarbeitung der Angebote“*

---

die Vergaberichtlinien fallen (ABlEG Nr. C 179 v. 1. 8. 2006, S. 6, Ziff. 2.2.2); *Polster*, NZBau 2010, 662–671 (665).

283 Zu den Einzelheiten Art. 32 Abs. 2 c RiLi 2014/24/EU; im deutschen Recht ist dieses Verfahren in § 14 Abs. 4 Nr. 3 VgV umgesetzt.

284 So *Schröder*, NVwZ 2008, 1288–1295 (1294).

285 Mitteilung der Kommission zu Auslegungsfragen in Bezug auf das Gemeinschaftsrecht, das für die Vergabe öffentlicher Aufträge gilt, die nicht oder nur teilweise unter die Vergaberichtlinien fallen (ABlEG Nr. C 179 v. 1. 8. 2006, S. 6).

zu berücksichtigen ist, korrespondiert jedoch mit den dargelegten Grundsätzen zum Primärvergaberecht.[286]

dd) Prüfung- und Wertung der Angebote

Die rudimentäre Struktur setzt sich hinsichtlich der Verfahrensvorgaben im engeren Sinne fort. Während das Vergaberecht detailliert vorgibt, wie die Angebotsphase zu verlaufen hat, innerhalb derer die Bieter ihre Angebote einzureichen haben[287] und wie diese im Anschluss zu prüfen und zu bewerten sind,[288] beschränkt sich die VO 1370 auf die bereits dargelegte Anforderungstrias von Fairness, Transparenz und Nichtdiskriminierung nach Art. 5 Abs. 3 S. 2 VO 1370, an der die zuständigen Behörden ihr Vorgehen auszurichten haben. Genaue Vorgaben in Bezug auf die Angebots-, Prüfungs- und Wertungsphase gibt es nicht. Hier liegt die Schnittstelle zum europäischen Primärvergaberecht. Die nun folgende Darstellung umfasst somit in gleicher Weise das Primärvergaberecht als auch die wettbewerbliche Vergabe nach Art. 5 Abs. 3 VO 1370.

Bei dem im Vergaberecht der BVR durchzuführenden Prüfungsprogramm ist zunächst festzustellen, ob Angebote auszuschließen sind, wobei zumeist die persönliche Lage des Bewerbers bzw. Bieters betreffenden Ausschlussgründe eine Rolle spielen, so beispielsweise eine rechtskräftige Verurteilung wegen bestimmter Straftaten oder ein laufendes Insolvenzverfahren.[289] Dem schließt sich die Eignungsprüfung nach Kriterien der wirtschaftlichen und finanziellen Leistungsfähigkeit sowie der beruflichen und technischen Fachkunde an.[290] Letztlich erfolgt die Auftragsvergabe unter Berücksichtigung der vorab festgelegten und bekanntgegebenen Kriterien.[291]

Die Entscheidungen des EuGH zum Primärvergaberecht weisen keine dem Aufbau der BVR entsprechende Regelungssystematik auf, was eine Gegenüberstellung zum Vergaberecht erschwert. Den Entscheidungen zum Primärvergaberecht können lediglich Anhaltspunkte entnommen werden, wie ein Vergabeverfahren zu verlaufen hat. Aus den Einzelfallentscheidungen können

---

286 Vgl. zu den Fristen im VergR *Völlink*, in *Ziekow-Völlink* Kommentar zum Vergaberecht, § 10 VOB/A-EG, Rdnr. 1 ff.

287 vgl. Art. 27 RiLi 2014/24/EU, zur Angebotsphase vgl. *Ruthig/Storr* Öffentliches Wirtschaftsrecht, § 10 Rdnr. 1078.

288 vgl. Art. 56 ff. RiLi 2014/24/EU; Zur Prüfungs- und Wertungsphase vgl. *Ziekow* Öffentliches Wirtschaftsrecht, § 9 Rdnr. 78–79.

289 Vgl. 57 RiLi 2014/24/EU.

290 Vgl. Art. 58 RiLi 2014/24/EU.

291 Vgl. Art. 67 RiLi 2014/24/EU.

nur schwer allgemeinverbindliche Regelungen abgeleitet werden, die dementsprechend in puncto Genauigkeit und Rechtssicherheit hinter denen der BVR zurückbleiben.

Prüfung
Bei der Prüfung ist es mit den Geboten der Transparenz und der Gleichbehandlung nicht vereinbar, ein den Anforderungen der Ausschreibung genügendes Angebot unter Berufung auf Gründe abzulehnen, die nicht in der Ausschreibung vorgesehen waren und erst nach Einreichung dieses Angebots in das Verfahren eingeführt wurden.[292] Hat der öffentliche Auftraggeber Bedenken hinsichtlich der Qualität eines angebotenen Leistungsgegenstandes, kann er das fragliche Angebot nicht direkt ablehnen, sondern hat zur Verhinderung von Willkür eine objektive und unabhängige Beurteilung und Kontrolle der geltend gemachten Risiken zu gewährleisten.[293] Ferner verstößt es gegen den Grundsatz der Nichtdiskriminierung, wenn Zulassungsvoraussetzungen für die Ausschreibung leichter von inländischen Wirtschaftsteilnehmern als von denen aus anderen Mitgliedstaaten erfüllt werden können, bei gleicher Eignung das Unternehmen vor Ort bezuschlagt wird[294] oder ein bestimmter Teil von Arbeiten an Unternehmen in der Region übertragen werden muss.[295]

Aus den Entscheidungen ergeben sich keine umfassenden Vorgaben für eine Eignungsprüfung. Das Vergaberecht regelt demgegenüber genau, anhand welcher Kriterien mittels welcher Nachweise geprüft werden kann.[296] Trotz dieser Unterschiede in Bezug auf die Regelungsdichte haben die oben genannten Entscheidungen Entsprechungen in der BVR, die für eine funktionale Vergleichbarkeit der Eignungsprüfung im Vergaberecht und Primärvergaberecht sprechen. Die Vorschriften zur Prüfung der technischen Leistungsfähigkeit dienen in vergleichbarer Weise der objektiven Prüfung mittels geeigneter Nachweise, wie sie der EuGH in der dargestellten Rechtsprechung zur Vergabe im Unterschwellenbereich verlangt.[297] Auch in anderem Zusammenhang setzt sich

---

292 EuGH, Urt. v. 14.06.2007, Rs. C-6/05 (Medipac-Kazantzidis), Slg. 2007, I-4557 Rdnr. 54.

293 EuGH, Urt. v. 14.06.2007, Rs. C-6/05 (Medipac-Kazantzidis), Slg. 2007, I-4557 Rdnr. 53 ff.

294 EuGH, Urt. v. 27.10.2005, Rs. C-234/03 (Contse u.a.), Slg. 2005, I-09315, Rdnr. 37.

295 EuGH, Urt. v. 03.06.1992, Rs C-360/89 (Du Pont de Nemours), Slg., I-03401, Rdnr. 10 ff.

296 Vgl. Art. 58 RiLi 2014/24/EU.

297 EuGH, Urt. v. 14.06.2007, Rs. C-6/05 (Medipac-Kazantzidis), Slg. 2007, I-4557 Rdnr. 53.

die Rechtsprechung des EuGH zum Primärvergaberecht ersichtlich mit Konstellationen auseinander, die auch in der BVR geregelt sind. Exemplarisch sei in diesem Zusammenhang auf die Regelung zu den Präqualifikationsverfahren hingewiesen. Diesbezüglich regelt die BVR[298], dass eine solche Eintragung oder Zertifizierung den Wirtschaftsteilnehmern aus anderen Mitgliedstaaten nicht zur Bedingung für ihre Teilnahme an einer öffentlichen Ausschreibung gemacht werden kann und gleichwertige Bescheinigungen und andere gleichwertige Nachweise von Stellen aus anderen Mitgliedstaaten anzuerkennen sind. In der Rechtssache *Bâtiment et Ponts* entschied der EuGH zur gleichen Thematik, dass eine Registrierung zum Nachweis, dass bestimmte Ausschlussgründe nicht vorliegen, von einem Unternehmen aus einem anderen Mitgliedstaat nur verlangt werden kann, sofern eine solche Verpflichtung die Beteiligung des Unternehmers an dem betreffenden Vergabeverfahren weder erschwert noch verzögert, keine übermäßigen Verwaltungskosten verursacht und sie ferner allein der Überprüfung der beruflichen Eignung des Betroffenen im Sinne dieser Bestimmung dient.[299]

Wertung

Bezüglich der anschließenden Wertung der Angebote sieht der EuGH grundlegend vor, dass sowohl der Gleichheitsgrundsatz als auch die daraus folgende Verpflichtung zur Transparenz es gebieten, dass der Gegenstand des Auftrages sowie die Kriterien für seine Vergabe klar bestimmt werden.[300] Dabei sind die öffentlichen Auftraggeber nicht nur bei der Auswahl der Zuschlagskriterien, sondern auch bei deren Gewichtung frei, sofern diese eine Gesamtwürdigung der Kriterien ermöglicht, die der Ermittlung des wirtschaftlich günstigsten Angebots dienen.[301] Im Gleichklang damit wird aus dem Gleichbehandlungsgrundsatz des Art. 5 III 2 VO 1370 abgeleitet, dass die Entscheidungskriterien Auftragsbezug aufweisen müssen und den Wettbewerb nicht unverhältnismäßig einschränken dürfen.[302] Nach der Rechtsprechung des EuGH sind die öffentlichen Auftraggeber dabei zwar nicht zur Nennung der Gewichtung der Zuschlagskriterien verpflichtet, dürfen die Auslegung der Zuschlagskriterien aber während des

298 Art. 65 Abs. 7 RiLi 2014/24/EU.

299 EuGH, Urt. v. 15.07.2010, Rs. C-74/09 (Bâtiment et Ponts u.a.), Slg. 2010, I-7271, Rdnr. 39ff.

300 EuGH, Urt. v. 10.12.2009, Rs. C-299/08 (Kommission/Frankreich), Slg. 2009, I-11587, Rdnr. 41, 43 mit weiteren Nachweisen aus der Rechtsprechung.

301 EuGH, Urt. v. 27.10.2005, Rs. C-234/03 (Contse u.a.), Slg. 2005, I-09315, Rdnr. 68.

302 *Polster*, NZBau 2010, 662–671 (665).

gesamten Verfahrens nicht verändern.[303] Da dies die Gefahr der Manipulation birgt, wird die Auffassung vertreten, dass den Bietern vor der Angebotsabgabe sowohl die Auswahl- bzw. Entscheidungskriterien als auch deren Gewichtung bekanntzugeben ist.[304] Ferner ist eine Regelung, die zu einem automatischen Ausschluss ungewöhnlich niedriger Angebote führt, ohne dass den Bietern die Möglichkeit des Nachweises eröffnet wird, dass ihre Angebote vertrauenswürdig und ernsthaft sind, mit dem Unionsrecht nicht vereinbar.[305]

Ein Vergleich mit der zentralen Vorschrift des Art. 67 BVR zu den Zuschlagskriterien zeigt inhaltliche Überschneidungen. Dem öffentlichen Auftraggeber werden – unbeschadet einzelstaatlicher Vergütungsvorschriften – die Kriterien des wirtschaftlich günstigsten Angebots und des niedrigsten Preises zur Auswahl gestellt. Hinsichtlich der Ermittlung des wirtschaftlich günstigsten Angebots, sind wiederum *„verschiedene mit dem Auftragsgegenstand zusammenhängende Kriterien, z.B. Qualität, Preis, technischer Wert,(...)"* anzuwenden. Insoweit hat der öffentliche Auftraggeber auch im Anwendungsbereich der BVR einen weiten Ermessensspielraum, wenn es um die Kriterien zur Auswahl des wirtschaftlichsten Angebots geht.[306] Die in Art. 67 Abs. 5 BVR grundsätzlich vorgesehene Verpflichtung zur Beschreibung, wie die einzelnen Kriterien zur Ermittlung des wirtschaftlich günstigsten Angebots zu ermitteln sind, lässt sich – wie dargelegt – für das Primärvergaberecht wohl nicht herleiten. Der Rechtsprechung zum Primärvergaberecht entsprechend regelt Art. 69 RiLi 2014/24/EG, dass ungewöhnlich niedrige Angebote nicht ausgeschlossen werden dürfen, bevor nicht deren Zustandekommen aufgeklärt ist.

Das Vergabeverfahren endet mit dem Zuschlag. Nach Art. 67 Abs. 1 BVR ist der Zuschlag auf das Angebot zu erteilen, welches nach den vorab festgelegten Kriterien das wirtschaftlich günstigste ist oder den niedrigsten Preis vorsieht. Nichts anderes gilt im Primärvergaberecht und im Anwendungsbereich der VO 1370. Der Zuschlag ist auf das Angebot zu erteilen, das die vorab festgelegten Kriterien am besten erfüllt.[307]

303 EuGH, Urt. v. 18.11.2010, Rs. C-226/09 (Kommission/Irland), Slg. 2010, I-11807, Rdnr. 43, 59 ff.

304 *Schröder*, NVwZ 2008, 1288–1295 (1294); *Polster*, NZBau 2010, 662–671 (665).

305 EuGH, Urt. v. 15.5.2008, Rs. C-147 und 148/06 (SECAP und Santorso), Slg. 2008, I-3565 Rdnr. 23 ff.

306 *Ziekow*, in *Ziekow-Völlink* Kommentar zum Vergaberecht, § 97 GWB, Rdnr. 105.

307 *Polster*, NZBau 2010, 662–671 (665).

c) Zuschlag

Indem die Vergabestelle den Zuschlag auf das Angebot des erfolgreichen Bieters erteilt, nimmt sie dessen Angebot an und führt somit den zivilrechtlichen Vertragsschluss herbei. Dieses Grundprinzip gilt prinzipiell für Vergaben nach der BVR, das Primärvergaberecht und die Vergabe eines öffentlichen Dienstleistungsauftrages im Sinne des Art. 2 i VO 1370.

3. Überprüfungsphase

a) Rechtsschutz und Vorabinformation

Für den Bereich oberhalb der Schwellenwerte etablieren die vergaberechtlichen Rechtsmittelrichtlinien[308] ein Nachprüfungsverfahren, welches effektiven Rechtsschutz hinsichtlich der Einhaltung der subjektiven Rechte der Bieter im Vergabeverfahren bietet.[309] Auch die VO 1370 ermöglicht im Anschluss an die Vergabe des öffentlichen Dienstleistungsauftrages ein Nachprüfungsverfahren, welches mit dem vergaberechtlichen Nachprüfungsverfahren vergleichbar ist. Dies ergibt sich schon aus dem Umstand, dass im Erwägungsgrund 21 der VO 1370 ausdrücklich auf die vergaberechtlichen Rechtsmittelrichtlinien Bezug genommen wird.

Nach Art. 5 Abs. 7 VO 1370 ist dabei sicherzustellen, dass die Entscheidungen *„wirksam und rasch auf Antrag einer Person überprüft werden können, die ein Interesse daran hat bzw. hatte, einen bestimmten Auftrag zu erhalten, und die angibt, durch einen Verstoß dieser Entscheidungen gegen Gemeinschaftsrecht oder nationale Vorschriften zur Durchführung des Gemeinschaftsrechts geschädigt zu sein oder geschädigt werden zu können.“* Diese Regelung findet sich mit teils übereinstimmenden Wortlaut in den vergaberechtlichen Rechtsmittelrichtlinien.[310] Wie beim Rechtsschutz im Vergaberecht werden somit Anforderungen an die Antragsbefugnis eines Bieters und an die Effektivität des Rechtsschutzes formuliert.

Aus der Regelung des Art. 5 Abs. 7 S. 1 VO 1370, den Grundsätzen der Transparenz und Fairness und dem Verweis auf die vergaberechtlichen Richtlinien wird insbesondere eine Vorabinformationspflicht der nichtberücksichtigten

---

308 Vgl. Artikel 1 Abs. 3 der Rechtsmittelrichtlinie 89/665/EWG und Artikel 1 Abs. 3 der Konzessionsrechtsmittelrichtlinie 92/13/EWG.

309 Zum Rechtsschutz oberhalb der Schwellenwerte vgl. *Dittmann*, in *Ziekow-Völlink* Kommentar zum Vergaberecht, vor § 102 GWB, Rdnr. 10 ff.

310 Vgl. Artikel 1 Abs. 3 der Rechtsmittelrichtlinie 89/665/EWG und Artikel 1 Abs. 3 der Konzessionsrechtsmittelrichtlinie 92/13/EWG.

Bieter abgeleitet, denen bei erfolgreichem Angriff der Vergabeentscheidung nicht die Möglichkeit einer Auftragserteilung genommen werden soll.[311] Dies entspricht der „Stillhaltefrist" im Sinne der Rechtsmittelrichtlinie[312], zu deren Umsetzung § 134 GWB im deutschen Vergaberecht eine Informations- und Wartepflicht regelt.

Hinsichtlich der Qualität des Spruchkörpers ist in Art. 5 Abs. 7 S. 2, 3 VO 1370 geregelt, dass Entscheidungen von Nachprüfungsstellen, die keine Gerichte sind, schriftlich begründet und gerichtlich überprüfbar sein müssen. Auch diese Regelung findet sich in den Rechtsmittelrichtlinien wieder.[313]

Mit diesen Vorgaben bietet die VO 1370 einen weitaus effektiveren Rechtsschutz als das Primärvergaberecht. Zwar ist nach der Rechtsprechung des EuGH auch hier sicherzustellen, dass die Bieter einen effektiven gerichtlichen Schutz der Rechte in Anspruch nehmen können[314], dabei wird allerdings offen gelassen, welche Anforderungen an die Kontrolldichte und die Effektivität des Rechtschutzes zu stellen sind. Insoweit führt der EuGH aus, dass das Recht auf einen solchen Schutz zu den allgemeinen Rechtsgrundsätzen gehört, die sich aus den gemeinsamen Verfassungsüberlieferungen der Mitgliedstaaten ergeben.[315] Wie dieser Rechtsschutz im Einzelnen auszusehen hat ist allerdings unklar. So ist offen, ob die Gewährung nachträgliche Sekundärrechtsschutzes den Anforderungen genügt oder ob auch Primärrechtsschutz im Sinne einer Verhinderung oder Anfechtung belastender Entscheidungen, beispielsweise eines Zuschlags oder eines Verfahrensausschlusses, zu gewährleisten ist.[316]

b) De-facto-Vergabe

In engem Zusammenhang damit steht die Frage, wie mit Konstellationen umzugehen ist, in denen der öffentliche Auftraggeber einen Auftrag vergibt, ohne die Stillhaltefrist einzuhalten oder gar einen öffentlichen Auftrag unzulässigerweise unmittelbar einem Unternehmen erteilt (sog. De-facto-Vergabe). Für den Anwendungsbereich der BVR sieht die Rechtsmittelrichtlinie die – zeitlich

311 *Schröder*, NVwZ 2008, 1288–1295 (1295).

312 Art. 2 a Abs. 2 RiLi 89/665/EWG.

313 Vgl. Artikel 2 Abs. 9 der Rechtsmittelrichtlinie 89/665/EWG und Artikel 2 Abs. 9 der Konzessionsrechtsmittelrichtlinie 92/13/EWG.

314 EuGH, Urt. v. 25.07. 2002, Rs. C-50/00 (Unión de Pequeños Agricultores), Slg. 2002, S. I-6677, Rdnr. 39.

315 EuGH, Urt. v. 25.07. 2002, Rs. C-50/00 (Unión de Pequeños Agricultores), Slg. 2002, S. I-6677, Rdnr. 39.

316 *Dörr*, in *Dreher-Motzke* Vergaberechtskommentar, Einleitung, Rdnr. 167.

befristete – Unwirksamkeit des Vertrages vor.[317] Im deutschen Recht ist dies in § 134 GWB umgesetzt. So wird ein effektiver Schutz- und Sanktionsmechanismus geregelt, der es ermöglicht, eine vergaberechtswidrige Auftragserteilung noch einem geordneten Vergabeverfahren zuzuführen.[318] Für den Anwendungsbereich der VO 1370, die eine dem vergaberechtlichen Nachprüfungsverfahren vergleichbare Nachprüfung vorschreibt, dürfte entsprechendes gelten. Jedenfalls erklärt im deutschen Recht § 8 Abs. 7 PBefG die §§ 101 a und 101 b GWB a.F. für anwendbar.

Auch nach dem Primärvergaberecht ist eine De-facto-Vergabe nicht zulässig. Diese stellt eine offensichtliche Ungleichbehandlung von Unternehmen aus anderen Mitgliedsstaaten dar, welchen die Möglichkeit genommen wird, ihr Interesse an dem Auftrag (der Konzession) zu bekunden. Da die Vergabe ohne jede Transparenz erfolgt, ist sie unionsrechtswidrig.[319] Problematisch ist, welche Konsequenzen eine unionsrechtswidrige De-facto Vergabe hat. Mit guten Gründen ließe sich unter Hinweise auf den effet utile des primären Vergaberechts und mit Blick auf die Sanktionierung von Verstößen gegen das EU-Beihilfenrecht eine Nichtigkeitsfolge begründen.[320] Der EuGH hat sich indes dahingehend positioniert, dass nicht in allen Fällen *„die nationalen Behörden zur Kündigung eines Vertrags und die nationalen Gerichte zu einer Unterlassungsanordnung“* verpflichtet sind und überlässt den Mitgliedstaaten die Ausgestaltung der Rechtsschutzmöglichkeiten.[321] Im deutschen Recht erschöpfen sich diese in Schadensersatzansprüchen aufgrund vorvertraglicher Pflichtverletzung[322] bzw. deliktischer Ansprüche wegen der Verletzung von Schutzvorschriften[323].

V. Zusammenfassung und Zwischenergebnis

Ziel dieses Abschnitts war die Untersuchung, ob das Vergabe- und Beihilfenrecht in der Art funktional äquivalent sind, dass daraus auf eine Identität des zugrundeliegenden Staatsbegriffs geschlossen werden kann. Den Ansatzpunkt

---

317 Vgl. Art. 2 d Rechtsmittelrichtlinie 89/665/EWG, grundlegend zur Unwirksamkeitsfolge Vorbem. 18, RiLi 2007/66/EG.

318 Vgl. BGH, Beschl. v. 18. 6. 2012, Az. X ZB 9/11, Rdnr. 13.

319 Vgl. EuGH, Urt. v. 21. 7. 2005, Rs. C-231/03 (Co.Na.Me), Slg. 2005 I-07287, Rdnr. 17 f; EuGH, Urt. v. 13.10.2005, Az. C-458/03 (Parking Brixen), Slg. 2005, I-8612, Rdnr. 55 ff.; EuGH, Urt. v. 6.4.2006, Az. C-410/04 (ANAV), Slg. 2006, I-3303, Rdnr. 22 ff.

320 Vgl. *Dörr*, in *Dreher-Motzke* Vergaberechtskommentar, Einleitung, Rdnr. 160–161.

321 EuGH, Urt. v. 13.04.2010, Rs. C-91/08, (Wall), Slg. 2010, I-2815 Rdnr. 65.

322 In diesem Sinne BGH, Urt. v.om 30.08.2011 – X ZR 55/10.

323 So OLG Düsseldorf, Beschl. v. 7. 3. 2012 – VII-Verg 78/11.

bildete die Frage, ob eine funktionale Äquivalenz in dem Sinne ausgemacht werden kann, dass eine vergleichbare Regelungssystematik den Rückschluss auf einen identischen Staatsbegriff nahelegt.

Dieser Frage wurde zunächst durch eine grundlegende Betrachtung der Ursprünge von Vergabe- und Beihilfenrecht nachgegangen, die der Ermittlung des dogmatischen Ansatzpunktes für die Gegenüberstellung der vergabe- und beihilfenrechtlichen Ausschreibungsverfahren diente. Für eine grundlegende Verwandtschaft zwischen dem vergabe- und dem beihilfenrechtlichen Ausschreibungsverfahren ergaben sich dabei zunächst Indizien. So ließen sich Wettbewerbsoffenheit, Transparenz und Diskriminierungsfreiheit als gemeinsame zentrale Prinzipien ausmachen. Zudem ist in der Literatur zum Beihilfenrecht der Hinweis zu finden, dass der unionsrechtliche Beihilfentatbestand entfallen dürfte, wenn den Anforderungen des Primärvergaberechts genügt wird. Als Schnittstelle offenbarte sich dabei die VO 1370 über öffentliche Personenverkehrsdienste auf Schiene und Straße, da diese sowohl der Umsetzung der Dienstleistungsfreiheit als auch des Verbots staatlicher Beihilfen in diesen Bereichen dient. Die VO 1370 weist in ihrem Regelungswerk Bezüge sowohl zum Vergabe- als auch zum Beihilfenrecht auf. So korrespondiert der vorgeschriebene *„obligatorische Inhalt öffentlicher Dienstleistungsaufträge"* mit den ersten der drei Altmark-Trans-Kriterien und hinsichtlich des Verfahrens zur Vergabe der Dienstleistungsaufträge wird direkt auf das Primärvergaberecht verwiesen. Dies ist nicht nur als Anhaltspunkt dafür zu werten, dass der europäische Gesetzgeber von einer funktionalen Äquivalenz des europäischen Primärvergaberechts und des beihilfenrechtlichen Ausschreibungsverfahren ausgeht, sondern auch, dass er – wie die dargelegte Literaturmeinung – davon ausgeht, dass das beihilfenrechtliche Ausschreibungsverfahren dem Primärvergaberecht entspricht. Zudem regelt die VO 1370 das Verhältnis zum Vergaberecht und trägt damit dafür Sorge, dass im Exklusivitätsverhältnis immer ein Vergaberegime zur Anwendung kommt. Dies stützt die Vermutung des einheitlichen Adressaten, dem „Staat im funktionellen Sinn", der – abhängig vom Vergabegegenstand – unterschiedliche Vergaberegime einzuhalten hat, wenn er sich Unternehmen zur Erfüllung seiner Aufgaben bedient.

Aufbauend auf dieser Zwischenbilanz wurde das primäre und sekundäre EU-Vergaberecht, das beihilfenrechtliche Ausschreibungsverfahren und das Verfahren der VO 1370 als vergabe- und beihilfenrechtlicher Hybrid überprüft. Dass dabei ein identischer Staatsbegriff zugrunde liegt, bestätigte der weitere Verlauf der Untersuchung. Der Vergleich stützte die zwischenformulierte These von der einheitlichen Zuordnung zur staatlichen bzw. unternehmerischen Seite im Vergabe- und Beihilfenrecht. Im Fokus stand dabei die Frage, ob sich Anhaltspunkte für oder gegen die Identität der zugrundeliegenden Staatsbegriffe ausmachen lassen. Als unmittelbarer Anhaltspunkt für eine solche Identität wurde dabei die funktionale Äquivalenz der Tatbestandsmerkmale gewertet, die unmittelbar mit dem Staatsbegriff in Zusammenhang stehen. Als mittelbarer Anhaltspunkt wurde die funktionale Äquivalenz der Vergabeverfahren gewertet, wenn diese im konkreten Zusammenhang den Rückschluss auf die Identität des zugrundeliegenden Staatsbegriffs zuließ. Die Gegenüberstellung der Regelungssysteme ermöglichte es, die Evolution der verschiedenen Ausschreibungsverfahren nachzuvollziehen.

Hinsichtlich des persönlichen Anwendungsbereichs stellen im Kern beide Regelungsregime zum einen auf die Tätigkeit im Allgemeininteresse, die vom Wettbewerb entkoppelt ist, und zum anderen auf die Staatsnähe ab, von der die abstrakte Gefahr der staatlich initiierten Wettbewerbsstörung ausgeht. Bei den sachlich erfassten Austauschverhältnissen besteht jeweils ein Leistungs-Gegenleistungs-Verhältnis. Diese sind funktional äquivalent, da es ökonomisch betrachtet vergleichbar ist, ob einem Unternehmen durch Vertrag ein Entgelt oder ein wirtschaftlicher Vorteil durch die Gewährung ausschließlicher Rechte und/oder Ausgleichsleistungen als Gegenleistung zugesichert wird. Es ist dem spezifischen Regelungsgehalt der VO 1370 geschuldet, dass es bei dem Vergleich des Begriffs des „öffentlichen Auftraggebers" und des „öffentlichen Auftrags" im Vergaberecht einerseits und dem Begriff der „zuständigen Behörde" und des „öffentlichen Dienstleistungsauftrags" im Sinne der VO 1370 anderseits der Abstrahierung bedurfte. Sehr konkret nachweisbar war die Verwandtschaft der Regelungssysteme im Bereich der sog. In-House-Problematik. Hier konnte festgestellt werden, dass die Vorschriften der VO 1370 zu „internen Betreibern" erkennbar an die vergaberechtliche Dogmatik zur In-House-Vergabe angelehnt ist. Insbesondere die, teils wortwörtliche, Übernahme der sogenannten Teckal-Kriterien aus dem Vergaberecht zeigte dies. Daraus lässt sich schlussfolgern, dass der europäische Gesetzgeber von einer dogmatischen Vergleichbarkeit des „öffentlichen Auftraggebers" und der „zuständigen Behörde", dem In-House-fähigen Unternehmen und dem „internen Betreiber" sowie der außerhalb staatlichen Einflusses stehenden unternehmerischen Seite ausging. Ebenso vergleichbar finden sich sowohl im Vergaberecht als auch in der VO 1370 quantitative Schwellenwerte, die dazu dienen, unverhältnismäßigen Aufwand bei kleineren (Dienstleistungs-) Aufträgen zu vermeiden. Eine weitere Parallele wurde in der Zielsetzung ausgemacht, die Interessen kleiner und mittelständischer Unternehme wahren zu wollen.

Bei dem Vergleich der Ausschreibungsverfahren zeichnete sich deutlich ab, dass die Regelungssysteme hinsichtlich ihres Detailierungsgrades zwar voneinander abweichen, aber die selbe Grundstruktur aufweisen. Während das sekundäre Vergaberecht genaue Vorgaben enthält, zeigt das primäre Vergaberecht nur eine rudimentäre Struktur auf. Die Zwischenstufe im Dreiklang bildet das Verfahren der VO 1370, welche sich teils konkreter Vorgaben bedient, deren Verwandtschaft zum sekundären Vergaberecht sich nachweisen lässt, teils auf die Dogmatik des Primärvergaberechts verweist und teils eigene Wertungen vornimmt. So enthalten sowohl die Vergaberichtlinien als auch das Primärvergaberecht und die VO 1370 Publizitätsvorgaben, welche interessierten Unternehmen den Wettbewerb durch Transparenz öffnen. Ebenso verhält es sich bei den Vergabeunterlagen. Diese dienen jeweils der Schaffung eines diskriminierungsfreien Wettbewerbs durch einheitliche Bedingungen für vergleichbare Angebote. Die Regelungsfunktion ist identisch, die Regelungsdichte unterschiedlich.

Das Ausschreibungsverfahren kann, abhängig vom Gegenstand und der Umstände, unterschiedlich ablaufen. Auch hier sind die Vorgaben vergleichbar, aber bezüglich der Regulierung abgestuft. Bei den Richtlinienvorschriften des Vergaberechts ist exakt vorgegeben, unter welchen Voraussetzungen die verschiedenen Verfahrensarten zur Anwendung kommen. Die VO 1370 bestimmt ebenfalls mehrere Möglichkeiten hinsichtlich des Verlaufs des wettbewerblichen Vergabeverfahrens. Auch wenn diese Vorgaben fragmentarischer Natur sind, ähneln sich dabei die Abläufe. Die Voraussetzungen, unter denen ein bestimmtes Verfahren angewendet werden kann, werden jeweils desto enger gefasst, je mehr das Verfahren den Wettbewerb einschränkt. Dass der Verordnungsgeber bei der Regelungssetzung die BVR vor Augen hatte, legt der Umstand nahe, dass dabei teils identische Tatbestandsmerkmale (Beispiel: „besonders komplexe Aufträge") die Voraussetzung für ein vereinfachtes Vorgehen bei der Auftragsvergabe bilden. Auch die Möglichkeit der Direktvergabe in Notfällen und deren Beschränkung auf das zur Behebung des Notfalls erforderliche Maß, stellt eine Gemeinsamkeit dar. Das Primärvergaberecht zielt in funktional vergleichbarer Weise auf den Ausschluss ungerechtfertigter Bevorteilung einzelner Bieter ab, gibt dem Rechtsanwender neben diesem Programmsatz allerdings keine präzisen Vorgaben. Auch bei den Fristen für die Abgabe der Angebote bzw. Teilnahmeanträge konnten vergleichbare Beobachtungen gemacht werden. Es gilt derselbe Grundsatz. Bei der Bemessung der Mindestfristen ist, unbeschadet der differenzierten Fristenregelungen im Bereich der BVR, „*insbesondere die Komplexität des Auftrags und die Zeit, die für die Ausarbeitung der Angebote*" benötigt wird, zu berücksichtigen.

Bei der Prüfung und Wertung der Angebote setzt sich die Mehrstufigkeit fort. Während das Vergaberecht genau vorgibt, wie die Angebotsphase sowie die Prüfung und Wertung der eingereichten Angebote zu erfolgen hat, verweist die VO

1370 auf die Anforderungen des Primärvergaberechts, sodass der Rechtsanwender sein Handeln an diesem auszurichten hat. Genaue Vorgaben in Bezug auf die Angebots-, Prüfungs- und Wertungsphase gibt es nicht. Trotz dieser Umstände konnten bei der Gegenüberstellung der Kasuistik des Primärvergaberechts und der vergaberechtlichen Vorschriften zahlreiche Parallelen aufgezeigt werden. So sind die Fragestellungen, welche sich bei der Prüfung und der Wertung der Angebote stellen, vergleichbar. Beispielhaft kann das Verbot diskriminierender Prüfungs- und Wertungskriterien und die Untersagung deren rückwirkender Änderung genannt werden. Dass diese Probleme im Primär- und Sekundärvergaberecht in funktional vergleichbarerer Weise existieren und aufgelöst werden, zeigt einmal mehr die Artverwandtheit der Regelungssysteme auf. Gleichermaßen enden die Vergabeverfahren mit dem Zuschlag, der zum zivilrechtlichen Vertragsabschluss führt und der auf das Angebot zu erteilen ist, das die vorab festgelegten Kriterien am besten erfüllt.

Auch im Bereich der Nachprüfungsphase nehmen die vergaberechtlichen Vorschriften genaue Regelungen beispielsweise im Hinblick auf das Ergreifen von vorläufigen Maßnahmen zur Abwendung von Schäden für den beschwerten Bieter, die nachträgliche Korrektur rechtswidriger Spezifikationen im Vergabeverfahren, zum Schadenersatz und zur De-facto-Vergabe vor. Es wurde jedoch aufgezeigt, dass auch in der VO 1370 Regelungen getroffen wurden, die unter explizitem Verweis auf die Funktion des vergaberechtlichen Rechtsschutzes ein erhöhtes Schutzniveau vorsehen und teils mit den Regelungen zum Rechtsschutz im Vergaberecht identisch sind. Vergleicht man dies mit den vagen Vorgaben des Primärvergaberechts erschließt sich, warum sich der Verordnungsgeber nicht auf einen bloßen Regelungsverweis[324] für den hier zu gewährleistenden Rechtsschutz beschränkt hat.

Nach alldem stellen sich das „vergaberechtliche" und das „beihilfenrechtliche" Ausschreibungsverfahren als Subsysteme des Primärvergaberechts dar, welchem quasi die Rolle eines „Urvergaberechts" zukommt. Aus diesem „Urvergaberecht" entwickelten sich verschiedene Regelungssysteme. Diese unterscheiden sich zwar in ihren sachlichen Anwendungsbereichen und ihrer Ausgestaltung, sind dabei aber in der Grundstruktur instrumentell äquivalent. Das Primärvergaberecht

324 Da die speziellen Sondervorschriften des Titel VI für die einzelnen Verkehrssektoren den allgemeinen Binnenmarktvorschriften des Titels IV vorgehen, dürften die Vorgaben des primären Vergaberecht von sich aus nur sehr eingeschränkte Wirkung entfalten, vgl. *Polster*, NZBau 2010, 662–671 (669).

kommt in den Bereichen zur Geltung, für die (noch) keine speziellen Regelungen entwickelt wurden.

Insgesamt kann eine funktionale Äquivalenz in dem Sinne ausgemacht werden, dass die vergleichbare Regelungssystematik den Rückschluss auf einen identischen Staatsbegriff zulässt. Dieser liegt dem Vergabe- und dem Beihilfenrecht zugrunde. Es haben sich keine Anhaltspunkte für diesbezügliche Wertungsunterschiede ergeben. Das primäre und sekundäre EU-Beihilfenrecht hinsichtlich der „staatliche(n) oder aus staatlichen Mitteln gewährten Beihilfen" und der Begriff des öffentlichen Auftraggebers im Sinne von Art. 2 Abs. 1 Nr. 1 BVR gehen von einem einheitlichen Staatsverständnis aus. In der Konsequenz öffnet dies den Weg zu einer systematisch-teleologischen Auslegung. Inwiefern sich daraus konkrete Ergebnisse ableiten lassen, wird die nun folgende Analyse des Beihilfenverbots zeigen.

D. Das Beihilfenverbot und der funktionale Auftraggeberbegriff

Nachdem in den ersten Teilen dieses Kapitels der Nachweis geführt wurde, dass dem Beihilfenrecht eine auslegungsergänzende Wirkung zugesprochen werden kann, ist die Frage, wie aus dieser abstrakten Erkenntnis konkrete Ergebnisse abgeleitet werden können. Um diese Frage beantworten zu können, ist es notwendig, sich den Tatbestand des Beihilfenverbots zu vergegenwärtigen. Dieser wird im Folgenden dargestellt, wobei mögliche Ansatzpunkte für die Auslegung des vergaberechtlichen Auftraggeberbegriffs die Schwerpunktsetzung vorgeben. Ausgerichtet sind die Überlegungen dabei auf den Begriff des „öffentlichen Auftraggebers" im Sinne des § 99 GWB, um dessen Auslegung es im anschließenden dritten Kapitel geht. Auf die zugrundeliegenden Tatbestandsmerkmale der BVR, für die die folgenden Überlegungen in gleichem Maße gelten, wird hingewiesen.

Gemäß Art. 107 Abs. 1 AEUV sind staatliche oder aus staatlichen Mitteln gewährte Beihilfen gleich welcher Art, die durch die Begünstigung bestimmter Unternehmen oder Produktionszweige den Wettbewerb verfälschen oder zu verfälschen drohen, grundsätzlich mit dem Binnenmarkt unvereinbar, soweit sie den Handel zwischen Mitgliedsstaaten beeinträchtigen. Die Regelung des Art. 107 Abs. 2 AEUV begründet sogenannte Legalausnahmen, beispielsweise für Sozialleistungen an Verbraucher und zur Beseitigung von Schäden, die durch Naturkatastrophen entstanden sind. Art. 107 Abs. 3 AEUV regelt weitere mögliche Ausnahmen (sog. Ermessensbeihilfen), die beispielsweise zur Förderung der (wirtschaftlichen) Entwicklung bestimmter strukturschwacher Gebiete oder von Wirtschaftszweigen eingesetzt werden können. Ferner ist auch Art. 106 Abs. 2

AEUV, demgemäß der Anwendungsbereich des europäischen Wettbewerbsrechts für Unternehmen, die mit Dienstleistungen von allgemeinem wirtschaftlichen Interesse betraut sind, eingeschränkt ist, nach der Rechtsprechung des EuGH und der Kommissionspraxis als Ausnahmeregelung zu Art. 107 Abs. 1 AEUV zu verstehen.[325]

Es ergibt sich danach folgendes Schema für die Prüfung, ob eine Beihilfe mit dem Binnenmarkt unvereinbar ist:

- Staatliche oder aus staatlichen Mitteln gewährte Beihilfe
    a. Begünstigung durch Gewährung eines Vorteils
    b. Staatliche Maßnahme oder Maßnahme unter Inanspruchnahme staatlicher Mittel
- Beihilfenverbot für öffentliche Unternehmen
- Die Begünstigung muss sich auf bestimmte Unternehmen oder Produktionszweige beziehen (Selektivität).
- Wettbewerbsverfälschung oder drohende Wettbewerbsverfälschung
- Beeinträchtigung des Handels zwischen den Mitgliedsstaaten
- Keine Ausnahme gemäß Art. 107 Abs. 1 und 2 AEUV
    a. Legalbeihilfen nach Art. 107 Abs. 2 AEUV
    b. Ermessensbeihilfen nach Art. 107 Abs. 3 AEUV
- Kein Dispens nach Art. 106 Abs. 2 AEUV für Dienstleistungen von Allgemeinem wirtschaftlichen Interesse

In den folgenden Erläuterungen werden die einzelnen Punkte des Prüfungsschemas dargestellt. Im Detail wird dabei auf die Tatbestandsmerkmale eingegangen, die für die spätere Untersuchung von Relevanz sein könnten.

I. Begünstigung durch Gewährung eines Vorteils

Das Merkmal der „Begünstigung" ist nach ständiger Rechtsprechung des EuGH weit auszulegen.[326] Erfasst werden Maßnahmen gleich welcher Art, die mittelbar oder unmittelbar Unternehmen begünstigen oder die als ein wirtschaftlicher

---

325 Vgl. bspw. EuGH, Urt. v. 15.3.1994, Rs. C-387/92 (Banco Exterior de España), Slg. 1994 I-00877, Rdnr. 11 ff.; EuGH, Urt. v. 22.6.2000, Az. 332/98 (CELF), Slg. 2000, I-4833, Rdnr. 27 ff.; Mitteilung der Kommission über die Anwendung der Beihilfevorschriften der Europäischen Union auf Ausgleichsleistungen für die Erbringung von Dienstleistungen von allgemeinem wirtschaftlichem Interesse, Abl. C8, 11.01.2012, S. 4–14, Ziffer. 11 mit zahlreichen Nachweisen aus der Rechtsprechung.

326 vgl. bspw. EuGH, Urt. v. 25.6.1970, Rs. 47/69 (Frankreich/Kommission), Slg. 1970, 487, Rdnr. 16/17.

Vorteil anzusehen sind, den das begünstigte Unternehmen unter normalen Marktbedingungen nicht erhalten hätte.[327] Die Prüfung erfolgt demnach in zwei Schritten: Zunächst ist zu klären, welche Art von Leistung potenziell eine Begünstigung darstellen kann. Im zweiten Schritt stellt sich die Frage, unter welchen Voraussetzungen von einer marktgerechten Kompensation für die Leistung ausgegangen werden kann. Für das Vorliegen einer Begünstigung ist es dabei unerheblich, welche Motive mit der Begünstigung verfolgt werden, wenngleich ordnungs-, sozial- oder umweltpolitische Motive für eine Beihilfengewährung auf der Ebene der Rechtfertigung eine Rolle spielen können.[328]

1. Empfang einer Leistung (geldwerter Vorteil)

Vom Begriff der Begünstigung werden nicht nur positive Leistungen umfasst, sondern auch Maßnahmen, die in verschiedener Form die Belastungen vermindern, die ein Unternehmen normalerweise zu tragen hat, und die somit zwar keine „Subventionen" im strengen Sinne des Wortes darstellen, diesen aber nach Art und Wirkung gleichstehen.[329]

Soweit die Rechtsprechung des EuGH klarstellt, dass der Begriff der Begünstigung weiter ist als derjenige der Subvention, ist zwischen den verschiedenen Subventionsbegriffen zu differenzieren. Der klassische Subventionsbegriff, den der EuGH mit Subventionen im strengen Sinne des Wortes umschreibt, umfasst lediglich positive Leistungen.[330] Gemeint ist die Zuführung von Geld oder geldwerten Leistungen.[331] Weiter ist hingegen der allgemeine Subventionsbegriff. Dieser geht über den Begriff der Beihilfe hinaus, da diese letztlich nur die wirtschaftliche Unterstützung von Unternehmen erfasst, während die Subvention nicht auf diese spezifische Zwecksetzung beschränkt ist.[332] EuGH und

327 Vgl. EuGH, Urt. v. 17.07.2008, Rs. 206/06 (Essent Netwerk Noord BV u.a.), Slg. 2008, I-05497, Rdnr. 79 mit weiteren Nachweisen aus der Rechtsprechung.

328 *Koenig/Schreiber* Europäisches Wettbewerbsrecht, Kapitel 8, Seite 222.

329 EuGH, Urt. v. 15.3.1994, Rs. C-387/92 (Banco de Credito Industrial), Slg. 1994, I-877, Rdnr. 13; EuGH, Urt. v. 1.12.1998, Rs. C-200/97 (Ecotrade), Slg. 1998, I-7907, Rdnr. 34; EuGH, Urt. v. 8.11.2001, Rs. C-143/99 (Adria-Wien-Pipeline), Slg. 2001, I-8384, Rdnr. 38.

330 EuGH, Urt. v. 8.11.2001, Rs. C-143/99 (Adria-Wien Pipeline u.a.), Slg. 2001, I-8365, Rdnr. 38 mit weiteren Nachweisen aus der Rechtsprechung; EuGH, Urt. v. 3.3.2005, Rs. C-172/03 (Heiser), Slg. 2005, I-1627, Rdnr. 36; EuGH, Urt. v. 23.3.2006, Rs. C-237/04 (Enirisorse/Sotacarbo), Slg. 2006, I-2843, Rdnr. 42.

331 *Kühling*, in *Streinz* EUV/AEUV Art. 107 AEUV, Rdnr. 29.

332 Einen Überblick über die verwendeten Begrifflichkeiten vermittelt *Ziekow* Öffentliches Wirtschaftsrecht, § 6, Rdnr. 2–5 mit weiteren Nachweisen.

Kommission haben den Beihilfenbegriff im Lauf der Zeit ausgeformt, um die zahlreichen Möglichkeiten staatlicher Begünstigungspolitik zu erfassen.[333] Zur Veranschaulichung sollen hier verlorene (Investitions-)Zuschüsse[334], zinsverbilligte Darlehen[335] und die Stundung bzw. Nichtdurchsetzung von Forderungen[336] exemplarisch aufgeführt werden. Die Aufzählung ist bei weitem nicht abschließend. Auf die unterschiedlichen Erscheinungsformen potenzieller Begünstigungen wird im Rahmen der Auslegung der vergaberechtlichen Tatbestandsmerkmale noch einzugehen sein, sofern sie dabei von Relevanz sind.

2. *Keine marktangemessene Gegenleistung*

Unter dem Punkt der „Wechselbezüglichkeit von Vergabe- und Beihilfenrecht" wurde bereits im Vorgriff klargestellt, dass allein das Vorliegen einer Leistung noch nicht zur Annahme einer beihilfenrechtlichen Begünstigung führt, diese muss vielmehr ohne angemessene, d. h. marktübliche Gegenleistung erbracht werden.[337] Um Wiederholungen zu vermeiden, wird an dieser Stelle auf die diesbezüglichen Ausführungen verwiesen,[338] die an dieser Stelle lediglich kurz zusammengefasst werden sollen.

Im Kern wurde herausgearbeitet, dass der zentrale materielle Maßstab für die Bestimmung der Marktüblichkeit des Verhältnisses von Leistung und Gegenleistung der sog. „Private-Investor-Test" ist, der entsprechend der Vielzahl denkbarer Leistungsgewährungen ausgeformt wurde.[339] Insbesondere für nicht marktübliche Leistungen ergab sich dabei die Notwendigkeit formaler Kriterien, um die Marktgerechtigkeit in vorhersehbarer Weise zu bestimmen.[340]

---

333 Vgl. *Cremer*, in *Callies-Ruffert* EUV AEUV, Art. 107 AEUV, Rdnr. 40–41.

334 EuGH, Urt. v. 8.3.1988, verb. Rs. 62/87 und 72/87 (Exécutif régional Wallon/Kommission), Slg. 1988, 1573, Rdnr. 13.

335 EuGH, Urt. v. 14.2.1990, Rs. C-301/87 (Frankreich/Kommission), Slg. 1990, I-307, Rdnr. 41.

336 EuGH, Urt. v. 12.10.2000, Rs. C-480/98 (Spanien/Kommission), Slg. 2000, I-8717, Rdnr. 13 und 19; Kommission, Entsch. v. 14. 10. 1998, Az. 1999/509/EG; ABl. 1999 Nr. L 198/15.

337 *Cremer*, *Callies-Ruffert* EUV AEUV, Art. 107 AEUV Rdnr. 10; *Kühling*, in *Streinz* EUV/AEUV Art. 107 AEUV, Rdnr. 28.

338 Vgl. 2. Kapitel B.II.

339 Vgl. Übersicht *Ziekow* Öffentliches Wirtschaftsrecht, § 6, Rdnr. 24 ff. mit entsprechenden Einzelnachweisen.

340 *Cremer*, in *Callies-Ruffert* EUV AEUV, Art. 107 AEUV, Rdnr. 14; *Kühling*, in *Streinz* EUV AEUV, Art. 107 AEUV, Rdnr. 36.

Als geeignete Verfahren sind insbesondere die Durchführung eines Ausschreibungsverfahrens oder die Einholung eines Wertgutachtens von einem unabhängigen Sachverständigen anerkannt,[341] wobei nach herrschender Auffassung das Ausschreibungsverfahren die beste Möglichkeit zur Ermittlung einer marktgerechten Gegenleistung darstellt.[342]

3. *Strukturelle Gemeinsamkeiten zwischen dem beihilfenrechtlichen Begünstigungsbegriff und dem vergaberechtlichen Finanzierungsbegriff*

Der beihilfenrechtliche Begünstigungsbegriff könnte für die Untersuchung des vergaberechtlichen Finanzierungsbegriffs von entscheidender Bedeutung sein. Die Überlegung, bei der Auslegung des vergaberechtlichen Finanzierungs- bzw. Subventionierungsbegriffs auf den beihilfenrechtlichen Begünstigungsbegriff abzustellen, basiert darauf, dass diesen bei genauer Betrachtung eine funktional äquivalente Regelungsfunktion zukommt. Um dies nachvollziehen zu können, muss allerdings etwas weiter ausgeholt werden. Im Mittelpunkt stehen dabei die Tatbestände des § 99 Nr. 2 und Nr. 4 GWB als Ausprägung der funktionalen Zuordnung von Rechtssubjekten zur staatlichen Seite, speziell die Kriterien, anhand derer diese Zuordnung vorgenommen wird.

§ 99 Nr. 2 GWB erfasst bestimmte juristische Personen, wenn staatliche Stellen „sie einzeln oder gemeinsam durch Beteiligung oder auf sonstige Weise überwiegend finanzieren" oder anderweitig beherrschen. Dabei stellt das Tatbestandsmerkmal der „überwiegenden Finanzierung" eine von drei Varianten dar, die unter dem Oberbegriff der besonderen Staatsnähe die enge Verbindung der betreffenden Einrichtung mit dem Staat, Gebietskörperschaften oder anderen Einrichtungen des öffentlichen Rechts begründen können.[343]

Öffentliche Auftraggeber sind gemäß § 99 Nr. 4 GWB Personen, die für die Verwirklichung bestimmter Bauprojekte oder damit in Verbindung stehender Dienstleistungen und Auslobungsverfahren von Stellen, die unter § 99 Nr. 1 bis

---

341 Erstmals explizit vorgesehen in der Mitteilung der Kommission betreffend Elemente staatlicher Beihilfe bei Verkäufen von Bauten oder Grundstücken durch die öffentliche Hand (Grundstücksmitteilung) vom 10.7.1997, ABl. 1997 C-209/3. Im Laufe der Zeit wurden die Prinzipien durch die Kommission und den EuGH auf weitere Bereiche übertragen, in denen es für das Bestehen des Private-Investor-Test als geeignet erachtet wird, vgl. bzgl. der Einzelheiten *Kühling*, in *Streinz* EUV AEUV, Art. 107 AEUV, Rdnr. 36 ff.; v. Donat, in *Heidenhain* European State Aid Law, § 46 II, Rdnr. 35.

342 Vgl. 2. Kapitel B.III.

343 EuGH. Urt. v. 3.10.2000, C-380/98 (University of Cambridge), Slg. 2000, I-8035 Rdnr. 20.

3 fallen, „Mittel erhalten, mit denen diese Vorhaben zu mehr als 50 vom Hundert subventioniert werden." Bei § 99 Nr. 4 GWB kommt es nicht auf die Person des Auftraggebers an, die bei § 99 Nr. 2 GWB per se im personellen Anwendungsbereich des Vergaberechts liegt, sondern auf ein einzelnes Projekt, während dessen Realisierung eine juristische Person an das Vergaberecht gebunden ist.[344] Deshalb werden die von § 99 Nr. 4 GWB erfassten Konstellationen auch als „Drittvergaben" bezeichnet.[345] Das Tatbestandsmerkmal der „Subventionierung" begründet dabei die Zurechenbarkeit zur staatlichen Sphäre, welche die Verpflichtung zur Anwendung des Vergaberechts rechtfertigt.[346]

Sowohl das Tatbestandsmerkmal der „Finanzierung" i.S.d. § 99 Nr. 2 GWB als auch das der „Subventionierung" i.S.d. § 99 Nr. 4 GWB dienen als Kriterien der Zuordnung zum Staat. Hintergrund ist die Finanzmacht des Staates und die daraus resultierenden Gefahren für den Wettbewerb. Beide Tatbestandsmerkmale zielen demgemäß darauf ab, die Möglichkeit zur Weitergabe der staatlichen Finanzmacht zu erfassen. Denn durch diese Weitergabe geht die Gefahr für den Wettbewerb auf Dritte über, die es vergaberechtlich zu erfassen gilt. Die ökonomische Möglichkeit, Beschaffungsvorgänge entgegen den Regeln der Wirtschaftlichkeit durchführen und die Möglichkeit, dies auch weitergeben zu können, hat der EuGH im Blick, wenn er in seiner ständigen Rechtsprechung formuliert, dass es zu verhindern ist, dass sich *"(…) eine vom Staat, von Gebietskörperschaften oder sonstigen Einrichtungen des öffentlichen Rechts finanzierte oder kontrollierte Stelle bei der Auftragsvergabe von anderen als wirtschaftlichen Überlegungen leiten lässt"*.[347]

Auf den ersten Blick scheint die beihilfenrechtliche „Begünstigung" nicht viel mit dem Tatbestandsmerkmal der „Finanzierung" i.S.d. § 99 Nr. 2 GWB und der „Subventionierung" i.S.d. § 99 Nr. 4 GWB gemeinsam zu haben. Sie dient nicht der Zuordnung zum Staat, sondern bildet als Mittelfluss zugunsten Privater den konzeptionellen Anknüpfungspunkt für das Beihilfenverbot. Bei genauerem Hinsehen ist jedoch festzustellen, dass die beiden Tatbestandsmerkmale ökonomisch und systematisch äquivalent sind. Denn es handelt sich jeweils um

---

344 *Zeiss*, in *Heiermann-Zeiss* Praxiskommentar Vergaberecht, § 98 Rdnr. 229.

345 *Aicher*, in *Müller-Wrede (Hrsg.)* Kompendium des Vergaberechts, Kapitel 4, Rdnr. 83; *Wagner*, in *Bunte u.a.* Kommentar zum deutschen und europäischen Kartellrecht, § 98 Rdnr. 66.

346 *Ziekow*, in *Ziekow-Völlink* Kommentar zum Vergaberecht, § 98 Rdnr. 162.

347 EuGH. Urt. v. 3.10.2000, C-380/98 (University of Cambridge), Slg. 2000, I-8035 Rdnr. 17; EuGH, Urt. v. 27.2.2003, Rs. C-373/00 (Truley), Slg.2003, I-1931, Rdnr. 42; EuGH, Urt. v. 22.05.2003, Rs. C-18/01 (Korhonen), Slg. 2003, I-5321, Rdnr. 52.

Mittelflüsse, denen die potenzielle Eignung zur Wettbewerbsstörung innewohnt. Der Unterschied liegt lediglich darin, dass bei der vergaberechtlichen „Finanzierung" bzw. „Subventionierung" eine Stufe höher angeknüpft wird. Wird die betreffende Stelle mit öffentlichen Mitteln „finanziert" bzw. „subventioniert", ist sie (theoretisch) vom Zwang zum wirtschaftlichen Handeln befreit und kann sich von anderen als wirtschaftlichen Überlegungen leiten lassen. Sie ist in der Lage, einzelnen Unternehmen einen Wettbewerbsvorteil zu verschaffen. Deshalb muss sie zur Vermeidung der Umgehung vom Vergaberecht erfasst werden. Abzustellen ist mithin auf die Weitergabe der Mittel aus der vergaberechtlichen „Finanzierung" bzw. „Subventionierung" an einen privaten Empfänger. Diese Weitergabe ist letztlich das Pendant zur beihilfenrechtliche „Begünstigung". Wäre diese Konstellation nicht vom funktionellen Auftraggeberbegriff erfasst, könnte die betreffende Stelle ein Unternehmen bei der Auftragsvergabe übervorteilen. Aus der Perspektive des übervorteilten Bieters würde die Weitergabe eine Begünstigung darstellen.

Dies kann anhand der fiktiven Annahme, dass es das moderne Vergaberecht nicht gibt, illustriert werden. Eine staatlich Stelle könnte mittels privatrechtlicher Gestaltungsmöglichkeiten ein Rechtssubjekt schaffe, das nicht vom klassischen Aufraggeberbegriff umfasst ist, und dies mittels „Finanzierung" mit Mitteln ausstatten. Wenn dieses Rechtssubjekt, beispielsweise eine GmbH, zur Unterstützung der lokal ansässigen Betriebe gefällige Aufträge vergibt, die so unter Marktbedingungen nicht möglich wären, wird durch die Weitergabe der „Finanzierung" eine „beihilfenrechtliche Begünstigung", die den Wettbewerb auf dem Binnenmarkt verzerrt. Vergleichbares gilt, wenn nicht die Beispiel-GmbH direkt finanziert wird, aber der von ihr vergebene Auftrag „subventioniert" wird.

Die in dem Beispiel aufgeführte Konstellation veranschaulicht, dass das Vergaberecht und das Beihilfenrecht zur Vermeidung der Wettbewerbsverzerrung die selbe Stoßrichtung haben. Das Vergaberecht, indem es durch die Tatbestandsmerkmale der „Finanzierung" bzw. „Subventionierung" den subjektiven Anwendungsbereich des Vergaberechts auf die Beispiel-GmbH erweitert, um so für die Auftragsvergabe Wettbewerbsbedingungen zu schaffen, und das Beihilfenrecht, indem es den Auftrag selbst als grundsätzlich unzulässige „beihilfenrechtliche Begünstigung" einstuft. Hier schließt sich – bildlich gesprochen – der Kreis. In einem idealen Regelungssystem würden Vergaberecht und Beihilfenrecht in diesem Fall konvergieren.[348] Es ist systematisch widersprüchlich, wenn

348 Vgl. diesbezügl. Ausführungen zu Funktionen und Zusammenwirken von Vergabe- und Beihilfenrecht unter 2. Kapitel B.III.

ein und derselbe Mittelfluss im Vergaberecht als „Finanzierung“ bzw. „Subventionierung“ anzuerkennen ist, aufgrund derer eine Einrichtung zur unwirtschaftlichen Auftragsvergabe in der Lage ist, jedoch die Weitergabe derselben keine „beihilfenrechtliche Begünstigung“ darstellt.

Zum besseren Verständnis soll hier nochmals auf die graphischen Darstellung der Schaubilder 1 bis 3 Bezug genommen werden. Diese sind in Kombination mit Schaubbild 4 zu sehen, da in diesem nicht die vergabe- bzw. beihilfenrechtsspezifischen Tatbestandsmerkmale benannt sind.

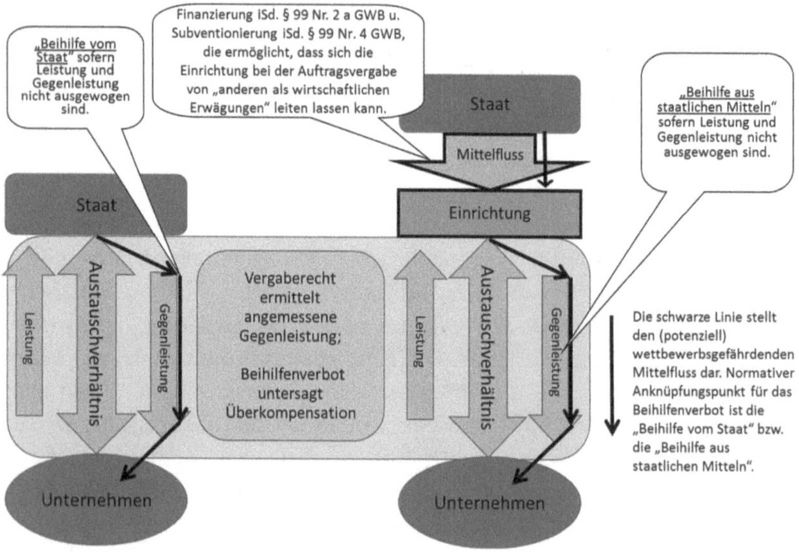

Schaubild 4:

4. *Zwischenergebnis*

Wie bereits soeben festgehalten,[349] wird von einem einheitlichen Staatsverständnis ausgegangen, das sowohl dem EU-Beihilfenrecht als auch dem funktionellen Auftraggeberbegriff in der BVR zugrunde liegt. Es wurde darauf aufbauend dargelegt, dass dem Tatbestandsmerkmal der „Finanzierung“ eine gewichtige Rolle zukommt, wenn es um das Vorliegen einer „Einrichtung des öffentlichen Rechts“ im Sinne des Art. 2 Abs. 1 Nr. 4 der BVR geht, welcher in § 99 Nr. 2 GWB

349 Vgl. 2. Kapitel C.V.

umgesetzt ist. Selbiges gilt für das Tatbestandsmerkmal der „Subventionierung“ im Sinne von Art. 13 BVR, welcher in § 99 Nr. 4 GWB umgesetzt ist. Ferner wurde eine ökonomisch-systematische Verbindung dieser Tatbestandsmerkmale zum beihilfenrechtlichen Begriff der „Begünstigung“ in der Art aufgezeigt, dass sowohl der vergaberechtliche Finanzierungs- und Subventionsbegriff als auch der beihilfenrechtliche Begriff der Begünstigung den Zweck haben, Mittelflüsse staatlichen Ursprungs zu erfassen, die potenziell zur wettbewerblichen Besserstellung von Unternehmen geeignet sind, um diese der Regulierung zu unterwerfen. Als Zwischenergebnis ist daher festzuhalten, dass diese im Idealfall identisch sind, d. h. im Rahmen des Möglichen bei der Auslegung anzugleichen sind. Inwiefern dies bei der Auslegung von § 99 Nr. 2 und Nr. 5 GWB Berücksichtigung finden kann, wird im nächsten Kapitel geklärt.

II. Staatliche Maßnahme oder Maßnahme unter Inanspruchnahme staatlicher Mittel

Weitere Voraussetzung für das Vorliegen einer Beihilfe ist, dass die betreffende Vergünstigung eine staatliche Maßnahme oder eine Maßnahme unter Inanspruchnahme staatlicher Mittel ist. Der EuGH prüft dies als einheitliches Tatbestandsmerkmal und stellt bei der Prüfung auf zwei Kriterien ab. Zum einen muss der gewährte Vorteil mittelbar oder unmittelbar staatlicher Herkunft (1) und zum anderen dem Staat zurechenbar (2) sein.[350] Im Folgenden werden zunächst die für die weitere Untersuchung relevanten Grundlagen vermittelt. Im Anschluss wird gesondert auf die im Beihilfenrecht relevanten sog. „parafiskalischen Abgaben“ (3) und „öffentliche Unternehmen“ (4) eingegangen, da diesen bei der vergaberechtlichen Äquivalenzuntersuchung eine gesonderte Rolle zukommt. Dieser Wechselbezug wird im letzten Teil dieses Abschnitts erläutert (5).

1. Die staatliche Herkunft der Mittel

Der Begriff des Staates umfasst sowohl den Zentralstaat als auch dessen Untergliederungen, in Deutschland also nicht nur die Behörden des Bundes, sondern auch die der Länder und Kommunen.[351] Staatlicher Herkunft sind Mittel aber

350 EuGH, Urt. v. 13.3.2001, Rs. C-379/98 (Preussen Elektra), Slg. 2001, I-2099, Rdnr. 58; EuGH, Urt. v. 16.5.2002, Rs. C-482/99 (Frankreich/Kommission (Stardust Marine)), Slg. 2002, I-4397, Rdnr. 24; EuGH, Urt. v. 20.11.2003, Rs. C-126/01 (GEMO), Slg. 2003, I-13769 Rdnr. 24.

351 EuGH, Urt. v. 14.10.1987, Az. 248/84 (Deutschland/Kommission), Slg. 1987, I 4013, Rdnr. 17.

auch dann, wenn diese über sonstige öffentliche Stellen wie öffentliche Banken, Anstalten oder Stiftungen ausgekehrt werden.[352]

Unmittelbar vom Staat stammen diejenigen Mittel, die direkt von einer der genannten Körperschaften stammen.[353] Allerdings bedarf es nicht unbedingt einer Beteiligung der unmittelbaren Staatsverwaltung.[354] Unter dem Begriff der „aus staatlichen Mitteln gewährten Beihilfe" wird der Beihilfentatbestand erweitert.[355] Erfasst werden mittelbar vom Staat gewährte Leistungen, damit die Vorschriften über staatliche Beihilfen nicht allein durch die Schaffung unabhängiger Einrichtungen, denen die Verteilung der Beihilfen übertragen wird, von den Mitgliedstaaten umgangen werden können.[356] Nach der ständigen Rechtsprechung des EuGH unterfallen „staatlich benannte oder errichtete öffentliche oder private Einrichtungen"[357] dem Beihilfenrecht.

Erfasst werden dabei sowohl öffentliche Unternehmen, auf die sogleich eingegangen wird, als auch andere staatlich eingesetzte Entitäten.[358] Beihilferelevant sind nach der Rechtsprechung des EuGH sämtliche Mittel, auf die der öffentliche Sektor tatsächlich zur Unterstützung von Unternehmen zurückgreifen kann, ohne dass es dafür eine Rolle spielt, ob diese Mittel auf Dauer zum Vermögen dieses Sektors gehören.[359] Auch eine entfernte oder nur vorrübergehende Möglichkeit der staatliche Einflussnahme auf eine Einrichtung genügt. So wurde in der Rechtssache *Compagnie nationale Air France* für ausreichend erachtet, dass eine dem öffentlichen Sektor zuzurechnende Einrichtung Investitionen über eine privatrechtliche Aktiengesellschaft initiierte, deren Mehrheitsaktionärin sie war und der sie die erforderlichen Mittel bereitstellte.[360] Ebenso erfasst werden Einrichtungen, die – zumindest teilweise – vom Staat kapitalisiert werden und unter

---

352 *Koenig/Paul*, in *Streinz* EUV/AEUV, Art. 107 AEUV, Rdnr. 56; *Mestmäcker-Schweitzer* Europäisches Wettbewerbsrecht, § 43, Rdnr. 58.

353 *Koenig/Paul*, in *Streinz* EUV/AEUV, Art. 107 AEUV, Rdnr. 58.

354 *Koenig/Kühling*, NJW 2000, 1065–1074 (1066).

355 EuGH, Urt. v. 13.10.1982, Rs. 213/81 bis 215/81 (Zollkontingente), Slg. 1982, 3583, Rdnr. 22.

356 EuGH, Urt. v. 16.5.2002, Rs. C-482/99 (Frankreich/Kommission (Stardust Marine)), Slg. 2002, I-4397, Rdnr. 23.

357 So die vom EuGH in ständiger Rechtsprechung verwendete Formulierung, vgl. EuGH, Urt. v. 7.5.1998, verb. Rs. C-52/97, C-53/97 u. C-54/97 (Viscido) Slg. 1998, I-2629, Rdnr. 13. mit weiteren Nachweisen aus der Rechtsprechung.

358 *Koenig/Paul*, in *Streinz* EUV/AEUV, Art. 107 AEUV, Rdnr. 65.

359 EuGH, Urt. v. 16.5.2000, Rs. C-83/98 (Ladbroke), Slg. 2002, I-5397 Rdnr. 50.

360 EuG, Urt. v. 12.12.1996, Rs. T-358/94 (Compagnie nationale Air France/Kommission), Slg. 1996 II-02109, Rdnr. 55 ff.

der Kontrolle und nach Anweisung öffentlicher Stellen Beihilfen an Unternehmen gewähren.[361] Selbiges gilt für Unternehmen, die sich zumindest im Anteilseigentum des Staates befinden oder von diesem beherrscht werden.[362] Es kann demnach festgestellt werden, dass die Gruppe der staatlich benannten Einrichtungen weit zu fassen ist und die Anforderungen an die prinzipielle Zuordnung zum Staat niedrig sind.[363] Entscheidend ist allein, ob die betreffenden Mittel in irgendeiner Form der staatlichen Kontrolle unterliegen.[364]

2. Zurechenbarkeit staatlicher Mittelgewährung

Da das Beihilfenverbot die privatautonome Selbststeuerung des Marktes gegen staatliche Einflussnahme schützen soll,[365] muss die Vorteilsgewährung dem Staat konkret zurechenbar sein.[366] Durch das Kriterium der Zurechenbarkeit sollen Fälle ausgenommen werden, in denen über die Verwendung der Einnahmen nicht mittels staatlicher Vorschriften, sondern durch die betreffende Einrichtung autonom entschieden wird.[367] Die Rechtsprechung möchte so verhindern, dass nicht die komplette laufende Geschäftsführung eines öffentlichen Unternehmens vor dem Hintergrund des Beihilfenverbots zu rechtfertigen ist.[368]

Denn auch wenn der Staat in der Lage ist, eine Einrichtung zu kontrollieren und einen beherrschenden Einfluss auf deren Tätigkeiten auszuüben, kann nicht ohne Weiteres vermutet werden, dass diese Kontrolle in einem konkreten Fall tatsächlich ausgeübt wird. Es ist zu prüfen, ob die Behörden in irgendeiner Weise am Erlass einer beihilfenrechtlich relevanten Maßnahme beteiligt

361 EuGH Urt. v. 22.3.1977, Rs. 78/76 (Steinike und Weinling/Deutschland), Slg. 1977, 595, Rdnr. 21; EuGH Urt. 3.5.1985, Rs. 67/85, 68/85 u. 70/85 (Van der Kooy u.a./ Kommission), Slg. 1988, 219, Rdnr. 35–37.

362 EuGH, Urt. v. 16.5.2002, Rs. C-482/99 (Frankreich/Kommission (Stardust Marine)), Slg. 2002, I-4397, Rdnr. 33 ff.

363 *Koenig/Paul*, in *Streinz* EUV/AEUV, Art. 107 AEUV, Rdnr. 65.

364 *Bartosch* Kommentar EU-Beihilfenrecht, Art. 107 Abs. 1 AEUV, Rdnr. 141.

365 *Mestmäcker-Schweitzer* Europäisches Wettbewerbsrecht, § 43, Rdnr. 70.

366 EuGH, Urt. v. 16.5.2002, Rs. C-482/99 (Frankreich/Kommission (Stardust Marine)), Slg. 2002, I-4397, Rdnr. 24 mit weiteren Nachweisen aus der Rechtsprechung.

367 EuGH, Urt. v. 16.5.2002, Rs. C-482/99 (Frankreich/Kommission (Stardust Marine)), Slg. 2002, I-4397, Rdnr. 52; Kommission, Entsch. v. 4.7.2006, Beihilfen NN 162/B/2003 u. N 317/B/2006 (Wienstrom), Rdnr. 37.

368 *Bartosch* Kommentar EU-Beihilfenrecht, Art. 107 Abs. 1 AEUV, Rdnr. 150.

waren.[369] Während dies bei unmittelbar vom Staat gewährten Mitteln offenkundig ist, bedarf es bei mittelbar aus staatlichen Mitteln gewährten Begünstigungen einer positiven Feststellung.[370] Deren Zurechenbarkeit zum Staat ist gegeben, wenn die entsprechenden Einrichtungen von diesem zur Durchführung einer bestimmten Beihilfenregelung errichtet oder damit beauftragt wurden bzw. wenn die Gewährung des wirtschaftlichen Vorteils auf andere Weise klar auf eine staatliche Veranlassung oder Vorgabe zurückgeführt werden kann.[371] Dies ist jedoch keine notwendige Bedingung.[372] Da nicht immer ein klarer und transparenter Zurechnungstatbestand existiert, genügt für die Zurechenbarkeit einer Beihilfenmaßnahme an den Staat, wenn diese aus einem Komplex von Indizien abgeleitet werden kann, die sich aus den Umständen des konkreten Falles und aus dem Kontext ergeben, in dem diese Maßnahme ergangen ist.[373] Beispielsweise wird eine hinreichende staatliche Einflussnahme durch die Bestellung der Leitungsorgane eines Unternehmens, dessen Kapitalisierung durch Mittelzuweisung oder der Abschluss eines Vertrages zwischen einem Unternehmen und der Verwaltung für hinreichend erachtet.[374] Die Zurechenbarkeit der Beihilfenmaßnahme kann allerdings nicht allein aus dem Umstand abgeleitet werden, dass das Unternehmen wie eine eigene Dienststelle der Aufsicht des Staates unterliegt.[375]

3. *Staatliche Herkunft der Mittel; Sonderfall parafiskalische Abgaben*

In Zusammenhang mit der staatlichen Herkunft der Mittel steht die Frage, ob die Beihilfengewährung zu einer Belastung des Staatshaushalts oder des Haushalts der staatlich benannten Einrichtung führt, was nach der Rechtsprechung des

---

369 EuGH, Urt. v. 16.5.2002, Rs. C-482–99 (Frankreich/Kommission (Stardust Marine)), Slg. 2002, I-4397, Rdnr. 52; EuG, Urt. v. 26.6.2008, Rs. T-442/03, Portugal/Kommission, Slg. 2008, II-1161, Rdnr. 95.

370 *Koenig/Paul*, in *Streinz* EUV/AEUV, Art. 107 AEUV, Rdnr. 58.

371 *Mestmäcker-Schweitzer* Europäisches Wettbewerbsrecht, § 43, Rdnr. 71 mit weiteren Nachweisen; EuGH, Urt. v. 20.11.2003, Rs. C-126/01 (GEMO), Slg. 2003, I-13769 Rdnr. 24 ff.

372 *Ziekow* Öffentliches Wirtschaftsrecht, § 6, Rdnr. 21.

373 EuGH, Urt. v. 16.5.2002, Rs. C-482–99 (Frankreich/Kommission (Stardust Marine)), Slg. 2002, I-4397, Rdnr. 55.

374 EuGH, Entsch. v. 21.03.1991, Rs. C-305/89 (Italien/Kommission), Slg. 1991 I-01603, Rdnr. 14 ff.; EuGH, Rs. C-126/01 (GEMO), Slg. 2003, I-13769 Rdnr. 24.

375 *Segura Catalán*, in *Gröben-Schwarze-Hatje* Europäisches Unionsrecht, Art. 107 AEUV Rdnr. 20.

EuGH Voraussetzung für das Staatlichkeitsmerkmal ist.[376] Schwierig sind insoweit die Konstellationen, in denen die betreffenden Mittel weder direkt noch über eine vermittelnde Stelle auf staatliche Haushalte zurückgeführt werden können, sondern auf gesetzlicher Grundlage von Privaten erhoben werden.[377]

Eine viel beachtete Grundsatzentscheidung erging in diesem Zusammenhang in der Rechtssache *Preussen-Elektra.*[378] Gegenstand des Urteils war die Regelung des deutschen Stromeinspeisungsgesetzes, wonach private Elektrizitätsversorgungsunternehmen zur Abnahme und Vergütung von Strom aus erneuerbaren Energien zu gesetzlich festgelegten, über dem Marktpreis liegenden Mindestpreisen verpflichtet wurden. Der EuGH entschied, dass darin keine Beihilfe für die den regenerativen Strom produzierenden Unternehmen zu sehen ist, da der Umstand allein, dass die Abnahmepflicht gesetzlich vorgeschrieben ist, keine unmittelbare oder mittelbare Übertragung staatlicher Mittel darstellt.[379] Allein der Umstand, dass die Abnahmepflicht auf einem Gesetz beruht und bestimmten Unternehmen unbestreitbare Vorteile gewährt, kann einer Regelung nicht den Charakter einer staatlichen Beihilfe verleihen.[380]

Die Entscheidung fand viel Beachtung im Hinblick auf die Frage, wie staatlich gelenkte Mittelflüsse beihilfenrechtlich zu bewerten sind. Insbesondere im Hinblick auf die sogenannten „parafiskalischen Abgaben“ bedurfte es in Folge der *Preussen-Elektra*-Entscheidung der Klarstellung.[381] Unter diesen Oberbegriff

---

376 EuGH, Urt. v. 17.3.1993, Rs. C-72/91u. C-73/91 (Sloman Neptun), Slg. 1993, I-887, Rdnr. 21; EuGH, Urt. v. 13.3.2001, Rs. C-379/98 (Preussen Elektra), Slg. 2001, I-2099, Rdnr. 58–60; EuGH, Urt. v. 15.7.2004, Rs. C-345/02 (Pearl), Slg. 2004, S. I 7139, Rdnr. 36. Dieses Tatbestandsmerkmal wird teilweise separat geprüft, vgl. *Koenig/Paul,* in *Streinz* EUV/AEUV, Art. 107 AEUV, Rdnr. 59. Vorzugswürdig dürfte die Auffassung sein, dass es sich bei dem Merkmal der Budgetbelastung der öffentlichen Hand um kein eigenständiges Tatbestandselement handelt, sondern um einen automatischen Reflex des Erfordernisses der staatlichen Mittelkontrolle, vgl. *Bartosch* Kommentar EU-Beihilfenrecht, Art. 107 Abs. 1 AEUV, Rdnr. 149.

377 *Soltész,* EuZW 2011, 254–256 (256).

378 EuGH, Urt. v. 13.3.2001, Rs. C-379/98 (Preussen Elektra), Slg. 2001, I-2099.

379 EuGH, a.a.O., Rdnr. 59.

380 EuGH, a.a.O., Rdnr. 61.

381 So stufte Österreich die Förderung von Kraft-Wärme-Kopplungsanlagen durch eine staatliche kontrollierte Gesellschaft, die mittels verbrauchsunabhängige Kostenzuschläge beim Verbraucher finanziert wurde unter Verweis auf das Preussen-Elektra-Urteil als nicht dem europäischen Beihilfenrecht unterfallend ein (bzgl. der Einzelheiten zum Sachverhalt vgl. Kommission, Entsch. v. 4.7.2006, Beihilfen NN 162/B/2003 u. N 317/B/2006 (Wienstrom).

fasst man Konstellationen, bei denen Einrichtungen durch staatlich angeordnete steuerähnliche Sonderabgaben oder Zwangsbeiträge finanziert werden, organisatorisch aber relativ weit verselbständigt sind.[382] Der EuGH nahm in ständiger Rechtsprechung seit der Rechtssache *Steinike und Weinling* an, dass die Verwendung des aus parafiskalischen Abgaben stammenden Aufkommens vom Beihilfenrecht grundsätzlich erfasst wird.[383] Dies hat auch nach *Preussen-Elektra* Gültigkeit,[384] obgleich sich Rechtsprechung und Entscheidungspraxis der Kommission bei der Abgrenzung, unter welchen Voraussetzungen eine Staatlichkeit der Mittel anzunehmen ist, noch im Fluss befinden[385] und nicht durchweg konsistent erscheinen.[386]

Dennoch kann bei aller Kasuistik der Umstand, wer über die Erhebung und Verwendung der Mittel bestimmt, als entscheidendes Kriterium für das Vorliegen der erforderlichen staatlichen Kontrolle ausgemacht werden.[387] Eine staatliche Kontrolle liegt demnach nicht vor, wenn eine öffentliche Einrichtung nur als Instrument für die privat initiierte Erhebung und Verwendung der eingenommenen Mittel zugunsten eines von den Betroffenen im Voraus festgelegten kommerziellen Zieles ist und nicht Teil einer staatlich definierten Politik.[388] Umgekehrt liegt eine staatliche Kontrolle über Mittel vor, wenn deren Erhebung und Verwendung Teil einer vom Staat unterstützten Politik ist und dieser daher gegebenenfalls in der Lage ist, besondere Vorteile zugunsten bestimmter Unternehmen zu finanzieren.[389] Der bloße Umstand, dass es sich um eine öffentliche Einrichtung handelt, führt daher nicht ohne Weiteres zur Anwendung des Beihilfenrechts, ebenso wenig wie das Vorliegen einer Maßnahme einer privaten Einrichtung ausschließt, dass eine öffentliche Einrichtung anzunehmen ist.[390]

---

382 *Soltész,* EuZW 2011, 254–256 (256).

383 EuGH Urt. v. 22.3.1977, Rs. 78/76 (Steinike und Weinling/Deutschland), Slg. 1977, 595, Rdnr. 19 ff.; EuGH Urt. 3.5.1985, Rs. 67/85, 68/85 u. 70/85 (Van der Kooy u.a./ Kommission), Slg. 1988, 219, Rdnr. 35 ff.

384 Vgl. bspw. Kommission, Entsch. v. 4.7.2006, Beihilfen NN 162/B/2003 u. N 317/B/2006 (Wienstrom), Rdnr. 33 ff. bestätigt durch EuGH, Urt. v. 18.12.2008, Rs. C-384/07 (Wienstrom), Slg. 2008, I-10939.

385 Vgl. *Koenig/Paul,* in *Streinz* EUV/AEUV, Art. 107 AEUV, Rdnr. 59 ff.

386 *Cremer,* in *Callies-Ruffert* EUV AEUV, Art. 107 AEUV, Rdnr. 30.

387 *Bartosch* Kommentar EU-Beihilfenrecht, Art. 107 Abs. 1 AEUV, Rdnr. 151.

388 EuGH, Urt. v. 15.7.2004, Rs. C-345/02 (Pearl), Slg. 2004, S. I 7139, Rdnr. 37.

389 EuG, Urt. v. 20.9.2007, Rs. T-136/05 (EARL Salvat père & fils u.a.), Slg. 2007, II-04063, Rdnr. 129 ff.

390 EuG, Urt. v. 20.9.2007, Rs. T-136/05 (EARL Salvat père & fils u.a.), Slg. 2007, II-04063, Rdnr. 139.

Weiteres Indiz für den fiskalischen Charakter einer Maßnahme kann auch der Umstand sein, dass der in Frage stehende finanzielle Beitrag unabhängig von der tatsächlichen Inanspruchnahme einer Leistung erhoben wird und nur aufgrund staatlicher Befugnisse durchsetzbar ist.[391]

In Fällen, in denen kein staatlich kontrollierter Mittelfluss zulasten öffentlicher Haushalte stattfindet, ist das Beihilfenrecht nicht einschlägig, auch wenn es sich um staatliche Maßnahmen zu Gunsten bestimmter Unternehmen oder Wirtschaftszweige handelt. Rechtlicher Maßstab sind in diesen Fällen die allgemeineren Grundfreiheiten.[392] In diesen Kontext fügt sich auch das Argument des Generalanwalts Jacobs ein, der in seinen Schlussanträgen in der Rechtssache *Preussen Elektra* darlegte, dass sonst *„alle Beträge, die eine Person einer anderen aufgrund eines bestimmten Gesetzes schuldet, als staatliche Mittel anzusehen“* wären.[393]

4. *Beihilfenverbot für öffentliche Unternehmen*

Gemäß Art. 106 AEUV dürfen die Mitgliedstaaten in Bezug auf öffentliche Unternehmen und auf Unternehmen, denen sie besondere oder ausschließliche Rechte gewähren, keine den Verträgen und insbesondere den Artikeln 18 und 101 bis 109 AEUV widersprechende Maßnahmen treffen oder beibehalten. Umfasst ist daher auch das Beihilfenverbot des Art. 107 AEUV. Art. 106 Abs. 1 AEUV beruht auf dem aus Art. 4 Abs. 3 UAbs. 2 EUV resultierenden allgemeinen Grundsatz, nachdem die praktische Wirksamkeit der Wettbewerbsregeln und der übrigen Vertragsbestimmungen sicherzustellen ist, und hat daher klarstellende Funktion.[394] Hinsichtlich der Vorschriften des Beihilfenrechts verwehrt es Art. 106 Abs. 1 AEUV den Mitgliedstaaten ihren Einfluss auf öffentliche Unternehmen dergestalt auszuüben, dass diese wettbewerbswidrige und dem Handel zwischen Mitgliedstaaten beeinträchtigende Beihilfen gewähren.[395]

Wie bereits aufgezeigt, legt der EuGH beim Beihilfentatbestand die Begriffe „staatlich oder aus staatlichen Mitteln“ derart aus, dass Art. 107 AEUV

391 Kommission, Entsch. v. 4.7.2006, Beihilfen NN 162/B/2003 u. N 317/B/2006 (Wienstrom), Rdnr. 34.

392 *Götz/Martinez Soria*, in *Dauses* EU-Wirtschaftsrecht, H. III. Subventionsrecht, Rdnr. 60 (Stand: 29. Ergänzungslieferung 2011).

393 Generalanwalt Jacobs, SchlA v. 26.10.2000, Rs. C-379/98 (Preussen Elektra), Slg. 2001, I-2009, Rdnr. 166.

394 *Khan*, in *Geiger-Khan-Kotzur u.a.* EUV/AEUV, Art. 106 AEUV, Rdnr. 3.

395 *Kühling*, in *Streinz EUV/AEUV* Art. 106, Rdnr. 32.

unmittelbar auf Maßnahmen Anwendung findet, mit denen öffentliche oder mit besonderen oder ausschließlichen Rechten ausgestattete Unternehmen zur Gewährung von Beihilfen von staatlicher Seite veranlasst werden.[396] Da dabei nicht differenziert wird, ob die Beihilfe vom Staat oder von einer zur Durchführung der Beihilferegelung errichteten oder beauftragten öffentlichen oder privaten Einrichtung gewährt wird, verbleibt für einen Verstoß gegen Art. 106 Abs. 1 AEUV in Verbindung mit Art. 107 AEUV nur ein geringer eigenständiger Anwendungsbereich.[397] Es ist daher auch in diesem Zusammenhang zu beachten, dass nicht jede von einem öffentlichen Unternehmen getroffene Maßnahme dem Staat automatisch zurechenbar ist.[398] Die Möglichkeit zur Kontrolle muss dahingehend ausgeübt werden, dass die Behörde ihren beherrschenden Einfluss für die Veranlassung einer beihilfenrechtlich relevanten Maßnahme ausübt.[399]

a) Der Begriff des Unternehmens im europäischen Wettbewerbsrecht

Der wettbewerbsrechtliche Unternehmensbegriff ist funktionell, er umfasst jede Einheit, unabhängig von ihrer Rechtsform und der Art ihrer Finanzierung, die eine wirtschaftliche Tätigkeit ausübt.[400] Als wirtschaftliche Tätigkeit ist dabei jede Tätigkeit anzusehen, die darin besteht, Güter oder Dienstleistungen auf einem bestimmten Markt anzubieten.[401] Entsprechend diesem funktionellen Begriffsverständnis kann staatlichen Eigenbetrieben und juristischen Personen des öffentlichen Rechts ebenso die Eigenschaft eines öffentlichen Unternehmens

396 Vgl. bspw. EuGH, Urt. v. 7.5.1998, verb. Rs. C-52/97, C-53/97 u. C-54/97 (Viscido) Slg. 1998, I-2629, Rdnr. 13.

397 *Voet van Vormizeele*, in *Schwarze* EU-Kommentar, Art. 106 AEUV, Rdnr. 48.; *Kühling*, in *Streinz EUV/AEUV* Art. 106, Rdnr. 32.

398 EuGH, Rs. C-482/99 (Frankreich/Kommission (Stardust Marine)), Slg. 2002, I-4397 Rdnr. 68; Urt. v. 26.6.2008, Rs. T-442/03, Portugal/Kommission, Slg. 2008, II-1161, Rdnr. 93.

399 EuGH, Rs. C-482/99 (Frankreich/Kommission (Stardust Marine)), Slg. 2002, I-4397 Rdnr. 52; EuG, Urt. v. 26.6.2008, Rs. T-442/03, Portugal/Kommission, Slg. 2008, II-1161, Rdnr. 95.

400 Ständige Rechtsprechung vgl. beispielsweise EuGH, Urt. v. 12.09.2000, Rs. C-180/98 bis C-184/98 (Pavlov u.a.), 2000 I-06451, Rdnr. 74; EuGH, Urt. v. 25.10.2001, Rs. C-475/99 (Ambulanz Glöckner), Slg. 2001 I-08089, Rdnr. 19.

401 Ständige Rechtsprechung vgl. beispielsweise EuGH, Urt. v. 12.09.2000, Rs. C-180/98 bis C-184/98 (Pavlov u.a.), 2000 I-06451, Rdnr. 75; EuGH, Urt. v. 25.10.2001, Rs. C-475/99 (Ambulanz Glöckner), Slg. 2001 I-08089, Rdnr. 19.

zugesprochen werden, wie privatrechtlichen Organisationen.[402] Eine fehlende Gewinnerzielungsabsicht und ein am Solidaritätsprinzip ausgerichtetes Handeln stehen der Unternehmenseigenschaft nicht entgegen.[403] Allerdings kann bei rein karitativen, fürsorgerischen, sozialen oder kulturellen Tätigkeiten mangels Wirtschaftsbezogenheit einer Tätigkeit die Unternehmenseigenschaft entfallen.[404] Aufgrund der unterschiedlichen politischen und wirtschaftlichen Gegebenheiten in den Mitgliedsstaaten ist eine erschöpfende Kategorisierung in wirtschaftliche und nichtwirtschaftliche Tätigkeiten nicht möglich.[405] Von großer Bedeutung ist diese Fallgruppe der „Dienstleistungen im allgemeinen nichtwirtschaftlichen Interesse" jedoch nicht, da in der Regel auch rein karitative, fürsorgerische, soziale oder kulturelle Tätigkeiten einen wirtschaftlichen Charakter aufweisen.[406]

b) Das „öffentliche" Unternehmen im Sinne des Art. 106 Abs. 1 AEUV

Der Begriff des „öffentlichen Unternehmens" ist autonom europarechtlich und demnach unabhängig von der Kategorisierung in den Mitgliedsstaaten zu bestimmen.[407] Der grundlegende Unterschied zwischen einem öffentlichen und einem privaten Unternehmen besteht darin, dass die öffentliche Hand die Geschicke des Unternehmens bestimmen kann ohne dabei hoheitliche Maßnahmen auszuüben und so die Selbständigkeit des Unternehmens beeinträchtigen kann.[408]

---

402 Bzgl. der Einzelheiten zum Unternehmensbegriff vgl. *Kahn*, in *Geiger-Khan-Kotzur u.a.* EUV/AEUV, Art. 101 AEUV, Rdnr. 9; *Kühling*, in *Streinz* EUV/AEUV, Art. 106 AEUV, Rdnr. 6 ff.; Mitteilung der Kommission über die Anwendung der Beihilfevorschriften der Europäischen Union auf Ausgleichsleistungen für die Erbringung von Dienstleistungen von allgemeinem wirtschaftlichem Interesse vom 11.1.2012, 2012/C 8/02.

403 EuGH, Urt. v. 16.11.1995, Rs. C-244/94 (Fédération française des sociétés d'assurance), Slg. 1995 I-04013, Rdnr. 17–23.

404 *Voet van Vormizeele*, in *Schwarze* EU-Kommentar, Art. 106 AEUV, Rdnr. 65. Beispiel: Krankenkassen und Einrichtungen für soziale Sicherheit, vgl. EuGH, Urt. v. 17.2.1993, verb. Rs. C-159/91 und C-160/91 (Poucet u. Pistre), 1993 I-00637, Rdnr. 18 ff.

405 Vgl. Mitteilung der Kommission über die Anwendung der Beihilfevorschriften der Europäischen Union auf Ausgleichsleistungen für die Erbringung von Dienstleistungen von allgemeinem wirtschaftlichem Interesse vom 11.1.2012, 2012/C 8/02, S. 5.

406 *Koenig-Kühling-Ritter* EG-Beihilfenrecht, S. 42.

407 *Jung*, in *Callies-Ruffert* EUV AEUV, Art. 106 AEUV, Rdnr. 12.

408 *Groeben, von der*, in *Gröben-Schwarze-Hatje* Europäisches Unionsrecht, Art. 106 AEUV, Rdnr. 11.

In Abgrenzung dazu sind hoheitliche, regulatorische oder sonstige Maßnahmen nicht umfasst, mit denen ein Unternehmen ebenfalls von staatlicher Seite beeinflusst werden kann, so beispielsweise durch Steuervorschriften, Preisregelungen oder ähnliche Eingriffe, da diese regelmäßig einen allgemeinen Charakter haben und alle Unternehmen betreffen.[409]

Der Begriff des „öffentlichen" Unternehmens ist im AEUV nicht definiert, wird aber sekundärrechtlich näher bestimmt. Art. 2 lit b der sogenannten Transparenzrichtlinie[410] definiert den Begriff des „Öffentlichen Unternehmens" als *„jedes Unternehmen, auf das die öffentliche Hand aufgrund Eigentums, finanzieller Beteiligung, Satzung oder sonstiger Bestimmungen, die die Tätigkeit des Unternehmens regeln, unmittelbar oder mittelbar einen beherrschenden Einfluss ausüben kann. Es wird vermutet, dass ein beherrschender Einfluss ausgeübt wird, wenn die öffentliche Hand unmittelbar oder mittelbar:*

- *die Mehrheit des gezeichneten Kapitals des Unternehmens besitzt oder*
- *über die Mehrheit der mit den Anteilen des Unternehmens verbundenen Stimmrechte verfügt oder*
- *mehr als die Hälfte der Mitglieder des Verwaltungs-, Leistungs- oder Aufsichtsorgans des Unternehmens bestellen kann."*

Wenngleich diese Begriffsbestimmung aus normenhierarchischen Gründen nur für die Richtlinie selbst und nicht für Art. 106 Abs. 1 AEUV rechtlich bindend ist, so spiegelt sie doch dem Normzweck entsprechend die Notwendigkeit der Einflussnahme seitens des Hoheitsträgers wider.[411] Eine hinreichende Möglichkeit zur Beeinflussung des Unternehmens ist stets anzunehmen, wenn der Staat Hauptanteilseigner des Gesellschaftskapitals ist. Dies stellt aber keine notwendige Bedingung dar. Auch die anderweitige Möglichkeit zur Einflussnahme auf beihilfenrelevanten Entscheidungen wie Investitionen, Preisänderungen, Kreditaufnahme oder Gewinnverteilung genügt, beispielsweise durch besonderen Einfluss in den Geschäftsführungs- oder Aufsichtsgremien des Unternehmens,

---

409 *Groeben, von der*, in *Gröben-Schwarze-Hatje* Europäisches Unionsrecht, Art. 106 AEUV, Rdnr. 10.

410 RiLi 2006/111/EG über die Transparenz der finanziellen Beziehungen zwischen den Mitgliedstaaten und den öffentlichen Unternehmen sowie über die finanzielle Transparenz innerhalb bestimmter Unternehmen, ABl. EG L 318 v. 17.11.2006, S. 17.

411 *Kühling*, in *Streinz* EUV/AEUV, Art. 106 AEUV, Rdnr. 15 ff.

durch Mehrfachstimmrecht oder durch die Zustimmungsbedürftigkeit bei wichtigen unternehmerischen Entscheidungen.[412]

Des Weiteren erstreckt sich die Regelung des Art. 106 Abs. 1 AEUV auf Unternehmen, denen die Mitgliedsstaaten besondere oder ausschließliche Rechte gewähren. Ausschließliche Rechte sind Monopolrechte; mit besonderen Rechten ist ein Unternehmen ausgestattet, wenn es eine Vorzugsstellung aufgrund Hoheitsakts oder sonstigem besonderen staatlichen Einfluss zuerkannt bekommt und deshalb über eine Vorzugsstellung im Wettbewerb verfügt.[413] Diese Gruppe der mit besonderen Rechten ausgestatteten Unternehmen ist in großen Teilen identisch mit den Dienstleistungsunternehmen im Sinne des Art. 106 Abs. 2 AEUV.[414]

Wie bereits dargelegt gilt auch bei öffentlichen Unternehmen, dass neben der prinzipiellen Zuordnung zum Staat auch die zweite Voraussetzung für das Tatbestandsmerkmal der staatlichen oder aus staatlichen Mitteln gewährten Beihilfe vorliegen und die Kontrollmöglichkeit im konkreten Fall auch ausgeübt werden muss, damit die Mittelgewährung dem Staat auch zurechenbar ist.[415] Umgekehrt hat der Verzicht auf Ausübung der Einflussmöglichkeiten nicht zur Folge, dass das betreffende Unternehmen seinen Charakter als „öffentliches" Unternehmen verliert.[416]

5. *Bezug zum Begriff des „öffentlichen Auftraggebers"*

Die bisherigen Ausführungen zeigen, dass die Prüfung, ob eine staatliche oder aus staatlichen Mitteln gewährte Beihilfe über eine „staatlich benannte oder errichtete öffentliche oder private Einrichtungen" gewährt wird, zweistufig erfolgt. Neben der Prüfung der prinzipiellen Zuordnung einer Einrichtung zum Staat auf der ersten Stufe hat auf der zweiten Stufe eine Untersuchung der konkreten Zurechenbarkeit der Mittelgewährung zum Staat zu erfolgen.

Das beihilfenrechtliche Tatbestandsmerkmal der „staatlichen Maßnahme" weist insoweit eine Nähe zum funktionellen Auftraggeberbegriff auf, als dass

---

412 *Groeben, von der,* in *Gröben-Schwarze-Hatje* Europäisches Unionsrecht, Art. 106 AEUV, Rdnr. 12.

413 *Oppermann-Classen-Nettesheim* Europarecht, § 21 Rdnr. 45.

414 *Oppermann-Classen-Nettesheim* Europarecht, § 21 Rdnr. 45; *Khan*, in *Geiger-Khan-Kotzur u.a.* EUV/AEUV, Art. 106 AEUV Rdnr. 12.

415 *Bartosch* Kommentar EU-Beihilfenrecht, Art. 107 Abs. 1 AEUV, Rdnr. 150.

416 *Groeben, von der,* in *Gröben-Schwarze-Hatje* Europäisches Unionsrecht, Art. 106 AEUV, Rdnr. 9.

auch dieser der staatlichen Seite gewisse Tatbestände zurechnet. Während die unmittelbar vom Staat gewährten Begünstigungen, wie die klassischen öffentlichen Auftraggeber, dogmatisch leicht greifbar sind, ist bei mittelbar aus staatlichen Mitteln gewährten Begünstigungen und beim funktionellen Auftraggeberbegriff das Gegenteil der Fall.

Um dem Beihilfenverbot des Art. 107 AEUV zu unterfallen, hat sich die Beihilfe als „staatliche Maßnahme oder Maßnahme unter Inanspruchnahme staatlicher Mittel" darzustellen. Wie soeben aufgezeigt, werden dabei auch „staatlich benannte oder errichtete öffentliche oder private Einrichtungen" und „öffentliche Unternehmen" erfasst, die sich durch das Bestehen einer staatlichen Kontrolle bzw. durch eine Belastung des Staatshaushalts auszeichnen. Die Erweiterung des Tatbestandes dient dazu, dass sich der Staat durch die Schaffung oder Nutzung formal unabhängiger Einrichtungen, derer er sich zur Gewährung von Beihilfen bedient, den Verpflichtungen des Beihilfenrechts nicht entziehen kann.[417] Im vergaberechtlichen Zusammenhang gilt nichts anderes. Beim Tatbestand des § 99 Nr. 2 GWB ist es die staatliche Seite im klassischen oder funktionellen Sinne, zu der eine Nähe bestehen muss. § 99 Nr. 4 GWB erfasst Sachverhalte, bei denen solche staatlichen Stellen mittels einer projektbezogenen „Subventionierung" eine staatsfremde Einrichtung zwischenschalten. Die Tatbestände des § 99 Nr. 2 und Nr. 4 GWB enthalten vier Tatbestandsmerkmale, die der Zuordnung zur staatlichen Seite dienen. Dies sind

- die überwiegende Finanzierung gemäß § 99 Nr. 2 a GWB,
- die Leitung über die Aufsicht gemäß § 99 Nr. 2 b GWB,
- das Stellen mehr als der Hälfte der Mitglieder eines ihrer zur Geschäftsführung oder zur Aufsicht berufenen Organe gemäß § 99 Nr. 2 c GWB und
- die mehr als fünfzigprozentige Subventionierung eine Vorhabens gemäß § 99 Nr. 4 GWB.

Diese vergaberechtlichen Staatsnähekriterien weisen neben dem gemeinsamen Zweck der Zuordnung von Einrichtungen zum Staat zur Verhinderung von Umgehungskonstruktionen auch inhaltlich eine Nähe zum Beihilfenrecht auf. Die „Finanzierung" gemäß § 99 Nr. 2 a GWB und die „Subventionierung" gemäß § 99 Nr. 4 GWB überschneiden sich schon aufgrund des Mittelflusses von der staatlichen zur unternehmerischen Seite. Auch die Tatbestandsmerkmale der „Leitung über die Aufsicht" gemäß § 99 Nr. 2 b GWB und das „Stellen

---

417 EuGH, Urt. v. 16.5.2002, Rs. C-345/02 (Frankreich/Kommission), Slg. 2002, I-4397, Rdnr. 23.

der Mitglieder von Geschäftsführungs- oder Aufsichtsorganen" gemäß § 99 Nr. 2 c GWB ähneln denjenigen, die im Beihilfenrecht und bei den „öffentlichen" Unternehmen zur Feststellung einer staatlichen Kontrolle herangezogen werden. Ferner sind der festgestellte identische Staatsbegriff und die funktionale Äquivalenz der Regelungsregime in Bezug auf die Austauschverhältnisse ein weiteres Mosaik, welches sich in das Gesamtbild einer dogmatischen Vergleichbarkeit einfügt.

Neben der prinzipiellen Zuordnung einer Einrichtung zum Staat auf der ersten Stufe muss dem Staat weiterhin auf der zweiten Stufe die Mittelgewährung konkret zugerechnet werden können. Da die Kriterien der „besonderen Staatsnähe" im Vergaberecht mit dem erstgenannten Prüfungsschritt der prinzipiellen Zuordnung zum Staat korrespondieren, könnte die Zurechenbarkeit der konkreten Mittelgewährung zum Staat, also der zweite Prüfungsschritt, eine funktionale Äquivalenz zu den weiteren Tatbestandsmerkmalen des § 99 GWB aufweisen, namentlich zum „Gründungszweck der im Allgemeininteresse liegenden Tätigkeit nichtgewerblicher Art" i.S.d. § 99 Nr. 2 GWB oder zu den speziellen Bauvorhaben i.S.d. § 99 Nr. 4 GWB. Da eine Gemeinsamkeit dieser Tatbestandsmerkmale darin besteht, dass diese den Zweck haben, neben der Zuordnung zum Staat eine weitere Einschränkung zu etablieren, scheint dies durchaus plausibel. Denn, wie noch näher auszuführen sein wird, schränkt das Vergaberecht den persönlichen Anwendungsbereich dadurch ein, dass nach § 99 Nr. 2 GWB neben der Staatsnähe einer Einrichtung als Gründungszweck eine „im Allgemeininteresse liegende Aufgabe nichtgewerblicher Art" verlangt wird. Dieser Gründungszweck stellt sicher, dass die betreffende Einrichtung einer Tätigkeit nachgeht, die der staatlichen Aufgabensphäre zuzurechnen ist.[418] Nichts anderes gilt für die sachliche Einschränkung des § 98 Nr. 4 GWB auf bestimmte Bauwerke.[419]

Es ist daher der Frage nachzugehen, ob die „staatlich benannten oder errichteten öffentlichen oder privaten Einrichtungen", die als beihilfengewährende Rechtssubjekte in Betracht kommen, den funktionellen Auftraggebern im Vergaberecht ganz oder teilweise entsprechen. Um eine Aussage darüber treffen zu können, ob und in welchem Rahmen dem Ziel der Kohärenz beider Rechtsgebiete bei der Auslegung Rechnung getragen wird, ist im Detail zu klären, ob die

418 *Ziekow*, in *Ziekow-Völlink* Kommentar zum Vergaberecht, § 98 Rdnr. 42; bzgl. der Einzelheiten vgl. 3. Kapitel B.

419 *Wagner*, in *Bunte u.a.* Kommentar zum deutschen und europäischen Kartellrecht, § 98 Rdnr. 67.

einzelnen beihilfenrechtlichen und vergaberechtlichen Tatbestandsmerkmale nicht nur dogmatisch vergleichbar, sondern tatsächlich funktional äquivalent sind. Dazu müssen die Konstellationen der mittelbaren Staatsfinanzierung über zwischengeschaltete Einrichtungen in Vergabe- und Beihilfenrecht gegenübergestellt werden, um bestehende Unterschiede und Gemeinsamkeiten aufzuzeigen. Diese detaillierte Untersuchung der funktionalen Äquivalenz bleibt der Analyse in den Kapiteln 3 und 4 vorbehalten.

6. *Zwischenergebnis*

Die Prüfung, ob eine Beihilfe „vom Staat oder aus staatlichen Mitteln gewährt" wird, entpuppte sich als facettenreich. Insbesondere die Zweistufigkeit der Prüfung bei „staatlich benannten oder errichteten öffentlichen oder privaten Einrichtungen" (1. Stufe: die prinzipielle Zuordnung zum Staat; 2 Stufe: die konkrete Zurechenbarkeit der Mittelgewährung zum Staat) erfordert eine differenzierte Betrachtung. Im Ergebnis konnten die zwei Prüfungsstufen funktional verschiedenen Tatbestandsmerkmalen des funktionalen Auftraggeberbegriffs des § 99 Nr. 2 und Nr. 4 GWB zugeordnet werden. Eine abschließende Beurteilung, ob eine auslegungsergänzenden Wirkung anzunehmen ist, war indes nicht möglich. Diese setzt die eingehende Betrachtung der fraglichen vergaberechtlichen Tatbestandsmerkmale voraus, die in den Kapiteln 3 und 4 erfolgt. Entsprechend der besagten Zweigliedrigkeit ist bei der Äquivalenzuntersuchung von § 99 Nr. 2 und Nr. 4 GWB für das Prüfungsprogramm der folgenden Kapitel zu differenzieren:

1. Die prinzipielle Zuordnung zum Staat
   Es ist zu untersuchen, ob die in § 99 Nr. 2 und Nr. 4 GWB verwendeten Staatsnähekriterien funktional äquivalent zu der prinzipiellen Zuordnung einer Einrichtung zum Staat im Beihilfenrecht sind.
2. Die konkrete Zurechenbarkeit der Mittelgewährung zum Staat
   Es ist weiter zu untersuchen, ob der „Gründungszweck" der „im Allgemeininteresse liegenden Aufgabe nichtgewerblicher Art" i.S.d. § 99 Nr. 2 GWB oder die speziellen Bauvorhaben i.S.d. § 99 Nr. 4 GWB eine funktionale Verwandtschaft zu der konkreten Zurechenbarkeit der Mittelgewährung zum Staat im Beihilfenrecht aufweisen.

Aufbauend auf den Untersuchungsergebnissen zu den genannten zwei Punkten ist der Frage nachzugehen, ob daraus Rückschlüsse für die Auslegung der vergaberechtlichen Tatbestandsmerkmale gezogen werden können.

III. Selektivität; (drohende) Wettbewerbsverfälschung

Eine Beihilfe kann nur Art. 107 AEUV unterfallen, wenn bestimmte Unternehmen oder Produktionszweige (i.S.v. Wirtschaftszweigen/Branchen) erfasst werden, sodass Vergünstigungen für private Haushalte grundsätzlich nicht erfasst werden.[420] Mangels Selektivität kann auch eine staatliche Maßnahme, die unterschiedslos allen Unternehmen im Inland zu Gute kommt, keine staatliche Beihilfe darstellen.[421]

Des Weiteren muss die Beihilfe den Wettbewerb verfälschen oder zu verfälschen drohen. Dies ist grundsätzlich der Fall, wenn die von einem Mitgliedstaat gewährte Vergünstigung die Wettbewerbsposition eines Unternehmens gegenüber seinen Wettbewerbern verstärkt.[422] Das ist regelmäßig anzunehmen, da nach ständiger Rechtsprechung des europäischen Gerichtshofes eine Wettbewerbsverfälschung weder bei einem verhältnismäßig geringen Umfang einer Beihilfe noch bei einer verhältnismäßig geringen Größe des begünstigten Unternehmens von vornherein ausgeschlossen ist.[423]

Funktionelle Parallelen zum Vergaberecht lassen sich dahingehend ausmachen, dass eine vergaberechtswidrige Auftragsvergabe und eine etwaige damit verbundene Überkompensation zu einer selektiven Wettbewerbsverfälschung zugunsten des betreffenden Unternehmens führen würde. Eine funktionale Ähnlichkeit zum Begriff des öffentlichen Auftraggebers lässt sich in diesem Zusammenhang allerdings nicht erkennen.

IV. Beeinträchtigung des Handels zwischen den Mitgliedsstaaten

Vom Beihilfenverbot sind nur Vergünstigungen betroffen, die den Handel zwischen den Mitgliedstaaten beeinträchtigen. Zweck der Zwischenstaatlichkeitsklausel ist, Sachverhalte ohne grenzüberschreitenden Bezug aus dem Anwendungsbereich des unionsrechtlichen Beihilfenrechts auszuschließen.[424] Voraussetzung ist, dass sich die Beihilfe über das Gebiet des beihilfengewährenden

420 *Khan*, in *Geiger-Khan-Kotzur u.a.* EUV/AEUV, Art. 107 AEUV, Rdnr. 14.

421 EuGH, Urt. v. 8.11.2001, Rs. C-143/99 (Adria-Wien Pipeline), Slg. 2001, I-8365, Rdnr. 35.

422 EuGH, Urt. v. 17.9.1980, Rs. 730/79 (Philip Morris), Slg. 1980, 2671, Rdnr. 11 ff.; EuGH, Urt. v. 21.3.1990, Rs. C-142/87 (Belgien/Kommission), Slg. 1990, I-959, Rdnr. 40 ff.

423 Vgl. bspw. EuGH, Urt. v. 29.04.2004, Rs. C-278/00 (Griechenland/Kommission), Slg. 2004, I-3997, Rdnr. 69 mit weiteren Nachweisen aus der Rechtsprechung.

424 *Bartosch* Kommentar EU-Beihilfenrecht, Art. 107 Abs. 1 AEUV, Rdnr. 154.

Mitgliedsstaates hinaus auf die Konkurrenzsituation von Unternehmen in anderen Mitgliedstaaten auswirkt.[425] Das ist auch dann nicht ausgeschlossen, wenn die Beihilfe einem Unternehmen gewährt wird, das ausschließlich örtlich oder regional tätig ist.[426] Die Begünstigung eines Unternehmens ist nämlich auch dann geeignet, den Wettbewerb zu verfälschen, wenn dieses selbst nicht an Ausfuhren beteiligt ist, da den aus anderen Mitgliedstaaten stammenden Unternehmen der Marktzuritt erschwert wird.[427]

In der sogenannten „De-minimis-Verordnung"[428] hat die Kommission bestimmt, dass bei Beihilfen in vergleichsweise geringfügiger Höhe (sog. „De-minimis"-Beihilfen) davon auszugehen ist, dass mangels ausreichender Spürbarkeit keine Wettbewerbsverfälschung vorliegt bzw. der Handel zwischen den Mitgliedsstaaten nicht beeinträchtigt wird. Die in der Verordnung festgelegte Bagatellgrenze liegt in der Regel bei 200.000 Euro für ein Unternehmen während einer Dreijahresperiode.[429]

Auch in diesem Zusammenhang ist kein Ansatzpunkt erkennbar, der für die Auslegung der Tatbestandsmerkmale des § 99 GWB verwertbar ist. Die Methode der De-minimis-Verordnung, die Beeinträchtigung des zwischenstaatlichen Handels de facto vom Erreichen bestimmter Schwellenwerte abhängig zu machen, ähnelt derjenigen zu den Schwellenwerten im Vergaberecht und ist demgemäß in vergleichbarer Weise der Kritik ausgesetzt.

V. Keine Ausnahme gemäß Art. 107 Abs. 2 und 3 AEUV

Lediglich der Vollständigkeit halber wird auf die Ausnahmevorschriften des Art. 107 Abs. 2 und 3 AEUV hingewiesen. Ist das Vorliegen einer Beihilfe gemäß Art. 107 Abs. 1 AEUV zu bejahen, stellt sich im nächsten Schritt die Frage, ob diese gemäß Art. 107 Abs. 2 oder 3 AEUV ausnahmsweise mit dem Binnenmarkt zu vereinbaren ist. In beiden Fällen wird dies im Rahmen der Beihilfenaufsicht nach Art. 108 AEUV von der Kommission überprüft. Art. 107 Abs. 2

---

425 EuGH, Urt. v. 17.6.99, Rs. C-75/97 (Belgien/Kommission), Slg. 1999, I-3671, Rdnr. 47.

426 EuGH, Urt. v. 24.7.2003, Rs. C- 280/00 (Altmark Trans), Slg. 2003, I-7747, Rdnr. 77.

427 EuG, Urt. v. 15.6.2000, verb. Rs. T-298/97, T-312/97, T-313/97, T-315/97, T-600/97 bis T-607/97, T-1/98, T-3/98 bis T-6/98 und T-23/98 (Alzetta Mauro u.a./Kommission), Slg. 2000 II-02319, Rdnr. 91.

428 Verordnung (EU) Nr. 1407/2013 der Kommission vom 18. Dezember 2013 über die Anwendung der Artikel 107 und 108 des AEUV auf De-minimis-Beihilfen, Abl. 2013, Nr. L 352/2.

429 Zu der Problematik „De-minimis-Beihilfen" vgl. *Cremer*, in *Callies-Ruffert* EUV AEUV, Art. 107 AEUV, Rdnr. 32 ff.

AEUV enthält Legalausnahmen. Sind deren Tatbestandsvoraussetzungen erfüllt, ist die fragliche Beihilfe per se nicht vom Verbot erfasst. Die Kommission hat keinen Ermessensspielraum.[430] Art. 107 Abs. 3 AEUV enthält hingegen Fallgruppen, bei denen Beihilfen als mit dem Binnenmarkt vereinbar angesehen werden können. Sind die Tatbestandsvoraussetzungen erfüllt, hat die Kommission nach pflichtgemäßem Ermessen zu entscheiden.[431]

VI. Dispens nach Art. 106 Abs. 2 AEUV; Dienstleistungen von allgemeinem wirtschaftlichen Interesse

1. Inhalt

In Art. 106 Abs. 2 AEUV wird der Anwendungsbereich des europäischen Wettbewerbsrechts im Hinblick auf Unternehmen, die mit Dienstleistungen von allgemeinem wirtschaftlichen Interesse betraut sind, eingeschränkt. Zweck dieser Ausnahmeregelung ist es, einen Interessenausgleich zwischen einer auf Liberalisierung abzielenden Politik und Gemeinwohlinteressen herzustellen, indem unter bestimmten Voraussetzungen die Anwendung der unionsrechtlichen Wettbewerbsvorschriften eingeschränkt wird.[432] In ständiger Rechtsprechung und Kommissionspraxis wird Art. 106 Abs. 2 AEUV als Ausnahmeregel für den Verbotstatbestand des Art. 107 Abs. 1 AEUV angewandt.[433]

Art. 106 Abs. 2 AEUV verlangt zunächst, dass ein Unternehmen mit Dienstleistungen von allgemeinem wirtschaftlichen Interesse betraut ist oder den Charakter eines Finanzmonopols hat. Eine exakte Definition des Begriffs der „Dienstleistungen von allgemeinem wirtschaftlichen Interesse" existiert auf europäischer Ebene nicht.[434] Die Kommission sieht in ihnen eine Teilmenge der „Dienstleistungen von allgemeinem Interesse", die neben den marktbezogenen

---

430 *Khan*, in *Geiger-Khan-Kotzur u.a.* EUV/AEUV, Art. 107, Rdnr. 17–21.

431 *Khan*, in *Geiger-Khan-Kotzur u.a.* EUV/AEUV, Art. 107, Rdnr. 22–34.

432 *Kahn*, in *Geiger-Khan-Kotzur* u.a. EUV/AEUV, Art. 106 AEUV, Rdnr. 8; *Jung*, in *Callies-Ruffert* EUV AEUV, Art. 106 AEUV, Rdnr. 33–35.

433 Vgl. bspw. EuGH, Urt. v. 15.3.1994, Rs. C-387/92 (Banco Exterior de España), Slg. 1994 I-00877, Rdnr. 11 ff.; EuGH, Urt. v. 22.6.2000, Az. 332/98 (CELF), Slg. 2000, I-4833, Rdnr. 27 ff.; Mitteilung der Kommission über die Anwendung der Beihilfevorschriften der Europäischen Union auf Ausgleichsleistungen für die Erbringung von Dienstleistungen von allgemeinem wirtschaftlichem Interesse, Abl. C8, 11.01.2012, S. 4–14, Ziffer. 11 mit zahlreichen Nachweisen aus der Rechtsprechung.

434 *Koenig-Kühling-Ritter* EG-Beihilfenrecht, S. 40/41.

auch die nicht marktbezogenen Dienstleistungen mit einbeziehen.[435] Demnach bezieht sich der Begriff der „Dienstleistungen von allgemeinem wirtschaftlichen Interesse" lediglich auf wirtschaftliche Tätigkeiten, *„die von den Mitgliedsstaaten oder der Gemeinschaft mit besonderen Gemeinwohlverpflichtungen verbunden werden und für die das Kriterium gilt, dass sie im Interesse der Allgemeinheit erbracht werden. Das Konzept der Dienstleistungen von allgemeinem wirtschaftlichen Interesse umfasst daher insbesondere bestimmte Leistungen der großen netzgebundenen Wirtschaftszweige wie die des Verkehrswesens, der Postdienste, des Energiesektors und der Telekommunikation. Der Begriff gilt jedoch auch für jede sonstige wirtschaftliche Tätigkeit, die mit Gemeinwohlverpflichtungen verknüpft ist."*[436]

Zur Unterscheidung zwischen wirtschaftlichen und nichtwirtschaftlichen Tätigkeiten wird nach ständiger Rechtsprechung des EuGH darauf abgestellt, dass jede Tätigkeit, die im Anbieten von Gütern und Dienstleistungen auf einem Markt besteht, eine wirtschaftliche Tätigkeit darstellt.[437] Der Begriff der Dienstleistung im Sinne des Art. 106 Abs. 2 AEUV geht daher über den vergaberechtlichen Dienstleistungsbegriff hinaus und erfasst sämtliche Bau-, Dienst- und Lieferverträge sowie freiberufliche Leistungen im Sinne des Vergaberechts.

In Abgrenzung zu Individual- oder Gruppeninteressen sind Dienstleistungen als im Allgemeininteresse liegend anzusehen, wenn sie zumindest auch im öffentlichen Interesse wahrgenommen werden, wofür das Interesse eines Bevölkerungsteils oder einzelner Gemeinden genügt.[438] Indiziert wird ein Handeln zugunsten der Allgemeinheit, wenn ein Unternehmen trotz des Fehlens einer dahingehenden marktwirtschaftlichen Anreizsituation tätig wird.[439]

Art. 106 Abs. 2 AEUV hat somit einen potenziell weiten Anwendungsbereich.[440] Auch wenn der Begriff der Dienstleistung von allgemeinem wirtschaftlichem Interesse autonom-unionsrechtlich ist, haben die nationalen Regierungen

---

435 Weißbuch zu Dienstleistungen von allgemeinem Interesse vom 12.5.2004 KOM(2004) 374 endg., Anhang 1 (Begriffsbestimmungen); *Ziekow* Öffentliches Wirtschaftsrecht, § 7, Rdnr. 26.

436 Weißbuch zu Dienstleistungen von allgemeinem Interesse vom 12.5.2004 KOM(2004) 374 endg., Anhang 1 (Begriffsbestimmungen).

437 Ständige Rechtsprechung vgl. beispielsweise EuGH, Urt. v. 12.09.2000, Rs. C-180/98 bis C-184/98 (Pavlov u.a.), 2000 I-06451, Rdnr. 75; EuGH, Urt. v. 25.10.2001, Rs. C-475/99 (Ambulanz Glöckner), Slg. 2001 I-08089, Rdnr. 19.

438 *Jung*, in *Callies-Ruffert* EUV AEUV, Art. 106 AEUV, Rdnr. 38.

439 *Jung*, in *Callies-Ruffert* EUV AEUV, Art. 106 AEUV, 37–38.

440 *Khan*, in *Geiger-Khan-Kotzur u.a.* EUV/AEUV, Art. 106 AEUV, Rdnr. 15.

einen Ermessensspielraum, wenn es zu definieren gilt, was als Dienstleistung von allgemeinem wirtschaftlichen Interesse anzusehen ist.[441]

Als weitere Voraussetzung müssen die Unternehmen vom Staat mit dem Erbringen der Dienstleistung ausdrücklich betraut worden sein. Dies kann einseitig durch Hoheitsakt oder durch vertragliche Vereinbarung geschehen.[442] Die spezifische Betrauung dient der Zuordnung der Dienstleistung zu dem entsprechenden Unternehmen. Nur die spezifische Betrauung vermag die partielle Suspendierung der europäischen Wettbewerbsregelungen zu rechtfertigen.[443]

Neben Unternehmen, die mit der Erbringung von Dienstleistungen im allgemeinen wirtschaftlichen Interesse betraut sind, sind auch Finanzmonopole vom persönlichen Anwendungsbereich des Art. 106 Abs. 1 AEUV erfasst. Unter Finanzmonopolen versteht man öffentliche Unternehmen, denen zwecks Erzielung von Einnahmen für den Staat ein Monopol übertragen wird. Die praktische Bedeutung dieser Gruppe ist gering.[444]

Die Vorschriften des Wettbewerbsrechts gelten nur dann nicht, wenn dadurch die Erfüllung der übertragenen besonderen Aufgabe rechtlich oder tatsächlich verhindert würde. Da diese Voraussetzung eng auszulegen ist, genügt insoweit die bloße Störung oder Erschwerung der Erfüllung der übertragenen Aufgabe nicht.[445] Die Durchführung der betreffenden Dienstleistung muss unter marktwirtschaftlichen Bedingungen rechtlich oder tatsächlich unmöglich sein, wobei Unmöglichkeit im Sinne einer technischen sowie wirtschaftlichen Unzumutbarkeit zu verstehen ist.[446]

Schließlich bedarf es nach Art. 106 Abs. 2 S. 2 AEUV einer Verhältnismäßigkeitsprüfung. Demnach darf die Beeinträchtigung des Unionsinteresses, insbesondere im Hinblick auf den Freiverkehr im Binnenmarkt und die unverzerrte Wettbewerbsordnung, nicht unverhältnismäßig sein. Gegeneinander abzuwägen sind dabei das Unionsinteresse mit dem vom Unternehmen verfolgten

---

441 Mitteilung der Kommission über die Anwendung der Beihilfevorschriften der Europäischen Union auf Ausgleichsleistungen für die Erbringung von Dienstleistungen von allgemeinem wirtschaftlichem Interesse, Abl. C8, 11.01.2012, S. 4–14, Ziffer. 37. (Text von Bedeutung für den EWR) (2012/C 8/02).

442 *Oppermann-Classen-Nettesheim* Europarecht, § 21, Rdnr. 47; Zu den Anforderungen, die an die Betrauung zu stellen sind, vgl. *Jung*, in *Callies-Ruffert* EUV AEUV, Art. 106 AEUV, Rdnr. 40–42.

443 vgl. *Ziekow* Öffentliches Wirtschaftsrecht, § 7, Rdnr. 25.

444 Vgl. *Khan*, in *Geiger-Khan-Kotzur u.a.* EUV/AEUV, Art. 106 AEUV, Rdnr. 18.

445 EuG, Urt. v. 19.6.1997, Rs. T-260/94 (Air Inter), Slg. 1997, II-997, Rdnr. 138.

446 *Jung*, in *Callies-Ruffert* EUV AEUV, Art. 106 AEUV, Rdnr. 48.

Gemeinwohlinteresse.[447] Daraus folgt im beihilfenrechtlichen Zusammenhang insbesondere, dass im Fall der Gewährung eines Ausgleichs für die Erfüllung der Gemeinwohlverpflichtung keine Überkompensation stattfinden darf.[448]

2. Bezug zum Begriff des „öffentlichen Auftraggebers"

Ein Bezug der „Dienstleistung von allgemeinem wirtschaftlichen Interesse" im Sinne des Beihilfenrechts wird teils im Hinblick auf die „im Allgemeininteresse liegende Aufgaben nichtgewerblicher Art" im Sinne des Vergaberechts gesehen. Tatsächlich verbindet die beiden Tatbestandsmerkmale neben dem ähnlichen Wortlaut, dass sowohl das Beihilfen- als auch das Vergaberecht die jeweiligen Tätigkeiten funktionell dem Staat zuordnen. Die „Dienstleistungen von allgemeinem wirtschaftlichen Interesse" im Beihilfenrecht zielen – wie soeben dargelegt – auf die Erfassung wirtschaftlicher Tätigkeiten ab, die von den Mitgliedsstaaten oder der Europäischen Union mit besonderen Gemeinwohlverpflichtungen verbunden werden und die daher teilweise vom Beihilfenverbot ausgenommen werden. Die Tätigkeit einer Einrichtung, die zu dem Zweck gegründet wurde, einer im Allgemeininteresse liegende Aufgaben nichtgewerblicher Art nachzugehen, dient im Rahmen von § 99 Nr. 2 GWB der Zuordnung zur staatlichen (Auftraggeber-)Seite. Beide Voraussetzungen dienen mithin als Indikator für das Vorliegen staatlichen Handelns.

Aufbauend auf dieser Feststellung wird die These vertreten, *„dass es sich bei den „im Allgemeininteresse liegenden Aufgaben nichtgewerblicher Art" im Sinne des Art. 1 Abs. 9 der allgemeinen Vergaberichtlinien 2004/18/EG*[449] *genau und ausschließlich um die im Beihilfenrecht relevanten „Dienstleistungen im allgemeinen nichtwirtschaftlichen Interesse" handelt."*[450].

Grundlage dieser Theorie ist die Differenzierung zwischen *„Dienstleistungen im allgemeinen wirtschaftlichen Interesse"* und *„Dienstleistungen im allgemeinen*

447 Bzgl. der Einzelheiten vgl. *Khan*, in *Geiger-Khan-Kotzur u.a.* EUV/AEUV, Art. 106 AEUV, Rdnr. 21.

448 Vgl. Beschluss der Kommission über die Anwendung von Artikel 106 Absatz 2 des Vertrags über die Arbeitsweise der Europäischen Union auf staatliche Beihilfen in Form von Ausgleichsleistungen zugunsten bestimmter Unternehmen, die mit der Erbringung von Dienstleistungen von allgemeinem wirtschaftlichem Interesse betraut sind, Abl. L7, 11.01.2012, S. 3–10; Mitteilung der Kommission, Rahmen der Europäischen Union für staatliche Beihilfen in Form von Ausgleichsleistungen für die Erbringung öffentlicher Dienstleistungen, Abl. C8, 11.01.2012, S. 15–22.

449 entspricht. Art. 2 Abs. 1 Nr. 4 BVR.

450 *Hertwig*, VergabeR 2008, 589–601 (596).

nichtwirtschaftlichen Interesse". Es wird angenommen, dass die Tätigkeit einer staatlichen Einrichtung nur vorliegen kann, wenn eine „*Dienstleistung im allgemeinen nichtwirtschaftlichen Interesse*" gegeben ist.[451]

Als Konsequenz aus dieser These wird geschlossen, dass beim Vorliegen von „*Dienstleistungen von allgemeinem wirtschaftlichen Interesse*" im Sinnes des Art. 106 Abs. 2 AEUV der Anwendungsbereich des § 99 Nr. 2 GWB nicht eröffnet sein kann, da derartige Dienstleistungen immer von Unternehmen (im funktionelle Sinne) erbracht werden.[452] Dementsprechend kann eine „Dienstleistung von allgemeinem wirtschaftlichen Interesse" nie eine „im Allgemeininteresse liegende Aufgabe nichtgewerblicher Art" sein.

Trifft diese These zu, wäre dies bei der Auslegung des § 99 Nr. 2 GWB zu beachten. Um insoweit eine qualifizierte Aussage treffen zu können, bedarf es der eingehenden Betrachtung der betreffenden vergaberechtlichen Begrifflichkeiten, die dem dritten Kapitel vorbehalten ist. Auf die hier im Überblick dargestellte Theorie wird daher in diesem Zusammenhang genauer einzugehen sein.

E. Zusammenfassung und Überleitung

In diesem Kapitel wurde der Fragestellung nachgegangen, ob das Beihilfenrecht auslegungsergänzend für die Bestimmung des Anwendungsbereichs des § 99 Nr. 2 und Nr. 4 GWB herangezogen werden kann. Einführend wurden dazu die relevanten Begrifflichkeiten definiert und die methodische Herangehensweise erläutert (A). Die darauf folgende Untersuchung untergliederte sich in drei Stufen.

Auf der ersten Stufe (B) wurde festgestellt, dass das Beihilfen- und das Vergaberecht trotz unterschiedlicher Ansatzpunkte strukturelle und funktionale Ähnlichkeiten aufweisen. Dabei wurde nicht nur die Verwirklichung des gemeinsamen Binnenmarktes durch Wettbewerb als übereinstimmendes Ziel ausgemacht. Speziell unter dem Blickwinkel von Austauschverhältnissen zwischen der staatlichen und der unternehmerischen Seite konnten Überschneidungen festgestellt werden, aufgrund derer das Vergaberecht und das Beihilfenverbot in wechselseitiger Beziehung stehen und daher nicht isoliert betrachtet werden können. Daraus ergab sich die Zwischenthese, dass die dem Vergabe- und dem Beihilfenrecht zugrundeliegenden Staatsbegriffe identisch sein könnten. Um dies verifizieren und in der Konsequenz dem Beihilfenrecht

---

451 *Hertwig*, VergabeR 2008, 589–601 (596).
452 *Hertwig*, VergabeR 2008, 589–601 (596).

eine auslegungsergänzende Wirkung für die Tatbestandsmerkmale des vergaberechtlichen Auftraggeberbegriffs zuschreiben zu können, bedurfte es auf der zweiten Stufe (C) einer tiefer gehenden Analyse im Rahmen einer umfassenden instrumentellen Gegenüberstellung des „vergaberechtlichen" und des „beihilfenrechtlichen" Ausschreibungsverfahrens. Demgemäß wurde die funktionale Vergleichbarkeit von Vergabe- und Beihilfenrecht in diesem Überschneidungsbereich untersucht. Ziel war die Beantwortung der Frage, ob dem „beihilfenrechtlichen Staatsbegriff" eine auslegungsergänzende Wirkung in Bezug auf den Begriff des öffentlichen Auftraggebers, also dem „vergaberechtlichen Staatsbegriff", zugesprochen werden kann.

Zur Ermittlung des dogmatischen Ansatzpunktes für die Gegenüberstellung wurden zu Beginn der Untersuchung die Ursprünge von Vergabe- und Beihilfenrecht aufgedeckt. Schon diese grundlegende Betrachtung stützte die Vermutung des einheitlichen staatlichen Adressaten von Vergabe- und Beihilfenrecht, nämlich des Staates in einem einheitlichen funktionellen Sinn, der unterschiedliche Vergaberegime und das Beihilfeverbot zu beachten hat. Aufbauend auf dieser Zwischenbilanz wurde das primäre und sekundäre EU-Vergaberecht, das beihilfenrechtliche Ausschreibungsverfahren und das Verfahren der VO 1370 als vergabe- und beihilfenrechtlicher Hybrid näher untersucht. Es erfolgte eine detaillierte Gegenüberstellung aller Verfahrensschritte. Auf die Zusammenfassung unter C.V. in diesem Kapitel wird verwiesen. Durch diese Gegenüberstellung konnte letztlich die Identität des „Staatsbegriffs" bestätigt werden, worauf schon die ursprüngliche Betrachtung hindeutete. Das „vergaberechtliche" und das „beihilfenrechtliche" Ausschreibungsverfahren stellen sich als Subsysteme des Primärvergaberechts dar. Aus diesem „Urvergaberecht" entwickelten sich verschiedene Regelungssysteme, die sich zwar in ihren sachlichen Anwendungsbereichen und ihrer Ausgestaltung unterscheiden, dabei aber in der Grundstruktur instrumentell äquivalent sind. In der vergleichbaren Regelungssystematik spiegelt sich der identische Staatsbegriff wider, der sowohl dem Vergabe- als auch dem Beihilfenrecht zugrunde liegt. Da das primäre und sekundäre EU-Beihilfenrecht hinsichtlich der „staatliche(n) oder aus staatlichen Mitteln gewährten Beihilfen" und der Begriff des öffentlichen Auftraggebers im Sinne von Art. 2 Abs. 1 Nr. 1 BVR von einem einheitlichen Staatsverständnis ausgehen, war der Weg zu einer systematisch-teleologischen Analyse des Beihilfentatbestandes im Hinblick auf konkrete Aspekte, die bei der Auslegung des funktionellen Auftraggeberbegriffs Berücksichtigung finden sollten, eröffnet.

Diese Analyse erfolgte auf der dritten Stufe (D), in der der Beihilfentatbestand mit dem Ziel dargelegt wurde, Anknüpfungspunkte für die Untersuchung der Tatbestände des § 99 Nr. 2 und Nr. 4 GWB zu finden. Bei der Betrachtung des Beihilfentatbestandes konnten mehrere Anknüpfungspunkte ausgemacht werden, die im Hinblick auf die funktionale Äquivalenz des vergabe- und des beihilfenrechtlichen Staatsbegriffs bei der Untersuchung der Tatbestände des § 99 Nr. 2 und Nr. 4 GWB zu berücksichtigen sind.

Zunächst wurde festgestellt, dass die Tatbestandsmerkmale der „Finanzierung" im Sinne des Art. 2 Abs. 1 Nr. 4 der BVR (umgesetzt in § 99 Nr. 2 a GWB) und der „Subventionierung" im Sinne des Art. 13 BVR (umgesetzt in § 99 Nr. 4 GWB) im Idealfall mit dem beihilfenrechtlichen Begriff der Begünstigung identisch und im Rahmen des Möglichen bei der Auslegung anzugleichen sind, da diese funktional äquivalente Mittelflüsse von der staatlichen zur unternehmerischen Seite darstellen.[453]

Des weiteren wurde in mehrfacher Hinsicht eine Nähe des beihilfenrechtlichen Tatbestandsmerkmals der Beihilfe „vom Staat oder aus staatlichen Mitteln" zum funktionellen Aufraggeberbegriff aufgezeigt. Zu differenzieren ist dabei entsprechend der Zweistufigkeit der diesbezüglichen Prüfung. Sie erfordert auf der ersten Stufe eine prinzipielle Zuordnung der Einrichtung und auf der zweiten Stufe eine konkrete Zurechenbarkeit der Mittelgewährung zum Staat. Die prinzipielle Zuordnung zum Staat im Beihilfenrecht korrespondiert insoweit mit § 99 Nr. 2 und Nr. 4 GWB, als dass auch diese der staatlichen Seite gewisse Tatbestände zurechnen. Dies geschieht bei § 99 Nr. 2 GWB durch die Tatbestandsmerkmale der „überwiegenden Finanzierung", der „Leitung über die Aufsicht" und das „Stellen mehr als der Hälfte der Mitglieder eines ihrer zur Geschäftsführung oder zur Aufsicht berufenen Organe". Bei § 99 Nr. 4 GWB ist die „mehr als fünfzigprozentige Subventionierung" eines Bauvorhabens zu nennen. Obwohl festgestellt wurde, dass die Kriterien der Staatsnähe denjenigen ähneln, die im Beihilfenrecht zur Feststellung einer staatlichen Kontrolle herangezogen werden – speziell bei „staatlich benannten oder errichteten öffentlichen oder privaten Einrichtungen" und den „öffentlichen Unternehmen" –, konnte keine abschließende Aussage darüber getroffen werden, ob diese funktional äquivalent zu der prinzipiellen Zuordnung einer Einrichtung zum Staat im Vergaberecht sind. Ebenso verhielt es sich bei der konkreten Zurechenbarkeit der Mittelgewährung zum Staat (zweite Prüfungsstufe). Hier konnte zwar aufgezeigt werden, dass der „Gründungszweck" der „im Allgemeininteresse liegenden Aufgabe nichtgewerblicher Art" i.S.d. § 99 Nr. 2 GWB und die speziellen Bauvorhaben i.S.d. § 99 Nr. 4 GWB eine funktionale Verwandtschaft zu der konkreten Zurechenbarkeit der Mittelgewährung zum Staat im Beihilfenrecht aufweisen,

453 Vgl. Kapitel 2 D. I. 4.

offen blieb aber auch hier die Frage, ob daraus Rückschlüsse für die Auslegung der vergaberechtlichen Tatbestandsmerkmale gezogen werden können.

Im Zusammenhang mit der Vorschrift des Art. 106 Abs. 2 AEUV wurde die teilweise vertretene Auffassung erläutert, *„dass es sich bei den „im Allgemeininteresse liegenden Aufgaben nichtgewerblicher Art“ im Sinne des Art. 1 Abs. 9 der allgemeinen Vergaberichtlinien 2004/18/EG genau und ausschließlich um die im Beihilfenrecht relevanten „Dienstleistungen im allgemeinen nichtwirtschaftlichen Interesse“ handelt“*. Ob die daraus geschlossene Konsequenz, dass beim Vorliegen von „Dienstleistungen von allgemeinem wirtschaftlichen Interesse“ im Sinnes des Art. 106 Abs. 2 AEUV der Anwendungsbereich des § 99 Nr. 2 GWB nicht eröffnet sein kann, wird ebenfalls in einer eingehenden Untersuchung zu klären sein.

Zum Abschluss des zweiten Kapitels ist daher zu resümieren, dass die Gegenüberstellung von Vergabe- und Beihilfenrecht grundsätzliche Erkenntnisse über deren Wechselbezüglichkeit zu Tage brachte. Die Tür zu einer fundierten Betrachtung einzelner vergaberechtlicher Tatbestandsmerkmale des öffentlichen Auftraggeberbegriffs im Lichte des Beihilfenrechts konnte geöffnet werden. Abschließend und im Hinblick auf konkrete Ergebnisse entscheidend ist die in den folgenden zwei Kapiteln anstehende Durchleuchtung von § 99. Nr. 2 und 4 GWB.

Drittes Kapitel § 99 Nr. 2 GWB

Den Schwerpunkt der Untersuchung der einzelnen Voraussetzungen des § 99 Nr. 2 GWB bilden die Tatbestandsmerkmale der „im Allgemeininteresse liegenden Aufgaben nichtgewerblicher Art" und die Staatsnähekriterien. Grund hierfür ist, dass im zweiten Kapitel rechtliche Argumente für eine auslegungsergänzende Wirkung des Beihilfenrechts hinsichtlich dieser Tatbestandmerkmale gefunden wurden und diese insofern aus systematischen und teleologischen Gesichtspunkten anzustreben ist. Ob und in welchem Umfang dies im Rahmen einer teleologisch-systematischen Auslegung des Tatbestandes von § 98 Nr. 2 GWB umgesetzt werden kann und welche Ergebnisse daraus abgeleitet werden können, wird sich in nun zeigen.

A. Juristische Person

Im ersten Schritt bedarf ein öffentlicher Auftraggeber nach § 99 Nr. 2 GWB der eigenen Rechtspersönlichkeit, da nur so eine Abgrenzung zu den dahinterstehenden institutionellen öffentlichen Auftraggebern möglich ist.[454] Die erforderliche Eigenständigkeit fehlt insbesondere bei Ämtern, Eigen- und Regiebetrieben sowie Fachabteilungen, bei denen der jeweilige Rechtsträger der öffentliche Auftraggeber ist.[455] Zu beachten ist dabei, dass Rechtspersönlichkeit im vergaberechtlichen Sinne zu verstehen ist. Aufgrund des funktionellen Begriffsverständnisses kann es dabei nicht auf die formale Rechtsfähigkeit nach den nationalen Regelungen ankommen, entscheidend ist vielmehr, ob die entsprechende Einheit außenrechtsfähig ist und selbständig Aufträge vergeben kann.[456]

Es können sämtliche juristische Personen des öffentlichen Rechts unter § 99 Nr. 2 GWB fallen, die nicht von § 99 Nr. 1 GWB erfasst sind.[457] In Deutschland sind dies insbesondere die *„bundes-, landes- und gemeindeunmittelbaren Körperschaften, Anstalten und Stiftungen des öffentlichen Rechts"*, beispielsweise Hochschulen, berufsständische Vereinigungen, Wirtschaftsvereinigungen, Sozialversicherungen (Krankenkassen, Unfall- und Rentenversicherungsträger)

---

454 *Zeiss*, in *Heiermann-Zeiss* Praxiskommentar Vergaberecht, § 98 Rdnr. 57.

455 *Zeiss*, in *Heiermann-Zeiss* Praxiskommentar Vergaberecht, § 98 Rdnr. 58.

456 *Ziekow*, in *Ziekow-Völlink* Kommentar zum Vergaberecht, § 98 Rdnr. 38. Stickler, in *Glahs u.a.* Vergaberecht, § 98 Rdnr. 12.

457 *Pünder*, in *Pünder-Schellenberg* Kommentar zum Vergaberecht, § 98 Rdnr. 20.

und rechtsfähige Bundesanstalten.[458] Die weiteren Voraussetzungen des § 99 Nr. 2 GWB sind in jedem Einzelfall zu prüfen.

Juristische Personen des Privatrechts im Sinne der Vorschrift sind zunächst alle Rechtsubjekte, die in Deutschland als juristische Personen des Privatrechts anerkannt sind, mithin volle Partei- und Prozessfähigkeit besitzen.[459] Dies sind insbesondere Gesellschaften mit beschränkter Haftung, Aktiengesellschaften, Genossenschaften und Vereine.[460] Nachdem der Bundesgerichtshof die Teilrechtsfähigkeit der Außen-Gesellschaft des Bürgerlichen Rechts anerkannt hat,[461] kann für Handelsgesellschaften wie OHG, KG und Mischformen wie der GmbH & Co. KG nichts anderes gelten.[462] Entscheidend ist, dass rechtsgeschäftlich wirksame Beschaffungen am Markt durchführt werden können.[463]

Natürliche Personen sind weder vom Wortlaut des § 99 Nr. 2 GWB noch von dem des Art. 2 Abs. 1 Nr. 4 BVR erfasst. Diese sind daher nicht vom subjektiven Anwendungsbereich des Vergaberechts erfasst.[464]

B. Gründungszweck „im Allgemeininteresse liegende Aufgaben nichtgewerblicher Art"

Das hier unter einer Überschrift zusammengefasste Tatbestandsmerkmal unterteilt sich in die Unterpunkte „Gründungszweck"(I.), „Allgemeininteresse"(II.) und „Aufgaben nichtgewerblicher Art"(III.). Diese stehen zwar in einem engen Zusammenhang, sind nach ständiger Rechtsprechung des EuGH aber getrennt zu prüfen[465]. Insbesondere das „Allgemeininteresse" und die „Aufgaben nichtgewerblicher Art" sind in ihren Konturen unscharf und schwer voneinander

---

458 so aufgezählt im Anhang III der RiLi 2004/18/EG. Da diese lediglich deklaratorischer Natur war und der Einzelfall maßgeblich war und ist, verliert dies nicht die Eigenschaft einer Orientierungshilfe.

459 *Otting*, in *Bechtold/Otting* Kartellgesetz, § 98 Rdnr. 9; *Boesen Vergaberecht*, § 98 Rdnr. 35.

460 Vgl. *Zeiss*, in *Heiermann-Zeiss* Praxiskommentar Vergaberecht, § 98 Rdnr. 85–88 mit zahlreichen Beispielen aus der Rechtsprechung.

461 BGH, Urt. v. 29.01.2001, Az. II ZR 331/00, NJW 2001, 1056.

462 OLG Celle, Beschluss vom 14.09.2006, Az. 13 Verg 3/06; *Stickler*, in Glahs u.a. Vergaberecht, § 98 Rdnr. 12.

463 *Eschenbruch*, in *Kulartz-Kus-Portz* Kommentar zum GWB-Vergaberecht, § 98 Rdnr. 96.

464 *Eschenbruch*, in *Kulartz-Kus-Portz* Kommentar zum GWB-Vergaberecht, § 98 Rdnr. 100.

465 EuGH, Urt. v. 22.05.2003, Rs. C-18/01 (Korhonen), Slg. 2003, I-5321, Rdnr. 40.

abgrenzbar.[466] Dennoch sind diese nach gefestigter Rechtsprechung des EuGH voneinander zu trennen. Es gibt demnach sowohl Tätigkeiten im Allgemeininteresse, die gewerblicher Art sind, als auch solche, die nichtgewerblicher Art sind.[467] Die drei Voraussetzungen müssen kumulativ vorliegen, sodass beim Fehlen auch nur einer Voraussetzung die betreffende Stelle nicht als öffentlicher Auftraggeber im Sinne des § 99 Nr. 2 GWB qualifiziert werden kann.[468]

Bei der Untersuchung des Beihilfenverbots in Kapitel 2 haben sich zwei Ansatzpunkte ergeben, die für die Auslegung der „im Allgemeininteresse liegenden Aufgabe nichtgewerblicher Art“ von Bedeutung sein könnten. So wurde zum einen die Frage aufgeworfen, ob es sich bei den „im Allgemeininteresse liegenden Aufgaben nichtgewerblicher Art“ im Sinne des Vergaberechts genau und ausschließlich um die im Beihilfenrecht relevanten „Dienstleistungen im allgemeinen nichtwirtschaftlichen Interesse“ handelt[469], und zum anderen ob die beihilfenrechtliche Prüfung der Zurechenbarkeit der konkreten Mittelgewährung zum Staat eine funktionale Äquivalenz zum „Gründungszweck der im Allgemeininteresse liegenden Tätigkeit nichtgewerblicher Art“ aufweist.[470] Die Herleitung der diesbezüglichen Ansatzpunkte wird aufgrund ihrer Komplexität im Lauf der Untersuchung nochmals in Erinnerung gerufen.

I. Gründungszweck

§ 99 Nr. 2 GWB schreibt vor, dass die juristische Person „zu dem besonderen Zweck gegründet“ worden sein muss, „im Allgemeininteresse liegende Aufgaben nichtgewerblicher Art“ zu erfüllen. Die Untersuchung des Gründungszwecks untergliedert sich wiederum in drei Teile: (1) Wie erfolgt die Zuweisung des Gründungszwecks, (2) zu welchem Zeitpunkt hat sie zu erfolgen und (3) welchen Umfang muss die dem Gründungszweck entsprechende Tätigkeit der Einrichtung einnehmen.

---

466 *Eschenbruch*, in *Kulartz-Kus-Portz* Kommentar zum GWB-Vergaberecht, § 98 Rdnr. 119 und 134.

467 EuGH, Urt. v. 10.5.2001, verb. Rs. C-223/99 und C-260/99 (Agorà), Slg. 2001 I-03605, Rdnr. 32; EuGH, Urt. v. 22.05.2003, Rs. C-18/01 (Korhonen), Slg. 2003, I-5321, Rdnr. 40.

468 EuGH, Urt. v. 22.05.2003, Rs. C-18/01 (Korhonen), Slg. 2003, I-5321, Rdnr. 32.

469 Vgl. 2. Kapitel D.VI.

470 Vgl. 2. Kapitel D.II.

1. Die Zuweisung des Gründungszwecks

Der EuGH hatte zu entscheiden, ob die Bestimmung, mittels derer eine Stelle die *„im Allgemeininteresse liegende Aufgabe nichtgewerblicher Art“* zugewiesen bekommt, *“in einem formellen Gesetz, verwaltungsrechtlichen Vorschriften, Verwaltungsakten oder dergleichen“* enthalten sein muss.[471] Die Feststellung war eindeutig. Das funktionelle Verständnis des Auftraggeberbegriffs und die Sicherung des freien Dienstleistungsverkehrs *„verbietet es, nach der Rechtsform der Bestimmungen zu unterscheiden, durch die die Stelle geschaffen wird und in der die von ihr zu erfüllenden Aufgaben genannt sind“*[472]. Dem entsprechend ist die Rechtsform der Bestimmungen, in denen diese Aufgaben genannt sind, unerheblich.[473] Die Aufgabenzuweisung kann daher in jeder erdenklichen Form geschehen, wenngleich diese üblicherweise in den vorgenannten Formen erfolgen wird.[474]

2. Maßgeblicher Zeitpunkt zur Bestimmung des Gründungszwecks

Was die zeitliche Komponente betrifft, so legt das Wort „Gründungszweck“ nahe, dass die Aufgabenübertragung zum Zeitpunkt der Gründung einer Einrichtung zu erfolgen hat. Folglich stellt sich die Frage, wie mit Sachverhalten umzugehen ist, in denen die Zuweisung erst nach deren Gründung erfolgt und ob insoweit formale Anforderungen zu stellen sind.

In der Rechtssache *Universale-Bau AG* hatte der EuGH zu klären, *„ob eine Einrichtung, die zwar nicht zu dem besonderen Zweck gegründet wurde, „im Allgemeininteresse liegende Aufgaben nichtgewerblicher Art“ zu erfüllen, die jedoch später solche Aufgaben übernommen hat und diese seither tatsächlich wahrnimmt“*, als öffentlicher Auftraggeber zu qualifizieren ist.[475] Wiederum mit Verweis auf den Zweck der Richtlinie, deren praktischer Wirksamkeit und der gebotenen funktionellen Auslegung wurde auch dies unter der Voraussetzung bejaht, dass *„die Übernahme dieser Aufgaben objektiv festgestellt werden kann“*.[476]

Letztlich vermag diese Rechtsprechung – trotz des missverständlichen Wortlauts der Vorschrift – zu überzeugen. Würde eine nachträgliche Änderung des Tätigkeitsfeldes hin zu einem vergaberechtsrelevanten Zweck oder eine nicht

---

471 EuGH, Urt. v. 10.11.1998, Rs. C-360/96 (BFI), Slg. 1998 I-06821, Rdnr. 59.

472 EuGH, a.a.O., Rdnr. 62.

473 EuGH, a.a.O., Rdnr. 63.

474 *Diehl*, in *Müller-Wrede* GWB-Vergaberecht, § 98 Rdnr. 51.

475 EuGH, Urt. v. 12.6.2002, Rs. C-470/99 (Universale-Bau AG), Slg. 2002, I-11617, Rdnr. 40.

476 EuGH, a.a.O., Rdnr. 41–63.

dem aktuellen Stand angepasste Satzung einer Auftraggebereigenschaft entgegenstehen[477], bestünde eine erhebliche Umgehungsgefahr. So könnte der subjektive Anwendungsbereich des Vergaberechts einfach dadurch ausgehebelt werden, dass einer schon bestehenden Stelle die „im Allgemeininteresse liegende Aufgabe nichtgewerblicher Art" übertragen wird.[478] Der Notwendigkeit zur Auslegung in dem genannten Sinne würde die Spitze genommen, wenn der Wortlaut sowohl des Art. 2 Abs. 1 Nr. 4 BVR als auch des § 99 Nr. 2 GWB dahingehend geändert würde, dass schlicht vom „Zweck" anstatt vom „Gründungszweck" gesprochen wird.

Bei Konstellationen, in denen „im Allgemeininteresse liegende Aufgaben nichtgewerblicher Art" in den Gründungsstatuten festgeschrieben sind, aber tatsächlich andere Aufgaben wahrgenommen werden, ist nach vorherrschender Meinung nicht auf die objektiv feststellbare tatsächliche Aufgabenwahrnehmung[479] abzustellen. Dies verbietet sich aus Gründen der Rechtssicherheit, da der betreffenden juristischen Person sonst die Möglichkeit gegeben wäre, sich durch die bloße Behauptung, sie erfülle keine derartigen Aufgaben mehr, dem Vergaberecht zu entziehen.[480] Einer außenstehenden Person, die keinen Einblick in die internen Abläufe hat, wäre es nur schwer möglich, dieser Behauptung entgegenzutreten, wenn sie sich nicht auf die Gründungsstatuten stützen kann.[481] Dementsprechend kann die Eigenschaft als öffentlicher Auftraggeber in der Regel nur durch eine entsprechende Änderung der Gründungsstatuten oder durch andere besondere Umstände herbeigeführt werden.[482]

---

477 In diesem Sinne *Boesen* Vergaberecht, § 98 GWB Rdnr. 58; *Dietlein,* NZBau 2002, 136–142 (138).

478 *Ziekow,* VergR 2003 483–502 (497); *Werner,* in *Byok-Jaeger* Kommentar zum Vergaberecht, § 98 Rdnr. 44.

479 So der EuGH in der Rs. Universale-Bau AG für den umgekehrten Fall, dass ein Auftraggeber derartige Aufgaben im Nachhinein übernimmt, vgl. EuGH, Urt. v. 12.6.2002, Rs. C-470/99 (Universale-Bau AG), Slg. 2002, I-11617, Rdnr. 61–63.

480 *Ziekow,* in *Ziekow-Völlink* Kommentar zum Vergaberecht, § 98 Rdnr. 77–78, *Werner,* in *Byok-Jaeger* Kommentar zum Vergaberecht, § 98 Rdnr. 44; a.A. *Zeiss,* in *Heiermann-Zeiss* Praxiskommentar Vergaberecht, § 98 Rdnr. 89.

481 *Werner,* in *Byok-Jaeger* Kommentar zum Vergaberecht, § 98 Rdnr. 44.

482 *Ziekow,* in *Ziekow-Völlink* Kommentar zum Vergaberecht, § 98 Rdnr. 78, der die Ausgliederung der betreffenden Aufgaben auf eine Tochtergesellschaft als Beispiel für einen solchen besonderen Umstand nennt.

3. *Erforderlicher Umfang des Gründungszwecks*

Es ist nicht erforderlich, dass eine Einrichtung ausschließlich im Allgemeininteresse liegende Aufgaben nichtgewerblicher Art erfüllt. So stellte der EuGH fest, dass es nicht darauf ankomme, ob eine Einrichtung neben den im Allgemeininteresse liegenden Aufgaben noch andere Tätigkeiten ausüben darf.[483] Ebenso wenig kommt es darauf an, ob die Erfüllung der im Allgemeininteresse liegenden Aufgaben tatsächlich nur einen relativ geringen Teil der Tätigkeit der Einrichtung ausmacht, solange sie weiterhin die Aufgaben wahrnimmt, die sie als besondere Pflicht zu erfüllen hat.[484] Eine andere Sichtweise, so der EuGH, würde *„gegen den Grundsatz der Rechtssicherheit verstoßen, der verlangt, dass eine Norm des Gemeinschaftsrechts klar und ihre Anwendung für alle Betroffenen vorhersehbar sein muss.“*[485]

Wegen der Personenbezogenheit des § 99 Nr. 2 GWB ist daher nicht der konkret verfahrensgegenständliche Auftragsgegenstand entscheidend, sondern der nach den benannten Kriterien bestimmte Gründungszweck. Die Erfüllung einer im Allgemeininteresse liegenden Aufgabe nichtgewerblicher Art *„infiziert“* daher bildlich gesprochen die ganze Tätigkeit der Einrichtung, selbst wenn sie nur einen geringfügigen Umfang hat (sog. Infizierungstheorie).[486] Teilweise wird in diesem Zusammenhang die Auffassung vertreten, dass beim Unterschreiten einer Bagatellgrenze keine Infizierung mehr stattfindet. Allerdings wäre dann zu klären, nach welchen Kriterien dies zu bestimmen ist. Teilweise wird dabei auf das wettbewerbsrechtliche Kriterium der Spürbarkeit abgestellt.[487] Hier wird offenkundig, dass es an praxistauglichen Abgrenzungskriterien fehlt. Die damit einhergehende Rechtsunsicherheit spricht im Ergebnis gegen eine derartige

---

483 EuGH, Urt. v. 15.1.1998, Rs. C-44/96 (Mannesmann Anlagenbau), Slg. 1998, I-00073, 25; EuGH, Urt. v. 10.4.2008, C-393/06 (Aigener/Fernwärme Wien), Slg. 2008 I-2339, Rdnr. 47.

484 EuGH, Urt. v. 15.1.1998, Rs. C-44/96 (Mannesmann Anlagenbau), Slg. 1998, I-00073, 25; EuGH, Urt. v. 10.4.2008, C-393/06 (Aigener/Fernwärme Wien), Slg. 2008 I-2339, Rdnr. 47.

485 EuGH, Urt. v. 15.1.1998, Rs. C-44/96 (Mannesmann Anlagenbau), Slg. 1998, I-00073, 34.

486 *Pünder*, in *Pünder-Schellenberg* Kommentar zum Vergaberecht, § 98 Rdnr. 26; *Dippel*, in *Hattig-Maibaum* Praxiskommentar Kartellvergaberecht, § 98 Rdnr. 42; *Eschenbruch*, in *Kulartz-Kus-Portz* Kommentar zum GWB-Vergaberecht, § 98 Rdnr. 114.

487 *Eschenbruch*, in *Kulartz-Kus-Portz* Kommentar zum GWB-Vergaberecht, § 98 Rdnr. 115.

Einschränkung der Infizierungstheorie.[488] Eine Aufspaltung der Auftraggebereigenschaft innerhalb einer Einrichtung ist daher nicht möglich.[489]

Eine *„Infizierung“* konzernverbundener Unternehmen findet indes nicht statt.[490] Die Voraussetzungen des § 99 Nr. 2 GWB sind separat für jede Einheit eines Konzernverbundes zu prüfen.[491] Der Umstand, dass ein Unternehmen, das zu einer Gruppe oder zu einem Konzern gehört, eine Einrichtung des öffentlichen Rechts ist, genügt also nicht, um alle Konzernunternehmen als öffentliche Auftraggeber anzusehen. Folglich stellt die externe Aufspaltung, beispielsweise mittels gesellschaftsrechtlicher Ausgliederung eines Aufgabenbereichs in ein Tochterunternehmen, auch keine unzulässige Umgehungstrategie dar.[492]

II. Allgemeininteresse

Dem Tatbestandsmerkmal des Allgemeininteresses liegt die Annahme zugrunde, dass der Staat und die zu ihm gehörigen Gebietskörperschaften grundsätzlich die im Allgemeininteresse liegenden Aufgaben erfüllen. Übertragen sie diese Aufgaben auf selbständige Organisationseinheiten, so dient das Tatbestandsmerkmal des Allgemeininteresses der Zuordnung von Einrichtungen in die Sphäre staatlicher Aufgabenerfüllung.[493] Als Begriff des Unionsrechts ist das Tatbestandsmerkmal des Allgemeininteresses unionsrechtsautonom und in seinem funktionellen Zusammenhang auszulegen, um eine einheitliche Rechtsanwendung zu gewährleisten.[494]

Der EuGH hat dabei keine allgemein gültige Definition dafür vorgenommen, was unter Allgemeininteresse zu verstehen ist, sondern den Begriff in seiner Kasuistik konkretisiert.[495] Demnach stellen *„im Allgemeinen Aufgaben, die zum einen auf andere Art als durch das Angebot von Waren oder Dienstleistungen auf dem Markt erfüllt werden und die zum anderen der Staat aus Gründen des*

---

488 So die h.M., vgl. bspw. *Dippel*, in *Hattig-Maibaum* Praxiskommentar Kartellvergaberecht, § 98 Rdnr. 43; *Zeiss*, in *Heiermann-Zeiss* Praxiskommentar Vergaberecht, § 98 Rdnr. 100.

489 Vgl. *Ziekow*, in *Ziekow-Völlink* Kommentar zum Vergaberecht, § 98 Rdnr. 75.

490 EuGH, Urt. v. 15.1.1998, Rs. C-44/96 (Mannesmann Anlagenbau), Slg. 1998, I-00073, 39.

491 Ausführlich hierzu *Ziekow*, in *Ziekow-Völlink* Kommentar zum Vergaberecht, § 98 Rdnr. 75, 190 ff.; *Ziekow*, NZBau, 181–187.

492 *Ziekow*, in *Ziekow-Völlink* Kommentar zum Vergaberecht, § 98 Rdnr. 75.

493 *Ziekow*, in *Ziekow-Völlink* Kommentar zum Vergaberecht, § 98 Rdnr. 42.

494 EuGH, Urt. v. 16.10.2003, Rs. C-283/00 (SIEPSA), Slg. 2003, I-11697, Rdnr. 79.

495 *Ziekow*, in *Ziekow-Völlink* Kommentar zum Vergaberecht, § 98 Rdnr. 43 ff.

Allgemeininteresses selbst erfüllen oder bei denen er einen entscheidenden Einfluss behalten möchte, in der Regel im Allgemeininteresse liegende Aufgaben nichtgewerblicher Art" dar.[496] Diese Voraussetzung sei insbesondere dann gegeben, wenn es sich um Tätigkeiten handelt, die *„eng mit der öffentlichen Ordnung und dem institutionellen Funktionieren des Staates verknüpft"* sind.[497] Eine derart zentrale Bedeutung ist aber nicht notwendig. Vielmehr praktiziert der EuGH ein weites Begriffsverständnis. So sind nicht nur die Aufgaben der grundlegenden Staatsfunktionen wie der Landesverteidigung, Polizeidienst, Gefahrenabwehr, Steuer- und Abgabenerhebung von Allgemeininteresse, sondern auch Aufgaben der allgemeinen Daseinsvorsorge, wie die Versorgung mit Energie und Wasser, der Verkehrsbereich, die Entsorgung von Abfällen und Abwasser sowie der Betrieb von Sport-, Kultur-, Forschungs- und Bildungseinrichtungen.[498] Werden auf nationaler Ebene dem Staat Aufgaben gesetzlich zugewiesen, indiziert dies trotz der gebotenen europarechtsautonomen Auslegung das Vorliegen einer Tätigkeit im Allgemeininteresse.[499]

Besonders weit legte der EuGH das Tatbestandsmerkmal „Allgemeininteresse" in der Rechtssache *Korhonen* aus, in der er die positiven Impulse eines Immobilienprojekts auf die gesamte Infrastruktur einer Stadt für die Annahme eines Allgemeininteresses genügen ließ.[500] Allerdings darf dieses Urteil nicht dahingehend verstanden werden, dass jede unternehmerische Tätigkeit zugleich eine im Allgemeininteresse liegende Aufgabenerfüllung ist, weil sie positive Effekte auf die Arbeitsmarktsituation und die Steuereinnahmen hat.[501]

Bei der Bestimmung des Allgemeininteresses ist unbeachtlich, ob eine bestimmte Aufgabenerfüllung nur einem personell oder regional begrenzten Kreis der Bevölkerung zugutekommt. Entscheidend ist die Zweckrichtung, der gedient wird.[502] Selbst wenn die Tätigkeit nur einem einzigen Unternehmen

---

496 EuGH, Urt. v. 27.02.2003, Az. C-373/00 (Adolf Truley), Slg. 2003, I-1931, Rdnr. 50; EuGH, Urt. v. 16.10.2003, Rs. C-283/00 (SIEPSA), Slg. 2003, I-11697, Rdnr. 80.

497 EuGH, Urt. v. 15.1.1998, Rs. C-44/96 (Mannesmann Anlagenbau), Slg. 1998, I-00073, Rdnr. 22.

498 *Zeiss*, in *Heiermann-Zeiss* Praxiskommentar Vergaberecht, § 98 Rdnr. 107–108; Beispiele: EuGH, Urt. v. 27.02.2003, Az. C-373/00 (Adolf Truley), Slg. 2003, I-1931 (Leichen- und Bestattungswesen); EuGH, Urt. v. 10.11.1998, Rs. C-360/96 (BFI), Slg. 1998 I-06821 (Abfallentsorgung).

499 EuGH, Urt. v. 27.02.2003, Az. C-373/00 (Adolf Truley), Slg. 2003, I-1931, Rdnr. 53.

500 EuGH, Urt. v. 22.05.2003, Rs. C-18/01 (Korhonen); Slg. 2003, I-5321, Rdnr. 45 (Wirtschaftsförderung durch Technologiezentrum).

501 Näher dazu *Ziekow*, in *Ziekow-Völlink* Kommentar zum Vergaberecht, § 98 Rdnr. 50.

502 *Werner*, in *Byok-Jaeger* Kommentar zum Vergaberecht, § 98 Rdnr. 48.

zugutekommt, steht dies dem Vorliegen einer Tätigkeit im Allgemeininteresse nicht entgegen, da das Vergaberecht ansonsten durch die Zwischenschaltung eines Unternehmens, welches seinerseits weitere Verträge mit anderen Unternehmen abschließt, umgangen werden könnte.[503]

Was die Rechtslage in Deutschland betrifft, so ist bei einer öffentlich-rechtlichen Organisationsform eine Tätigkeit im Allgemeininteresse zu vermuten.[504] Grund hierfür ist, dass im deutschen Recht eine juristische Person des öffentlichen Rechts regelmäßig nur gegründet werden darf, wenn die ihr zugeteilten Aufgaben einer öffentlichen Zwecksetzung dienen, mithin im Allgemeininteresse sind.[505]

Umgekehrt ist bei juristischen Personen des Privatrechts im Einzelfall zu begründen, dass ein Handeln im Allgemeininteresse gegeben ist.[506] Etwas anderes gilt, wenn einer juristischen Person vom Gesetzgeber im Allgemeininteresse liegende Aufgaben zugeschrieben werden, wobei auch hier im Einzelfall zu prüfen ist, ob die Aufgabenerfüllung der staatlichen Sphäre zugerechnet werden kann.[507] Dies ist regelmäßig der Fall, wenn eine Einflussnahme von staatlicher Seite vorliegt,[508] mithin eine fortbestehende staatliche Gewährleistung besteht.[509] Fehlt es dabei an einer gesetzlich begründeten Vermutungswirkung, ist die Frage entscheidend, ob sich die Tätigkeit einer vollumfänglichen materiellen Privatisierung entzieht, weil der Staat über das „Ob“ oder das „Wie“ der Aufgabenerfüllung entscheiden muss oder will.[510]

---

503 EuGH, Urt. v. 22.05.2003, Rs. C-18/01 (Korhonen); Slg. 2003, I-5321, Rdnr. 63.

504 BayObLG, Beschl. v. 10.09.2002, Rs. Verg 23/02; *Wieddekind*, in *Willenbruch-Wieddekind* Kompaktkommentar Vergaberecht, § 98 Rdnr. 21.

505 *Werner*, in *Byok-Jaeger* Kommentar zum Vergaberecht, § 98 Rdnr. 49.

506 *Dippel*, in *Hattig-Maibaum* Praxiskommentar Kartellvergaberecht, § 98 Rdnr. 53.

507 VK Münster 14.10.1999 VK 1/99; *Ziekow*, in *Ziekow-Völlink* Kommentar zum Vergaberecht, § 98 Rdnr. 55.

508 EuGH, Urt. v. 27.02.2003, Az. C-373/00 (Adolf Truley), Slg. 2003, I-1931, Rdnr. 50.

509 *Ziekow*, in *Ziekow-Völlink* Kommentar zum Vergaberecht, § 98 Rdnr. 55 mit Verweis auf VK Münster ZfBR 2002, 724, 727.

510 Ausführlich dazu *Ziekow*, in *Ziekow-Völlink* Kommentar zum Vergaberecht, § 98 Rdnr. 56 -58 mit zahlreichen Nachweisen aus der deutschen Vergaberechtspraxis.

III. Nichtgewerblicher Art

Das Tatbestandsmerkmal „nichtgewerblicher Art" ist von dem des Allgemeininteresses zu unterscheiden.[511] Obgleich der Nichtgewerblichkeit supplementäre Bedeutung zukommt, beschränkt diese den Anwendungsbereich, der durch das potenziell weite Kriterium der „im Allgemeininteresse liegenden Aufgabe" geschaffen wird.[512]

Das Merkmal der Nichtgewerblichkeit ist auftragsbezogen, ein Abstellen auf den Rechtsträger würde dem funktionellen Begriffsverständnis zuwiderlaufen.[513] Nicht entscheidend ist daher, ob das handelnde Unternehmen unter den klassischen Gewerbebegriff fällt und dementsprechend mit Gewinnerzielungsabsicht handelt.[514]

Eine eindeutige Definition des Tatbestandsmerkmals der Nichtgewerblichkeit existiert nicht. Ob Nichtgewerblichkeit angenommen werden kann, ist durch eine teleologisch-europarechtliche Auslegung des Merkmals zu bestimmen.[515] Die Begriffsverständnisse der nationalen Rechtsordnungen sind nicht maßgeblich, da dies einer europaweit einheitlichen Rechtsanwendung entgegenstünde.[516]

Den Ausgangspunkt der Auslegung bildet die Überlegung, dass Unternehmen, die gewerblich tätig sind, keiner vergaberechtlichen Regulierung bedürfen, da der Wettbewerbsdruck sie zum wirtschaftlichen Handeln zwingt.[517] Bei einer nichtgewerblichen Tätigkeit ist dementgegen anzunehmen, dass die betreffende Einrichtung von diesen Marktmechanismen entkoppelt ist. Teleologisch gesehen erfordert die Nichtgewerblichkeit, dass sie betreffende Aufgabe außerhalb dieser Marktmechanismen oder in Abweichung von diesen vollzieht.[518]

Der EuGH hat in seiner Judikatur Kriterien entwickelt, anhand derer er das Vorliegen von Nichtgewerblichkeit bestimmt. Eine zentrale Rolle hat dabei das Bestehen von Wettbewerb. In der Rechtssache *BFI* stellte der EuGH insoweit

---

511 EuGH, Urt. v. 10.5.2001, verb. Rs. C-223/99 und C-260/99 (Agorà), Slg. 2001 I-03605, Rdnr. 32; EuGH, Urt. v. 22.05.2003, Rs. C-18/01 (Korhonen), Slg. 2003, I-5321, Rdnr. 40.

512 *Ziekow*, VergR 2003 483–502 (491).

513 *Dreher*, in *Dreher-Stockmann* Kartellvergaberecht, § 98 Rdnr. 73.

514 OLG Düsseldorf, NZBau 2007, S. 733, 734 – Endlager Conrad; Diehl, in *Müller-Wrede* GWB-Vergaberecht, § 98 Rdnr. 49.

515 *Dreher*, in *Dreher-Stockmann* Kartellvergaberecht, § 98 Rdnr. 75.

516 *Dippel*, in *Hattig-Maibaum* Praxiskommentar Kartellvergaberecht, § 98 Rdnr. 56.

517 *Pünder*, in *Pünder-Schellenberg* Kommentar zum Vergaberecht, § 98 Rdnr. 32;. EuGH, Urt. v. 22.05.2003, Rs. C-18/01 (Korhonen), Slg. 2003, I-5321, Rdnr. 52.

518 *Dreher*, in *Dreher-Stockmann* Kartellvergaberecht, § 98 Rdnr. 76.

fest: *„Das Vorliegen eines entwickelten Wettbewerbs und insbesondere der Umstand, dass die betreffende Einrichtung auf dem betreffenden Markt im Wettbewerb steht, kann darauf hinweisen, dass es sich nicht um eine im Allgemeininteresse liegende Aufgabe nichtgewerblicher Art handelt. Solche Aufgaben werden nämlich im Allgemeinen auf andere Art als durch das Angebot von Waren oder Dienstleistungen auf dem Markt erfüllt (...)“*[519] Einem bestehenden Wettbewerb wird insoweit eine indizielle Wirkung zuzusprechen sein, die im Einzelfall widerleglich ist.[520]

Zu beachten ist, dass ein entwickelter Wettbewerb für sich nicht das Vorliegen einer Aufgabe nichtgewerblicher Art ausschließt.[521] Es sind nämlich durchaus Fälle denkbar, in denen eine staatlich beherrschte Einrichtung innerhalb eines bestehenden Wettbewerbs am Markt ist und sich dennoch bei ihren Beschaffungen von anderen als wirtschaftlichen Erwägungen leiten lässt, da sie von staatlicher Seite wirtschaftliche Zuwendungen erhält.[522] Gerade bei dieser Konstellation besteht eine erhebliche Gefahr für Wettbewerb und Binnenmarkt.

Dementsprechend bedarf es auch eines gänzlichen Fehlens von Wettbewerb nicht. Das Kriterium der „Aufgabe nichtgewerblicher Art“ würde möglicherweise gegenstandslos, so der EuGH in der Rechtssachte *Truley*, wenn es zur Voraussetzung hätte, dass Privatunternehmen diese Aufgaben nicht erfüllen können.[523] Zur Begründung führt das Gericht aus, dass kaum Aufgaben vorstellbar sind, die nicht von Privatunternehmen erfüllt werden können. Es bestünde daher die Gefahr, dass der Auftraggeberbegriff seines Inhalts entleert würde, wenn man das Fehlen jedweder unternehmerischer Tätigkeit im fraglichen Sektor zur Voraussetzung machen würde.[524]

Um die Frage der Nichtgewerblichkeit abschließend beurteilen zu können, sind daher neben dem Bestehen eines Wettbewerbs zusätzliche Gesichtspunkte zu berücksichtigen, insbesondere sind die Voraussetzungen zu untersuchen, unter denen die Einrichtung ihre Tätigkeit innerhalb eines etwa bestehenden Wettbewerbs ausübt.[525]

---

519 EuGH, Urt. v. 10.11.1998, Rs. C-360/96 (BFI), Slg. 1998 I-06821, Rdnr. 49/50; vgl. auch EuGH, Urt. v. 27.02.2003, Az. C-373/00 (Adolf Truley), Slg. 2003, I-1931, Rdnr. 60.

520 *Ziekow*, VergR 2003 483–502 (492).

521 EuGH, Urt. v. 27.02.2003, Az. C-373/00 (Adolf Truley), Slg. 2003, I-1931, Rdnr. 61.

522 *Ziekow*, in *Ziekow-Völlink* Kommentar zum Vergaberecht, § 98 Rdnr. 61

523 EuGH, Urt. v. 27.02.2003, Az. C-373/00 (Truley), Slg. 2003, I-1931, Rdnr. 59.

524 EuGH, Urt. v. 10.11.1998, Rs. C-360/96 (BFI), Slg. 1998 I-06821, Rdnr. 44.

525 EuGH, Urt. v. 22.05.2003, Rs. C-18/01 (Korhonen), Slg. 2003, I-5321, Rdnr. 50; EuGH, Urt. v. 10.4.2008, C-393/06 (Aigener/Fernwärme Wien), Slg. 2008 I-2339, Rdnr. 41.

Bei der Untersuchung ist daher in zwei Schritten vorzugehen: Zunächst ist zu klären, ob ein entwickelter Wettbewerb gegeben ist. Ist dies zu verneinen, liegt in jedem Fall eine nichtgewerbliche Tätigkeit vor. Das Fehlen von Wettbewerb ist demnach eine hinreichende, aber keine notwendige Bedingung für das Vorliegen einer nichtgewerblichen Tätigkeit. Gibt es einen entwickelten Wettbewerb, sind die Begleitumstände zu untersuchen. Notwendig ist nämlich nicht nur Wettbewerb, sondern vielmehr Wettbewerb unter Wettbewerbsbedingungen.[526] Daran fehlt es, wenn der fraglichen Einrichtung eine tatsächliche Privilegierung bei der Ausübung der Tätigkeit zuteil wird, die sie im Vergleich zu anderen Marktteilnehmern besserstellt.[527]

1. Das Vorliegen von Wettbewerb

Unter welchen Voraussetzungen ein entwickelter Wettbewerb anzunehmen ist, ist nicht abschließend geklärt.[528] In der Rechtssache *Agorà* beschrieb der EuGH Kriterien, die für die Annahme eines entwickelten Wettbewerbs sprechen.[529] Dies sind insbesondere das entgeltliche Erbringen von Dienstleistungen auf dem Markt, die damit einhergehende Erfüllung wirtschaftlicher Bedürfnisse, ein wettbewerbsgeprägtes Umfeld, das Arbeiten nach Leistungs-, Effizienz- und Wirtschaftlichkeitskriterien (auch bei fehlender Gewinnerzielungsabsicht) sowie das Tragen des wirtschaftlichen Risikos.[530]

Bei der Untersuchung des wettbewerblichen Umfelds ist auf den jeweiligen Referenzmarkt abzustellen.[531] Dieser bestimmt sich in geographischer Hinsicht unter Berücksichtigung der gesamten Tätigkeit der Einrichtung auf internationaler, nationaler und regionaler Ebene.[532] Inhaltlich ist auf den Sektor abzustellen, in dem die Einrichtung tätig ist.[533]

---

526 *Dreher*, in *Dreher-Stockmann* Kartellvergaberecht, § 98 Rdnr. 76.

527 *Dreher*, in *Dreher-Stockmann* Kartellvergaberecht, § 98 Rdnr. 76.

528 *Ziekow*, in *Ziekow-Völlink* Kommentar zum Vergaberecht, § 98 Rdnr. 64.

529 *Ziekow*, VergR 2003 483–502 (492).

530 EuGH, Urt. v. 10.5.2001, Rs. C-223/99 (Agorà und Excelsior), Slg. 2001, I-3605, Rdnr. 39–42.

531 Ausführlich dazu *Ziekow*, in *Ziekow-Völlink* Kommentar zum Vergaberecht, § 98 Rdnr. 66 ff.

532 EuGH, Urt. v. 10.5.2001, verb. Rs. C-223/99 und C-260/99 (Agorà), Slg. 2001 I-03605, Rdnr. 42.

533 EuGH, Urt. v. 10.4.2008, C-393/06 (Aigener/Fernwärme Wien), Slg. 2008 I-2339, Rdnr. 43.

2. *Wettbewerb unter Wettbewerbsbedingungen*

Gelangt man zu dem Ergebnis, dass die Aufgabenerfüllung im Wettbewerb erbracht wird, ist weiter zu untersuchen, ob dies auch unter Wettbewerbsbedingungen geschieht. Auch in diesem Zusammenhang kann auf die vom EuGH entwickelte Kasuistik zurückgegriffen werden. In der Rechtssache *Korhonen* führt der EuGH Kriterien auf, die für ein Handeln unter Wettbewerbsbedingungen sprechen. Demnach ist es wenig wahrscheinlich, dass eine Einrichtung Aufgaben nichtgewerblicher Art erfüllt, wenn sie unter normalen Marktbedingungen tätig ist, Gewinnerzielungsabsicht hat und die mit ihrer Tätigkeit verbundenen Verluste trägt.[534]

Gegen ein Handeln unter Wettbewerbsbedingungen können die folgenden rechtlichen und tatsächlichen Umstände sprechen:

- Die Tätigkeit ist bestimmten juristischen Personen vorbehalten.[535]
- Zugunsten der Tätigkeit werden Gebietsmonopole geschaffen.[536]
- Die Ausübung einer Tätigkeit hängt von der vorherigen Erteilung einer Berechtigung ab, die bedarfsabhängig erteilt wird.[537]
- Festsetzung von Höchsttarifen in Verbindung mit Marktzugangsbeschränkungen.[538]
- Staatliche Stellen übernehmen das Kostenausfallrisiko.[539]
- Abschwächung des Insolvenzrisikos durch gegebenenfalls erforderliche Rekapitalisierung einer Gesellschaft.[540]
- Es besteht keine Gewinnerzielungsabsicht.[541]
- Die Einrichtung erhält öffentliche Mittel für die Durchführung des fraglichen Immobilienprojekts.[542]
- Übernahme der mit der Tätigkeit verbundenen wirtschaftlichen Risiken.[543]

534 EuGH, Urt. v. 22.05.2003, Rs. C-18/01 (Korhonen), Slg. 2003, I-5321, Rdnr. 51.
535 EuGH, Urt. v. 27.02.2003, Az. C-373/00 (Adolf Truley), Slg. 2003, I-1931, Rdnr. 62.
536 EuGH, a.a.O., Rdnr. 62.
537 EuGH, a.a.O., Rdnr. 63.
538 EuGH, a.a.O., Rdnr. 63.
539 EuGH, a.a.O., Rdnr. 64.
540 EuGH, Urt. v. 22.05.2003, Rs. C-18/01 (Korhonen), Slg. 2003, I-5321, Rdnr. 53; EuGH, Urt. v. 16.10.2003, Rs. C-283/00 (SIEPSA), Slg. 2003, I-11697, Rdnr. 91.
541 EuGH, Urt. v. 22.05.2003, Rs. C-18/01 (Korhonen), Slg. 2003, I-5321, Rdnr. 54.
542 EuGH, a.a.O., Rdnr. 55.
543 EuGH, Urt. v. 16.10.2003, Rs. C-283/00 (SIEPSA), Slg. 2003, I-11697, Rdnr. 91.

Die Aufzählung ist nicht abschließend. Aufgrund der Vielfalt denkbarer Konstellationen, beschäftigt das Tatbestandsmerkmal der Nichtgewerblichkeit oftmals die Vergaberechtspraxis in den Mitgliedstaaten und ist daher Gegenstand zahlreicher Entscheidungen.[544]

IV. Auslegungsergänzende Wirkung der Beihilfenrechts

1. *Verhältnis zu Art. 106 Abs. 2 AEUV – Dienstleistung von allgemeinem nicht wirtschaftlichen Interesse*

Wie bereits dargelegt[545], wird eine weitere Schnittstelle zwischen Vergabe- und Beihilfenrecht teilweise im Hinblick auf das Tatbestandsmerkmal der „im Allgemeininteresse liegenden Aufgabe nichtgewerblicher Art" im Sinne des § 99 Nr. 2 GWB angenommen, welches wortwörtlich der entsprechenden Richtlinienvorschrift des Art. 2 Abs. 1 Nr. 4 der BVR entspricht.

Nachdem erläutert wurde, wie sich dieses Tatbestandsmerkmal im Vergaberecht darstellt, sind die Voraussetzungen geschaffen, um das Zutreffen der diesbezüglichen These untersuchen zu können. Zunächst soll diese These in Erinnerung gerufen und näher ausgeführt werden.

a) These: „Im Allgemeininteresse liegende Aufgaben nichtgewerblicher Art" entsprechen „Dienstleistungen im allgemeinen nichtwirtschaftlichen Interesse"

Die zu untersuchende These ist, *„dass es sich bei den „im Allgemeininteresse liegenden Aufgaben nichtgewerblicher Art" im Sinne des Art. 1 Abs. 9 der allgemeinen Vergaberichtlinien 2004/18/EG*[546] *genau und ausschließlich um die im Beihilfenrecht relevanten „Dienstleistungen im allgemeinen nichtwirtschaftlichen Interesse" handelt."*[547]

Als Konsequenz dieser These wird geschlussfolgert, dass beim Vorliegen von Dienstleistungen von allgemeinem wirtschaftlichen Interesse im Sinnes des Art. 106 Abs. 2 AEUV der Anwendungsbereich des § 99 Nr. 2 GWB nicht eröffnet sein kann, da derartige Dienstleistungen immer von Unternehmen erbracht werden.[548] Im Umkehrschluss sei immer und ausschließlich dann die Tätigkeit

544 Zur deutschen Vergaberechtspraxis vgl. *Ziekow*, in *Ziekow-Völlink* Kommentar zum Vergaberecht, § 98 Rdnr. 73.

545 Vgl. 2. Kapitel VI.2.

546 Entspricht Art. 2 Abs. Nr. 4 BVR.

547 *Hertwig*, VergabeR 2008, 589–601 (596).

548 *Hertwig*, VergabeR 2008, 589–601 (596).

einer staatlichen Einrichtung anzunehmen, wenn eine „*Dienstleistung im allgemeinen nichtwirtschaftlichen Interesse*“ gegeben ist.[549]

Dogmatisch fußt diese These auf der Überlegung, dass dieselbe Stelle nicht zugleich als staatliche Einrichtung und als Unternehmen qualifiziert werden sollte und die Zuordnung in Beihilfen- und Vergaberecht anhand der determinierenden Rechtsbegriffe einheitlich zu erfolgen hat.[550] Dem kann nach den Untersuchungen zum vergabe- und beihilfenrechtlichen Staatsbegriff insoweit zugestimmt werden, als dass die funktionelle Zuordnung in einem konkreten Zusammenhang nicht derart sein sollte, dass ein und dieselbe Einrichtung im Rahmen einer Transaktion funktionell einerseits als im Wettbewerb stehendes Unternehmen und andererseits als dem Staat zuzuordnende Stelle eingestuft wird.

Als diesbezüglicher Anknüpfungspunkt wird die beihilfenrechtliche Kategorie der „Dienstleistung von allgemeinem Interesse“ ausgemacht, bei der es sich entweder um eine wirtschaftliche oder um eine nichtwirtschaftliche Tätigkeit handeln kann.[551] Diese Differenzierung bildet die Trennlinie zwischen der staatlichen und der unternehmerischen Seite: „*Derjenige, der nichtwirtschaftliche Dienstleistungen von allgemeinem Interesse erbringt, handelt definitionsgemäß nicht im Wettbewerb und hat deshalb Vergaberecht anzuwenden. An ihn gewährte Begünstigungen können dann aber auch keinen Wettbewerb verfälschen, sodass das Beihilfenverbot aber auch das Übermaßverbot des Art. 86 Abs. 2 EG*[552] *für ihn nicht gelten.*“[553]

Hertwig illustriert seine Auffassung an den Beispielen Rundfunk und Abfallabfuhr, wo es zu systemwidrigen Überschneidungen gekommen sei. So sei der öffentlich-rechtliche Rundfunk in Deutschland einerseits als „öffentlicher Auftraggeber“ im Sinne des Vergaberechts eingestuft worden, da er eine „im Allgemeininteresse liegende Aufgabe nichtgewerblicher Art“ erbringt, und andererseits dessen Finanzierung am Maßstab des Art. 106 Abs. 2 AEUV, mithin als „Dienstleistung von allgemeinem wirtschaftlichen Interesse“ beurteilt worden.[554]

549 *Hertwig*, VergabeR 2008, 589–601 (596).

550 *Hertwig*, VergabeR 2008, 589–601 (597); zur rechtsdogmatischen Verknüpfung von Beihilfen- und Vergaberecht vgl. 2. Kapitel B.III.

551 *Hertwig*, VergabeR 2008, 589–601 (589).

552 entspricht Art. 106 Abs. 2 AEUV.

553 *Hertwig*, VergabeR 2008, 589–601 (589).

554 *Hertwig*, VergabeR 2008, 589–601 (589) mit Verweis auf EuGH, Urt. v. 13. 12.2007, Az. C-337/06 (Bayrischer Rundfunk u.a.), Slg. 2007 I-11173 und Pressemitteilung der Europäischen Kommission, IP/08/24: „Öffentlicher Auftrag im neuen Medienumfeld“.

Auch im Bereich der Tätigkeit von Abfallwirtschaftsbetrieben, die von Kommission und Gerichtshof als öffentlich-rechtliche Auftraggeber eingestuft werden, da sie ebenfalls eine „im Allgemeininteresse liegende Aufgabe nichtgewerblicher Art“ verrichten, sei es zu solchen Überschneidungen gekommen, weil diese in einer Mitteilung der Kommission als „Dienstleistungen von allgemeinem wirtschaftlichen Interesse“ eingestuft und den diesbezügliche Regeln dem Beihilfenrecht unterworfen werden.[555] Diese systemwidrigen Überschneidungen gelte es durch die Herstellung von Gleichklang zwischen den Rechtsgebieten zu beseitigen.[556]

Der Frage, wie dieser Gleichklang im Hinblick auf die Auslegung des hier untersuchten Tatbestandsmerkmals der „im Allgemeininteresse liegenden Aufgaben nichtgewerblicher Art“ konkret hergestellt werden kann, ist nachzugehen, sofern der eingangs genannten Grundannahme zugestimmt werden kann, dass es sich bei den „im Allgemeininteresse liegenden Aufgaben nichtgewerblicher Art“ im Sinne des Art. 2 Abs. 1 Nr. 4 BVR tatsächlich um die im Beihilfenrecht relevanten „Dienstleistungen im allgemeinen nichtwirtschaftlichen Interesse“ im Sinne des Art. 106 Abs. 2 AEUV handelt.

b) Untersuchung der These

Zu Beginn der Untersuchung sei des besseren Verständnisses wegen an dieser Stelle an zwei Fakten zu den in Rede stehenden Tatbestandsmerkmalen erinnert:

1. Das Tatbestandsmerkmal der „im Allgemeininteresse liegenden Aufgabe nichtgewerblicher Art“ dient im Vergaberecht der Zuordnung einer Einrichtung zum Staat und ist notwendige Voraussetzung für das Vorliegen der Auftraggebereigenschaft.[557]
2. Das Vorliegen einer „Dienstleistung von allgemeinem wirtschaftlichen Interesse“ ist notwendige Voraussetzung für die Anwendung des Ausnahmetatbestandes des Art. 106 Abs. 2 AEUV, wonach Unternehmen in gewissem Umfang von den Wettbewerbsregeln befreit werden.[558]

Aufbauend auf diesen Fakten folgert *Hertwig*, dass „Dienstleistungen von allgemeinem wirtschaftlichen Interesse“ i.S.v. Art. 106 Abs. 2 AEUV ausschließlich

---

555 *Hertwig*, VergabeR 2008, 589–601 (590) mit Verweis EuGH, Urt. v. 10.11.1998, Rs. C-360/96 (BFI), Slg. 1998 I-06821und Grünbuch der Kommission zu Dienstleistungen von allgemeinem Interesse vom 21.05.2003, KOM (2003) 270 endg., Rdnr. 48.

556 *Hertwig*, VergabeR 2008, 589–601 (590).

557 Vgl. 3. Kapitel B.II und III.

558 Vgl. 2. Kapitel D.VI.1.

von Unternehmen erbracht werden und staatliche Einrichtungen ausschließlich „Dienstleistungen von allgemeinem nichtwirtschaftlichen Interesse“ erbringen.[559] Daraus wird dann der Rückschluss gezogen, dass „Dienstleistungen von allgemeinem nichtwirtschaftlichen Interesse“ identisch mit “im Allgemeininteresse liegenden Aufgaben nichtgewerblicher Art“ im vergaberechtlichen Sinne sein müssen.[560]

Dem kann unter der Prämisse gefolgt werden, dass die Erbringungen von Dienstleistungen von allgemeinem wirtschaftlichen Interesse im Sinne des Art. 106 Abs. 2 AEUV zwingend von Unternehmen erbracht werden und niemals von staatlicher Seite. Trifft dies nicht zu – und können also auch staatliche Stellen Dienstleistungen von allgemeinem wirtschaftlichen Interesse erbringen –, wird man der These *Hertwigs* im Ergebnis nicht zustimmen können. *Hertwig* vertritt in diesem Zusammenhang, dass es keine im Allgemeininteresse liegenden Aufgaben geben könne, *„die im Sinne des Vergaberechts „nichtgewerblicher Art“ sind, im Sinne des Beihilfenrechts aber „wirtschaftliche Dienstleistungen“ darstellen“*.[561] Verwiesen wird dabei auf die Rechtsprechung des europäischen Gerichtshof, der sowohl im beihilfenrechtlichen als auch im vergaberechtlichen Zusammenhang die Definition verwende, dass es sich um Aufgaben handele, die *„auf andere Art als durch das Angebot von Waren oder Dienstleistungen auf dem Markt erfüllt werden“*.[562]

Fraglich ist, ob die beiden genannten Entscheidungen tatsächlich die genannte These zu stützen vermögen. Dies scheint insoweit zweifelhaft, als dass sich die genannten Entscheidungen bei genauerem Hinsehen mit unterschiedlichen Fragen beschäftigen. So wird im beihilfenrechtlichen Kontext zwar festgestellt, dass unternehmerisches Handeln zu verneinen ist, wenn es an einer wirtschaftlichen Tätigkeit mangelt,[563] damit ist die Frage nach der „nicht gewerblichen Art“ einer Aufgabe im vergaberechtlichen Zusammenhang aber nicht vergleichbar.

Letztere beschäftigt sich damit, ob eine Einheit auf dem Markt unter Marktbedingungen tätig und damit von den für Unternehmen normalerweise geltenden

559 *Hertwig*, VergabeR 2008, 589–601 (596).

560 *Hertwig*, VergabeR 2008, 589–601 (596).

561 *Hertwig*, VergabeR 2008, 589–601 (598).

562 Bezug genommen wird dabei auf die Rechtssache *Ambulanz Glöckner* im beihilfenrechtlichen Zusammenhang und auf die Rechtssache *Korhonen* im vergaberechtlichen Zusammenhang. EuGH, Urt. v. 25.10.2001, Rs. C-475/99 (Ambulanz Glöckner), Slg. 2001, I-8089; EuGH, Urt. v. 22.05.2003, Rs. C-18/01 (Korhonen), Slg. 2003, I-5321, Rdnr. 47. Das wörtliche Zitat entstammt der letztgenannten Entscheidung.

563 Zum beihilfenrechtlicher Unternehmensbegriff vgl. 2. Kapitel D.II.4.a).

Marktmechanismen entkoppelt ist.[564] Mit der Frage, ob im wettbewerbsrechtlichen Sinne ein Unternehmen agiert, hat dies nichts zu tun. Dieser Unternehmensbegriff ist weit, er umfasst sämtliche Einrichtungen, die Leistungen auf einem bestimmten Markt anbieten, wobei fehlende Gewinnerzielungsabsicht und ein am Solidaritätsprinzip ausgerichtetes Handeln der Unternehmenseigenschaft nicht entgegen stehen.[565] Oder um es mit dem Vokabular des Vergaberechts zu artikulieren: Es ist nicht erheblich, ob die Tätigkeit unter Wettbewerbsbedingungen stattfindet. Aufgaben „nichtgewerblicher Art" können mithin auch von Unternehmen im beihilfenrechtlichen Sinne erbracht werden.

Des Weiteren ist anzumerken, dass auch die von *Hertwig* zugrunde gelegte Annahme, dass lediglich Unternehmen „Dienstleistungen von allgemeinem wirtschaftlichen Interesse" im Sinne des Art. 106 Abs. 2 AEUV erbringen, nicht zugestimmt werden kann. Die Frage, ob eine „Dienstleistung von allgemeinem wirtschaftlichen Interesse" vorliegt, ist von der Frage zu abstrahieren, ob eine „wirtschaftliche Tätigkeit", mithin eine Unternehmenseigenschaft, zu bejahen ist. Vielmehr können sowohl Unternehmen als auch staatliche Einrichtungen „Dienstleistungen von allgemeinem wirtschaftlichen Interesse" erbringen. Es unterliegt der Einschätzungsprärogative der Mitgliedstaaten, zu bestimmen, was als „Dienstleistung von allgemeinem wirtschaftlichen Interesse" eingestuft wird und ob ein öffentliches Unternehmen mit der Erbringung derselben betraut wird.[566] Art. 106 Abs. 2 AEUV geht keineswegs davon aus, dass derartige Dienstleistungen nur von Unternehmen erbracht werden. Art. 106 Abs. 2 AUV regelt lediglich die Fälle, in denen sie von Unternehmen erbracht werden.

Legt man dies zugrunde, so spricht dies gegen die These *Hertwigs*, der sich auf den Standpunkt stellt, dass der Begriff der „Dienstleistung im allgemeinen wirtschaftlichen Interesse" im Sinne des Art. 106 Abs. 2 AEUV mit dem der „im Allgemeininteresse liegenden Aufgabe nichtgewerblicher Art" im Sinne des Art. 2 Abs. 1 Nr. 4 der BVR keine Überschneidungen aufweise.[567] Umgekehrt vermag auch die Behauptung, dass Dienstleistungen im allgemeinen nichtwirtschaftlichen Interesse zwangsweise von staatlichen Einrichtungen erbracht werden, nicht zu überzeugen.[568] Als Beispiel sollen hier kirchliche Einrichtungen

564 Bzgl. der Einzelheiten vgl. 3. Kapitel B.III.

565 Zum beihilfenrechtlicher Unternehmensbegriff vgl. Zweites Kapitel, B.II.3.a.

566 *Koenig/Paul*, in *Streinz* EUV/AEUV, Art. 106 AEUV, Rdnr. 49–50.

567 *Hertwig*, VergabeR 2008, 589–601 (589).

568 so aber *Hertwig*, VergabeR 2008, 589–601 (589 und 596).

dienen, die derartige Dienstleistungen erbringen und dabei nicht staatlich sind.[569]

Die Einschränkung durch das vergaberechtliche Tatbestandmerkmal „nicht gewerblich“ korrespondiert daher vielmehr mit der außerökonomischen Zielsetzung, wie sie sämtlichen „Dienstleistungen im allgemeinen Interesse“ zu eigen ist, gleich ob diese wirtschaftlicher oder nichtwirtschaftlicher Natur sind.[570] Die „im Allgemeininteresse liegende Aufgabe nichtgewerblicher Art“ gemäß § 99 Nr. 2 GWB erfasst daher potenziell sämtliche Dienstleistungen im allgemeinen Interesse.

Die von *Hertwig* angeführten vermeintlichen Widersprüche lösen sich vor diesem Hintergrund auf. Es besteht keine Anwendungsexklusivität zwischen § 99 Nr. 2 GWB und Art. 106 Abs. 2 AEUV, diese überschneiden sich vielmehr in Ihren Anwendungsbereichen. Die parallele Anwendung beider Regelungsregime ist aufgrund der identischen Zielsetzung auch nicht inkohärent. In beiden Fällen soll abgesichert werden, dass Unternehmen, die vom Staat mit Aufgaben betraut bzw. beauftragt sind, lediglich eine angemessene Kompensation erhalten. Hierin ist ein weiterer Berührungspunkt von Vergabe- und Beihilfenrecht zu sehen, der sich aber auf die Auslegung des Auftraggeberbegriffs nicht auswirkt.[571]

Zur besseren Verständlichkeit soll die Problematik abschließend anhand des von *Hertwig* gewählten Beispiels der Abfallwirtschaft erläutert werden:

Die Abfallentsorgung ist beihilfenrechtlich als „Dienstleistung von allgemeinem wirtschaftlichen Interesse“[572] und vergaberechtlich als „im Allgemeininteresse liegende Aufgaben nichtgewerblicher Art“ anerkannt.[573] Trotz der außerökonomischen Zielsetzung erfolgt die Erbringung der Abfallentsorgung in einem wirtschaftlichen Kontext, da sie – so jedenfalls in Deutschland – gegen Entgelt erbracht wird. Der Bürger bezahlt in Form seiner Abfallgebühren für die Dienstleistung. Erbracht wird die Abfallentsorgung entweder durch die zuständige Kommune selbst oder durch ein beauftragtes Unternehmen.

---

569 *Eschenbruch*, in *Kulartz-Kus-Portz* Kommentar zum GWB-Vergaberecht, § 98 Rdnr. 185 ff.

570 Vgl. im beihilfenrechtlichen Zusammenhang *Koenig/Paul*, in *Streinz* EUV/AEUV; Art. 106 AEUV, Rdnr. 51.

571 Eng verknüpft ist dieser Berührungspunkt mit der Frage, ob durch die Durchführung eines unionsrechtskonformen Vergabeverfahrens das Vorliegen einer Beihilfe ausgeschlossen wird, vgl. 2. Kapitel B.III.

572 EuGH, Urt. v. 23.05.2000, Rs. C-209/98 (Sydhavnens Sten & Grus), 2000 I-03743, Rdnr. 75.

573 EuGH, Urt. v. 10.11.1998, Rs. C-360/96 (BFI), Slg. 1998 I-06821, Rdnr. 62.

Leistet die Kommune die Abfallentsorgung unmittelbar selbst, beispielsweise mittels eines kommunalen Eigenbetriebs ohne eigene Rechtspersönlichkeit, kommen weder Vergaberecht noch Beihilfenrecht zur Anwendung. Wird von der Kommune ein Unternehmen zur Bewältigung der Aufgabe beauftragt, so hat diese bei der Auftragsvergabe die vergaberechtlichen Vorschriften zu beachten, da sowohl die Kommune als auch deren unselbständiger Eigenbetrieb öffentliche Auftraggeber im Sinne des § 99 Nr. 1 GWB sind. Kommt insoweit Vergaberecht zur Anwendung, wird Art. 106 Abs. 2 AEUV oftmals keine Rolle spielen, da das Vergabeverfahren in der Regel auch gewährleistet, dass die Altmark-Trans-Kriterien eingehalten werden, mithin eine Beihilfe aufgrund einer adäquaten Gegenleistung schon tatbestandlich nicht vorliegt.[574] Für den theoretischen Fall, dass gleichwohl eine Beihilfe vorliegt, ist gemäß Art. 106 Abs. 2 AEUV darauf zu achten, dass für die Erfüllung der Gemeinwohlverpflichtung, also die Abfallentsorgung, keine Überkompensation stattfindet.[575]

Vergleichbares gilt, wenn die Kommune eine rechtlich selbständige Einheit schafft, um die Abfallwirtschaft zu organisieren. Wird beispielsweise eine GmbH zu dem Zweck gegründet, die Abfallwirtschaftsdienstleistung zu erbringen, und wird sie dafür von der Kommune vollständig beherrscht und zu 100 % finanziert, so liegt eine rein formelle Organisationsprivatisierung vor. Diese unterfällt aufgrund ihrer In-House-Fähigkeit nicht dem Vergaberecht, die GmbH selbst ist aber öffentlicher Auftraggeber im Sinne des § 99 Nr. 2 GWB und hat als solcher das Vergaberecht zu beachten. Gleichzeitig ist die GmbH als öffentliches Unternehmen im Sinne des Art. 106 Abs. 1 AEUV zu qualifizieren, welches an das Beihilfenverbot des Art. 107 Abs. 1 AEUV gebunden ist. Da dieses öffentliche Unternehmen eine „Dienstleistung von allgemeinem wirtschaftlichen Interesse" erbringt, gilt ebenfalls Art. 106 Abs. 2 AEUV, sodass für den besagten theoretischen Fall, dass eine Beihilfe vorliegt, eine Überkompensation nicht stattfinden darf.

Das Beispiel zeigt, dass ein und dieselbe Aufgabe von „allgemeinem wirtschaftlichen Interesse" sowohl von einer staatlichen Einrichtung als auch von

574 Vgl. 2. Kapitel, B.III.

575 Vgl. Beschluss der Kommission über die Anwendung von Artikel 106 Absatz 2 des Vertrags über die Arbeitsweise der Europäischen Union auf staatliche Beihilfen in Form von Ausgleichsleistungen zugunsten bestimmter Unternehmen, die mit der Erbringung von Dienstleistungen von allgemeinem wirtschaftlichem Interesse betraut sind, Abl. L7, 11.01.2012, S. 3–10; Mitteilung der Kommission, Rahmen der Europäischen Union für staatliche Beihilfen in Form von Ausgleichsleistungen für die Erbringung öffentlicher Dienstleistungen, Abl. C8, 11.01.2012, S. 15–22.

einem Unternehmen erbracht werden kann, ohne dass Widersprüchlichkeiten hinsichtlich des vergabe- und beihilfenrechtlichen Regelungssystems festgestellt werden können.

c) Ergebnis

Im Ergebnis kann somit festgehalten werden, dass „Dienstleistungen von allgemeinem nichtwirtschaftlichen Interesse" im Sinne des Art. 106 Abs. 2 AEUV sowohl vom Staat als auch von Unternehmen erbracht werden können. Bei den „im Allgemeininteresse liegenden Aufgaben nichtgewerblicher Art" im Sinne des Art. 1 Abs. 9 der allgemeinen Vergaberichtlinien 2004/18/EG[576] handelt es sich nicht genau und ausschließlich um die im Beihilfenrecht relevanten „Dienstleistungen im allgemeinen nichtwirtschaftlichen Interesse". Der Begriff der „im Allgemeininteresse liegenden Aufgabe nichtgewerblicher Art" im Sinne des § 99 Nr. 2 GWB umfasst vielmehr Dienstleistungen im allgemeinen wirtschaftlichen als auch im allgemeinen nichtwirtschaftlichen Interesse. Insoweit ist es in der Rechtsprechung des EuGH und der Kommissionspraxis auch nicht zu systemwidrigen Überschneidungen gekommen, sodass sich ein Korrekturbedarf hinsichtlich der Auslegung des Tatbestandsmerkmal der „im Allgemeininteresse liegenden Aufgabe nichtgewerblicher Art" im Sinne des § 99 Nr. 2 GWB nicht ergibt.

Es konnte im Rahmen der Untersuchung zudem festgestellt werden, dass dem Begriff des „öffentlichen Unternehmens" i.S.d. Art. 106 Abs. 1 AEUV keine Anhaltspunkte für die Auslegung des Auftraggeberbegriffs in dem Sinne beigemessen werden können, dass dieser als negative Abgrenzung zur staatlichen Auftraggeberseite im Vergaberecht taugt. Es wurde aufgezeigt, dass der beihilfenrechtliche Unternehmensbegriff derart weit ist, dass er auch öffentliche Auftraggeber im Sinne des § 99 GWB umfassen kann. Auf die Frage, ob die Staatsnähekriterien, welche im Beihilfenrecht bei der Bestimmung, ob es sich bei einem Unternehmen um ein „öffentliches Unternehmen" handelt, mit den Staatsnähekriterien des § 99 Nr. 2 GWB vergleichbar sind, wird noch eingegangen.

---

576 Entspricht Art. 2 Abs. 1 Nr. 4 BVR.

2. *Funktionale Äquivalenz der Zurechenbarkeit einer Mittelgewährung zum Staat im Vergabe- und Beihilfenrecht?*

Bei der Untersuchung des Beihilfentatbestandes wurde bereits festgestellt, dass das beihilfenrechtliche Tatbestandsmerkmal der „staatlichen Maßnahme oder Maßnahme unter Inanspruchnahme staatlicher Mittel" insoweit eine Nähe zum funktionellen Aufraggeberbegriff aufweist, als dass auch dieser der staatlichen Seite gewisse Tatbestände zurechnet. Es zeigte sich weiter, dass sich im beihilfenrechtlichen Zusammenhang die Prüfung dabei in zwei Stufen vollzieht. Dies sind

1) die prinzipielle Zuordnung einer Einrichtung zum Staat (1.Stufe) und
2) die Zurechenbarkeit der Mittelgewährung zum Staat. (2.Stufe)

Die Kriterien der „besonderen Staatsnähe" im Vergaberecht korrespondieren mit dem erstgenannten Prüfungsschritt der prinzipiellen Zuordnung zum Staat. Dies betrifft sowohl „staatlich benannte oder errichtete öffentliche oder private Einrichtungen" als auch „öffentliche Unternehmen" im beihilfenrechtlichen Sinne, für die das Beihilfenverbot gilt. Bei der im nächsten Abschnitt C. folgenden Prüfung der „besonderen Staatsnähe" ist daher zu klären, inwiefern die beihilfenrechtlichen Staatsnähekriterien „funktional äquivalent" zu denen des Vergaberechts sind. Fraglich ist in der Konsequenz, ob die Zurechenbarkeit der konkreten Mittelgewährung zum Staat – also der zweite Schritt bei der Prüfung, ob die Beihilfe eine „Staatliche Maßnahme oder Maßnahme unter Inanspruchnahme staatlicher Mittel" darstellt – eine funktionale Äquivalenz zum Gründungszweck der im Allgemeininteresse liegenden Aufgabe nichtgewerblicher Art aufweist.

Eine Gemeinsamkeit besteht darin, dass beide Tatbestandsmerkmale den Zweck haben, neben der grundsätzlichen Zuordnung einer Einrichtung zum Staat eine weitere Einschränkung zu etablieren. Wie ausgeführt, schränkt das Vergaberecht den persönlichen Anwendungsbereich dadurch ein, dass neben der Staatsnähe auch der Gründungszweck der „im Allgemeininteresse liegenden Aufgaben nichtgewerblicher Art" verlangt wird. Mit den „im Allgemeininteresse liegenden Aufgaben" wird der Anwendungsbereich des funktionellen Auftraggeberbegriffs auf die Tätigkeiten beschränkt, in denen der Staat die ihm grundsätzlich obliegenden im Allgemeininteresse liegenden Aufgaben auf selbständige Organisationseinheiten überträgt, die deshalb der staatlichen Sphäre zuzurechnen sind.[577] In funktionell vergleichbarer Weise bezweckt die

577 *Ziekow*, in *Ziekow-Völlink* Kommentar zum Vergaberecht, § 98 Rdnr. 42; bzgl. der Einzelheiten vgl. Ausführungen 3. Kapitel B.II.

Zurechenbarkeitsprüfung im Beihilfenrecht, dass Konstellationen nicht erfasst werden, bei denen es sich beispielsweise um die übliche laufende Geschäftsführung eines Unternehmens handelt, welches sich im Eigentum der öffentlichen Hand befindet.[578] Mit der Einschränkung durch das Erfordernis „Aufgabe nichtgewerblicher Art“ werden Tätigkeiten ausgenommen, die außerhalb eines Wettbewerbs oder unter fehlenden Wettbewerbsbedingungen erbracht werden.[579] Diese dürften auch vom Beihilfenrecht nicht erfasst werden. Denn zu der Prüfung, ob eine Beihilfe „vom Staat oder aus staatlichen Mitteln“ stammt, gelangt man nur, wenn eine Beihilfe vorliegt. Da eine Beihilfe aber per se eine Maßnahme ist, der wegen ihrer wirtschaftlichen Unausgewogenheit nach dem Maßstab des „Private-Investor-Tests“ andere als wirtschaftliche Überlegungen zugrunde liegen, wird diese von einem im Wettbewerb stehenden Unternehmen nicht erbracht werden. Einer expliziten Beschränkung des Beihilfenrechts auf „Tätigkeiten nichtgewerblicher Art“ bedarf es daher nicht.

Es ist allerdings ein wesentlicher dogmatischer Unterschied dahingehend zu konstatieren, dass das Vergaberecht auf eine abstrakte Gefährdung abhebt, die von staatsnahen Einrichtungen ausgeht, welche sich bei ihren Beschaffungen potenziell von anderen als wirtschaftlichen Erwägungen leiten lassen können[580]. Demgegenüber untersucht das Beihilfenrecht die Zurechenbarkeit einer Beihilfe im Einzelfall, also die konkrete Maßnahme, der andere als wirtschaftliche Überlegungen zugrunde liegen und die daher eine konkrete Gefahr für den Wettbewerb ist. Damit ist die einschränkende Funktion des Tatbestandsmerkmals des Gründungszwecks der „im Allgemeininteresse liegenden Aufgabe nichtgewerblicher Art“ zwar entfernt vergleichbar mit dem der „staatlichen Zurechenbarkeit“ im Beihilfenrecht, aber nicht funktional äquivalent. Der Unterschied liegt darin, dass im Vergaberecht eine abstrakt-generelle Zuordnung vorgenommen wird und im Beihilfenrecht eine konkret-individuelle Prüfung einzelner Maßnahmen. Die Kriterien der beihilfenrechtlichen Einzelfallprüfung sind dabei einerseits zu speziell und andererseits zu vage, um sie ergänzend für die Auslegung des vergaberechtlichen Tatbestandsmerkmals des Gründungszwecks der „im Allgemeininteresse liegenden Tätigkeit nichtgewerblicher Art“ heranzuziehen. So taugt weder die offensichtliche staatliche Veranlassung[581] der Gewährung

578 *Bartosch* Kommentar EU-Beihilfenrecht, Art. 107 Abs. 1 AEUV, Rdnr. 150; bzgl. der Einzelheiten vgl. Ausführungen 2. Kapitel D.II.2.

579 Vgl. 3. Kapitel A.III.

580 *Ziekow*, in *Ziekow-Völlink* Kommentar zum Vergaberecht, § 98 Rdnr. 61.

581 *Mestmäcker-Schweitzer* Europäisches Wettbewerbsrecht, § 43, Rdnr. 71 mit weiteren Nachweisen.

einer Beihilfe im Einzelfall – beispielsweise das Durchreichen eines finanziellen Vorteils – noch die Zurechenbarkeit einer Beihilfenmaßnahme aufgrund eines „*Komplexes von Indizien*“[582], um daraus Anhaltspunkte für die Auslegung des § 99 Nr. 2 GWB ableiten zu können. Das Abheben auf den Einzelfall bringt es auch mit sich, dass das Beihilfenrecht im Gegensatz zum Vergaberecht nicht auf den „Gründungszweck“ einer juristischen Person abheben muss, sondern auch eine entfernte oder nur vorrübergehende Möglichkeit der staatlichen Einflussnahme auf eine Einrichtung genügt.

3. *Zwischenergebnis*

In Bezug auf das Tatbestandsmerkmal des Gründungszwecks der „im Allgemeininteresse liegenden Aufgaben nichtgewerblicher Art“ wurden zwei Aspekte, die im Zusammenhang mit dem Beihilfenrecht stehen untersucht. Im Ergebnis ist festzustellen, dass dem Beihilfenrecht in diesem Zusammenhang keine auslegungsergänzende Wirkung zugesprochen werden kann. Im Einzelnen:

1. Die These, dass die „im Allgemeininteresse liegenden Aufgaben nichtgewerblicher Art“ den „Dienstleistungen im allgemeinen <u>nicht</u>wirtschaftlichen Interesse“ entsprechen, und im Umkehrschluss beim Vorliegen von „Dienstleistungen im allgemeinen wirtschaftlichen Interesse“ im Sinne des Art. 106 Abs. 2 AEUV der Tatbestand des „öffentlichen Auftraggebers“ nach § 99 Nr. 2 GWB mangels Vorliegens einer „im Allgemeininteresse liegenden Aufgaben nichtgewerblicher Art“ nicht eröffnet sein kann, erwies sich als nicht zutreffend. Der Begriff der „im Allgemeininteresse liegenden Aufgabe nichtgewerblicher Art“ im Sinne des § 99 Nr. 2 GWB umfasst sowohl Dienstleistungen im allgemeinen wirtschaftlichen als auch im allgemeinen <u>nicht</u>wirtschaftlichen Interesse. Dem Tatbestandsmerkmal der „Dienstleistungen im allgemeinen nichtwirtschaftlichen Interesse“ fehlt es an der funktionalen Vergleichbarkeit zu der „im Allgemeininteresse liegenden Aufgaben nichtgewerblicher Art“, die zwingende Voraussetzung für eine auslegungsergänzende Wirkung wäre.
2. Eine funktionale Äquivalenz des beihilfenrechtlichen Tatbestandsmerkmals der Beihilfe „vom Staat oder aus staatlichen Mitteln“ zum funktionellen Auftraggeberbegriff konnte ebenfalls nicht aufgezeigt werden. Speziell wurde die konkrete Zurechenbarkeit der Mittelgewährung zum Staat untersucht, welche bei der Prüfung, ob eine Beihilfe „vom Staat oder aus staatlichen Mitteln“

---

582 EuGH, Urt. v. 16.5.2002, Rs. C-482–99 (Frankreich/Kommission (Stardust Marine)), Slg. 2002, I-4397, Rdnr. 55.

gegeben ist, auf der zweiter Stufe erfolgt. Zwar kann eine Vergleichbarkeit zu der einzuschränkenden Funktion festgestellt werden, die der erforderliche Gründungszweck im Vergaberecht etabliert. An der erforderlichen Äquivalenz fehlt es indes, da mit der konkreten Einzelfallprüfung, welche im Beihilfenrecht vorgenommen wird, zwar ein vergleichbares Ziel verfolgt wird, aber nicht mit vergleichbaren Mitteln.

C. Besondere Staatsnähe

§ 99 Nr. 2 GWB setzt weiter voraus, dass Stellen, die unter § 99 Nr. 1, 3 oder ebenfalls unter Nr. 2 GWB fallen, die fragliche juristische Person einzeln oder gemeinsam durch Beteiligung oder auf sonstige Weise überwiegend finanzieren oder über ihre Leitung die Aufsicht ausüben oder mehr als die Hälfte der Mitglieder eines ihrer zur Geschäftsführung oder zur Aufsicht berufenen Organe bestimmt haben.

Alle drei Alternativen spiegeln eine enge Bindung an den Staat wider, woraus auch die Begrifflichkeit der Staatsnähe resultiert.[583] Bildlich gesprochen wird die jeweilige juristische Person durch den Staat und seine Einrichtungen derart beherrscht, dass sie gleichsam als deren verlängerter Arm fungiert und lediglich eine formaljuristisch abgrenzbare Einheit bildet.[584] Auch die Auslegung der Staatsnähekriterien hat unionsrechtskonform zu erfolgen. Zu beachten ist, dass die für die Staatsnähe notwendige Beherrschung auch von anderen EU-Staaten ausgehen oder mit diesen gemeinsam ausgeübt werden kann.[585] Wie sich aus dem Wortlaut der Norm ergibt, genügt es, wenn eines der Kriterien erfüllt ist. Diese sind also alternativ zu verstehen.[586] Deutlich wird auch, dass eine Beherrschung von mehreren staatlichen Einrichtungen gemeinsam ausgeübt werden kann. Zu beachten ist, dass § 99 Nr. 2 GWB personenbezogen und nicht aufgabenbezogen ist; die Beherrschung muss sich auf die juristische Person als Ganzes beziehen.[587] § 99 Nr. 4 GWB ist lex specialis für Fälle, in denen eine einzelne Aufgabe staatlich beherrscht wird.[588]

---

583 *Diehl*, in *Müller-Wrede* GWB-Vergaberecht, § 98 Rdnr. 55.

584 *Zeiss*, in *Heiermann-Zeiss* Praxiskommentar Vergaberecht, § 98 Rdnr. 125.

585 *Diehl*, in *Müller-Wrede GWB*-Vergaberecht, § 98 Rdnr. 56.

586 *Ziekow, VergR 2003 483–502* (498).

587 *Zeiss*, in *Heiermann-Zeiss* Praxiskommentar Vergaberecht, § 98 Rdnr. 126.

588 *Zeiss*, in *Heiermann-Zeiss* Praxiskommentar Vergaberecht, § 98 Rdnr. 127.

I. Bezug zum Beihilfenrecht

Bei der Untersuchung der einzelnen Staatsnähekriterien ist zu klären, inwiefern diese funktional äquivalent zu denjenigen sind, die bei der Prüfung des Vorliegens einer „staatlichen Maßnahme" im Beihilfenrecht angelegt werden. Wie im vorherigen Abschnitt dargestellt, vollzieht sich die Prüfung des beihilfenrechtlichen Tatbestandsmerkmals der „staatlichen Maßnahme" in zwei Stufen, der prinzipiellen Zuordnung einer Einrichtung zum Staat (1.Stufe) und der Zurechenbarkeit der Mittelgewährung zum Staat (2.Stufe).[589] Bereits geklärt und negativ beantwortet wurde die Frage, ob die Zurechenbarkeit der konkreten Mittelgewährung zum Staat – also der zweite Schritt bei der Prüfung, ob die Beihilfe eine „staatliche Maßnahme oder Maßnahme unter Inanspruchnahme staatlicher Mittel" darstellt – eine funktionale Äquivalenz zum Gründungszweck der „im Allgemeininteresse liegenden Aufgaben nichtgewerblicher Art" aufweist. Die folgende Untersuchung bezieht sich demgemäß auf die erste Prüfungsstufe, welche für das Vorliegen des beihilfenrechtlichen Tatbestandsmerkmals der „staatlichen Maßnahme" zu nehmen ist, nämlich die prinzipielle Zuordnung einer Einrichtung zum Staat.

Diesbezüglich wurde festgestellt, dass die Gruppe der staatlich benannten Einrichtungen weit zu fassen und die Anforderungen an die prinzipielle Zuordnung zum Staat niedrig ist.[590] Der Kreis der Personen, die potenziell bei der Gewährung staatlicher Beihilfen involviert werden können, ist daher sehr groß. Das Beihilfenrecht stellt deswegen neben der prinzipiellen Zuordnung in einer zweiten Prüfungsstufe darauf ab, ob die konkrete-individuelle Finanztransaktion dem Staat zugerechnet werden kann und sich so die lediglich potenziell staatlichen Mittel in staatliche Mittel i.S.v. Art. 107 Abs. 1 AEUV verwandeln.[591]

Im Gegensatz zum Beihilfenrecht unterwirft der funktionelle Auftraggeberbegriff des § 99 Nr. 2 GWB bestimmte Personen im Ganzen dem subjektiven Anwendungsbereich des Vergaberechts. Diese Abweichung bringt es mit sich, dass das Beihilfenrecht weniger auf die prinzipielle Zuordnung einer Person zum Staat abstellt, sondern vielmehr auf den Einzelfall, der eine konkret zurechenbare Vorteilsgewährung des Staats darstellen muss.[592] Bei der Untersuchung der funktionalen Äquivalenz zwischen der „staatlichen Maßnahme oder Maßnahme

---

589 Vgl. 3. Kapitel B.IV.2.

590 *Kühling*, in *Streinz* EUV/AEUV, Art. 107 AEUV, Rdnr. 65 bzgl. der Einzelheiten vgl. Ausführungen 2. Kapitel D.II.2.

591 *Kühling*, in *Streinz* EUV/AEUV, Art. 107 AEUV, Rdnr. 65–67.

592 *Mestmäcker-Schweitzer* Europäisches Wettbewerbsrecht, § 43, Rdnr. 70.

unter Inanspruchnahme staatlicher Mittel" und dem „Gründungszweck der im Allgemeininteresse liegenden Aufgaben nichtgewerblicher Art" wurde aufgezeigt, dass dies einen dogmatischen Unterschied begründet.[593] Dieser besteht darin, dass das Vergaberecht auf die abstrakte Gefahr für den Wettbewerb abstellt, die von staatsnahen Einrichtungen ausgeht, während das Beihilfenrecht auf die konkrete Gefährdung des Wettbewerbs durch einzelne staatlich veranlasste Maßnahmen abstellt.

Auf den ersten Blick scheint es daher so, dass hinsichtlich der Staatsnähe einer Einrichtung im Beihilfenrecht nur eingeschränkt Anhaltspunkte zu entnehmen sein dürften, da das Beihilfenrecht – im Gegensatz zum Vergaberecht – bei der Zuordnung zum Staat im Schwerpunkt maßnahmen- und nicht personenbezogen ist und demnach nicht alle potenziellen „staatlich benannten oder errichteten Einrichtungen" öffentliche Auftraggeber sein können. Dieser Rückschluss gilt jedoch nur eingeschränkt. Die Untersuchung des Beihilfentatbestandes ergab, dass die vergaberechtlichen Staatsnähekriterien neben dem gemeinsamen Zweck der Zuordnung von Einrichtungen zum Staat zur Verhinderung von Umgehungskonstruktionen auch inhaltlich eine Nähe zum Beihilfenrecht aufweisen. Insbesondere die „Finanzierung" gemäß § 99 Nr. 2 a GWB hat den Mittelfluss von der staatlichen zur unternehmerischen Seite mit der Beihilfe gemeinsam. Hier steht im Beihilfenrecht der prinzipiell weiten Zuordnung zum Staat eine detailliert ausjudizierte und von der Literatur analysierte Entscheidungspraxis zur staatlichen Mittelherkunft gegenüber. Dies gilt insbesondere für parafiskalische Abgaben. Des weiteren ähneln sich, wie im zweiten Kapitel dargelegt, auch die Tatbestandsmerkmale der „Leitung über die Aufsicht" gemäß § 99 Nr. 2 b GWB und das "Stellen der Mitglieder von Geschäftsführungs- oder Aufsichtsorganen" gemäß § 99 Nr. 2 c GWB denjenigen, die im Beihilfenrecht und bei den „öffentlichen" Unternehmen zur Feststellung einer staatlichen Kontrolle herangezogen werden.[594] Im Rahmen der Untersuchung ist daher zu klären, ob sich diese dogmatischen Ähnlichkeiten zu einer funktionalen Äquivalenz verdichten und somit die Voraussetzung für eine auslegungsergänzende Wirkung gegeben ist.

593 Vgl. 3. Kapitel B.IV.2.
594 Vgl. 2. Kapitel D.II.6.

II. Überwiegende Finanzierung durch Beteiligung oder auf sonstige Weise (§ 99 Nr. 2 a GWB)

Die Variante des § 99 Nr. 2 a GWB setzt voraus, dass die betreffende juristische Person von Stellen, die unter § 99 Nr. 1, 2 oder 3 GWB fallen, einzeln oder gemeinsam durch Beteiligung oder auf sonstige Weise überwiegend finanziert wird.

Daraus ergibt sich folgender dreigliedriger Prüfungsaufbau[595]:

- In einem ersten Schritt ist als Bezugsgröße zu ermitteln, welche Finanzmittel der Einrichtung zur Verfügung stehen.
- In einem zweiten Schritt muss bestimmt werden, welche dieser Mittel von öffentlichen Auftraggebern im Sinne des § 99 Nr. 1, 2 oder 3 GWB stammen und als „Finanzierung" tatsächlich in Ansatz gebracht werden können.
- Im dritten und letzten Schritt muss festgestellt werden, ob diese Mittel mehr als die Hälfte der Finanzmittel der Einrichtung ausmachen.

Bevor die einzelnen der aufgezählten Facetten des Tatbestandsmerkmals der „Finanzierung" i.S.d. § 99 Nr. 2 a GWB thematisiert werden, soll vorab nochmals an das Zusammenspiel von Vergabe- und Beihilfenrecht betreffend die in diesem Zusammenhang relevanten Mittelflüsse von der staatlichen hin zur unternehmerischen Seite angeknüpft werden.

1. *Bezug zum Beihilfenrecht*

Im zweiten Kapitel wurden zunächst die strukturellen und funktionalen Ähnlichkeiten dieser Rechtsgebiete nachgewiesen. Beide dienen – zumindest auch – der Verwirklichung des gemeinsamen Binnenmarktes durch Wettbewerb in Ansehung von Austauschverhältnissen zwischen dem „Staat" und den „Unternehmen".[596] Ferner konnte nachgewiesen werden, dass dem Vergaberecht und dem Beihilfenrecht ein identischer Staatsbegriff zugrunde liegt. Das primäre und sekundäre EU-Beihilfenrecht hinsichtlich der „staatliche(n) oder aus staatlichen Mitteln gewährten Beihilfen" und der „Einrichtungen des öffentlichen Rechts", die den funktionellen Auftraggeberbegriff in der BVR regeln, gehen von einem einheitlichen Staatsverständnis aus.[597] Die sich daraus ergebenden Möglichkeiten für eine systematisch-teleologische Auslegung wurden im Zusammenhang

595 *Ziekow*, in *Ziekow-Völlink* Kommentar zum Vergaberecht, § 98 Rdnr. 85 ff.; *Pünder*, in *Pünder-Schellenberg* Kommentar zum Vergaberecht, § 98 Rdnr. 42.

596 Vgl. 2. Kapitel C.

597 Vgl. 2. Kapitel C.V.

mit den strukturellen Gemeinsamkeiten zwischen dem beihilfenrechtlichen Begünstigungsbegriff und dem vergaberechtlichen Finanzierungsbegriff konkretisiert. Diesbezüglich wurde herausgearbeitet, dass diese beiden Tatbestandsmerkmale trotz bestehender Unterschiede im Hinblick auf den dogmatischen Anknüpfungspunkt ökonomisch und systematisch äquivalent sind, da es sich jeweils um Mittelflüsse staatlichen Ursprungs handelt, die potenziell zur wettbewerblichen Besserstellung von Unternehmen geeignet sind. Dieser Umstand ist sowohl im Vergabe- als auch im Beihilfenrecht der Grund, warum diese Mittelflüsse der Regulierung unterworfen werden. Als Zwischenergebnis wurde daher festgehalten, dass der beihilfenrechtliche Begünstigungsbegriff und der vergaberechtliche Finanzierungsbegriff im Idealfall identisch und daher im Rahmen des Möglichen bei der Auslegung anzugleichen sind.[598] Inwiefern dies bei der Auslegung von § 99 Nr. 2 a GWB konkret berücksichtigt werden kann, wird die folgende Untersuchung zeigen.

2. *Gesamtfinanzierung als Bezugsgröße*

Bei der Berechnung des Anteils der öffentlichen Finanzierung einer Einrichtung sind alle Mittel zu berücksichtigen, über die diese Einrichtung verfügt, einschließlich derer, die aus gewerblicher Tätigkeit stammen.[599] Dementsprechend ist für das Vorliegen einer überwiegenden Finanzierung nicht nur auf das Stamm- oder Grundkapital einer Gesellschaft abzustellen, da dieses regelmäßig nur eine Bruchteil der Mittel darstellt, über die eine Gesellschaft verfügt.[600] Es spielt demnach keine Rolle, ob das Kapital aus öffentlichen Quellen oder einer privatwirtschaftlichen Tätigkeit stammt, abzustellen ist auf die Summe des Eigenkapitals einer Gesellschaft, der stillen Beteiligungen, der eingebrachten Personal- und Sachmittel sowie sämtlicher erzielter Umsätze und Mittelzuflüsse.[601]

Bei der Ermittlung des Zeitraums, der bei der Berechnung der Finanzierung berücksichtigt werden soll, greift der EuGH, in Ermangelung einer ausdrücklichen Regelung in den Richtlinien auf den Grundsatz der Rechtssicherheit

---

598 Vgl. 2. Kapitel D.I.4.

599 EuGH. Urt. v. 3.10.2000, C-380/98 (University of Cambridge), Slg. 2000, I-8035 Rdnr. 36.

600 *Eschenbruch* in *Kulartz-Kus-Portz* Kommentar zum GWB-Vergaberecht, § 98 Rdnr. 154.

601 *Ziekow*, in *Ziekow-Völlink* Kommentar zum Vergaberecht, § 98 Rdnr. 86; *Pünder*, in *Pünder-Schellenberg* Kommentar zum Vergaberecht, § 98 Rdnr. 42.

zurück.[602] Obwohl die genaue Finanzlage für die Einstufung zu berücksichtigen sei, müsse angesichts dessen, dass die Finanzierung einer Einrichtung von Jahr zu Jahr variieren kann, auch ein gewisser Grad an Vorhersehbarkeit und Transparenz für das betreffende Verfahren gewährleistet werden.[603] Ob der Anteil der öffentlichen Finanzierung die 50%-Schwelle übersteigt, ist nicht vor jeder Auftragsvergabe, sondern jährlich zu ermitteln.[604] Nach der Rechtsprechung des EuGH ist dabei auf das Haushaltsjahr abzustellen, in dem das Verfahren zur Auftragsvergabe ausgeschrieben wird.[605] Wird auf dieser Basis eine Einrichtung als öffentlicher Auftraggeber eingestuft, vermag auch eine Verschiebung der finanziellen Verhältnisse während der Durchführung des Verfahrens diese Eigenschaft nicht zu ändern.[606]

3. Der Finanzierungsbegriff des § 99 Nr. 2 a GWB

a) Die Zurechnung der Finanzierungsleistungen zum Staat

aa) Aktueller Stand

Problematisch im Hinblick auf die Qualifizierung als staatliche Finanzierungsleistung sind Konstellationen, bei denen Institutionen Gelder nicht direkt aus der Staatskasse zufließen, aber hoheitliche Vorschriften die Grundlage für die Deckung des Finanzbedarfs von Seiten Privater bilden.[607]

Praktische Auswirkungen hat diese Frage bei einer Vielzahl von Organisationen.[608] Der EuGH beschäftigte sich mit der Problematik im Zusammenhang des durch Gebühren finanzierten öffentlich-rechtlichen Rundfunks[609], den

602 EuGH, Urt. v. 3.10.2000, C-380/98 (University of Cambridge), Slg. 2000, I-8035 Rdnr. 38.

603 EuGH, a.a.O., Rdnr. 38.

604 *Ziekow*, in *Ziekow-Völlink* Kommentar zum Vergaberecht, § 98 Rdnr. 98.

605 EuGH. Urt. v. 3.10.2000, C-380/98 (University of Cambridge), Slg. 2000, I-8035 Rdnr. 39, 40.

606 EuGH, a.a.O., Rdnr. 44.

607 *Heuvels*, NZBau 2008, 166–168 (167); *Ziekow*, in *Ziekow-Völlink* Kommentar zum Vergaberecht, § 98 GWB, Rdnr. 89.

608 Ausführlich *Wagner/Raddatz*, NZBau 2010, 731–734, die die einzelnen Sozialversicherungsträger, berufsständischen Zwangsverbände, öffentlich-rechtliche Religionsgemeinschaften und sonstigen Einrichtungen benennen.

609 Vgl. EuGH, Urt. v. 13. 12.2007, Az. C-337/06 (Bayrischer Rundfunk u.a.), Slg. 2007 I-11173 Rdnr. 59.

beitragsfinanzierten Krankenkassen[610] sowie berufsständischen Organisationen[611], deren Geldbedarf durch Zwangsmitglieder gedeckt wird. Vielfach wurde insoweit bezweifelt, dass die vorhandenen hoheitlichen Grundlagen für die Erhebung von Zwangsbeiträgen eine ausreichende Basis für eine überwiegende staatliche Finanzierung bilden können.[612] Hauptsächlich wurde dabei argumentiert, dass sowohl der Wortlaut des Art. 2 Abs. 1 Nr. 4 c BVR als auch derjenige der Umsetzungsregelung des § 99 Nr. 2 a GWB voraussetze, dass die Finanzierung gerade durch die aufgeführten staatlichen Stellen selbst erfolgen müsse.[613] Zudem würde nur diese Lesart einem Vergleich mit den anderen Tatbestandsalternativen des § 99 Nr. 2 GWB gerecht, bei denen die staatliche Einflussnahme sich in unmittelbarer Art und Weise manifestieren müsse.[614] Weiter wurde eine Parallelwertung mit den Vorschriften des Europäischen Beihilfenrechts ins Feld geführt. Während Art. 107 Abs. 1 AEUV durch die Formulierung „aus staatlichen Mitteln" einen Hinweis auf die Einbeziehung mittelbarer Finanzierungen enthalte, würde Vergleichbares bei Art. 2 Abs. 1 Nr. 4 c BVR fehlen. Da selbst die vom Wortlaut her weiter gefasste beihilfenrechtliche Vorschrift durch die Rechtsprechung des EuGH auf Vorteile beschränkt werden, die durch staatlich benannte oder errichtete öffentliche oder private Einrichtungen gewährt werden[615], könne § 99 Nr. 2 a GWB erst recht nicht auf sämtliche mittelbare Finanzierungsvorgänge angewendet werden.[616]

Der EuGH kam in den Rechtssachen *Rundfunkanstalten* und *AOK* zu einem anderen Ergebnis. Das europäische Vergaberecht verlange nicht, dass die Tätigkeit der fraglichen Einrichtungen direkt vom Staat oder einer anderen Stelle des öffentlichen Rechts finanziert wird, sofern funktionelle Vergleichbarkeit

---

610 Vgl. EuGH, Urt. v. 11.6.2009, Az. C-300/07 (AOK), Slg. 2009 I-4779, Rdnr. 53.

611 Vgl. bspw. zur Auftraggebereigenschaft der Ärztekammer in Nordrhein-Westfalen: OLG Düsseldorf, Beschl. v. 28. 7. 2011, Az. VII-Verg 38/11 und EuGH, Urt. v. 12.09.2013, Az. C-526/11 (IVD), Slg. (noch nicht veröffentlicht), Rdnr. 31.

612 Vgl. bspw. *Dreher,* NZBau 2005, 297–304 (302); *Opitz,* NVwZ 2003, 1087–1091, (1090).

613 *Dreher,* NZBau 2005, 297–304 (302); *Heßhaus,* Vergaberecht Sonderheft 2007, 333–342 (338).

614 *Heßhaus,* Vergaberecht Sonderheft 2007, 333–342 (338) unter Verweis auf VK Bund, Beschl. v. 27.10.2005, Az. VK 3-127/05, S. 18 ff.); *Opitz,* NVwZ 2003, 1087–1091, (1090).

615 Vgl. Zweites Kapitel B.II.2 a.

616 *Dreher,* NZBau 2005, 297–304 (304).

besteht.[617] Es könne keinen Unterschied machen, ob die Finanzmittel den öffentlichen Haushalt durchlaufen, der Staat also die Gebühr zunächst einzieht und die Einnahmen hieraus dann den Einrichtungen zur Verfügung stellt, oder ob der Staat diesen das Recht einräumt, die Gebühren selbst einzuziehen.[618] Eine Finanzierung, die durch einen staatlichen Akt eingeführt worden ist, die durch den Staat garantiert und mittels hoheitlicher Befugnisse erhoben und eingezogen wird, erfülle die Voraussetzung der „Finanzierung durch den Staat" auf dem Gebiet des Vergaberechts.[619] Schließlich sei auch keine spezifische Gegenleistung im Sinne der University-of-Cambridge-Rechtsprechung gegeben, da allein das Bereithalten von Rundfunkgeräten zur Zahlung der Gebühr verpflichte[620] beziehungsweise die Höhe der Krankenkassenbeiträge sich an der Leistungsfähigkeit der Zahlenden orientiert und nicht an der tatsächlichen Inanspruchnahme medizinischer Dienste.[621]

Zur Beurteilung der Frage, ob die konkrete Form der indirekten Finanzierung durch dritte nichtstaatliche Personen einem unmittelbaren Zufluss staatlicher Mittel in funktioneller Betrachtung gleichzustellen ist, lassen sich der Rechtsprechung des EuGH verschiedene Gesichtspunkte entnehmen:[622]

(1) Die Finanzierungsleistungen Dritter müssen auf einen staatlichen Akt zurückgeführt werden können. Erforderlich ist insoweit eine gesetzliche Grundlage. Eine rechtsgeschäftliche Bindung zum Staat genügt insoweit nicht.[623]

(2) Auch die Höhe der zu erbringenden Finanzierungsleistung muss durch oder aufgrund einer gesetzlichen Regelung erfolgen und darf nicht der vertraglichen Disposition der Beteiligten unterliegen.[624]

617 EuGH, Urt. v. 13. 12.2007, Az. C-337/06 (Bayrischer Rundfunk u.a.), Slg. 2007 I-11173 Rdnr. 34 und 39; EuGH, Urt. v. 11.6.2009, Az. C-300/07 (AOK), Slg. 2009 I-4779, Rdnr. 51.

618 EuGH, Urt. v. 13. 12.2007, Az. C-337/06 (Bayrischer Rundfunk u.a.), Slg. 2007 I-11173 Rdnr. 47.

619 EuGH, a.a.O., Rdnr. 48.

620 EuGH, a.a.O., Rdnr. 45.

621 EuGH, Urt. v. 11.6.2009, Az. C-300/07 (AOK), Slg. 2009 I-4779, Rdnr. 53.

622 *Ziekow* in *Ziekow-Völlink* Kommentar zum Vergaberecht, § 98 GWB, Rdnr. 90–92.

623 EuGH, Urt. v. 13. 12.2007, Az. C-337/06 (Bayrischer Rundfunk u.a.), Slg. 2007 I-11173 Rdnr. 41.

624 EuGH, a.a.O., Rdnr. 42.

Möglich ist dabei auch, dass nicht die Träger der öffentlichen Gewalt selbst, sondern die finanzierte Stelle, deren Auftraggebereigenschaft zur Rede steht, die Höhe der zu erbringenden Finanzierungsleistungen festlegt.[625] Dies gilt allerdings nur, sofern der Spielraum bei der Festlegung äußerst begrenzt ist,[626] mithin die Parameter gesetzlich bestimmt sind.[627]

(3) Neben dem Erfordernis der gesetzlichen Grundlage müssen für die Durchsetzung der von Dritten zu leistenden Finanzierungsdienstleistungen hoheitliche Vollstreckungsmöglichkeiten vorhanden sein oder diese aufgrund öffentlich-rechtlicher Vorschriften zwangsweise eingezogen werden können.[628]

bb) Stellungnahme

Die Rechtsprechung des EuGH ist überzeugend. Legt man das für das Vergaberecht typische funktionelle Begriffsverständnis zugrunde, wäre es geradezu widersprüchlich, Konstellationen nicht zu erfassen, bei denen der Staat Einrichtungen durch einen gesetzlich geregelten Mittelzufluss finanziert, der obendrein mit hoheitlichen Zwangsmitteln durchsetzbar ist. Ist es doch gerade Zweck dieses Ansatzes, zu verhindern, dass sich der Staat durch organisatorische Maßnahmen der Anwendung des Vergaberechts entzieht. Bei den auf diese Weise finanzierten Stellen besteht aufgrund der finanziellen Sorglosstellung – wie bei allen staatlichen Stellen – die Gefahr, dass diese mangels wirtschaftlichen Zwangs bei ihren Beschaffungen den politisch opportunsten und vom Aufwand her bequemsten Weg eingeschlagen;[629] oder, wie der EuGH es formuliert, *„sich von anderen als wirtschaftlichen Erwägungen leiten lassen"*.[630]

Dem steht auch der Wortlaut des Art. 2 Abs. 1 Nr. 4 c BVR und der Umsetzungsregelung des § 99 Nr. 2 a GWB sowie der Vergleich mit den Vorschriften des Europäischen Beihilfenrechts nicht entgegen. Die Formulierung „finanziert" lässt Spielraum für eine weite funktionelle Auslegung. Den unzähligen

625 EuGH, Urt. v. 11.6.2009, Az. C-300/07 (AOK), Slg. 2009 I-4779, Rdnr. 54.

626 EuGH, Urt. v. 11.6.2009, Az. C-300/07 (AOK), Slg. 2009 I-4779, Rdnr. 54.

627 *Ziekow*, in *Ziekow-Völlink* Kommentar zum Vergaberecht, § 98 GWB, Rdnr. 91.

628 EuGH, Urt. v. 13. 12.2007, Az. C-337/06 (Bayrischer Rundfunk u.a.), Slg. 2007 I-11173 Rdnr. 44; EuGH, Urt. v. 11.6.2009, Az. C-300/07 (AOK), Slg. 2009 I-4779, Rdnr. 56.

629 *Heuvels*, NZBau 2008, 166–168 (167); *Korthals*, NZBau 2006, 215–219 (218).

630 Vgl. EuGH. Urt. v. 3.10.2000, C-380/98 (University of Cambridge), Slg. 2000, I-8035 Rdnr. 17; EuGH, Urt. v. 13. 12.2007, Az. C-337/06 (Bayrischer Rundfunk u.a.), Slg. 2007 I-11173 Rdnr. 36.

denkbaren Konstellationen, die bei der Finanzierung von Einrichtungen im Geltungsbereich des europäischen Vergaberechts denkbar sind, wird nur ein weites Begriffsverständnis gerecht.

cc) Vergleich mit der Zurechnung von Finanzierungsleistungen zum Staat im Beihilfenrecht

Sowohl im Vergaberecht als auch im Beihilfenrecht sind die Fälle unmittelbarer staatlicher Finanzierung für den Rechtsanwender leicht handhabbar, während die mittelbare staatliche Finanzierung in der Praxis Schwierigkeiten bereitet. Die im beihilfenrechtlichen Zusammenhang begründete These, dass die Finanzierung im vergaberechtlichen Sinne und die Beihilfe vom Staat oder aus staatlichen Mitteln identisch sein sollten, erlangt nunmehr entscheidende Bedeutung, da die Grenzziehung zu einer nicht mehr relevanten Beteiligung des Staates in beiden Rechtsgebieten entlang derselben Merkmale verlaufen sollte.[631] Denn wie schon festgestellt: Die Ratio, welche hinter der Ausweitung des vergaberechtlichen Finanzierungsbegriffs auf „indirekte Finanzierungen" und die Erfassung mittelbar gewährter Beihilfen im Rahmen des Art. 107 AEUV steht, ist grundsätzlich vergleichbar.[632]

Bevor aus diesem Umstand Rückschlüsse gezogen werden, sind vorab die Konstellationen mittelbarer Staatsfinanzierung in Vergabe- und Beihilfenrecht gegenüberzustellen, um die bestehenden Unterschiede und Gemeinsamkeiten aufzuzeigen. Sollte eine funktionale Äquivalenz festgestellt werden können, kann das Beihilfenrecht auslegungsergänzend für die weitere Untersuchung herangezogen werden.

(1) Gegenüberstellung

Unproblematisch sind dabei diejenigen Konstellationen, in denen Mittel von einer zwischengeschalteten Einrichtung weitergeleitet werden. Im Vergaberecht wird diese Fallgruppe erfasst, da es genügt, wenn das finanzierende Rechtssubjekt selbst von staatlichen Stellen finanziert ist. § 99 Nr. 2 dient der so gearteten Umgehungsverhinderung, ist also auf diese Fälle zugeschnitten. Im Beihilfenrecht entsprechen diese Fälle den Einrichtungen, die vom Staat kapitalisiert werden und unter Kontrolle und nach Anweisung öffentlicher Stellen Beihilfen

631 Vgl. 2. Kapitel D.II.5. und 6.
632 Vgl. 2. Kapitel D.II.5.

an Unternehmen gewähren,[633] sowie denjenigen, die sich zumindest im Anteilseigentum des Staates befinden und von diesem beherrscht werden.[634]

Die für diese Arbeit weitaus interessanteren Fallgestaltungen sind diejenigen, bei denen die betreffenden Einrichtungen die ihnen zur Verfügung stehenden Mittel nicht direkt aus staatlichen Haushalten bekommen, sondern staatlich gelenkt von Privaten. Wie bereits ausgeführt, werden derartige Konstellationen sowohl vom Vergaberecht als auch vom Beihilfenrecht erfasst. Im Vergaberecht werden diese ebenfalls unter den Begriff der „indirekt finanzierten" Einrichtungen gefasst, im Beihilfenrecht hat sich der Begriff der durch „parafiskalische Abgaben" finanzierten Einrichtungen etabliert. Für die Annahme einer „indirekten Finanzierung" bzw. einer „parafiskalischen Abgabe" ist in beiden Fällen entscheidend, ob bei wertender Betrachtung eine funktionelle Vergleichbarkeit zu den Sachverhalten gegeben ist, bei denen die Finanzierung letztlich auf staatliche Haushalte zurückgeführt werden kann. Die zur Abgrenzung entwickelten Kriterien befinden sich in der Praxis beider Rechtsgebiete zwar noch im Fluss, sind jedoch für eine Gegenüberstellung im Hinblick auf eine funktionale Äquivalenz hinreichend konturiert.

Zunächst muss in beiden Fällen die von Dritten erhobene Finanzierungsleistung gesetzlich vom Staat angeordnet sein, eine freiwillige Bindung, beispielsweise in Form eines Rechtsgeschäfts, genügt nicht.[635]

Des Weiteren müssen auch die Einzelheiten der Leistungspflicht näher bestimmt sein. So wird im vergaberechtlichen Zusammenhang gefordert, dass auch die Höhe der zu erbringenden Finanzierungsleistung gesetzlich geregelt sein muss.[636] Damit korrespondiert das im Beihilfenrecht bestehende Kontrollerfordernis, wonach die Erhebung und Verwendung der in Rede stehenden Mittel Teil der vom Staat unterstützten Politik sein müssen.[637] Mit dem

633 EuGH Urt. v. 22.3.1977, Rs. 78/76 (Steinike und Weinling/Deutschland), Slg. 1977, 595, Rdnr. 21; EuGH Urt. 3.5.1985, Rs. 67/85, 68/85 u. 70/85 (Van der Kooy u.a./ Kommission), Slg. 1988, 219, Rdnr. 35–37.

634 EuGH, Urt. v. 16.5.2002, Rs. C-482–99 (Frankreich/Kommission (Stardust Marine)), Slg. 2002, I-4397, Rdnr. 33 ff.

635 Zum Vergaberecht vgl. EuGH, Urt. v. 13. 12.2007, Az. C-337/06 (Bayrischer Rundfunk u.a.), Slg. 2007 I-11173 Rdnr. 41, zum Beihilfenrecht vgl. *Soltész,* EuZW 2011, 254–256 (256).

636 EuGH, Urt. v. 13. 12.2007, Az. C-337/06 (Bayrischer Rundfunk u.a.), Slg. 2007 I-11173 Rdnr. 42

637 EuG, Urt. v. 20.9.2007, Rs. T-136/05 (EARL Salvat père & fils u.a.), Slg. 2007, II-04063, Rdnr. 164.

beihilfenrechtlichen Kontrollerfordernis ist auch die vergaberechtliche Judikatur konform, wonach nicht unbedingt ein Träger der öffentlichen Gewalt die Höhe der zu erbringenden Finanzierungsleistungen festlegen muss, sondern dies auch von der betreffenden Einrichtung selbst vorgenommen werden kann, wenngleich dies in einem engen gesetzlichen Rahmen zu geschehen hat.[638] Entscheidend ist somit, ob eine Einrichtung de facto über *„eine organisatorische und haushaltstechnische Autonomie, aufgrund deren nicht von einer engen Verbindung zwischen ihr und öffentlichen Stellen ausgegangen werden kann“*[639], verfügt. Nur wenn eine derartige Autonomie vorhanden ist, *„stellen die Modalitäten der Finanzierung einer solchen Einrichtung keine überwiegende Finanzierung durch die öffentlichen Stellen dar und ermöglichen diesen keine Aufsicht über die Leitung der Einrichtung.“*[640]

Auch das Vorhandensein hoheitlicher Mittel für den Vollzug der zu erbringenden Finanzierungsleistungen indiziert sowohl im Vergaberecht als auch im Beihilfenrecht die Zuordnung der auf diesem Wege erhobenen Mittel zum Staat.[641] Umgekehrt genügen aufgrund gesetzlicher Bestimmungen bestehende Ansprüche zwischen Privaten nicht, wenn diese nur mit Mitteln des Privatrechts durchsetzbar sind, auch wenn daraus ein finanzieller Vorteil für bestimmte Personen erwächst.[642]

Das im Beihilfenrecht geltende Erfordernis, dass die Vorteilsgewährung dem Staat konkret zurechenbar sein muss[643], spiegelt sich in den vergaberechtlichen Konstellationen wider. Es wurde bereits festgestellt, dass die einschränkende Funktion des Tatbestandsmerkmals des Gründungszwecks der „im Allgemeininteresse liegenden Aufgabe nichtgewerblicher Art“ zwar nicht funktional

---

638 EuGH, Urt. v. 11.6.2009, Az. C-300/07 (AOK), Slg. 2009 I-4779, Rdnr. 54.

639 EuGH, Urt. v. 12.09.2013, Az. C-526/11 (IVD), Slg. (noch nicht veröffentlicht), Rdnr. 30.

640 EuGH, Urt. v. 12.09.2013, Az. C-526/11 (IVD), Slg. (noch nicht veröffentlicht), Rdnr. 30.

641 Zum Vergaberecht vgl. EuGH, Urt. v. 13. 12.2007, Az. C-337/06 (Bayrischer Rundfunk u.a.), Slg. 2007 I-11173 Rdnr. 44; EuGH, Urt. v. 11.6.2009, Az. C-300/07 (AOK), Slg. 2009 I-4779, Rdnr. 56, zum Beihilfenrecht vgl. bspw. Kommission, Entscheidung vom 24.4.2007 – K (2007) 1761 endg.: Die Finanzierung der öffentlich-rechtlichen Rundfunkanstalten in Deutschland, Rdnr. 145.

642 Zum Vergaberecht vgl. EuGH, Urt. v. 13. 12.2007, Az. C-337/06 (Bayrischer Rundfunk u.a.), Slg. 2007 I-11173 Rdnr. 44; EuGH, Urt. v. 11.6.2009, Az. C-300/07 (AOK), Slg. 2009 I-4779, Rdnr. 56, zum Beihilfenrecht EuGH, Urt. v. 13.3.2001, Rs. C-379/98 (Preussen Elektra), Slg. 2001, I-2099, Rdnr. 61.

643 Vgl. 2. Kapitel D.II.2.

äquivalent mit dem der „Zurechenbarkeit zum Staat" im Beihilfenrecht ist, aber eine vergleichbare Funktion hat.[644] Die bestehenden dogmatischen Unterschiede stehen der Annahme einer funktionalen Äquivalenz hier nicht entgegen. Bei der Untersuchung, ob die Konstellationen mittelbarer Finanzierung funktional äquivalent sind, ist der Unterschied, dass das Vergaberecht auf eine abstrakte Gefährdung abhebt, die von staatsnahen Einrichtungen ausgeht, während das Beihilfenrecht auf die konkrete Maßnahme abhebt, die eine konkrete Gefahr für den Wettbewerb darstellt, nicht relevant. Entscheidend ist, dass eine Einrichtung, die vom Staat zu dem besonderen Zweck gegründet wurde, im Allgemeininteresse liegende Aufgaben nichtgewerblicher Art zu erfüllen und die durch einen gesetzlich gelenkten Mittelfluss durch Dritte finanziert wird, im Endeffekt stets staatliche Vorgaben hinsichtlich der Verwendung der Einnahmen befolgt und über die Mittelverwendung nicht autonom entscheiden kann.

Am Beispiel der Finanzierung des öffentlich-rechtlichen Rundfunks lässt sich die Parallelität der im Beihilfenrecht und im Vergaberecht geführten Diskussion um die Staatlichkeit von Mitteln illustrieren:

In Deutschland zieht die Gebühreneinzugszentrale im Namen der Rundfunkanstalten die Rundfunkgebühren mittels Gebührenbescheid und gegebenenfalls im Verwaltungszwangsverfahren ein. Die Kommission war seit jeher der Auffassung, dass es sich bei der Finanzierung der Rundfunkanstalten durch die Gebühreneinzugszentrale um staatliche Beihilfen handelt.[645]

Das EuG bestätigte die Auffassung der Kommission im Hinblick auf die dänischen[646], französischen[647] und niederländischen[648] Rundfunkanstalten, bei denen im Wesentlichen vergleichbare Konstellationen zugrunde lagen. In der Rechtssache *TV2/Danmark* führte das Gericht zur Begründung aus, dass es sich bei den Rundfunkgebühren um Beihilfen handele, da diese von den Behörden festgesetzt werden, die Pflicht zur Zahlung nicht auf eine vertragliche Verbindung mit dem

644 Vgl. 3. Kapitel B.IV.2.

645 Vgl. Mitteilung der Kommission über die Anwendung der Vorschriften über staatliche Beihilfen auf den öffentlich-rechtlichen Rundfunk, Abl. 2009, C 257/01. Allerding, so die Kommission, können diese Beihilfen unter den Voraussetzungen des Art. 106 Abs. 2 AEUV gerechtfertigt sein.

646 EuG, Urt. v. 22.10.2008, verb. Rs. T 309/04, T 317/04, T 329/04 und T 336/04 (TV 2/ Danmark), Slg. 2008, II-2935.

647 EuG, Urt. v. 11.3.2009, Rs. T-354/05 (Télévision francaise 1 SA, TF 1), Slg. 2009, II-00471.

648 EuG, Urt. v. 16.12.2010, verb. Rs. T-231 u. 237/06 (Nederlandse Omroep Stichting, NOS), Slg. 2010 II-05993.

Gebührenschuldner zurückgeht, sondern auf den bloßen Besitz eines Fernseh- oder Radiogeräts, die Einziehung gegebenenfalls nach den Vorschriften über die Einziehung von Steuern erfolgt und die Entscheidung über die Verteilung der Gebühren bei den Behörden liegt.[649] Mit einer in den Grundzügen vergleichbaren Argumentation hatte die Kommission ihre Auffassung begründet, dass das deutsche System zur Rundfunkfinanzierung Beihilfenrelevanz aufweist.[650]

Stellt man dieser Argumentation die zuvor dargelegte Begründung des EuGH in der vergaberechtlichen Angelegenheit *Rundfunkanstalten* zum Thema „indirekte Finanzierung“ gegenüber,[651] so ist diese mit den Kriterien funktional austauschbar, mit denen der EuGH im Zuge der Beihilfenrelevanz der Rundfunkfinanzierung das Vorliegen einer Finanzierung aus staatlichen Mitteln begründet.

(2) Ergebnis

In der Gesamtschau lässt sich erkennen, dass die indirekte Finanzierung durch dritte nichtstaatliche Einrichtungen durch eine umfassende Kontrolle vermittelt wird. Nur wenn die fragliche Stelle erstens durch steuerähnliche Mittel finanziert wird, zweitens auch deren Höhe und Verwendung staatlich vorgegeben sind und drittens deren Durchsetzung mittels hoheitlicher Maßnahmen stattfindet, ist eine Gleichstellung mit staatlichen Mitteln im engeren Sinne möglich. Funktionell betrachtet liegt dann eine Einheit vor, die zwar organisatorisch staatsfremd ist, bei der der Staat aber die Fäden in der Hand hat und Gelder einzieht, verwaltet und an Wirtschaftsteilnehmer ausschüttet. Letzteres bildet sowohl für das Vergaberecht als auch für das Beihilfenrecht den Anknüpfungspunkt. Dass – wie bereits in anderem Zusammenhang dargelegt[652] – beide Regelungsregime im Hinblick auf Beschaffungsvorgänge funktional austauschbar sind, untermauert nicht nur die dargelegte Parallelität der Abgrenzungskriterien, sondern erlaubt einmal mehr die These, dass bei der Auslegung des Vergaberechts auf die Wertungen des Beihilfenrechts zurückgegriffen werden kann.

---

649 EuG, Urt. v. 22.10.2008, verb. Rs. T 309/04, T 317/04, T 329/04 und T 336/04 (TV 2/Danmark), Slg. 2008, II-2935; Rdnr. 158.

650 Kommission, Entscheidung vom 24.4.2007 – K (2007) 1761 endg.: Die Finanzierung der öffentlich-rechtlichen Rundfunkanstalten in Deutschland. Vgl. zur beihilfenrechtlichen Einordnung der Rundfunkfinanzierung *Bartosch* Kommentar EU-Beihilfenrecht, Art. 107 Abs. 1 AEUV, Rdnr. 147; *Schladebach/Simantiras,* EuR 2011, 784–808 (798 ff.); *Frenz,* WRP 2007, 264–273 (264).

651 EuGH, Urt. v. 13. 12.2007, Az. C-337/06 (Bayrischer Rundfunk u.a.), Slg. 2007 I-11173 Rdnr. 41/42.

652 Vgl. 2. Kapitel B.III.

Im Ergebnis ist daher festzuhalten, dass der vergaberechtliche Begriff der „indirekten Finanzierung“ und derjenige der „parafiskalischen Abgabe“ im Beihilfenrecht funktional äquivalent sind. Im nächsten Schritt soll daher anhand konkreter Beispiele untersucht werden, ob diese These der Entscheidungspraxis entspricht und ob darüber hinaus daraus Rückschlüsse für die Praxis gezogen werden können.

(3) Rückschlüsse; auslegungsergänzende Wirkung des Beihilfenrechts

Die Reichweite des vergaberechtlichen Finanzierungsbegriffs wurde dargelegt. Aufgrund der funktionalen Äquivalenz des vergaberechtlichen Begriffs der „indirekten Finanzierung“ und des beihilfenrechtlichen Begriffs der „parafiskalischen Abgabe“ kann bei der Auslegung auf die Wertungen des Beihilfenrechts abgestellt werden. Bei der folgenden exemplarischen Untersuchung stehen daher Institutionen im Mittelpunkt, bei denen nach den genannten Maßstäben die Eigenschaft als öffentlicher Auftraggeber aufgrund einer mittelbaren Finanzierung in Rede steht. Da eine isolierte Betrachtung des Tatbestandsmerkmals der Finanzierung eine Aussage über die Eigenschaft als „öffentlicher Auftraggeber“ nicht zulässt, werden die weiteren Tatbestandsmerkmale des § 99 Nr. 2 GWB der Vollständigkeit halber summarisch abgehandelt.

Sozialversicherungsträger

Zustimmungswürdig ist die Ansicht, dass mit Verweis auf die Entscheidung zu den gesetzlichen Krankenkassen sowohl die gesetzliche Rentenversicherung als auch die soziale Pflegeversicherung als öffentliche Auftraggeber gemäß § 99 Nr. 2 a GWB aufgrund staatlicher Finanzierung zu erachten sind, da sie überwiegend mittels gesetzlich vorgeschriebener Beiträge finanziert werden.[653] Die notwendige staatliche Kontrolle wird dadurch vermittelt, dass sich auch die Höhe der Beiträge nach gesetzlich vorgegebenen Parametern bestimmt, wenngleich diese formal durch die gesetzlichen Krankenkassen selbst festgesetzt werden.[654] Das Vorliegen einer Gegenleistung im Sinne der University-of-Cambridge-Entscheidung[655] ist

653 *Pünder*, in *Pünder-Schellenberg* Kommentar zum Vergaberecht, § 98 Rdnr. 46; *Wagner/Raddatz*, NZBau 210, 731–734 (732); vgl. zur gesetzlichen Rentenversicherung auch VK Bund, Beschl. v. 11.08.2008, Az.: VK 3–107/08; VK Schleswig-Holstein, Beschl. v. 27.01.2009, Az.: VK SH 19/08).

654 *Eschenbruch*, in *Kulartz-Kus-Portz* Kommentar zum GWB-Vergaberecht, § 98 Rdnr. 212 ff.

655 Vgl. dazu Ausführungen unter 3. Kapitel C.II.3.b).bb).

nicht anzunehmen, die Allgemeininteressenbindung dieser Einrichtungen sowie deren Nichtgewerblichkeit sind evident.[656]

Folgerichtig ist auch der Rückschluss, dass sich die Eigenschaft als öffentlicher Auftraggeber auch auf die Tochtergesellschaften der betreffenden Einrichtungen erstreckt, wenn deren Zweckbestimmung eine im Allgemeininteresse liegende Aufgabe nichtgewerblicher Art ist, was in besonderem Maße für die von den Trägern der gesetzlichen Unfallversicherungen geführten Krankenhäuser gilt.[657]

Berufsständische Organisationen

Einer differenzierteren Betrachtung bedarf es bei den berufsständischen Organisationen, also den Industrie- und Handelskammern, den Handwerkskammern sowie den öffentlich-rechtlichen Selbstverwaltungskörperschaften für Freiberufler (Rechtsanwalts-, Notar-, Steuerberater-, Wirtschaftsprüfer-, Architekten-, Ärzte- und Apothekerkammern),[658] welche sich allesamt durch Beiträge von Pflichtmitgliedern finanzieren. Auch diese waren Gegenstand zahlreicher vergaberechtlicher Entscheidungen, wobei es in erster Linie um die Staatsgebundenheit ging.[659] Maßgeblich ist, ob genügend staatliche Einflussmöglichkeiten für die Annahme einer staatlichen Beherrschung bestehen. Dies wird – insbesondere im Hinblick auf berufsständische Organisationen – mit dem Argument abgelehnt, der staatliche Einfluss erschöpfe sich in einer reinen Rechtsaufsicht, was für das Beherrschungskriterium nicht ausreiche.[660]

Deshalb stellt sich in einem zweiten Schritt die Frage, ob eine staatliche Finanzierung vorliegt. Bei einer Finanzierungleistung durch Dritte, hier den Beitragszahlern, ist der oben herausgearbeitete Kriterienkatalog anzuwenden. Die Beiträge müssen auf einen staatlichen Akt zurückgeführt werden können, die Höhe der zu erbringenden Finanzierungsleistung muss gesetzlich determiniert

656 *Eschenbruch*, in *Kulartz-Kus-Portz* Kommentar zum GWB-Vergaberecht, § 98 Rdnr. 212 ff. Der Vollständigkeit halber sei darauf hingewiesen, dass nach vorherrschender Auffassung die Eigenschaft als öffentlicher Auftraggeber bereits aufgrund einer organisatorischen staatlichen Beherrschung angenommen wurde, vgl. *Wagner/Raddatz*, NZBau 2010, 731–734 (732).

657 *Wagner/Raddatz*, NZBau 2010, 731–734 (732).

658 vgl. Aufzählung berufsständischer Organisation in Anhang III der RiLi 2004/18/EG, die kein Entsprechung in der BVR hat.

659 Eine Tätigkeit im Allgemeininteresse wird diesen Einrichtungen nach mittlerweile gefestigter Rechtsprechung zugesprochen, ausführlich dazu: *Heyne*, Gewerbe Archiv 2010, 54–59; 108–111 (54/55).

660 *Eschenbruch*, in *Kulartz-Kus-Portz* Kommentar zum GWB-Vergaberecht, § 98 Rdnr. 220 i.V.m. 170 ff.

sein und für die Durchsetzung müssen hoheitliche Vollstreckungsmöglichkeiten zur Verfügung stehen.

Das Argument, bei der Beitragsfinanzierung handele es sich um eine *„rein mittelbare, letztlich vergabeneutral ausgestaltete Finanzierung durch die gesetzliche Anordnung von Zwangsbeiträgen“*[661], kann dem allein nicht entgegengehalten werden. Entscheidend ist vielmehr, ob der gesetzliche Rahmen vorgibt, in welcher Höhe diese Beiträge zu leisten und diese darüber hinaus mit hoheitlichen Mitteln durchsetzbar sind. Eine Finanzierung im Sinne des § 99 Nr. 2 a GWB ist lediglich abzulehnen, wenn die betreffende Organisation über die Verwendung der Mittel und über die Festsetzung der Höhe der hierfür erforderlichen Pflichtbeiträge selbst entscheidet. In diesem Sinne ist auch die Rechtsprechung des EuGH zu interpretieren, der entschied *„dass eine Einrichtung wie eine berufsständische Körperschaft des öffentlichen Rechts weder das Kriterium der überwiegenden Finanzierung durch die öffentlichen Stellen erfüllt, wenn sich diese Einrichtung überwiegend durch Beiträge ihrer Mitglieder finanziert, zu deren Festsetzung und Erhebung sie durch ein Gesetz ermächtigt wird, das nicht den Umfang und die Modalitäten der Tätigkeiten regelt, die sie im Rahmen der Erfüllung ihrer gesetzlichen Aufgaben, die mit diesen Beiträgen finanziert werden sollen, ausübt, noch das Kriterium der Aufsicht öffentlicher Stellen über ihre Leitung allein deshalb erfüllt, weil die Entscheidung, mit der sie die Höhe der Beiträge festsetzt, der Genehmigung durch eine Aufsichtsbehörde bedarf.“*[662]

Der EuGH stellte demgemäß klar, dass die Entscheidungen über den Umfang und die Modalitäten der Tätigkeit, welche die Höhe der Beiträge determinieren, von der Einrichtung selbst getroffen werden und die Finanzierung daher nicht dem Staat zuzurechnen ist. Die bloße Genehmigungsbedürftigkeit der Beitragsfestsetzung reicht für eine staatliche Einflussnahme nicht aus. Dementsprechend dürfte eine Aufraggebereigenschaft bei einem Teil der berufsständischen Einrichtungen unter dem Aspekt der Staatsnähe aufgrund „überwiegender Finanzierung“ nicht in Betracht kommen, da diese über eine „haushaltstechnische Autonomie“[663] im Sinne dieser Rechtsprechung verfügen.[664] Insbesondere bei den in vergleichbarer Weise ausgestalteten Kammern der Freiberufler und deren Untergliederungen

---

661 *Eschenbruch*, in *Kulartz-Kus-Portz* Kommentar zum GWB-Vergaberecht, § 98 Rdnr. 220 mit Verweis auf *Dreher*, NZBau 2005, 297–304 (302).

662 EuGH, Urt. v. 12.09.2013, Az. C-526/11 (IVD), Slg. (noch nicht veröffentlicht), Rdnr. 31.

663 EuGH, Urt. v. 12.09.2013, Az. C-526/11 (IVD), Slg. (noch nicht veröffentlicht), Rdnr. 30.

664 Ausführlich dazu vgl. *Hausmann/Queisner*, VergabeR 2014, 1–12.

dürfte die Qualifikation als öffentlicher Auftraggeber entfallen.[665] Dies ist zwar überzeugend, zeigt allerdings den schmalen Grad auf, auf dem insbesondere Handwerks-, Industrie- und Handelskammern hinsichtlich der Eigenschaft als öffentliche Auftraggeber wandeln. Nimmt man an, dass diese im Allgemeininteresse liegende Aufgaben nichtgewerblicher Art erfüllen[666], ist nach den dargelegten Grundsätzen die Beitragsfinanzierung als „Finanzierung" im Sinne des § 99 Nr. 2 a GWB anzunehmen, wenn die finanzierte Stelle die Höhe der zu erbringenden Finanzierungsleistungen zwar selbst festlegt, dabei aber nur einen äußerst begrenzten Spielraum hat.[667] Es ist demnach im Einzelfall zu untersuchen, ob dieser haushaltstechnische Spielraum in der Gesamtschau derart beschnitten ist, dass die Finanzierungsleistung dem Staat zuzurechnen ist.[668] Ähnlich verhält sich die Problematik bei der Prüfung, ob eine berufsständische Organisation hinsichtlich ihrer Leitung der staatlichen Aufsicht unterliegt.[669] Zu beachten ist des weiteren das dritte Kriterium, das für die Zurechnung einer Finanzierungsleistung zum Staat erfüllt sein muss. Demgemäß müssen für die Durchsetzung von Zwangsbeiträgen hoheitliche Mittel zur Verfügung stehen. Während dies bei den Handwerks-, Industrie- und Handelskammern der Fall ist,[670] gelten für Rechtsanwalts- und Notarkammern bei der Beitragseinziehung die Vorschriften über die Vollstreckung der Urteile in bürgerlichen Rechtsstreitigkeiten,[671] sodass eine „überwiegende Finanzierung" nicht in Betracht kommt, sondern allenfalls eine Leitung über die Aufsicht durch Auftraggeber nach § 99 Nr. 1 oder 3.[672]

Einrichtungen zur Absatzförderung

Eine weitere Fallgruppe, bei deren Untersuchung die beihilfenrechtliche Rechtsprechung in besonderem Maße herangezogen werden kann, betrifft

665 *Eschenbruch*, in *Kulartz-Kus-Portz* Kommentar zum GWB-Vergaberecht, § 98 Rdnr. 220.

666 *Eschenbruch*, in *Kulartz-Kus-Portz* Kommentar zum GWB-Vergaberecht, § 98 Rdnr. 220 ff.; *Ziekow*, in *Ziekow-Völlink* Kommentar zum Vergaberecht, § 98 GWB, Rdnr. 186.

667 EuGH, Urt. v. 11.6.2009, Az. C-300/07 (AOK), Slg. 2009 I-4779, Rdnr. 54; *Ziekow*, in *Ziekow-Völlink* Kommentar zum Vergaberecht, § 98 GWB, Rdnr. 91.

668 *Heyne*, NVwZ 2014, 621–625 (625); *Eschenbruch*, in *Kulartz-Kus-Portz* Kommentar zum GWB-Vergaberecht, § 98 Rdnr. 220.

669 Zur Problematik der Auftraggebereigenschaft von berufsständischen Organisationen, vgl. *Heyne*, NVwZ 2014, 621–625 (625); *Kokew*, NZBau 2014, 96 –98.

670 Vgl. § 113 Abs. 3 HwO, § 3 Abs. 8 IHK-G.

671 Vgl. § 84 BRAO, 73 Abs. 2 BNotO.

672 *Heyne*, NVwZ 2014, 621–625 (625); *Ziekow*, in *Ziekow-Völlink* Kommentar zum Vergaberecht, § 98 GWB, Rdnr. 188.

Einrichtungen, die der Absatzförderung dienen. So ging es schon in der Grundsatzentscheidung des EuGH *Steinike und Weinling* zu den parafiskalischen Abgaben um einen per Gesetz[673] eingerichteten Fonds, dessen Aufgabe es war, "*mit Hilfe einer unter dem Namen „Centrale Marketing-Gesellschaft der deutschen Agrarwirtschaft" (CMA) tätigen Einrichtung den Absatz und die Ausfuhr von Erzeugnissen der deutschen Land-, Forst- und Ernährungswirtschaft durch Erschließung und Pflege von Märkten im In- und Ausland zu fördern.*"[674]

Die Staatlichkeit der Fördermittel wurde vom EuGH mit dem Argument angenommen, dass *„eine staatliche Maßnahme, die bestimmte Unternehmen oder Erzeugnisse begünstigt, die Eigenschaft eines unentgeltlichen Vorteils nicht dadurch verliert, dass sie ganz oder teilweise durch Beiträge finanziert wird, die von Staats wegen von den betreffenden Unternehmen erhoben werden.*"[675] In Anwendung der These, dass für die vergaberechtliche Beurteilung auf die Maßstäbe des Beihilfenrechts zurückgegriffen werden kann, bedeutet dies, dass die CMA im Sinne des § 99 Nr. 2 a GWB als staatlich finanziert einzustufen wäre, wenn sie nicht nach einem Urteil des Bundesverfassungsgerichts, welches die Zwangsbeiträge als verfassungswidrig einstufte, aufgelöst worden wäre.[676] In dieselbe Richtung geht das Argument, der CMA sei durch den EuGH der *„Charakter einer quasistaatlichen Stelle"* zugesprochen worden.[677] Dass der Gegenstand des betreffenden Urteils ein Verstoß gegen die Warenverkehrsfreiheit war, steht dem nicht entgegen. Denn wie schon an anderer Stelle ausgeführt, stellt das Beihilfenverbot lediglich eine spezielle Ausformung der Grundfreiheiten dar.[678]

Die Ausführungen sind nicht nur von rechtsgeschichtlicher Bedeutung. Dies zeigt beispielsweise die Existenz des Deutschen Weinfonds, dessen Verfassungsmäßigkeit erst jüngst vom Bundesverfassungsgericht bestätigt wurde.[679] Beim

673 AbsFondsG – Gesetz über die Errichtung eines zentralen Fonds zur Absatzförderung der deutschen Land- und Ernährungswirtschaft (aufgehoben durch § 3 Artikel 1 G. v. 25.05.2011 BGBl. I S. 950).

674 EuGH, Urt. v. 22.3.1977, Rs. 78/76 (Steinike und Weinling/Deutschland), Slg. 1977, 595, Ziffer I.1 Sachverhalt und Verfahren.

675 EuGH Urt. v. 22.3.1977, Rs. 78/76 (Steinike und Weinling/Deutschland), Slg. 1977, 595, Rdnr. 22.

676 Vgl. BVerfG, GewArch 2009, 155.

677 *Wagner/Raddatz,* NZBau 2010, 731–734 (733) unter Verweis auf EuGH, Urt. v. 5.11.2001, Rs. C-325/00, Rdnr. 18 ff.

678 Vgl. Zweites Kapitel B.I.2.

679 BVerfG, Beschl. v. 06.05.2014, Az. 2 BvR 1139/12, 2 BvR 1140/12, 2 BvR 1141/12.

Deutschen Weinfonds handelt es sich um eine Anstalt des öffentlichen Rechts, deren Aufgabe es ist, die Qualität des Weines sowie durch Erschließung und Pflege des Marktes den Absatz des Weines und sonstiger Erzeugnisse des Weinbaus zu fördern und auf den Schutz der durch Rechtsvorschriften für inländischen Wein festgelegten Bezeichnungen im In- und Ausland hinzuwirken.[680]

Das Vorliegen einer im Allgemeininteresse liegenden Aufgabe nichtgewerblicher Art ist anzunehmen.[681] Bei den genannten Aufgaben handelte es sich um solche, die auf eine andere Art als durch das Angebot von Waren oder Dienstleistungen auf dem Markt erfüllt werden und bei der der Staat aus Gründen des Allgemeininteresses entscheidenden Einfluss behält.[682] Dies wird auch durch die gesetzliche Aufgabenzuweisung und die öffentlich-rechtliche Organisationsform indiziert. Insbesondere die Zuweisung der Aufgabe, für den Schutz weinbezeichnungsrechtlicher Regelungen Sorge zu tragen, belegt die Nähe zur staatlichen Aufgabensphäre.

Der Deutsche Weinfonds ist, wie einst die CMA, abgabenfinanziert. Nach § 43 WeinG wird zur Finanzierung seiner Tätigkeit die *„Abgabe für den Deutschen Weinfonds“* erhoben, dergemäß einerseits Winzer eine Flächenabgabe in Höhe von 0,67 Euro je Ar der Weinbergsfläche und andererseits Abfüller sowie Auslandsvermarkter für deutschen Wein eine Mengenabgabe in Höhe von 0,67 Euro je 100 Liter zu entrichten haben.[683] Die Höhe der Abgabe ist somit gesetzlich dem Grunde und der Höhe nach vorgeschrieben. Des Weiteren wird die Abgabe für den Deutschen Weinfonds auch mit hoheitlichen Mitteln durchgesetzt. Es ergehen Abgabenbescheide und Melde-, Dokumentations- und Mitteilungspflichtverletzungen des Abgabenschuldners werden als Ordnungswidrigkeiten geahndet.[684] Die dargelegten Parameter für die Verwendung der Abgaben, vermitteln die notwendige staatliche Kontrolle. Demgemäß ist die beihilfenrechtliche Judikatur zur CMA auf den Weinfonds übertragbar. Es handelt sich nach der festgestellten funktionalen Äquivalenz bei der Abgabenfinanzierung des Deutschen Weinfonds um eine „parafiskalische Abgabe“ im beihilfenrechtlichen Sinne und eine „indirekte Finanzierung“ im vergaberechtlichen

680 Vgl. § 37 Abs. 1 WeinG.

681 Vgl. 3. Kapitel B. II und III.

682 EuGH, Urt. v. 27.02.2003, Az. C-373/00 (Adolf Truley), Slg. 2003, I-1931, Rdnr. 50; EuGH, Urt. v. 16.10.2003, Rs. C-283/00 (SIEPSA), Slg. 2003, I-11697, Rdnr. 80.

683 Vgl. § 43 WeinG.

684 Bzgl. der Einzelheiten vgl. Weinfonds-Verordnung vom 30. Mai 2008 (BGBl. I S. 962), die durch Artikel 2 Absatz 14 des Gesetzes vom 22. Dezember 2011 (BGBl. I S. 3044) geändert worden ist.

Sinne. Das Vorliegen einer Finanzierung im Sinne des § 99 Nr. 2 a GWB ist anzunehmen. Da sich der Deutsche Weinfonds zu hundert Prozent aus der Abgabe finanziert,[685] sind er und das von ihm finanzierte Deutsche Weininstitut, welches die Rechtsform einer GmbH hat, als öffentlicher Auftraggeber gemäß § 99 Nr. 2 a GWB einzustufen.[686]

Ob neben der überwiegenden Finanzierung darüber hinaus die Aufsicht des Bundesministeriums für Ernährung und Landwirtschaft gemäß § 42 WeinG eine „Aufsicht über die Leitung" im Sinn des § 99 Nr. 2 b GWB vermittelt, kann an dieser Stelle zwar dahinstehen, ist jedoch anzunehmen. So wacht das Ministerium nicht nur über die Einhaltung der Vorgaben durch Gesetz, Satzung und das öffentliche Wohl und kann die Aufhebung widersprechender Maßnahmen verlangen; sondern es hat auch Auskunftsrechte und Behördenvertreter können an Sitzungen des Aufsichtsrates und des Verwaltungsrates teilnehmen. Darüber hinaus ist die Bundesregierung befugt, die Aufgaben des Deutschen Weinfonds durch einen besonderen Beauftragten durchführen zu lassen oder sie selbst durchzuführen, wenn dieser den ihm obliegenden Verpflichtungen nicht nachkommt.[687] Die Einhaltung des engen Regelungsrahmens,[688] den das Bundesministerium für Ernährung und Landwirtschaft durch die Genehmigungspflichtigkeit der Satzung des Deutschen Weinfonds überwacht[689], sowie die Befugnis zur Übernahme der Leitung bei Unregelmäßigkeiten[690] dürften den Anforderungen an eine „Aufsicht über die Leitung" genügen.[691]

Filmförderungsanstalt FFA

Auch die deutsche Filmförderanstalt (FFA) hielt – wie der Deutsche Weinfonds – einer verfassungsrechtlichen Überprüfung Stand.[692] Die Aufgabe der FFA ist gemäß § 1 FFG als bundesweite Filmförderungseinrichtung die Struktur

---

685 Vgl. https://www.bund.de/Content/DE/DEBehoerden/D/Deutscher-Weinfonds/Deutscher-Weinfonds.html?nn=4641496 (Stand: 08.05.2017).

686 So auch *Wagner/Raddatz,* NZBau 2010, 731–734 (734). Inwiefern sich die Eigenschaft als öffentlicher Auftraggeber auch auf die Gesellschaften erstreckt, an denen der Deutsche Weinfonds beteiligt ist, ist einer Einzelfallprüfung zu unterziehen.

687 Vgl. § 42 Abs. WeinG.

688 Vgl. EuGH, Urt. v. 01.02.2002, Az. C-237/99 (OPAC), Slg. 2001, I-939, Rdnr. 50–52.

689 Vgl. § 41 WeinG.

690 Vgl. EuGH, Urt. v. 01.02.2002, Az. C-237/99 (OPAC), Slg. 2001, I-939, Rdnr. 54–55.

691 Vgl. Ausführungen 3. Kapitel C. III.

692 Zur Verfassungsmäßigkeit zur Filmabgabe nach dem Filmförderungsgesetz vgl. BVerfG, Entsch. v. 28.01.2014, Az. 2 BvR 1561/12, 2 BvR 1562/12, 2 BvR 1563/12, 2 BvR 1564/12.

der deutschen Filmwirtschaft und die kreativ-künstlerische Qualität des deutschen Films als Voraussetzung für seinen Erfolg im Inland und im Ausland zu fördern.[693] Da auch Aufgaben der allgemeinen Daseinsvorsorge wie Kultur- und Bildungseinrichtungen von allgemeinem Interesse sind[694], die Filmförderung außerhalb der am Markt bestehenden Wettbewerbsstruktur von Angebot und Nachfrage stattfindet und die Filmförderungsanstalt eine bundesunmittelbare rechtsfähige Anstalt des öffentlichen Rechts ist[695], dürfte deren Aufgabenbereich unproblematisch als im Allgemeininteresse liegende Tätigkeit nichtgewerblicher Art einzustufen sein.[696] Es stellt sich daher die Frage nach deren Staatsnähe unter dem Gesichtspunkt der überwiegenden Finanzierung. Die FFA wird mittels einer gesetzlich festgeschriebenen Filmabgabe finanziert, die von in dieser Branche tätigen Anbietern erhoben wird.[697] Das FFG regelt die Höhe der zu entrichtenden Beiträge detailliert. Gemäß § 66 FFG haben Kinobetreiber je nach Umsatzstärke einen Prozentsatz zwischen 1,8 und 3 Prozent des Nettoumsatzes aus dem Verkauf von Eintrittskarten zu entrichten. Nach § 66 a FFG ist beim Videoverkauf und -verleih – abhängig von der Umsatzstärke und vom Nettoumsatz mit abgabepflichtigen Bildträgern – eine Filmabgabe von 1,8 bis 2,3 Prozent zu entrichten.

Die aus den Mitteln der deutschen Filmförderung gewährten Begünstigungen werden nach beihilfenrechtlichen Maßstäben von der Kommission als Beihilfe eingestuft,[698] wobei insbesondere unstreitig sein dürfte, dass die Tatbestandsmerkmale des Vorteils und der staatlichen Mittel zu bejahen sind.[699] Aufgrund der funktionalen Äquivalenz des vergaberechtlichen Begriffs der „indirekten Finanzierung" und der „parafiskalischen Abgabe" im Beihilfenrecht, müsste die Filmförderabgabe als „Finanzierung" im Sinne des § 99 Nr. 2 a GWB einzustufen sein. Dass dieser Rückschluss mit Blick auf das Beihilfenrecht richtig ist, zeigt eine Prüfung anhand der drei Kriterien, die an die Prüfung einer Zuordnung

693 Bezüglich der einzelnen Aufgaben vgl. § 2 Filmförderungsgesetz in der Fassung der Bekanntmachung vom 24. August 2004 (BGBl. I S. 2277), das zuletzt durch Artikel 1 des Gesetzes vom 31. Juli 2010 (BGBl. I S. 1048) geändert worden ist (kurz: FFG).

694 vgl. *Zeiss*, in *Heiermann-Zeiss* Praxiskommentar Vergaberecht, § 98 Rdnr. 107.

695 § 1 Abs. 1 S. 2 FFG.

696 Vgl. Ausführungen Drittes Kapitel B. II und III.

697 Vgl. §§ 66 ff. FFG.

698 KommE v. 10.6.2008, Az. C(2008) 2608, N 214/08 (United Kingdom, Second Extension of Northern Ireland Film Production); KommE v. 16.7.2008, Az. C(2008) 3542, N 233/08 (Latvia, Latvian film support scheme).

699 *Dörr*, ZUM 2010, 746–752 (748).

zum Staat im Vergaberecht zu stellen sind. So ist die FFA durch eine gesetzliche Regelung geschaffen worden, welche nicht nur deren Tätigkeitsbereich festlegt, sondern auch die Finanzierung durch die Filmabgabe sichert. Dabei ist diese Finanzierung durch das FFG nicht nur dem Grunde, sondern auch der Höhe nach vorgeschrieben. Da die FFA auf die Höhe des Abgabenaufkommens keinen Einfluss hat, fehlt es ihr an haushaltstechnischer Autonomie, die der Annahme einer Finanzierung von staatlicher Seite entgegenstünde. Letztlich ist die Filmabgabe auch mit hoheitlichen Mitteln durchsetzbar, weil diese per Bescheid erhoben und demgemäß mit hoheitlichen Mitteln vollstreckt werden kann. Da neben dieser Staatsnähe die FFA zu dem Zweck gegründet wurde, eine im Allgemeininteresse liegende Tätigkeit nichtgewerblicher Art zu verrichten, ist sie öffentlicher Auftraggeber im Sinne des § 99 Nr. 2 a GWB.

dd) Ergebnis

Es kann daher festgehalten werden, dass die Zurechnung von Finanzierungsleistungen zum Staat im Vergabe- und im Beihilfenrecht identisch ist. Dass die Grenzziehung hin zu einer nicht mehr relevanten Beteiligung des Staates gleich verläuft, zeigte insbesondere die Gegenüberstellung der Konstellationen indirekter Finanzierungen im Vergaberecht mit den „parafiskalischen Abgaben" im Beihilfenrecht. Hier konnte eine funktionale Äquivalenz nachgewiesen werden. Da dem Vergabe- und dem Beihilfenrecht ein identischer Staatsbegriff zugrunde liegt, bedeutet dies, dass bei Konstellationen, in denen im Vergaberecht zu beurteilen ist, ob eine indirekte Finanzierung vorliegt, auf das Beihilfenrecht zurückgegriffen werden kann. Die Praxistauglichkeit dieses Ansatzes wurde anhand mehrerer Einrichtungen überprüft und konnte bestätigt werden. Es ist erkennbar, dass sich die diesbezügliche Judikatur des EuGH zu Einrichtungen, deren Eigenschaft als öffentlicher Auftraggeber lange streitig war, der beihilfenrechtlichen Rechtsprechung annäherte, was beispielsweise anhand des gebührenfinanzierten öffentlichen Rundfunks illustriert wurde. Der analytische Ansatz, setzt man ihn konsequent fort, untermauert nicht nur die Richtigkeit bereits getroffener Entscheidungen, sondern ermöglicht auch weitere Erkenntnisse. Dies wurde unter anderem mit Beispielen betreffend Einrichtungen der Absatzförderung, namentlich des Deutschen Weinfonds und der deutschen Filmförderanstalt, unterlegt.

b) Leistungen ohne spezifische Gegenleistung

aa) Art der Mittel

Bei der Finanzierung bleibt die Eigenart der Mittel grundsätzlich außer Betracht.[700] Diese können sowohl in der Form einer Beteiligung, also dem Halten von Geschäftsanteilen an den betreffenden Unternehmen, als auch durch die aktive Zuführung von Barmitteln, Sacheinlagen, Eigenkapital, Darlehen, verlorenen Zuschüssen oder sonstigen geldwerten Vorteilen erfolgen.[701] Ein Unternehmen kann beispielsweise dadurch „finanziert" werden, dass ihm Liegenschaften, der überwiegende Teil des Personals sowie sachliche Betriebsgrundlagen zur Verfügung gestellt werden,[702] Grundstücke unentgeltlich genutzt werden können oder Gebäude, Anlagen und Maschinen öffentlich gefördert werden.[703] Soweit der Wortlaut des § 99 Nr. 2 a GWB bei der Finanzierung zwischen „Beteiligung oder auf sonstige Weise" differenziert, wird darin lediglich der missglückte Versuch einer Klarstellung gesehen.[704] Vor dem Hintergrund einer europarechtskonformen Auslegung im Hinblick auf das maßgebliche Sekundärrecht, das eine solche Differenzierung nicht vorsieht, ist hieraus kein eigenständiger Beherrschungsbegriff abzuleiten.[705]

bb) Keine spezifische Gegenleistung

Nach der Rechtsprechung des EuGH in der Rechtssache *University of Cambridge* ist zu beachten, dass nicht alle Zahlungen eines öffentlichen Auftraggebers die besondere Verbindung oder Unterordnung zu einer anderen Stelle zu begründen oder zu festigen vermögen. Nur die Leistungen, die als Finanzhilfe ohne spezifische Gegenleistung die Tätigkeiten der betreffenden Einrichtung finanzieren oder unterstützen, können als „öffentliche Finanzierung" eingestuft werden.[706]

---

700 *Ziekow*, in *Ziekow-Völlink* Kommentar zum Vergaberecht, § 98 Rdnr. 95.

701 *Wieddekind*, in *Willenbruch-Wieddekind* Kompaktkommentar Vergaberecht, § 98 Rdnr. 36, 37.

702 OLG Düsseldorf, Beschl. v. 30. 4. 2003, Az. Verg 67/02 (Bekleidungsmanagement der Bundeswehr).

703 VK Düsseldorf, Beschl. v. 18.06.2007, Az. VK-14/2007-L.

704 *Eschenbruch*, in *Kulartz-Kus-Portz* Kommentar zum GWB-Vergaberecht, § 98 Rdnr. 152 ff.

705 *Eschenbruch*, in *Kulartz-Kus-Portz* Kommentar zum GWB-Vergaberecht, § 98 Rdnr. 154.

706 EuGH. Urt. v. 3.10.2000, C-380/98 (University of Cambridge), Slg. 2000, I-8035, Rdnr. 21; EuGH, Urt. v. 13. 12.2007, Az. C-337/06 (Bayrischer Rundfunk u.a.), Slg. 2007 I-11173, Rdnr. 57.

Grund hierfür ist, dass eine vertragliche Gegenleistung von anderer Qualität als diejenige einer Unterstützungsleistung ist.[707] Dies ergibt sich aus dem Umstand, dass es sich bei gegenseitigen Verträgen um eine Verbindung handelt, die von einem gleichberechtigten Gegenüber und nicht von einem Akt des Gebens geprägt ist.[708] Eine andere Beurteilung ist auch dann nicht gerechtfertigt, wenn de facto eine wirtschaftliche Abhängigkeit dadurch entsteht, dass ein Unternehmen den Großteil seines Umsatzes mit Einnahmen aus Geschäften mit der öffentlichen Hand bestreitet und daher von dieser wirtschaftlich abhängig ist.[709] Freilich gilt dies nicht, wenn durch eine überhöhte Vergütung eine verdeckte Bezuschussung erfolgt.[710]

Eine spezifische Gegenleistung liegt hingegen nicht vor, wenn kein Rechtsgeschäft vorliegt, das mit einem privaten Austauschgeschäft vergleichbar ist. Danach sind Leistungen wie Fördermittel oder Zuwendungen, die etwa zur Unterstützung der Forschung gewährt werden, als Finanzierung durch einen öffentlichen Auftraggeber anzusehen.[711] Auch Gegenleistungen, die nicht auf einer vertraglichen Vereinbarung, sondern auf Gesetz beruhen, sind nicht als spezifische Gegenleistung anzusehen und daher als Finanzierung in Ansatz zu bringen.[712] In der Rechtssache *Bayrischer Rundfunk* führte der EuGH im Hinblick auf gebührenfinanzierte Rundfunkanstalten aus, dass diese sich *„nicht von einem anderen öffentlichen Dienstleister, der eine staatliche Finanzhilfe erhält, um seinen im öffentlichen Interesse liegenden Auftrag zu erfüllen"*, unterscheiden.[713] Im Zusammenhang mit den Beiträgen zur gesetzlichen Krankenversicherung verweist der EuGH auf seine Ausführungen in der Rechtssache *Bayrischer Rundfunk* und nimmt aus im Wesentlichen vergleichbaren Gründen das Vorliegen einer Finanzierung an.[714]

---

707 EuGH. Urt. v. 3.10.2000, C-380/98 (University of Cambridge), Slg. 2000, I-8035, Rdnr. 23.

708 EuGH, a.a.O., Rdnr. 24/25.

709 *Ziekow*, in *Ziekow-Völlink* Kommentar zum Vergaberecht, § 98 Rdnr. 94; VK Stuttgart, Beschl. v. 10.08.2000, Az. 1 VK 17/00.

710 *Ziekow*, in *Ziekow-Völlink* Kommentar zum Vergaberecht, § 98 Rdnr. 94; VK Stuttgart, Beschl. v. 10.08.2000, Az. 1 VK 17/00.

711 EuGH. Urt. v. 3.10.2000, C-380/98 (University of Cambridge), Slg. 2000, I-8035 Rdnr. 22.

712 *Ziekow*, in *Ziekow-Völlink* Kommentar zum Vergaberecht, § 98 Rdnr. 93.

713 EuGH, Urt. v. 13. 12.2007, Az. C-337/06 (Bayrischer Rundfunk u.a.), Slg. 2007 I-11173 Rdnr. 59.

714 EuGH, Urt. v. 11.6.2009, Az. C-300/07 (AOK), Slg. 2009 I-4779, Rdnr. 53.

cc) Vergleich des Finanzierungsbegriffs nach § 99 Nr. 2 a GWB mit dem beihilfenrechtlichen Begünstigungsbegriff

Während die Zurechenbarkeit einer Finanzierungsleistung zum Staat bereits untersucht wurde, geht es beim Finanzierungsbegriff nicht um die Herkunft der Mittel, sondern um deren Beschaffenheit, mithin um die Frage, was im Einzelnen eine Finanzierungsleistung darstellen kann (Art der Mittel) und unter welchen Voraussetzungen sie als solche auch tatsächlich in Ansatz gebracht werden kann (keine spezifische Gegenleistung). Ob sich auch in diesem Zusammenhang tatsächlich die Möglichkeit ergibt, das Beihilfenrecht auslegungsergänzend heranzuziehen, soll mit der folgenden Gegenüberstellung thematisiert werden. Dies findet vor dem Hintergrund der Grundlagenuntersuchung im zweiten Kapitel statt. Diese hatte zum Ergebnis, dass der beihilfenrechtliche Begünstigungsbegriff und der vergaberechtlichen Finanzierungsbegriff aus systematisch-teleologischen Gründen im Idealfall identisch und daher im Rahmen des Möglichen bei der Auslegung anzugleichen sind.[715]

(1) Gegenüberstellung

Die bisherige Untersuchung zeigte auf, dass sowohl für das Vergabe- als auch für das Beihilfenrecht die Konstellationen von Relevanz sind, in denen von staatlicher Seite eine Besserstellung der unternehmerischen Seite erfolgt. Dies gilt nicht nur für Subventionen im Sinne eines positiven Transfers von Geld oder geldwerten Leistungen[716], sondern für sämtliche Maßnahmen, die eine einseitige wirtschaftliche Besserstellung mit sich bringen. Umgekehrt werden in beiden Fällen wirtschaftlich ausgeglichene Austauschverhältnisse nicht erfasst. Sowohl was die Art der Mittel einerseits anbelangt als auch andererseits das Erfordernis des Fehlens einer spezifischen Gegenleistung deutet – wie bereit dargelegt – nicht nur auf eine funktionale Äquivalenz des Finanzierungsbegriffs nach § 99 Nr. 2 a GWB und der beihilfenrechtlichen Begünstigung hin, sondern machen diesen unter systematisch-teleologischen Gesichtspunkten erstrebenswert. Es stellt sich demnach die Frage, ob Gründe ersichtlich sind, die der Annahme eines kohärenten Regelungssystem entgegen stehen.

Gegen eine funktionale Äquivalenz könnte sprechen, dass bei § 99 Nr. 2 a GWB die Finanzierung auch durch „Beteiligung" stattfinden kann, während dies bei der beihilfenrechtlichen Begünstigung nicht bzw. nicht explizit vorgesehen ist. Allerdings ist insoweit zu beachten, dass auch Beteiligungen der öffentlichen

715 Vgl. 2. Kapitel D.I.4.

716 Zum klassischen Subventionsbegriff vgl. *Arhold,* in *Montag-Säcker* MünchKomm-BeihVgR, Art. 107 AEUV, Rdnr. 108.

Hand am Kapital von Unternehmen den Tatbestand der Begünstigung erfüllen können. Dies ist nach Meinung der Kommission in erster Linie dann der Fall, wenn *„neues Kapital für Unternehmen unter Umständen bereitgestellt wird, die für einen privaten Kapitalgeber, der unter normalen marktwirtschaftlichen Bedingungen sein Geld anlegt, nicht annehmbar wären"*.[717] Auch hier gelten demnach die Prinzipien des „Private-Investor-Tests". Im Umkehrschluss bedeutet dies für die Annahme einer Vergleichbarkeit mit dem Vergaberecht, dass auch dort nicht jede Beteiligung eine Finanzierung im Sinne des § 99 Nr. 2 a GWB darstellen dürfte. Nimmt man mit dem Standpunkt der Kommission an, dass *„der einfache Erwerb eines Teils oder des gesamten Gesellschaftsvermögens eines bereits bestehenden Unternehmens ohne Bereitstellung von neuem Kapital für dieses Unternehmen keine Beihilfe"* darstellt[718], so dürfte darin demgemäß auch keine Finanzierung im Sinne von § 99 Nr. 2 a GWB zu sehen sein[719]. Dies ist letztlich auch überzeugend. Denn eine bloße Beteiligung der öffentlichen Hand stellt für sich genommen keinen Umstand dar, der eine Gesellschaft finanziell sorglos stellt und ihr ein Handeln außerhalb der Gesetze des Wettbewerbs ermöglicht. Damit ist auch die im Vergaberecht herrschende Auffassung konform, dass die Beteiligung anderen Formen der Finanzierung insofern gleich steht, als dass sich allein mit einer mehrheitlichen staatlichen Anteilseignerschaft eine überwiegende staatliche Finanzierung nicht begründen lässt.[720] Dass in § 99 Nr. 2 a GWB eine Finanzierung auch durch „Beteiligung" stattfinden kann, steht der Annahme einer funktionalen Äquivalenz des Begriffs der „Finanzierung" nach § 99 Nr. 2 a GWB und des Begriffs der „Begünstigung" im Beihilfenrecht somit nicht entgegen.

(2) Ergebnis

Da der Finanzierungsbegriff des § 99 Nr. 2 a GWB und der beihilfenrechtliche Begünstigungsbegriff funktional äquivalent sind, kann bei der Auslegung des Begriffs der Finanzierung auf den beihilfenrechtlichen Begünstigungsbegriff abgestellt werden. Neben der Kohärenz, welche aus systematisch-teleologischen

---

717 Vgl. dazu Standpunkt der Kommission zu Beteiligungen der öffentlichen Hand am Kapital von Unternehmen vom 1.6.1993 (Ziffer 3.2).

718 Vgl. dazu Standpunkt der Kommission zu Beteiligungen der öffentlichen Hand am Kapital von Unternehmen vom 1.6.1993 (Ziffer 3.1).

719 In diesem Sinne auch *Koenig/Hentschel*, ZfBR 2005, 442–448 (446).

720 *Ziekow*, in *Ziekow-Völlink* Kommentar zum Vergaberecht, § 98 Rdnr. 96, 97; EuGH, Urt. v. 13.4.2010, Rs. C-91/08 (Wall), Slg. 2010 I-02815, Rdnr. 49 ff. A.A. *Dreher*, in *Dreher-Stockmann* Kartellvergaberecht, § 98 Rdnr. 95; OLG Düsseldorf, Beschluss v. 9.4.2003, Az. Verg. 66/02.

Gründen angestrebt wurde und zugleich den dogmatischen Ausgangspunkt für die Untersuchung bildete, ist dies insoweit von Vorteil, als dass die zum Begriff der Finanzierung ergangene vergaberechtliche Rechtsprechung weit weniger ausdifferenziert ist als die umfangreiche Kasuistik von Kommission und EuGH zur Festlegung, welche Leistungen eine potenzielle Begünstigung darstellen.

Zu beschränken ist die auslegungsergänzende Wirkung dabei nicht nur auf „die Art der Mittel", sondern darüber hinaus auch auf die Frage, ob eine „spezifische Gegenleistung" der Annahme einer „Finanzierung" entgegensteht. Auch hinsichtlich dieser Problemstellung ist der Rückgriff auf beihilfenrechtliche Kategorien möglich, da auch insoweit eine funktional äquivalente Problemstellung mit einem funktional übertragbaren Instrument aufgelöst wird. Wie bereits dargelegt, entschied der EuGH in der Rechtssache *University of Cambridge* und *Bayrischer Rundfunk*, dass nur die Leistungen, die als Finanzhilfe ohne spezifische Gegenleistung die Tätigkeiten der betreffenden Einrichtung finanzieren oder unterstützen, *als „öffentliche Finanzierung"* eingestuft werden können.[721] Nichts anderes gilt für den beihilfenrechtlichen „Private-Investor-Test". In diesem Zusammenhang sollen die Ausführungen im Rahmen der Darlegung der Wechselbezüglichkeit von Vergabe- und Beihilfenrecht nochmals aufgegriffen werden: Als zentraler materieller Maßstab für die Bestimmung der Marktüblichkeit eines Verhältnisses von Leistung und Gegenleistung wurde der „Private-Investor-Test" ausgemacht, demgemäß ein unangemessenes Verhältnis in der Leistungsbeziehung – und daraus resultierend das Vorliegen einer Beihilfe – dann anzunehmen ist, wenn ein umsichtiger marktwirtschaftlich handelnder Kapitalgeber in einer vergleichbaren Lage wie die öffentliche Hand nicht zu einem entsprechenden Handeln bereit gewesen wäre.[722] Aufgrund der Vielzahl denkbarer Konstellationen bei staatlichen Leistungsgewährungen wurde der Grundsatz des privaten Investors diesen entsprechend ausgeformt.[723] Diese wesentlich ausdifferenziertere Dogmatik kann im vergaberechtlichen

721 EuGH. Urt. v. 3.10.2000, C-380/98 (University of Cambridge), Slg. 2000, I-8035, Rdnr. 21; EuGH, Urt. v. 13. 12.2007, Az. C-337/06 (Bayrischer Rundfunk u.a.), Slg. 2007 I-11173, Rdnr. 57.

722 EuGH, Urt. v. 21.3.1991, Rs. C-303/88 (Italien/Kommission), Slg. 1991, I-1433, Rdnr. 20 ff.; EuGH, Urt. v. 8.5.2003, verb. Rs. C-328/99 u. C-399/00 (Seleco), Slg. 2003, S. I-4035, Rdnr. 38.

723 Vgl. Übersicht *Ziekow* Öffentliches Wirtschaftsrecht, § 6, Rdnr. 24 ff. mit entsprechenden Einzelnachweisen.

Zusammenhang herangezogen werden, wenn es darum geht, ob eine wirtschaftliche Tätigkeit des Staates als „Finanzierung" einzustufen ist.[724]

Die Richtigkeit des Ergebnisses bestätigt die Gegenprobe anhand der *Altmark-Trans*-Rechtsprechung. In dieser entschied der EuGH, dass eine Zahlung nicht als Beihilfe zu qualifizieren ist, *„soweit sie als Ausgleich anzusehen ist, der die Gegenleistung für Leistungen bildet, die von den Unternehmen, denen sie zugute kommt, zur Erfüllung gemeinwirtschaftlicher Verpflichtungen erbracht werden, so dass diese Unternehmen in Wirklichkeit keinen finanziellen Vorteil erhalten und die genannte Maßnahme somit nicht bewirkt, dass sie gegenüber den mit ihnen im Wettbewerb stehenden Unternehmen in eine günstigere Wettbewerbsstellung gelangen."*[725] Da die besagte „Gegenleistung" keine Beihilfe in Form eines finanziellen Vorteils beinhaltet, dürfte im Umkehrschluss eine private Gesellschaft nicht als „finanziert" im Sinne von § 99 Nr. 2 a GWB anzusehen sein, wenn deren finanzielle Mittel aus Ausgleichszahlungen für das Erbringen einer Dienstleistung stammen und deren Höhe im Rahmen einer Ausschreibung oder eines objektiven Wertgutachtens ermittelt wurde. Dass es sich tatsächlich so verhält, kann an dem Beispiel einer Gesellschaft illustriert werden, die teilweise im Eigentum staatlicher Stellen ist und sich erfolgreich an öffentlichen Auftragsvergaben für die Abfallsammlung beteiligt. Das Entgelt, welches diese für das Erbringen der Abfallwirtschaftsdienstleistungen erhält, kann bei der Ermittlung der Finanzierungsquote nicht in Ansatz gebracht werden.[726] Die Ermittlung der Gegenleistung im wettbewerblichen Vergabeverfahren beseitigt die Notwendigkeit der Anwendung des wettbewerbskonstituierenden Vergabeverfahrens.

(3) Rückschlüsse; auslegungsergänzende Wirkung des Beihilfenrechts

In der Konsequenz können all diejenigen Leistungen, die als potenzielle beihilfenrechtliche Begünstigung einzustufen sind, auch eine Finanzierung nach § 99 Nr. 2 a GWB darstellen. Mit Verweis auf die beihilfenrechtliche Entscheidungspraxis und Judikatur sind beispielsweise folgende Leistungen erfasst:

- verlorene (Investitions-) Zuschüsse[727]
- zinsverbilligte Darlehen[728]

---

724 In diesem Sinne auch *Koenig/Hentschel*, ZfBR 2005, 442–448 (446); *Pünder*, in *Pünder-Schellenberg* Kommentar zum Vergaberecht, § 98 GWB, Rdnr. 44.

725 EuGH, Urt. v. 24.7.2003, Rs. C- 280/00 (Altmark Trans), Slg. 2003, I-7747, Rdnr. 83.

726 Beispielsachverhalt nachgebildet EuGH, Urt. v. 13.4.2010, Rs. C-91/08 (Wall), Slg. 2010 I-02815, Rdnr. 53 ff.

727 EuGH, Urt. v. 8.3.1988, verb. Rs. 62/87 und 72/87 (Exécutif régional Wallon/Kommission), Slg. 1988, 1573, Rdnr. 13.

728 EuGH, Urt. v. 14.2.1990, Rs. C-301/87 (Frankreich/Kommission), Slg. 1990, I-307, Rdnr. 41.

- Befreiung bestimmter Unternehmen von Abgaben durch staatliche Stellen[729]
- Befreiung von Sozialbeiträgen, wenn dadurch Unternehmen teilweise von den finanziellen Lasten freigestellt werden, die sich aus der normalen Anwendung des allgemeinen Sozialversicherungssystems ergeben, ohne dass diese Befreiung durch die Natur oder den inneren Aufbau dieses Systems gerechtfertigt ist.[730]
- Verzicht[731], Stundung bzw. Nichtdurchsetzung von Forderungen[732]
- staatliche Schuldübernahmen[733]
- Übernahme von staatlichen Haftungsverpflichtungen und Bürgschaften zu günstigeren finanziellen Konditionen als sie normalerweise auf den Finanzmärkten verfügbar sind[734]
- Verkauf von Bauten oder Grundstücken unter dem Marktpreis[735]
- Vermietung zu Konditionen unter dem markküblichem Mietzins[736]
- Kostenlose oder verbilligte staatliche Leistungen jedweder Art.[737] Exemplarisch seien an dieser Stelle Vorzugstarife für Energie[738] und die Lieferung von

---

729 EuGH, Urt. v. 15.3:1994, Rs. C-387/92 (Banco Exterior de España), Slg. 1994, I-877, Rdnr. 14; EuGH, Urt. v. 19.05.1999, Rs. C-6/97 (Italien/Kommission), Slg. 1999, I-2981, Rdnr. 16.

730 EuGH, Urt. v. 14.2.1990, Rs. C-301/87 (Frankreich/Kommission), Slg. 1990, I-307, Rdnr. 41; EuGH, Urt. v. 5.10.1999, Rs. C-251/97 (Frankreich/Kommission), Slg. 1999, I-6639, Rdnr. 36.

731 Kommission, Entsch. v. 2. 5. 1990, Az. 91/144/EWG, ABl. 1991 Nr. L 73/27, 28.

732 EuGH, Urt. v. 12.10.2000, Rs. C-480/98 (Spanien/Kommission), Slg. 2000, I-8717, Rdnr. 13 und 19; Kommission, Entsch. v. 14. 10. 1998, Az. 1999/509/EG; ABl. 1999 Nr. L 198/15.

733 Kommission, Entsch. v. 29. 3. 1988, Az. 88/454/EWG, ABl. 1988 Nr. L 220/30, 35; Kommission, Entsch. v. 22. 7. 1993, Az. 93/627/EWG, ABl. 1993 Nr. L 309/21, 30.

734 Mitteilung der Kommission über die Anwendung der Artikel 87 und 88 des EG-Vertrags auf staatliche Beihilfen in Form von Haftungsverpflichtungen und Bürgschaften vom 20.6.2008, ABl. 2008 Nr. C 155/10 (geändert durch Mitteilung der Kommission v. 25. 9. 2008, ABl. 2008 Nr. C 244/32).

735 Vgl. dazu Mitteilung der Kommission betreffend Elemente staatlicher Beihilfe bei Verkäufen von Bauten oder Grundstücken durch die öffentliche Hand vom 10.7.1997, ABl. 1997 Nr. C-209/3.

736 Kommission, Entsch. v. 11. 2. 1987, Az. 87/515/EWG; ABl. 1987 Nr. L 295/25, 27.

737 vgl. *Cremer*, in *Callies-Ruffert* EUV AEUV, Art. 107 AEUV, Rdnr. 40.

738 EuGH, Urt. 3.5.1985, Rs. 67/85, 68/85 u. 70/85 (Van der Kooy u.a./Kommission), Slg. 1988, 219, Rdnr. 28 ff.

Gegenständen und Erbringung von Dienstleistungen zu Vorzugsbedingungen[739] genannt.

- Mittelbare Begünstigungen, bei denen der Staat bestimmten Unternehmen oder Verbrauchern eine finanzielle Unterstützung zum Erwerb bestimmter Produkte gewährt.[740] So wurde beispielsweise festgestellt, dass die finanzielle Förderung des Umstiegs vom analogen zum digitalen terrestrischen Fernsehen durch die Übernahme eines Teils der Ausstrahlungskosten sowohl eine unmittelbare Begünstigung der Rundfunkanbieter als auch eine mittelbare Begünstigung des DVB-T-Netzes darstellt.[741]
- Beteiligungen der öffentlichen Hand am Kapital von Unternehmen[742]

Hinsichtlich einzelner Streitpunkte können demnach zum Beihilfenrecht ergangene Kommissionsentscheidungen, Urteile und die entsprechende Kommentarliteratur zurate gezogen werden. Dies gilt sowohl für die „Art der Mittel" als auch für das Vorliegen einer „spezifischen Gegenleistung". Damit zusammenhängend eröffnet dies – wie sogleich beschrieben wird – die Möglichkeit, Anhaltspunkte für die Ermittlung der Finanzierungsquote zu ermitteln.

dd) Ergebnis

Festzuhalten ist daher, dass im Rahmen der Auslegung des Begriffs der Finanzierung nach § 99 Nr. 2 a GWB nicht nur die Zurechnung von Finanzierungsleistungen zum Staat im Vergabe- und im Beihilfenrecht identisch ist, sondern auch bei der Art der Mittel, die eine Finanzierungsleistung darstellen kann, sowie dem Vorliegen einer etwaigen „spezifischen Gegenleistung", die den Finanzierungstatbestand entfallen lässt, auf das Beihilfenrecht abgestellt werden kann. Bezüglich letzterem kann auf die beihilfenrechtliche Dogmatik zum „Private-Investor-Test" zurückgegriffen werden. Mittels diesem kann nicht nur ermittelt werden, ob eine Beihilfe bzw. eine „Finanzierung" im Sinne des § 99 Nr. 2 a GWB vorliegt. Auch für die Bestimmung der Quantität der Beihilfen- bzw. Finanzierungsleistung bietet dieser den richtigen Ansatz. Dies leitet zum nächsten Prüfungspunkt, der Berechnung der Finanzierungsquote, über.

---

739 EuGH, Urt. v. 11.7.1996, Az. C-39/94 (SFEI/La Poste), Slg. 1996, I-3547, Rdnr. 59.

740 *Kühling*, in *Streinz* EUV/AEUV, Art. 107 AEUV Rdnr. 31.

741 Kommission, Entsch. v. 9.11.2005, Az. K(2005) 3903 (DVB-T), Abl. 2006 L 200/14, Ziff. 55 ff.

742 Vgl. dazu Standpunkt der Kommission zu Beteiligungen der öffentlichen Hand am Kapital von Unternehmen vom 1.6.1993 mit weiteren Nachweisen.

c) Die Berechnung der Finanzierungsquote

Greift man bei der Auslegung des Begriffs der Finanzierung nach § 99 Nr. 2 a GWB auf den beihilfenrechtlichen Begünstigungsbegriff zurück, so bezieht sich dies nicht nur auf die Art der Mittel. Auch bei der Ermittlung, welche Höhe die staatliche Finanzierung im Einzelfall hat, kann auf die Maßstäbe des Beihilfenrechts abgestellt werden. Gerade bei staatlichen Leistungen im Rahmen von geschäftlichen Austauschbeziehungen ist oft schwer zu ermitteln, an welchem Punkt die wirtschaftlich angemessene spezifische Gegenleistung aufhört und die „staatliche Finanzierung" beginnt. Die Berechnung des finanziellen Wertes einer Finanzierung ist aus vergaberechtlicher Sicht aber notwendig, um bestimmen zu können, ob die 50%-Grenze bei der Finanzierung überschritten wurde. Dass diese auf den ersten Blick einfache Feststellung die Praxis vor erhebliche Probleme stellt, beweisen die zahlreichen Mitteilungen, Entscheidungen und Urteile, welche die Kommission und die europäischen Gerichte im beihilfenrechtlichen Kontext erlassen haben.[743] Die vergaberechtliche Literatur hingegen hat sich mit den Einzelheiten der Ermittlung von Finanzierungsanteilen nur am Rande auseinandergesetzt. Auf beihilfenrechtliche Kategorien wird dabei meist im Zusammenhang mit dem Finanzierungsbegriff des § 99 Nr. 4 GWB abgehoben.[744] Die entsprechenden Ausführungen können jedoch in diesem Zusammenhang übertragen werden, da die Berechnung des Finanzierungsäquivalents auch hier das vergaberechtliche Pendant zur Berechnung des Beihilfenäquivalents darstellt. Dieses bemisst sich grundsätzlich aus der Differenz zwischen dem Marktwert der tatsächlich erbrachten Leistung und der tatsächlich erhaltenen Gegenleistung.[745]

Da der Finanzierungsbegriff des § 99 Nr. 2 a GWB und der beihilfenrechtliche Begünstigungsbegriff funktional äquivalent sind, entspricht die Vielfältigkeit der möglichen Finanzierungsarten im Vergaberecht derjenigen, die bei der Beihilfengewährung vorzufinden ist. Daraus ergibt sich zur Ermittlung des Finanzierungsäquivalents eine Methodik, über die im folgenden ein Überblick vermittelt werden soll.[746]

743 Ausführlich dazu: *Koenig-Kühling-Ritter* EG-Beihilfenrecht, S. 89 ff.

744 Vgl. Viertes Kapitel C.II.2.

745 *Kühling*, in *Streinz* EUV/AEUV, Art. 107 AEUV, Rdnr. 50 und *Koenig-Kühling-Ritter* EG-Beihilfenrecht.

746 Bezüglich der Details sei an dieser Stelle auf die beihilfenrechtliche Literatur verwiesen. Vgl. bspw. *Kühling*, in *Streinz* EUV/AEUV, Art. 107 AEUV, Rdnr. 50 ff.; *Koenig-Kühling-Ritter* EG-Beihilfenrecht, S. 89 ff.

Verlorene Zuschüsse sind rechnerisch vollumfänglich in Ansatz zu bringen.[747]

Bei Krediten, deren Zinsen vergünstigt sind, ist zu ermitteln, unter welchen Konditionen ein privater Investor anstelle des staatlichen Kreditgebers ein Darlehen an das betreffende Unternehmen vergeben hätte.[748] Ausgehend von dieser Frage erfolgt die Ermittlung der Differenz zwischen den tatsächlich zu zahlenden und den marktüblichen Zinsen.[749] Hierfür kann die im Rahmen der Kontrolle staatlicher Beihilfen ergangene Mitteilung der Kommission über die Methode zur Festsetzung der Referenz- und Abzinsungssätze herangezogen werden.[750] Zu beachten ist weiter, dass die bloße Ermittlung der Differenz zwischen dem tatsächlich gezahlten und dem marktüblichen Zinssatz nicht sachgerecht ist, wenn die Kreditgewährung mit der Übernahme von Bonitätsrisiken verbunden ist.[751] Um hier ein Finanzierungsäquivalent ermitteln zu können, ist ein Risikofaktor zu bestimmen, der die Ausfallwahrscheinlichkeit abbildet.[752] Ist der Auftraggeber überhaupt nicht kreditfähig, ist die Gesamtsumme des Kredits als Subvention anzusehen.[753]

Auch bei Sicherheiten wie Staatsbürgschaften oder Garantien ist bei der Ermittlung des Finanzierungsäquivalentes darauf abzustellen, welchen finanziellen Vorteil der Auftraggeber durch die Gewährung der Sicherheit erlangt.[754] Dies wird in den meisten Fällen nicht die nominale Höhe der Bürgschaft sein, sondern die hierdurch erreichte Zinsvergünstigung im Vergleich zum Marktzins.[755]

---

747 *Eschenbruch*, in *Kulartz-Kus-Portz* Kommentar zum GWB-Vergaberecht, § 98 Rdnr. 323.

748 EuG, Urt. v. 30.04.1998, T-16/96 (Cityflyer Express), Slg. 1998 II-00757 Rdnr. 52 ff.

749 EuG, Urt. v. 30.04.1998, T-16/96 (Cityflyer Express), Slg. 1998 II-00757 Rdnr. 52 ff.

750 Mitteilung der Kommission über die Änderung der Methode zur Festsetzung der Referenz- und Abzinsungssätze, Abl. 2008 C 14/16. Bzgl. der Einzelheiten vgl. auch *Kühling*, in *Streinz* EUV/AEUV, Art. 107 AEUV, Rdnr. 50 ff.

751 *Eschenbruch*, in *Kulartz-Kus-Portz* Kommentar zum GWB-Vergaberecht, § 98 Rdnr. 326.

752 *Eschenbruch*, in *Kulartz-Kus-Portz* Kommentar zum GWB-Vergaberecht, § 98 Rdnr. 326.

753 *Koenig-Kühling-Ritter* EG-Beihilfenrecht, S. 105 mit Verweis auf die Unternehmensmitteilung der Kommission. Die ersten europäischen Leitlinien für staatliche Beihilfen zur Rettung und Umstrukturierung von Unternehmen in Schwierigkeiten stammen aus dem Jahr 1994 (ABl. 1994 C 368/12). Sie wurden 1999 neu gefasst (ABl. 1999 C 288/2).

754 *Eschenbruch*, in *Kulartz-Kus-Portz* Kommentar zum GWB-Vergaberecht, § 98 Rdnr. 327.

755 *Koenig-Kühling-Ritter* EG-Beihilfenrecht, S. 106 ff. mit Verweis auf die Bürgschaftsmitteilung der Kommission. Mitteilung der Kommission über die Anwendung der

Insoweit kann auf die Grundsätze zu vergünstigten Krediten verwiesen werden.[756] Hinzu kommt dementsprechend auch die Bewertung eines etwaigen Ausfallrisikos, wenn der Auftraggeber sich in wirtschaftlich schlechter Verfassung befindet. Ist die wirtschaftliche Lage derart prekär, dass der Auftraggeber unter normalen Umständen nicht in der Lage ist, sich Kapital am Markt zu beschaffen, so kommt auch hier die vollständige Wertung des nominalen Wertes der Sicherung als Subvention in Betracht.[757]

4. *Überwiegen der staatlichen Finanzierung*

Des Weiteren hat der Gerichtshof in der Rechtssache *University of Cambridge* entschieden, dass der Begriff „überwiegend" quantitativ dahingehend auszulegen ist, dass es sich um eine öffentliche Finanzierung handeln müsse, die 50 % übersteigt.[758] Zurückgewiesen wurde damit die Ansicht der Klägerin des streitgegenständlichen Verfahrens sowie Stimmen aus der Literatur, nach der eine qualitative Begriffsauslegung maßgeblich sein soll. „Überwiegend" solle demnach eine Finanzierung nur dann sein, wenn sie dem Zahlenden die Kontrolle über die Vergabe von Aufträgen verleiht.[759] Zu Recht wurde dieser Auffassung mit Verweis auf den Wortlaut und die Systematik der zugrundeliegenden Richtlinien nicht gefolgt. Auch bei dieser Verbundenheit im weiteren Sinne besteht nämlich die Gefahr, dass sich die betreffenden Auftraggeber von anderen als wirtschaftlichen Erwägungen leiten lassen. Maßgeblich ist allein der Anteil der Finanzierung.[760] Dies gilt konsequenter Weise auch für den umgekehrten Fall, dass eine Beteiligung von unter 50 % dem öffentlichen Auftraggeber faktisch eine Beherrschungsmöglichkeit vermittelt, da sich beispielsweise die übrigen Gesellschaftsanteile in Streubesitz befinden.[761] In diesem Fall sind die anderen

---

Artikel 87 und 88 des EG-Vertrags auf staatliche Beihilfen in Form von Haftungsverpflichtungen und Bürgschaften vom 20.6.2008, ABl. 2008 Nr. C 155/10 (geändert durch Mitteilung der Kommission v. 25. 9. 2008, ABl. 2008 Nr. C 244/32).

756 *Eschenbruch*, in *Kulartz-Kus-Portz* Kommentar zum GWB-Vergaberecht, § 98 Rdnr. 327.

757 *Koenig-Kühling-Ritter* EG-Beihilfenrecht, S. 109.

758 EuGH. Urt. v. 3.10.2000, C-380/98 (University of Cambridge), Slg. 2000, I-8035 Rdnr. 29–32.

759 kritisch z.B. *Dietlein*, NZBau 2002, 136–142 (140).

760 EuGH. Urt. v. 3.10.2000, C-380/98 (University of Cambridge), Slg. 2000, I-8035 Rdnr. 29–32.

761 *Dreher*, in *Dreher-Stockmann* Kartellvergaberecht, § 98 Rdnr. 95.

Tatbestandsmerkmale zu prüfen, die eine besondere Staatsgebundenheit zu begründen vermögen.

III. Aufsicht über die Leitung (§ 99 Nr. 2 b GWB)

1. Aktueller Stand

§ 99 Nr. 2 b GWB regelt die Staatsnähe aufgrund der „Aufsicht über die Leitung". Auch dieses Tatbestandsmerkmal wurde durch die europäische Rechtsprechung näher ausgestaltet, wobei die Auslegung mit besonderen Schwierigkeiten verbunden ist, da es sich – im Gegensatz zu § 99 Nr. 2 a und c – nicht um ein quantitativ bestimmbares Kriterium handelt.[762]

Grundlegend zu beachten ist bei der Auslegung das Gleichwertigkeitserfordernis im Hinblick auf die anderen Varianten der Staatsbindung. Das Tatbestandsmerkmal der Aufsicht über die Leitung kann demnach nur erfüllt sein, wenn diese Aufsicht eine Verbindung mit der öffentlichen Hand schafft, die gleichwertig zu Alternativen des § 99 Nr. 2 a und c ist, es also der öffentlichen Hand ermöglicht, die Entscheidungen dieser Einrichtung im Bereich öffentlicher Aufträge zu beeinflussen.[763]

Die Problematik, dass es trotz des entgegenstehenden Wortlauts des § 98 Nr. 2 Variante 2 GWB a.F. genügte, wenn die Aufsicht über die Leitung nur potenziell, nicht aber tatsächlich „ausgeübt" wird, hat sich durch die jüngste Novellierung, in der das Wort „ausgeübt" durch „unterliegt" ersetzte wurde, erledigt.

Ob eine hinreichende Einflussmöglichkeit besteht, prüft der EuGH anhand einer wertenden Gesamtbetrachtung. Der Rechtsprechung lassen sich einige Grundsätze entnehmen, auf deren Basis das Gericht eine Einzelfallbetrachtung vornimmt.

Die Aufsicht über die Leitung mittels einer bloßen nachprüfenden Kontrolle genügt nicht, denn *„schon begrifflich erlaubt es eine derartige Kontrolle der öffentlichen Hand nicht, die Entscheidungen der betreffenden Einrichtung im Bereich der Vergabe öffentlicher Aufträge zu beeinflussen."*[764] Hingegen kann schon die Überwachung der Einhaltung eines engen Regelungsrahmens, der die Führung der Geschäfte detailliert regelt, für sich allein dazu führen, dass der öffentlichen Hand ein hinreichend bedeutender Einfluss eingeräumt wird.[765]

---

762 *Pünder*, in *Pünder-Schellenberg* Kommentar zum Vergaberecht, § 98 Rdnr. 49.

763 EuGH, Urt. v. 01.02.2002, Az. C. 237/99 (OPAC), Slg. 2001, I-939 Rdnr. 48/49; EuGH, Urt. v. 27.02.2003, Az. C-373/00 (Adolf Truley), Slg. 2003, I-1931, Rdnr. 69.

764 EuGH, Urt. v. 27.02.2003, Az. C-373/00 (Adolf Truley), Slg. 2003, I-1931, Rdnr. 70.

765 EuGH, Urt. v. 01.02.2002, Az. C-237/99 (OPAC), Slg. 2001, I-939, Rdnr. 50–52.

So ließ der EuGH die Befugnis einer staatlichen Stelle genügen, eine Einrichtung aufzulösen und einen Abwickler zu bestellen bzw. Leitungsorgane vorläufig ihres Amtes zu entheben und durch vorläufige Verwalter zu ersetzen, wenn schwere Unregelmäßigkeiten oder schwerwiegende Verstöße bei der Führung der Geschäfte oder Untätigkeit des Verwaltungsrates oder des Vorstands oder des Aufsichtsrates dies erfordern.[766] Allein die Ausübung derartiger Befugnisse, so der EuGH weiter, impliziere eine ständige Kontrolle, denn nur diese ermögliche es, schwerwiegende Verstöße oder Unterlassungen der Leitungsorgane aufzudecken.[767] Auch die Befugnis, ein bestimmtes Geschäftsführungsprofil vorzugeben[768] oder auf der Basis von eigenen Untersuchungen Vorschläge zum operativen Geschäft zu unterbreiten, deren Umsetzung im Anschluss überwacht wird, spricht für eine Aufsicht durch die öffentliche Hand.[769] Über eine bloße nachprüfende Kontrolle geht es zudem hinaus, wenn die betreffende Einrichtung der unmittelbaren Aufsicht der staatlichen Stellen unterliegt und diese nicht nur zur Kontrolle des Jahresabschlusses berechtigt sind, *„sondern auch die laufende Gebarung auf ihre ziffernmäßige Richtigkeit, Ordnungsmäßigkeit, Sparsamkeit, Wirtschaftlichkeit und Zweckmäßigkeit"* überprüfen und so eine aktive Aufsicht über die Leitung einer Gesellschaft ausüben.[770]

Zur Beantwortung der Frage, ob der Einfluss des Staates im konkreten Fall den Rahmen einer bloß nachprüfenden Kontrolle übersteigt, kann in Deutschland nicht auf die Differenzierung von Recht- und Zweckmäßigkeit im Sinne des Verwaltungsrechts abgestellt werden, da dem Unionsrecht eine solche Kategorisierung fremd ist.[771] Entscheidendes Kriterium ist die Differenzierung zwischen nachprüfender oder laufender Kontrolle.[772] Demnach ist jedenfalls bei einer staatlichen Fachaufsicht ein hinreichender Beherrschungsgrad gegeben, da sich diese auf die Zweckmäßigkeit der Aufgabenerfüllung bezieht, es also der die Aufsicht ausübenden Stelle erlaubt, auf die Auftragsvergabe Einfluss zu nehmen.[773] Demgegenüber reicht die klassische Rechtsaufsicht im Sinne des

---

766 EuGH, a.a.O., Rdnr. 54–55.

767 EuGH, a.a.O., Rdnr. 54–55.

768 EuGH, a.a.O., Rdnr. 57.

769 EuGH, a.a.O., Rdnr. 58.

770 EuGH, Urt. v. 27.02.2003, Az. C-373/00 (Adolf Truley), Slg. 2003, I-1931, Rdnr. 71/72.

771 *Dreher*, in *Dreher-Stockmann* Kartellvergaberecht, § 98 Rdnr. 100; *Eschenbruch*, in *Kulartz-Kus-Portz* Kommentar zum GWB-Vergaberecht, § 98 Rdnr. 170 ff.

772 *Ziekow*, VergR 2003 483–502 (501).

773 *Pünder*, in *Pünder-Schellenberg* Kommentar zum Vergaberecht, § 98 Rdnr. 51; *Dippel*, in *Hattig-Maibaum* Praxiskommentar Kartellvergaberecht, § 98 Rdnr. 82.

deutschen Verwaltungsrechts nicht aus, um den Einfluss einer staatlichen Stelle auf das Vergabewesen der beaufsichtigten Einrichtung zu begründen.[774] Da es eine trennscharfe Linie zwischen der umfassenden Zweckmäßigkeitskontrolle auf der einen Seite und der klassischen nachgelagerten Rechtmäßigkeitsprüfung auf der anderen Seite aber nicht gibt, kommt man in Anbetracht der Vielzahl denkbarer Konstellationen um eine differenzierte Untersuchung und Bewertung des Einzelfalls nicht umhin.[775] Dies auch vor dem Hintergrund, dass § 99 Abs. 2 b GWB typischerweise Konstellationen erfasst, bei denen unter Umgehung der anderen Varianten des § 99 Nr. 2 GWB trotz Minderheitsbeteiligungen an gemischtwirtschaftlichen Gesellschaften der staatliche Einfluss gesichert werden soll.[776]

Die nationale Judikatur knüpft dabei an die europäischen Vorgaben an. So untersuchte das OLG Düsseldorf in seiner Kampfstiefel-Entscheidung, ob durch die *„zwischen dem Bund und der Auftraggeberin bestehenden Regelungen in ihrer Gesamtheit eine Aufsicht durch den Bund von einem Ausmaß besteht, die es dem Bund ermöglicht, die Entscheidungen der Auftraggeberin in Bezug auf öffentliche Aufträge zu beeinflussen"*.[777] In der Entscheidung wird dies mit Verweis auf Einzelregelungen bejaht, *„die dem Bund eine ständige Aufsicht und Kontrolle der Geschäftstätigkeit der Auftraggeberin einschließlich ihrer Leitungsebene ermöglicht"*[778]. Derartige Einwirkungsmöglichkeiten können auch aufgrund der Regelungen eines Kooperationsvertrages bestehen, mittels dessen der Staat die Leitung über eine Einrichtung ausübt.[779] Angenommen wird in diesem Zusammenhang, dass die Aufsicht über die Leitung auch am gesellschaftsrechtlichen Beherrschungsbegriff festgemacht werden kann. Insoweit wird ergänzend auf den Beherrschungsbegriff des § 17 AktG und die dazu ergangene Rechtsprechung abgestellt.[780] Demgemäß sind abhängige Unternehmen rechtlich

---

774 *Eschenbruch*, in *Kulartz-Kus-Portz* Kommentar zum GWB-Vergaberecht, § 98 Rdnr. 170.

775 *Eschenbruch*, in *Kulartz-Kus-Portz* Kommentar zum GWB-Vergaberecht, § 98 Rdnr. 175 mit weiteren Nachweisen.

776 *Dreher*, in *Dreher-Stockmann* Kartellvergaberecht, § 98 Rdnr. 99.

777 OLG Düsseldorf, Beschl. v. 30.04.2003, Az. VII-Verg 67/02, Rdnr. 43 unter Verweis auf EuGH, Urt. v. 01.02.2002, Az. C-237/99 (OPAC), Slg. 2001, I-939.

778 OLG Düsseldorf, Beschl. v. 30.04.2003, Az. VII-Verg 67/02. Rdnr. 43.

779 OLG Düsseldorf, Beschluss vom 18. Juli 2007, Az. VII-Verg 16/0.

780 VÜA Bund v. 12.04.1995 – 1 VÜ 1/95 – Kraftwerkskomponeneten; *Zeiss*, in *Heiermann-Zeiss* Praxiskommentar Vergaberecht, § 98 Rdnr. 151–152; *Stickler*, in *Glahs u.a.* Vergaberecht, § 98 Rdnr. 26.

selbständige Unternehmen, auf die ein anderes Unternehmen unmittelbar oder mittelbar einen beherrschenden Einfluss ausüben kann. Der Regelungsgehalt des § 17 AktG ist mit dem der „Aufsicht über Leitung“ vergleichbar, da es in beiden Fällen um die Möglichkeit zur Einflussnahme eines herrschenden über ein beherrschtes Rechtssubjekt geht.[781] Dies gilt freilich nur im Rahmen der auf europäischer Ebene zum Vergaberecht getroffenen Vorgaben.[782] Nicht als Orientierung dienen kann hingegen die Regelung des § 17 Abs. 2 AktG.[783] Die Regelung bestimmt, dass bei einem in Mehrheitsbesitz stehenden Unternehmen vermutet wird, dass es von dem an ihm mit Mehrheit beteiligten Unternehmen abhängig ist. Dies kann aber für § 99 Nr. 2 b GWB nicht gelten, da es bei dieser Vorschrift gerade nicht auf die Eigentumsanteile, sondern auf die Kontroll- und Steuerungsmöglichkeiten ankommt.[784] Dies zeigt die Rechtsprechung des EuGH, der selbst bei einer hundertprozentigen Anteilseignerschaft nicht auf die Mehrheit der Geschäftsanteile sondern auf die Kontrollbefugnisse der Muttergesellschaft abstellt.[785] Entscheidend ist folglich, ob der Mehrheitsgesellschafter in der Lage ist, *„die Geschäftsführung dieses Unternehmens tatsächlich zu kontrollieren“*[786].

2. *Vergleich mit dem beihilfenrechtlichen Tatbestandsmerkmal der „staatlichen Kontrolle“*

Im Hinblick auf die Staatsnähekriterien wurde zu Beginn dieses Abschnitts festgestellt, dass das Beihilfenrecht – im Gegensatz zum Vergaberecht – bei der Zuordnung zum Staat im Schwerpunkt maßnahmen- und nicht personenbezogen ist, und demnach nicht alle potenziellen „staatlich benannten oder errichteten Einrichtungen“ öffentliche Auftraggeber sein können. Damit einher ging die

---

781 *Ziekow*, VergR 2003 483–502 (501); *Stickler*, in *Glahs u.a.* Vergaberecht, § 98 Rdnr. 26.

782 *Ziekow*, VergR 2003 483–502 (501); *Zeiss*, in *Heiermann-Zeiss* Praxiskommentar Vergaberecht, § 98 Rdnr. 151.

783 *Ziekow*, in *Ziekow-Völlink* Kommentar zum Vergaberecht, § 98 Rdnr. 107; *Eschenbruch*, in *Kulartz-Kus-Portz* Kommentar zum GWB-Vergaberecht, § 98 Rdnr. 164.

784 *Ziekow*, in *Ziekow-Völlink* Kommentar zum Vergaberecht, § 98 Rdnr. 107. Zur Fragestellung der Notwendigkeit externer Aufsichtsbefugnisse vgl. *Ziekow*, in *Ziekow-Völlink* Kommentar zum Vergaberecht, § 98 Rdnr. 108 ff.; *Eschenbruch*, in *Kulartz-Kus-Portz* Kommentar zum GWB-Vergaberecht, § 98 Rdnr. 164 ff.

785 EuGH, Urt. v. 27.02.2003, Az. C-373/00 (Adolf Truley), Slg. 2003, I-1931, Rdnr. 72.

786 EuGH, Urt. v. 13.04.2008, Az. C-91/08 (Wall), Slg. 2010, I- 2815, Rdnr. 50.

Erkenntnis, dass es grundsätzlich schwer ist, hinsichtlich der Staatsnähe einer Einrichtung dem Beihilfenrecht Anhaltspunkte zu entnehmen.[787]

Neben dem Finanzierungsbegriff, bei dem aufgrund der Erfassung funktional äquivalenter Mittelflüsse im Vergabe- und Beihilferecht konkrete Rückschlüsse für die Auslegung des vergaberechtlichen Tatbestandsmerkmals der „Finanzierung" gezogen werden konnten, könnte sich im Zusammenhang mit den Regelungen zu „öffentlichen Unternehmen" Erkenntnisse für die weiteren Staatsnähekriterien ergeben. Grund hierfür ist, dass bei diesen, ebenso wie bei den öffentlichen Auftraggebern, eine prinzipielle Zuordnung zum Staat stattfindet.

Das Tatbestandsmerkmale der „Leitung über die Aufsicht" gemäß § 99 Nr. 2 b GWB weist funktionale Ähnlichkeit zu denjenigen auf, die im Beihilfenrecht und bei den „öffentlichen" Unternehmen zur Feststellung einer staatlichen Kontrolle herangezogen werden. Insoweit ist an die im zweiten Kapitel gemachten Beobachtungen zu öffentlichen Unternehmen zu erinnern. Es wurde festgestellt, dass sich im europarechtlichen Zusammenhang der Begriff des „öffentlichen Unternehmens" im Kern dadurch auszeichnet, dass die öffentliche Hand die Geschicke eines solchen Unternehmens bestimmen kann, ohne dabei hoheitliche Maßnahmen auszuüben.[788] Der Begriff des „öffentlichen" Unternehmens ist im AEUV nicht definiert, wird aber sekundärrechtlich in Art. 2 lit b Transparenzrichtlinie[789] bestimmt. Als öffentliches Unternehmen gilt demnach „*jedes Unternehmen, auf das die öffentliche Hand aufgrund Eigentums, finanzieller Beteiligung, Satzung oder sonstiger Bestimmungen, die die Tätigkeit des Unternehmens regeln, unmittelbar oder mittelbar einen beherrschenden Einfluss ausüben kann.*" Wie bei den vergaberechtlichen Staatsnähekriterien allgemein und dem der „Aufsicht über die Leitung" speziell, ist somit die staatliche Beherrschung maßgeblich. Dies spricht für eine funktionale Äquivalenz des vergaberechtlichen Staatsnähekriteriums mit dem des „beherrschenden Einflusses" in der Transparenzrichtlinie.

Ob aus dieser dogmatischen Vergleichbarkeit tatsächlich eine funktionale Äquivalenz erwächst und somit die Voraussetzungen für eine auslegungsergänzende Wirkung gegeben sind, ist fraglich. Denn wenngleich die

---

787 Vgl. Ausführungen 3. Kapitel B.IV.2.

788 Vgl. 2. Kapitel D.II.4.b).

789 RiLi 2006/111/EG über die Transparenz der finanziellen Beziehungen zwischen den Mitgliedstaaten und den öffentlichen Unternehmen sowie über die finanzielle Transparenz innerhalb bestimmter Unternehmen, ABl. EG L 318 v. 17.11.2006, S. 17.

Transparenzrichtlinie zur Auslegung des Begriffs des „öffentlichen Unternehmens" nach Art. 106 Abs. 1 AEUV aufgrund des vergleichbaren Normzwecks herangezogen wird, so gilt sie rein normenhierarchisch doch nur für die Richtlinie selbst.[790] Ein weiterer Aspekt neben dem vergleichbaren Normzweck ist, dass die in Art. 2 lit b Transparenzrichtlinie aufgeführten Vermutungstatbestände für die Tatsache, dass ein „beherrschender Einfluss" ausgeübt wird, dem Wortlaut nach der Vermutungssystematik entspricht, welche die Sektorenrichtlinie in Art. 3 Abs. 2 ebenfalls bei der Bestimmung des Begriffs des „öffentlichen Unternehmens" anlegt. Dies könnte zwar als Argument dafür ins Feld geführt werden, dass der europäische Gesetzgeber bei der Richtliniengebung im Vergaberecht zwischen dem Beherrschungsbegriff der Sektorenrichtlinie und der BVR differenzierte, der Annahme von Überschneidungen steht dies jedoch nicht entgegen. So geht *Dörr* davon aus, dass sich, trotzt der abweichenden Formulierungen hinsichtlich der staatlichen Beherrschung in den Richtlinien und im Umsetzungsrecht, die praktischen Ergebnisse der *„Merkmale, die jeweils auf den potenziellen Einfluss der öffentlichen Hand auf das Beschaffungsverhalten privater Rechtsträger abzielen,"* in der Regel kaum unterscheiden werden.[791] *Zeiss* vertritt sogar die Auffassung, der Beherrschungsbegriff betreffend „öffentliche Unternehmen" in der SKR entspräche den Grundsätzen des funktionalen Auftraggeberbegriffs und sei deshalb *„ebenso auszulegen"* wie im Rahmen des § 99 Nr. 2 b GWB.[792]

Nach Art. 2 lit b Transparenzrichtlinie bzw. Art. 3 Abs. 2 SKR wird die Ausübung eines beherrschenden Einflusses vermutet, *„wenn die öffentliche Hand unmittelbar oder mittelbar:*

- *die Mehrheit des gezeichneten Kapitals des Unternehmens besitzt oder*
- *über die Mehrheit der mit den Anteilen des Unternehmens verbundenen Stimmrechte verfügt oder*
- *mehr als die Hälfte der Mitglieder des Verwaltungs-, Leistungs- oder Aufsichtsorgans des Unternehmens bestellen kann."*

Die einzelnen Beherrschungstatbestände sind unter dem Aspekt zu untersuchen, ob einer Übereinstimmung zwischen dem Beherrschungsbegriff der Transparenzrichtlinie und dem des Art. 3 Abs. 2 SKR auf der einen Seite und der „Aufsicht über die Leitung" im Sinne des § 99 Nr. 2 b GWB auf der anderen Seite

790 *Kühling*, in *Streinz* EUV/AEUV, Art. 106 AEUV, Rdnr. 15 ff.

791 *Dörr*, in *Dreher-Motzke* Vergaberechtskommentar, § 98 Rdnr. 145–157.

792 *Zeiss*, in *Heiermann-Zeiss* Praxiskommentar Vergaberecht, § 98 Rdnr. 207–210.

im Regelfall zugestimmt werden kann. Was den ersten Tatbestand betrifft, so ist klarzustellen, dass dieser nicht mit dem vergaberechtlichen Tatbestandsmerkmal der „überwiegenden Finanzierung durch Beteiligung oder auf sonstige Weise“ korreliert. Denn wie bereits dargelegt, reicht es für eine überwiegende Finanzierung im Sinne des § 99 Nr. 2 a GWB keineswegs aus, die Betrachtung auf das gezeichnete Kapital zu beschränken.[793] Dies steht aber nicht der Annahme entgegen, dem Besitz der Mehrheit des gezeichneten Kapitals an einem Unternehmen eine – im Einzelfall widerlegbare – Vermutung dahingehend zuzusprechen, dass dieser eine „Aufsicht über die Leitung“ vermittelt. Selbiges gilt für das Verfügen über die Mehrheit der mit den Anteilen des Unternehmens verbundenen Stimmrechte und die Möglichkeit zur Bestellung von mehr als der Hälfte der Mitglieder des Verwaltungs-, Leistungs- oder Aufsichtsorgans des Unternehmens. Da der letztgenannte Vermutungstatbestand in der Regel deckungsgleich mit der Bestimmung der Mehrheit der Mitglieder eines Geschäftsführungs- oder Aufsichtsorgans im Sinne des § 99 Nr. 2 c GWB ist, dürfte diesem im Rahmen von § 99 Nr. 2 b keinen nennenswerte Bedeutung zukommen.

3. *Ergebnis*

Es kann daher festgehalten werden, dass das Tatbestandsmerkmal der „Ausübung der Aufsicht über die Leitung“ gemäß § 99 Nr. 2 b GWB mit dem Begriff der Beherrschung, der in Art. 2 lit b Transparenzrichtlinie bzw. Art. 3 Abs. 2 SKR zugrunde gelegt wird, funktional äquivalent ist. Denn wenn der Staat vermittels dieser Beherrschung eine hinreichende Möglichkeit zur Beeinflussung des Unternehmens zu beihilfenrelevanten Entscheidungen wie Investitionen, Preisänderungen, Kreditaufnahme oder Gewinnverteilung vornehmen kann, so wird er auch auf die Vergabe von Aufträgen einwirken können. Spricht in diesem Zusammenhang eine widerlegliche Vermutung für die Beherrschung des Unternehmens durch die staatliche Seite, muss dies gleichsam für das Beihilfen- und das Vergaberecht gelten. Von praktischer Relevanz ist dies allerdings nur für den Überschneidungsbereich, der sich auf die „Aufsicht über die Leitung“ unternehmerisch tätiger Rechtssubjekte beschränkt.[794] Dies sind solche, die – unabhängig von ihrer Rechtsform – eine wirtschaftliche Tätigkeit in dem Sinne ausüben,

---

793 *Eschenbruch,* in *Kulartz-Kus-Portz* Kommentar zum GWB-Vergaberecht, § 98 Rdnr. 154.

794 Zum hier maßgeblichen Unternehmensbegriff des europäischen Wettbewerbsrecht 2. Kapitel D.II.4.a).

dass sie Güter oder Dienstleistungen auf einem bestimmten Markt anbieten.[795] Für hoheitliche Möglichkeiten der Einflussnahme bleibt es bei der ausdifferenziert dargelegten Dogmatik zur Fach- und Rechtsaufsicht. Letztlich ist darauf hinzuweisen, dass die Vermutung einer Aufsicht über die Leitung, beispielsweise durch eine gesellschaftsrechtliche Beherrschung, durch den Nachweis einer Weisungsungebundenheit ausnahmsweise widerlegt werden kann.[796] Der Einzelfall ist maßgeblich.

IV. Bestimmung der Mehrheit der Mitglieder eines Geschäftsführungs- oder Aufsichtsorgans (§ 99 Nr. 2 c GWB)

Letztlich ist die erforderliche Nähe einer Einrichtung zum Staat nach § 99 Nr. 2 c GWB auch dann gegeben, wenn öffentliche Auftraggeber nach § 99 Nr. 1 oder Nr. 3 GWB mehr als die Hälfte der Mitglieder eines der zur Geschäftsführung oder zur Aufsicht berufenen Organe der Einrichtung bestimmt haben.

Bei den zur Aufsicht berufenen Organen handelt es sich in den meisten Fällen um die gesetzlich vorgesehenen Geschäftsführungs- und Aufsichtsorgane für die jeweilige Gesellschaftsform.[797] Denkbar ist aber auch, dass es sich um Gremien handelt, die vertraglich eingerichtet wurden,[798] so zum Beispiel ein verbindlich mitentscheidender Beirat für eine GmbH, der im Rahmen der Gründung einer Öffentlich-Privaten-Partnerschaft gegründet wurde.[799] Gremien ohne organschaftliche Funktion fallen nicht darunter.[800] So fehlt einer Gesellschafterversammlung die Organeigenschaft, da deren Mitglieder nicht bestellt werden, sondern sich aus der Anteilseignerschaft ergeben.[801] Gibt es mehrere Organe in diesem Sinne, genügt es dem Wortlaut der Vorschrift nach, wenn bei einem die Mehrheit der Mitglieder bestimmt wird.[802]

---

795 Ständige Rechtsprechung vgl. beispielsweise EuGH, Urt. v. 25.10.2001, Rs. C-475/99 (Ambulanz Glöckner), Slg. 2001 I-08089, Rdnr. 19; EuGH, Urt. v. 12.09.2000, Rs. C-180/98 bis C-184/98 (Pavlov u.a.), 2000 I-06451, Rdnr. 75 mit weiteren Nachweisen.

796 *Eschenbruch*, in *Kulartz-Kus-Portz* Kommentar zum GWB-Vergaberecht, § 98 Rdnr. 174.

797 *Dippel*, in *Hattig-Maibaum* Praxiskommentar Kartellvergaberecht, § 98 Rdnr. 86.

798 *Ziekow*, VergR, 2003 483–502 (501).

799 Vergabekammer Münster, ZfBR 2002, 724 (730).

800 *Dreher*, in *Dreher-Stockmann Kartellvergaberecht*, § 98 Rdnr. 101; *Stickler*, in *Glahs u.a.* Vergaberecht, § 98 Rdnr. 28.

801 *Ziekow*, in *Ziekow-Völlink* Kommentar zum Vergaberecht, § 98 Rdnr. 111.

802 *Ziekow*, in *Ziekow-Völlink* Kommentar zum Vergaberecht, § 98 Rdnr. 111.

Unter Bestimmen versteht man das Bestellen einer Person zum Organmitglied, wobei es ausreicht, wenn ein Organmitglied durch mehrere Auftraggeber bestimmt wird.[803] Die Hälfte der Organmitglieder kann durch einfache Rechnung ermittelt werden, eine Parität genügt gemäß § 98 Nr. 2 c GWB und Art. 2 Abs. 1 Nr. 4 BVR grundsätzlich nicht.[804]

Es ist nicht erforderlich, dass auf die Leitung der betreffenden Stelle durch die bestimmten Organmitglieder tatsächlich Einfluss genommen wird. Es genügt die Gefahr, dass die Organmitglieder der Stelle, die sie eingesetzt hat, nahestehen und dementsprechend in deren Sinne agieren könnten.[805] Eine Sicherstellung der einheitlichen Willensbildung unter den bestimmten Organmitgliedern ist ebenso wenig notwendig.[806] Nicht ausreichend ist aber die bloße Möglichkeit zur Besetzung der Organe, wenn diese im konkreten Fall nicht genutzt wird.[807]

Wie bereits im Rahmen der Ausführungen zum Staatsnähekriterium der „Aufsicht über die Leitung" dargelegt, bestehen Parallelen zwischen der „Bestimmung der Mehrheit der Mitglieder eines Geschäftsführungs- oder Aufsichtsorgans" im Sinne des § 99 Nr. 2 c GWB und der dritten Variante des Vermutungstatbestandes für das Bestehen eines beherrschenden Einflusses nach Art. 2 lit b der Transparenzrichtlinie bzw. Art. 3 Abs. 2 SKR. Wegen der weitgehenden Deckungsgleichheit und aufgrund des Umstands, dass das Staatsnähekriterium des § 99 Nr. 2 c GWB im Vergleich zu der „Aufsicht über die Leitung" quantifizierbar und daher bei der Auslegung vergleichsweise unproblematisch ist, bietet das Beihilfenrecht keine Möglichkeit der auslegungsergänzenden Wirkung.

D. Zusammenfassung der Ergebnisse

Im zweiten Kapitel wurde die Möglichkeit einer auslegungsergänzenden Wirkung des Beihilfenrechts allgemein und speziell für die Tatbestandsmerkmale des § 99 Nr. 2 GWB untersucht. Unter mehreren Gesichtspunkten wurde eine mögliche auslegungsergänzende Wirkung des Beihilfenrechts für die Tatbestandsmerkmale der „im Allgemeininteresse liegenden Aufgabe nichtgewerblicher

---

803 *Dreher*, in *Dreher-Stockmann* Kartellvergaberecht, § 98 Rdnr. 102, 103.

804 *Eschenbruch*, in *Kulartz-Kus-Portz* Kommentar zum GWB-Vergaberecht, § 98 Rdnr. 180. Etwas anderes gilt, wenn Spezialregelungen ein Zweitstimmrecht begründen und dadurch de facto eine Stimmenmehrheit herstellen. Vgl. dazu *Dreher*, in *Dreher-Stockmann* Kartellvergaberecht, § 98 Rdnr. 104.

805 *Zeiss*, in *Heiermann-Zeiss* Praxiskommentar Vergaberecht, § 98 Rdnr. 156.

806 *Dreher*, in *Dreher-Stockmann* Kartellvergaberecht, § 98 Rdnr. 105.

807 *Ziekow*, VergR 2003, 483–502 (105).

Art“ und der Staatsnähekriterien festgestellt. Vorausgegangen war dem die allgemeine Beobachtung, dass das Beihilfenrecht und der Tatbestand der „öffentlichen Einrichtung“ im Sinne von Art. 2 Abs. 1 Nr. 4 BVR von einem einheitlichen Staatsverständnis ausgehen, was den Weg zu einer systematisch-teleologischen Analyse des funktionellen Auftraggeberbegriffs unter Berücksichtigung des Beihilfenrechts eröffnete.

Bei der detaillierten Untersuchung von § 99 Nr. 2 GWB kristallisierten sich aus den im zweiten Kapitel angestellten Beobachtungen mehrere Gesichtspunkte heraus, die bei der Auslegung einzelner Tatbestandsmerkmale herangezogen werden konnten. Andererseits bestätigte sich nicht bei jeder systematischen Vergleichbarkeit deren Nutzen für die Auslegung. Im Folgenden soll nochmals ein Überblick darüber vermittelt werden, in welchem Zusammenhang bei der Auslegung des § 99 Nr. 2 GWB auf beihilfenrechtliche Zusammenhänge abgestellt werden kann und wo nicht.

In Bezug auf das Tatbestandsmerkmal des Gründungszwecks der „im Allgemeininteresse liegenden Aufgaben nichtgewerblicher Art“ ließ sich eine auslegungsergänzende Wirkung des Beihilfenrechts nicht bestätigen, obwohl sich dies in zweifacher Hinsicht angedeutet hatte.

Ertragreich war die anwendungsorientierte Untersuchung hingegen im Zusammenhang mit dem Tatbestandsmerkmal der Finanzierung im Sinne des § 99 Nr. 2 a GWB. Hier offenbarte sich in mehrfacher Hinsicht die Möglichkeit, auf die Wertungen des Beihilfenrechts abzustellen. Im ersten Schritt ergab sich, dass die Zurechnung von Finanzierungsleistungen zum Staat im Vergabe- und im Beihilfenrecht identisch ist. Da die Grenzziehung hin zu einer nicht mehr relevanten Beteiligung des Staates gleich verläuft, kann bei Konstellationen, in denen im Vergaberecht zu beurteilen ist, ob eine indirekte Finanzierung vorliegt, auf das Beihilfenrecht – insbesondere auf die Dogmatik zu den parafiskalischen Abgaben – zurückgegriffen werden. Aber nicht nur die Zurechnung von Finanzierungsleistungen zum Staat ist im Vergabe- und im Beihilfenrecht identisch, auch bei der Art der Mittel, die eine Finanzierungsleistung darstellen können sowie dem Fehlen einer „spezifischen Gegenleistung“, das ebenso ein Voraussetzung des Finanzierungstatbestands ist, kann auf das Beihilfenrecht und die dort ausdifferenzierte Systematik zur Ermittlung, wann eine Beihilfe anzunehmen ist, zurückgegriffen werden. Dies stellte sich auch deshalb als vorteilhaft heraus, weil so nicht nur ermittelt werden kann, ob eine „Finanzierung“ im Sinne des § 99 Nr. 2 a GWB gegeben ist. Auch bei der Berechnung der Finanzierungsquote können die Maßstäbe des Beihilfenrechts angelegt werden. Dies ist von Vorteil, denn die Vielfältigkeit der möglichen Finanzierungsarten im Vergaberecht entspricht zwar derjenigen bei der Beihilfengewährung, aber die im Vergaberecht vorhandenen Rechtsquellen zur Ermittlung von Finanzierungsanteilen bleibt hinter denjenigen zur Ermittlung des Beihilfenäquivalentes im Beihilfenrecht zurück. Nunmehr können die zahlreichen Mitteilungen, Entscheidungen und Urteile, welche die Kommission und die europäischen Gerichte in diesem Kontext erlassen haben, zu Rate gezogen werden.

Des Weiteren wurde festgestellt, dass das Tatbestandsmerkmal der „Ausübung der Aufsicht über die Leitung" gemäß § 99 Nr. 2 b GWB mit dem Begriff der Beherrschung, der Art. 2 lit b Transparenzrichtlinie bzw. Art. 3 Abs. 2 SKR zugrunde liegt, funktional äquivalent ist. Daraus wurde abgeleitet, dass eine im Einzelfall widerlegliche Vermutung für eine „Aufsicht über Leitung" anzunehmen ist, wenn nach Art. 2 lit b Transparenzrichtlinie bzw. Art. 3 Abs. 2 SKR eine staatliche Beherrschung anzunehmen ist. Insbesondere gilt dies für den Besitz der Mehrheit des gezeichneten Kapitals eines Unternehmens und für das Verfügen über die Mehrheit der mit den Anteilen des Unternehmens verbundenen Stimmrechte. Die praktische Bedeutsamkeit beschränkt sich dabei auf die für Unternehmen typische Leitungsaufsicht. Sie gilt nicht für hoheitliche Möglichkeiten der Einflussnahme, da in diesem Zusammenhang andere Instrumente zur Ausübung der Aufsicht über die Leitung verwendete werden (z.B. Fachaufsicht). Die dritte Variante des Vermutungstatbestandes für das Bestehen eines beherrschenden Einflusses nach Art. 2 lit b der Transparenzrichtlinie bzw. Art. 3 Abs. 2 SKR ist weitgehend deckungsgleich mit der „Bestimmung der Mehrheit der Mitglieder eines Geschäftsführungs- oder Aufsichtsorgans" nach § 99 Nr. 2 c GWB, sodass dem Beihilfenrecht insoweit keine nennenswerte auslegungsergänzenden Wirkung zugesprochen werden kann.

Viertes Kapitel § 99 Nr. 4 GWB

Den Schwerpunkt bei der Untersuchung der einzelnen Voraussetzungen des § 99 Nr. 4 GWB bildet das Tatbestandsmerkmal des „mehr als 50 % Subventionierens". Ein weiterer Aspekt ist die Untersuchung der Einschränkung des Tatbestandes von § 98 Nr. 4 GWB auf bestimmte Bauwerke, die unter zwei Gesichtspunkten erfolgt. Zum einen wurde bereits im ersten Kapitel die These artikuliert, dass diese schwer nachvollziehbare Limitierung des sachlichen Anwendungsbereichs auf die Historie der vergaberechtlichen Rechtssetzung zurückzuführen ist. Diesem Aspekt wird im Rahmen einer regelungshistorischen Betrachtung nachgegangen. Zum anderen wurde im zweiten Kapitel aufgezeigt, dass die speziellen Bauvorhaben i.S.d. § 99 Nr. 4 GWB eine funktionale Verwandtschaft zu der konkreten Zurechenbarkeit der Mittelgewährung zum Staat im Beihilfenrecht aufweisen. Auch dieses Phänomen soll abschließend gewürdigt werden.

A. Natürliche und juristische Personen des privaten und des öffentlichen Rechts

Bezüglich der Begrifflichkeiten „Natürliche und juristische Personen des privaten und des öffentlichen Rechts" kann grundsätzlich auf die diesbezüglichen Ausführungen zu § 99 Nr. 2 GWB verwiesen werden.[808]

Durch das Gesetz zur Modernisierung des Vergaberechts (2009) wurde der persönliche Anwendungsbereich des § 99 Nr. 4 GWB um „juristische Personen des öffentlichen Rechts, soweit sie nicht unter Nr. 2 fallen" erweitert, was gemeinhin als die Korrektur eines Redaktionsversehens gesehen wurde.[809] Die Fälle, in denen § 99 Nr. 4 bei juristischen Personen des öffentlichen Rechts zur Anwendung kommt, dürften jedoch überschaubar sein, da diese meist im Gesamten überwiegend durch staatliche Stellen subventioniert werden und daher unter den vorrangigen § 99 Nr. 2 GWB fallen. Praxisrelevant dürfte das Tatbestandsmerkmal daher in erster Linie für Religionsgemeinschaften sein, die als Körperschaften des öffentlichen Rechts organisiert sind, da diese nicht unter § 99 Nr. 2 GWB subsumierbar sind. Denn selbst wenn man diesen eine

---

808 Vgl. 3. Kapitel A.

809 *Werner*, in *Byok-Jaeger* Kommentar zum Vergaberecht, § 98 Rdnr. 426.

Aufgabenwahrnehmung im Allgemeininteresse zuspricht, fehlt es ihnen an der erforderlichen staatlichen Beherrschung bzw. Finanzierung.[810]

B. Erfasste Aufträge

§ 99 Nr. 4 gilt nicht für sämtliche öffentlichen Aufträge im Sinne des § 103 GWB, sondern nur für Tiefbaumaßnahmen, für die Errichtung von Krankenhäusern, Sport-, Erholungs- oder Freizeiteinrichtungen, Schul-, Hochschul- oder Verwaltungsgebäuden oder für damit in Verbindung stehende Dienstleistungen und Wettbewerbe.

Die Aufzählung der in § 99 Nr. 4 GWB genannten Gebäude entspricht nahezu dem Wortlaut des Art. 13 BVR. Dem Anwendungsbereich unterfallen nur die explizit genannten Baumaßnahmen, deren Aufzählung abschließend ist.[811]

Im Hinblick auf das Ziel des § 99 Nr. 4 GWB, der Vereitelung von Umgehungsstrategien, wird die Einschränkung des sachlichen Anwendungsbereiches teilweise als unbefriedigend empfunden und mit einer weiten Auslegung entgegengesteuert.[812] Begrenzt ist die Auslegung aufgrund des eindeutigen Wortlauts der Vorschrift und ihrer europäischen Vorlage. Demnach ist zwar eine weite Auslegung der Tatbestandsmerkmale möglich, für eine Analogie oder Interpretation als allgemeiner Rechtsgrundsatz ist aber kein Raum.[813]

I. Tiefbaumaßnahmen

Art. 13 BVR verweist zur Bestimmung dessen, was Tiefbaumaßnahmen sind, auf den Anhang II zur BVR. Dem liegt das *„Verzeichnis der Berufstätigkeiten im Baugewerbe entsprechend dem allgemeinen Verzeichnis der wirtschaftlichen Tätigkeiten in der Europäischen Gemeinschaft“* (NACE) zugrunde. Allerdings beinhaltet die einschlägige Nr. 45. 2 des im Anhang I abgedruckten Verzeichnisses nicht nur Tief- sondern auch Hochbaumaßnahmen, sodass es einer Differenzierung

---

810 *Ziekow*, in *Ziekow-Völlink* Kommentar zum Vergaberecht, § 98 Rdnr. 215–218; *Eschenbruch*, in *Kulartz-Kus-Portz* Kommentar zum GWB-Vergaberecht, § 98 Rdnr. 185–189.

811 vgl. statt vieler *Otting*, in *Bechtold/Otting* Kartellgesetz, § 98 Rdnr. 47; *Zeiss*, in *Heiermann-Zeiss* Praxiskommentar Vergaberecht, § 98 Rdnr. 193; 2. VK Bund, VergR 2007, 100 METEOR; BayObLG v. 29.10.2004 – Verg 22/04, NZBau 2005, 234.

812 vgl. entsprechende Hinweise bzgl. der einzelnen Tatbestandsmerkmale.

813 *Ziekow*, in *Ziekow-Völlink* Kommentar zum Vergaberecht, § 98 Rdnr. 153; 2. VK Bund, Beschl. v 8.6.2006, Az. VK 2 114/05 (Meteor).

bedarf.[814] Als Orientierung für die Differenzierung kann auf den in der BKR enthaltenen Verweis abgestellt werden, der ausschließlich Tiefbaumaßnahmen klassifiziert.[815]

Erfasst werden demnach:

- Brücken, Viadukte, Tunnel und Unterführungen
- Rohrleitungs- und Kabelnetze einschließlich zugehöriger Arbeiten
- Bau von Autobahnen, Straßen, Wegen, Bahnverkehrsstrecken, Rollbahnen
- Markierung von Fahrbahnen und Parkplätzen
- Bau von Wasserstraßen, Häfen, Flussbauten, Schleusen, Talsperren, Deichen usw.
- Spezielle Tätigkeiten im Tiefbau, die besondere Fachkenntnisse bzw. Ausrüstungen erfordern (Herstellen von Fundamenten einschließlich Pfahlgründung, Brunnen- und Schachtbau)

II. Errichtung bestimmter Bauvorhaben

Der Begriff des Errichtens ist nach herrschender Meinung weit auszulegen, er erfasst nicht nur Neubauten, sondern auch Modernisierungs-, Sanierungs-, Rekonstruktionsmaßnahmen und Ähnliches.[816] Argumentiert wird dabei teils mit dem „*Oberbegriff Bauauftrag*" im Sinne des Art. 13 BVR[817] und teils mit dem Schutzzweck der Norm, nämlich Verhinderung von Drittvergaben.[818] Im Ergebnis wird man dem zustimmen müssen, wenngleich die Kritik, dass auch in der Richtlinie explizit von „Errichtung" die Rede ist,[819] nicht von der Hand zu weisen ist.

---

814 *Ziekow*, in *Ziekow-Völlink* Kommentar zum Vergaberecht, § 98 Rdnr. 155.

815 *Wagner*, in *Bunte u.a. Kommentar* zum deutschen und europäischen Kartellrecht, § 98 Rdnr. 67; *Wieddekind*, in *Willenbruch-Wieddekind* Kompaktkommentar Vergaberecht, § 98 Rdnr. 105.

816 *Zeiss, in Heiermann-Zeiss* Praxiskommentar Vergaberecht, § 98 Rdnr. 234; *Diehl*, in *Müller-Wrede* GWB-Vergaberecht, § 98 Rdnr. 166; *Wagner*, in *Bunte u.a.* Kommentar zum deutschen und europäischen Kartellrecht, § 98 Rdnr. 67; VK Brandenburg, Beschl. v. 10.09.2004 – VK 39/04; OLG Thüringen, Beschl. v. 30.5.2002 – 6 Verg 3/02, VergR 2002, 488 (489); VK Düsseldorf, Beschl. v 9.4.2003 – VK-8/2003-B.

817 *Eschenbruch*, in *Kulartz-Kus-Portz* Kommentar zum GWB-Vergaberecht, § 98 Rdnr. 335.

818 *Ziekow*, in *Ziekow-Völlink* Kommentar zum Vergaberecht, § 98 Rdnr. 155.

819 *Wieddekind*, in *Willenbruch-Wieddekind* Kompaktkommentar Vergaberecht, § 98 Rdnr. 102.

1. *Krankenhäuser*

Unter den Begriff des Krankenhauses fallen nicht nur Krankenhäuser im engeren Sinn. Entsprechend der gebotenen weiten Auslegung werden auch Reha-Kliniken und medizinische Kurbetriebe erfasst.[820] Alten- und Pflegeheime sowie Behinderteneinrichtungen sind ebenfalls mit Krankenhäusern gleichzustellen, wenn diese medizinische Leistungen im erheblichen Umfang erbringen.[821] Durch die Privatisierung vieler Krankenhäuser wird dem Anwendungsbereich des § 99 Nr. 4 GWB auf diesem Gebiet eine verstärkte Bedeutung zukommen.[822]

2. *Sport-, Erholungs- und Freizeitanlagen*

Unter den Begriff der Sport-, Erholungs- und Freizeitanlagen fallen zum Beispiel Sport- und Freizeitschwimmbäder sowie Sportstadien, Sporthallen und Sportplätze.[823] Auch hier ist eine weite Auslegung vorzunehmen. Zutreffend formuliert die Vergabekammer Niedersachsen, der Begriff der Freizeiteinrichtung sei als *„wertungsfreier Sammelbegriff für alle Orte zu verstehen, die von der überwiegenden Mehrzahl der Benutzer während deren Freizeit aufgesucht werden.“*[824] So wurde selbst der Bauauftrag über die Renovierung des Feriendorfes *„Club Les Boucaniers“* auf Martinique, welches offenbar nicht der Allgemeinheit, sondern nur Privatkunden zur Verfügung steht, als Sport-, Erholungs- und Freizeiteinrichtungen eingestuft. In dem Urteil führt der EuGH aus, dass der Anwendungsbereich nicht auf Bauten beschränkt ist *„die den kollektiven Bedarf der Nutzer decken sollten“*. Dies sei nicht Voraussetzung für die Anwendung der genannten Bestimmung.[825]

---

820 *Dippel*, in *Hattig-Maibaum* Praxiskommentar Kartellvergaberecht, § 98 Rdnr. 198.

821 *Pünder*, in *Pünder-Schellenberg* Kommentar zum Vergaberecht, § 98 Rdnr. 93; VK Berlin, Beschl. v. 27.4.2000, Az. VK B2 13/00.

822 *Wieddekind*, in *Willenbruch-Wieddekind* Kompaktkommentar Vergaberecht, § 98 Rdnr. 106.

823 *Dippel*, in *Hattig-Maibaum* Praxiskommentar Kartellvergaberecht, § 98 Rdnr. 199; *Heinze/Schwenker*, VergabeR 2001, 96–107 (101).

824 VK Niedersachsen, B. v. 28.7.2011, Az. VgK-27/2011 in Bezug auf Gebäude die neben ihrer religiösen Widmung auch von historisch interessierten Besuchern aufgesucht werden.

825 EuGH, Urt. v. 26.9.2013, C-115/12 P (Club Les Boucaniers), Rdnr. 71–77.

3. *Schulen und Hochschulen*

Auch der Begriff der „Schul- und Hochschulgebäude" ist weit auszulegen. Hierunter fallen unter anderem Studentenwohnheime[826], Kindergärten[827] und Berufsschulen in ihren unterschiedlichen Erscheinungsformen[828]. Das Gleiche muss konsequenterweise für Gebäude gelten, die der Unterbringung von drittmittelfinanzierten PPP-Projekten dienen, so zum Beispiel, wenn diese von Hochschulen gemeinsam mit industriellen Geldgebern betrieben werden.[829]

4. *Verwaltungsgebäude*

Verwaltungsgebäude sind Gebäude, die der öffentlichen Verwaltung zu dienen bestimmt sind.[830] Unter Verwaltungsgebäude fallen dabei nicht nur klassische Büroräume, sondern sämtliche Immobilien, die der öffentlichen Hand im Rahmen ihrer Aufgabenwahrnehmung dienen.[831] Nicht erfasst werden Bauten, die privaten wirtschaftlichen Interessen dienen.[832]

5. *Sonderfall: Kulturelle Einrichtungen*

Uneinheitlich wird die Frage beantwortet, ob kulturelle Einrichtungen, wie zum Beispiel Bühnen, Opernhäuser oder Museen, Ausstellungszentren, Bibliotheken, Theater, Open-Air-Spielstätten und sonstige Veranstaltungsgebäude unter die Vorschrift zu subsumieren sind. Teilweise wir dies mit dem Argument verneint, dass es sich hierbei um kulturelle Einrichtungen handele und diese in der nationalen und europäischen Gesetzgebung keine Erwähnung finden.[833] Zutreffend dürfte aber die vorherrschende Meinung sein, die mit Verweis auf die

---

826 OLG München, Beschl. v. 10.11.2010, Az. Verg. 19/10.

827 *Zeiss*, in *Heiermann-Zeiss* Praxiskommentar Vergaberecht, § 98 Rdnr. 243.

828 BayObLG, Beschluss vom 29.10.2004; Verg 22/04; *Eschenbruch*, in *Kulartz-Kus-Portz* Kommentar zum GWB-Vergaberecht, § 98 Rdnr. 334.

829 *Zeiss*, in *Heiermann-Zeiss* Praxiskommentar Vergaberecht, § 98 Rdnr. 244.

830 *Wieddekind*, in *Willenbruch-Wieddekind* Kompaktkommentar Vergaberecht, § 98 Rdnr. 111.

831 VK Münster, Beschl. v. 29.3.2012, Az. VK 3/12.

832 *Wagner*, in *Bunte u.a.* Kommentar zum deutschen und europäischen Kartellrecht, § 98 Rdnr. 67.

833 *Werner*, in *Byok-Jaeger* Kommentar zum Vergaberecht § 98 Rdnr. 385.

europarechtlich gebotene weite Auslegung vertritt, dass es sich bei diesen Einrichtungen entweder um Erholungs- oder Freizeit- oder Bildungsinstitutionen handelt.[834]

III. Verbundene Dienstleistungen und Auslobungsverfahren

Dienstleistungen und Wettbewerbe fallen nur dann in den Anwendungsbereich des § 99 Nr. 4 GWB, wenn sie mit den genannten Baumaßnahmen in Verbindung stehen. Wörtlich heißt es in § 99 Nr. 4 GWB:

> *„(...) oder für damit in Verbindung stehende Dienstleistungen und Wettbewerbe von Stellen, die unter die Nummern 1, 2 oder 3 fallen, Mittel erhalten, mit denen diese Vorhaben zu mehr als 50 Prozent subventioniert werden (...)"*

Die zugrundeliegende Passage in Art. 13 b) BVR benennt die Vergabe von „*Dienstleistungsaufträge*(n), *die zu mehr als 50 % von öffentlichen Auftraggebern direkt subventioniert werden und deren geschätzter Wert ohne MwSt. mindestens 207 000 EUR beträgt, wenn diese Aufträge mit einem Bauauftrag gemäß Buchstabe a verbunden sind*".

Ausgehend davon ist zu klären, unter welchen Umständen eine Verbindung des Bauauftrages mit einem Dienstleistungsauftrag oder einem Auslobungsverfahren anzunehmen ist. Diese wird man nur annehmen können, wenn nach den konkreten Umständen der Dienstleistungsauftrag in einem funktionellen Verhältnis zum Bauauftrag steht.[835] Naheliegend ist dies bei Architekten- und Ingenieursleistungen im Vorfeld der Erstellung des Bauwerks sowie Betriebsleistungen nach dessen Fertigstellung.[836] Die Frage, ob neben der sachlichen auch eine zeitliche Nähe erforderlich ist, kann mit Blick auf die Rechtsprechung des EuGH zu ähnlichen Problemstellungen beantwortet werden.[837] In der Rechtssache *Mödling* hatte der EuGH im Zusammenhang mit einer mehrstufigen Umgehungskonstruktion entschieden, dass die zeitliche Abfolge außer Betracht bleibe.[838] Überträgt man dies, so genügt es freilich nicht, wenn eine Dienstleistungsvergabe bzw. eine Auslobung zur selben Zeit, aber ohne sachlichen

---

834 *Wieddekind*, in *Willenbruch-Wieddekind* Kompaktkommentar Vergaberecht, § 98 Rdnr. 108; *Eschenbruch*, in *Kulartz-Kus-Portz* Kommentar zum GWB-Vergaberecht, § 98 Rdnr. 336.

835 *Ziekow*, in *Ziekow-Völlink* Kommentar zum Vergaberecht, § 98 Rdnr. 161.

836 *Stickler*, in *Glahs u.a.* Vergaberecht, § 98 Rdnr. 59.

837 Ziekow, in *Ziekow-Völlink* Kommentar zum Vergaberecht, § 98 Rdnr. 161.

838 EuGH, Urt. v. 10. 11. 2005, Az. C-29/04(Gemeinde Mödling), Slg. 2005 I-09705, Rdnr. 41.

Zusammenhang zu einem Bauauftrag stattfindet.[839] Umgekehrt vermag beim Bestehen des erforderlichen Sachzusammenhangs eine zeitliche Differenz die funktionelle Zuordnung jedenfalls dann nicht zu durchbrechen, wenn diese bereits bei der Bauauftragsvergabe bestand.[840]

Zu beachten ist, dass der Wortlaut der Norm in diesem Zusammenhang eine Ungenauigkeit aufweist. Es wird nicht ganz klar, ob eine Subventionierung des Dienstleistungsauftrages von mehr als 50 % alleine genügt oder ob diese auch im Hinblick auf den damit verbundenen Bauauftrag gegeben sein muss. Da Art. 13 b) BVR eindeutig festlegt, dass sowohl der Dienstleistungsauftrag als auch der damit verbundene Bauauftrag zu mehr als 50 vom Hundert öffentlich subventioniert sein muss, ist auch § 99 Nr. 4 GWB in diesem Sinne auszulegen. Es genügt also nicht, wenn der Dienstleistungsauftrag isoliert betrachtet eine entsprechende Subventionierung aufweist.[841]

Ebenfalls eindeutig ist aus der Richtlinie die Voraussetzung zu entnehmen, dass sowohl der Bauauftrag als auch der verbundene Dienstleistungsauftrag (bzw. Wettbewerb) die Schwellenwerte des § 106 Abs. 2 GWB i.V.m. Art. 13 a und b BVR überschreiten muss. Es ist daher festzuhalten, dass sowohl der Basisbauauftrag als auch der verbundene Dienstleistungsauftrag (bzw. Wettbewerb) die Grenzen der 50%-Subventionierung des Schwellenwertes nehmen müssen, auch wenn dies Umgehungsstrategien ermöglicht.[842]

IV. Bezug zum Beihilfenrecht

Im Rahmen der Untersuchung des § 99 Nr. 2 GWB wurde analysiert, ob die Zurechenbarkeit der konkreten Mittelgewährung zum Staat – also die zweite Stufe bei der Prüfung, ob die Beihilfe eine „Staatliche Maßnahme oder Maßnahme unter Inanspruchnahme staatlicher Mittel“ darstellt – eine funktionale Äquivalenz zum Gründungszweck der „im Allgemeininteresse liegenden Aufgabe nichtgewerblicher Art“ aufweist. In diesem Zusammenhang konnte eine funktionale Ähnlichkeit ausgemacht werden. Der im Rahmen des § 99 Nr. 2 GWB erforderliche Gründungszweck hat, ebenso wie die Prüfung der Zurechenbarkeit

839 Ziekow, in *Ziekow-Völlink* Kommentar zum Vergaberecht, § 98 Rdnr. 161.

840 Ziekow, in *Ziekow-Völlink* Kommentar zum Vergaberecht, § 98 Rdnr. 161, in diesem Sinne auch *Stickler*, in *Glahs u.a.* Vergaberecht, § 98 Rdnr. 59.

841 *Wieddekind*, in *Willenbruch-Wieddekind* Kompaktkommentar Vergaberecht, § 98 Rdnr. 112; *Diehl*, in *Müller-Wrede* GWB-Vergaberecht, § 98 Rdnr. 167.

842 Vgl. dazu *Pünder*, in *Pünder-Schellenberg* Kommentar zum Vergaberecht, § 98 Rdnr. 94.

einer Mittelgewährung zum Staat im Beihilfenrecht, eine den Tatbestand einschränkende Funktion. An einer funktionalen Äquivalenz fehlte es jedoch, da die konkrete Einzelfallprüfung, die im Beihilfenrecht vorgenommen wird, zwar ein vergleichbares Ziel verfolgt, das Abstellen auf eine abstrakte Gefährdung, die von öffentlichen Auftraggebern i.S.d. § 99 Nr. 2 GWB ausgeht, damit aber nicht vergleichbar ist.

Nichts anderes gilt im Rahmen des § 98 Nr. 4 GWB, sodass zur eingehenden Begründung auf die entsprechenden Ausführungen zu § 99 Nr. 2 GWB verwiesen werden kann.[843] Zwar wird bei § 98 Nr. 4 GWB nicht auf den staatsnahen Aufgabenbereich einer Person abgestellt, sondern auf bestimmte Aufträge, die ein staatsnahes Handeln indizieren, eine konkrete Einzelfallprüfung findet aber ebenfalls nicht statt. Darüber hinaus könnten die Kriterien der beihilfenrechtlichen Einzelfallprüfung schon mit den durch den Wortlaut des § 99 Nr. 4 GWB gesetzten Grenzen im Rahmen einer Auslegung nicht in Einklang gebracht werden.

Eine funktionale Äquivalenz des beihilfenrechtlichen Tatbestandsmerkmals der Beihilfe „vom Staat oder aus staatlichen Mitteln" zu den von § 99 Nr. 4 GWB erfassten Aufträgen ist offensichtlich nicht vorhanden.

V. Kritik an der sachlichen Einschränkung des Anwendungsbereichs

Gemeinsam haben die erfassten Aufträge, dass sie ihrer Art nach vornehmlich der Daseinsvorsorge und dem Allgemeininteresse dienen.[844] Warum der europäische Gesetzgeber den Auffangtatbestand des § 99 Nr. 4 GWB auf die genannten Aufträge beschränkt, lässt sich zwar nicht endgültig aufklären, die Historie der Vorschrift könnte aber Rückschlüsse zulassen. Die Regelung wurde auf europäischer Ebene erstmals durch RiLi 89/440/EWG zur Änderung der RiLi 71/305/EWG über die Koordination der Verfahren zur Vergabe öffentlicher Bauaufträge eingeführt. Die Vorschrift enthielt die wesentlichen Tatbestandsmerkmale, die anschließend in Art. 2 RiLi 93/37/EWG, weiter in Art. 8 VKR und zuletzt in Artikel 13 BVR übernommen wurden.[845] Schon in der ursprünglichen Regelung wurde der sachliche Anwendungsbereich auf die besagten Bauaufträge beschränkt, die zu mehr als 50 % von anderen öffentlichen Auftraggebern direkt subventioniert werden müssen.[846] In den Erwägungsgründen zur RiLi 89/440/

843 Vgl. 3. Kapitel B.IV.2.

844 *Wagner*, in *Bunte u.a.* Kommentar zum deutschen und europäischen Kartellrecht, § 98 Rdnr. 67.

845 Vgl. 1. Kapitel B.II.

846 Der eingeführte Artikel 1a lautet nach der Novellierung:

EWG heißt es dazu: „*Die Richtlinie 71/305/EWG muss auch auf von den Mitgliedstaaten subventionierte öffentliche Bauaufträge Anwendung finden, die nicht unter die Begriffsbestimmungen des Artikels 1 fallen.*" Hierzu ist anzumerken, dass dem Art. 1 der RiLi 71/305/EWG damals noch der klassische Begriff des öffentlichen Auftraggebers zugrunde lag. Der Wechsel zum funktionellen Auftraggeberbegriff wurde auf europäischer Ebene erst später vollzogen.[847] Die Erweiterung der Regelung auf mit den erfassten Bauaufträgen verbundene Dienstleistungsaufträge, welche ebenfalls in Art. 8 VKR und anschließend in Artikel 13 BVR übernommen wurde, wurde durch die RiLi 92/50/EWG über die Koordinierung der Verfahren zur Vergabe öffentlicher Dienstleistungsaufträge vorgenommen.[848]

Betrachtet man diese Entwicklung, so kann festgestellt werden, dass die Regelung zu den direkt subventionierten Bauaufträgen, welcher ein weites funktionelles vergaberechtliches Verständnis zugrunde liegt, schon vor den Regelungen zum funktionellen Auftraggeberbegriff in der BKR kodifiziert wurde. Dabei war die Erweiterung des Anwendungsbereiches des Vergaberechts auf Aufträge, bei denen öffentliche Auftraggeber durch die Zwischenschaltung Dritter das Vergaberecht zu umgehen versuchen, dogmatisch nicht leicht zu bewältigen. Das Grundproblem war und ist, dass in diesem Fall ein „öffentlicher Auftrag" deswegen per Definition nicht vorliegt, da nicht ein oder mehrere öffentlichen Auftraggeber mit einem oder mehreren Wirtschaftsteilnehmern einen entgeltlichen Vertrag abschließen[849], sondern ein Rechtssubjekt, dass vom funktionellen

---

(1) Die Mitgliedstaaten treffen die erforderlichen Maßnahmen, damit die öffentlichen Auftraggeber die Bestimmungen dieser Richtlinie in den Fällen einhalten bzw. für ihre Einhaltung Sorge tragen, in denen sie Bauaufträge, die einen gemeinnützigen Zweck verfolgen und die von anderen Einrichtungen vergeben werden, zu mehr als 50 v. H. direkt subventionieren.

(2) Absatz 1 gilt nur für die in Klasse 50 Gruppe 502 der Allgemeinen Systematik der Wirtschaftszweige in den Europäischen Gemeinschaften (NACE) aufgeführten Aufträge und die Aufträge, die sich auf den Bau von Krankenhäusern, Sport -, Erholungs – und Freizeiteinrichtungen, Schul- und Hochschulgebäuden und Verwaltungsgebäuden beziehen.

847 Vgl. 1. Kapitel B.II.

848 Vgl. Art. 3 Abs. 3 der RiLi 92/50/EWG lautet:
Die Mitgliedstaaten treffen die erforderlichen Maßnahmen, damit die Auftraggeber die Bestimmungen dieser Richtlinie in den Fällen einhalten bzw. für ihre Einhaltung Sorge tragen, in denen sie einen von anderen Stellen in Verbindung mit einem Bauauftrag im Sinne des Artikels 1a Absatz 2 der Richtlinie 71/305/EWG vergebenen Dienstleistungsauftrag zu mehr als 50 v. H. direkt subventionieren.

849 Vgl. Art. 2 Abs. 1 Nr. 5 BVR.

Auftraggeberbegriff nicht erfasst ist. Die Methode, auf den Gegenstand des Auftrages abzustellen und Aufträge zu erfassen, denen typischerweise ein allgemeinnütziger Zweck innewohnt, ist zwar ein gangbarer Weg, führt aber zu unbefriedigenden Ergebnissen, da nicht sämtliche drittfinanzierten Bau- und Dienstleistungen erfasst werden. Der Aufzählung konkret benannter Bauaufträge und damit verbundener Dienstleistungsaufträge fehlt es an der Flexibilität, die im Vergaberecht typischerweise eine funktionelle Auslegung zulässt.

Die Folge ist, dass die Rechtsprechung und die Literatur bei der Auslegung bis an die Grenzen dessen gehen, was der Wortlaut zulässt. Diese im Grenzbereich des Vertretbaren stattfindenden Bemühungen dienen dem Zweck einer effizienten Bekämpfung von Umgehungsstrategien im Sinne der funktionellen Anwendung des Vergaberechts. Dabei stellt sich die Frage, warum man im Rahmen der Kodifizierung des funktionellen Auftraggeberbegriffs nicht die Kriterien mit einfließen ließ, die man bei den „öffentlichen Einrichtungen" im Sekundärrecht verwandte, namentlich das Kriterium der „im Allgemeininteresse liegenden Aufgabe".[850] Denn diesem Tatbestandsmerkmal liegt – wie bei den enumerativ aufgezählten Bauwerken des Art. 13 BVR bzw. § 99 Nr. 4 GWB – die Annahme zugrunde, dass der Staat und die ihm zugehörigen Gebietskörperschaften grundsätzlich die im Allgemeininteresse liegenden Aufgaben erfüllen. Deren Übertragung auf selbständige Organisationseinheiten fungiert daher als Zuordnungskriterium für Einrichtungen in die Sphäre staatlicher Aufgabenerfüllung.[851] Es könnte daher durchaus erwogen werden, den Anwendungsbereichs des Art. 13 BVR und damit einhergehend den des § 99 Nr. 4 GWB auf sämtliche Bauaufträge zu erweitern, die einer „im Allgemeininteresse liegenden Aufgabe" dienen. Ferner könnte damit auch die Überlegung einhergehen, ob darüber hinaus nicht nur die verbundenen Dienstleistungsaufträge, sondern weitere Bereiche der Regelung zur Erfassung auftragsbezogener Umgehungsstrategien erfasst werden sollten.

Warum derartige Überlegungen zur Erweiterung des sachlichen Anwendungsbereichs des Vergaberechts keinen Eingang in die Rechtssetzung gefunden haben, kann nicht abschließend beantwortet werden. Auffällig und in diesem Zusammenhang passend ist der Aspekt, dass die in die alte BKR (RiLi 71/305/EWG) eingeführte Regelung in zwei Absätze unterteilt war. Diese lauteten:

„(1) *Die Mitgliedstaaten treffen die erforderlichen Maßnahmen, damit die öffentlichen Auftraggeber die Bestimmungen dieser Richtlinie in den Fällen einhalten bzw. für*

850 Vgl. Art. 2 Abs. 1 Nr. 4 BVR.

851 Ziekow, in *Ziekow-Völlink* Kommentar zum Vergaberecht, § 98 Rdnr. 42.

ihre Einhaltung Sorge tragen, in denen sie Bauaufträge, die einen gemeinnützigen Zweck verfolgen und die von anderen Einrichtungen vergeben werden, zu mehr als 50 v. H. direkt subventionieren.

(2) *Absatz 1 gilt nur für die in Klasse 50 Gruppe 502 der Allgemeinen Systematik der Wirtschaftszweige in den Europäischen Gemeinschaften (NACE) aufgeführten Aufträge und die Aufträge, die sich auf den Bau von Krankenhäusern, Sport-, Erholungs- und Freizeiteinrichtungen, Schul- und Hochschulgebäuden und Verwaltungsgebäuden beziehen.*"

Der erste Absatz bezog sachlich „Bauaufträge, die einen gemeinnützigen Zweck verfolgen" ein und kommt demgemäß den hier getätigten Überlegungen zu einer Erweiterung des Anwendungsbereiches recht nahe. Erst im zweiten Absatz wurde die Regelung auf die speziellen Aufträge beschränkt. In der Gesamtschau entsteht der Eindruck, dass der Richtliniengeber bei der Regelungsfindung zwei Schritte vor und einen zurück gegangen ist. Sieht man sich die dargelegte Entwicklung der Vorschrift an, liegt die Vermutung nahe, dass die Vorschrift seit der Schaffung der RiLi 89/440/EWG und der RiLi 92/50/EWG mehr oder weniger unreflektiert in die nachfolgenden Regelungen übernommen wurde und es versäumt wurde, diese auf den Stand der zeitlich später eingeführten Kriterien zum funktionellen Auftraggeberbegriff anzupassen.

C. Subventionierung der erfassten Aufträge

Werden Baumaßnahmen im Sinne des § 99 Nr. 4 GWB von einer juristischen Person realisiert, so muss diese „von Stellen, die unter die Nummern 1, 2 oder 3 fallen, Mittel erhalten, mit denen diese Vorhaben zu mehr als 50 Prozent subventioniert werden."

Um feststellen zu können, ob die Subventionierung diesen Vorgaben entspricht, bedarf es daher zunächst der Feststellung, ob der jeweilige Geldgeber unter § 99 Nr. 1 bis 3 GWB fällt. Dem Wortlaut kann dabei nicht das Erfordernis entnommen werden, dass eine Stelle allein die Finanzierung aufbringen muss. Es ist daher möglich, dass mehrere Stellen gemeinsam die finanziellen Mittel aufbringen. Subventionierungen durch mehrere öffentliche Auftraggeber nach § 99 Nr. 1 bis 3 GWB sind zusammenzurechnen.[852] Dabei sind hiervon nicht nur nationale Subventionierungen erfasst. Auch eine Subventionierung durch EU-Fördermittel führt zur Anwendbarkeit des § 99 Nr. 4 GWB.[853]

852 *Dreher*, in *Dreher-Stockmann* Kartellvergaberecht, § 98 Rdnr. 198.

853 *Diehl*, in *Müller-Wrede* GWB-Vergaberecht, § 98 Rdnr. 172; VK Bund, Beschl. v. 3.7.2007, Az. VK 2–45/07; VK Lüneburg, Beschl. v. 10.10.2006 – VgK-23/2006.

Bei der Untersuchung des Begriffs der „Subventionierung“ im Sinne des § 99 Nr. 4 GWB stehen zum einen das Verhältnis zum beihilfenrechtlichen Begünstigungsbegriff und zum anderen der Vergleich mit dem Begriff der Finanzierung nach § 99 Nr. 2 a GWB im Mittelpunkt. Um fundiert auf diese Aspekte eingehen zu können, soll vorab auf das einschlägige Sekundärrecht eingegangen werden.

I. Die sekundärrechtlichen Grundlagen des „vergaberechtlichen Subventionsbegriffs“

Auffällig ist, dass im Gegensatz zu § 99 Nr. 2 a GWB, bei dem der Begriff der „Finanzierung“ verwendet wird, bei § 99 Nr. 4 GWB von „Subventionierung“ die Rede ist. Entsprechendes gilt für das europäische Sekundärrecht. Art. 2 Abs. 1 Nr. 4 BVR, aus dem die Vorschrift des § 99 Nr. 2 a GWB hervorgegangen ist, erfasst Personen, die „überwiegend vom Staat, von Gebietskörperschaften oder von anderen Einrichtungen des öffentlichen Rechts finanziert“ werden. Von Art. 13 BVR, der der Vorschrift des § 99 Nr. 4 GWB zugrunde liegt, werden hingegen Aufträge erfasst, die „zu mehr als 50 % von öffentlichen Auftraggebern direkt subventioniert“ werden.

II. Der aktuelle Meinungsstand

Aus den europarechtlichen Vorgaben werden für den Subventionierungsbegriff nach § 99 Nr. 4 GWB im nationalen Recht unterschiedliche Rückschlüsse gezogen, in der Literatur und Rechtsprechung wird keine einheitliche Linie vertreten. Im Folgenden soll zunächst der aktuelle Meinungsstand dargestellt und der Versuch einer Systematisierung unternommen werden.

1. Subventionieren

Im Rahmen der letzten Novellierung im Jahre 2016 wurde § 99 Nr. 4 GWB, der im Wesentlichen dem 98 Nr. 5 GWB a.F. entspricht, im Vergleich zur Vorgängerregelung dahingehend präzisiert, dass das Verb „finanzieren“ durch das Wort „subventionieren“ ersetzt wurde.[854] Damit entspricht die deutsche Regelung der europäischen Vorgabe in Art. 13 BVR. Schon vor dieser Änderung wurde einhellig davon ausgegangen, dass der Begriff „Finanzieren“ im Sinne von § 98 Nr. 5 GWB a.F. nicht in dem Sinne verstanden werden kann, dass jedes Zurverfügungstellen von Geldmitteln genügt, sondern dieses vielmehr Subventionscharakter

---

854 Vgl. Gesetzesbegründung, BT-Drucks. 18/6281, S. 69 ff.

haben muss.[855] Dies gilt nach wie vor, wobei sich dies nun unmittelbar aus dem Gesetz ergibt und es keiner teleologischen Auslegung[856] der Vorschrift mehr bedarf. Der sachliche Unterschied zwischen einer „Finanzierung" und einer „Subventionierung" liegt darin, dass einer Finanzierung das Prinzip der Wirtschaftlichkeit zugrunde liegt, während der Zweck einer Subvention ordnungs- und wirtschaftspolitischer Natur ist. Letztere zeichnet sich dadurch aus, dass regelmäßig keine oder eine wirtschaftlich nicht adäquate Gegenleistung vorgesehen ist und dem Empfänger daher ein wirtschaftlicher Vorteil verschafft wird.[857] Würde man eine Finanzierung im erstgenannten Sinne genügen lassen, würde beispielsweise die Gewährung eines marktüblichen Kredits für ein Bauvorhaben durch eine staatliche Kreditanstalt erfasst werden. Dies würde der Ratio des Vergaberechts widersprechen, das gerade nicht zur Anwendung kommen soll, wenn ein marktübliches Rechtsgeschäft gegeben ist.[858] Ziel ist es, aus Gründen der Umgehungsverhinderung Drittvergaben zu erfassen, bei denen öffentliche Mittel bei funktioneller Betrachtung lediglich weitergegeben werden.[859]

Ausgehend von diesem Standpunkt werden unterschiedliche Richtungen bei der Auslegung des Begriffs der Subventionierung[860] eingeschlagen. Ihren Ausgang haben die verschiedenen Meinungen einmal bei der Frage, ob bei der Bestimmung des Begriffs der „Subventionierung" auf den Begünstigungsbegriff des Art. 107 AEUV abgestellt werden kann und zum anderen in der unterschiedlichen Interpretation, die dem Wort „direkt" zugesprochen wird.

---

855 Statt vieler; BayOLG, Beschl. v. 29.10.2004, Verg 22/04; *Otting*, in *Bechtold/Otting* Kartellgesetz, § 98 Rdnr. 50; *Aicher*, in *Müller-Wrede* (Hrsg.) Kompendium des Vergaberechts, Kapitel 4, Rdnr. 87; *Zeiss, in Heiermann-Zeiss* Praxiskommentar Vergaberecht, § 98 Rdnr. 238–239; *Hailbronner*, in *Grabitz-Hilf-Nettesheim* Kommentar zur Europäischen Union, Bd. IV, B 4, Rdnr. 92.

856 Zur alten Rechtslage vgl. *Ziekow*, in *Ziekow-Völlink* Kommentar zum Vergaberecht, § 98 Rdnr. 162.

857 *Frenz* Handbuch Europarecht, Band 3 Beihilfe- und Vergaberecht, § 1, Rdnr. 2692; Hailbronner, in *Grabitz-Hilf-Nettesheim* Kommentar zur Europäischen Union, Bd. IV, B 4, Rdnr. 92.

858 *Stickler*, in *Glahs u.a.* Vergaberecht, § 98 Rdnr. 60.

859 *Ziekow*, in *Ziekow-Völlink* Kommentar zum Vergaberecht, § 98 Rdnr. 162.

860 Da die Rechtsprechung und die Literatur zu § 98 Nr. 5 GWB a.F. einhellig davon ausging, dass das Tatbestandsmerkmal der Finanzierung im Sinne von „Subventionieren auszulegen ist, kann bei der Auslegung des Tatbestandsmerkmals der Subventionierung auf diese Quellen zurückgegriffen werden.

2. *Rückgriff auf den beihilfenrechtlichen Begünstigungsbegriff*

Überwiegend wird die Auffassung vertreten, dass für die Bestimmung, wann eine „Subventionierung" gegeben ist, auf die Maßstäbe des EU-Beihilfenrechts, mithin auf Art. 107 AEUV und die entsprechend vorhandene Praxis zurückzugreifen ist.[861] Diese Meinung bezieht sich auf den Tatbestand von Art. 107 Abs. 1 AEUV, der eine Subvention als "Begünstigung bestimmter Unternehmen oder Produktionszweige, die den Wettbewerb verfälschen oder zu verfälschen drohen" definiert. Darin zeige sich zudem die strukturelle Vergleichbarkeit zu § 99 Nr. 2 und 4 GWB, da auch hier auf die staatlich beeinflusste marktbezogene Sonderstellung[862] abgestellt wird.

Mit dem Argument, dass der Begriff der Beihilfe im europäischen Recht weiter sei als derjenige der Subvention, wird ein Abstellen auf den Beihilfebegriff des Art. 107 Abs. 1 AEUV bei der Auslegung des Subventionierungsbegriffs teilweise abgelehnt.[863] Ebenfalls als Einschränkung wird man die Aussage verstehen müssen, dass lediglich alle Formen der Zurverfügungstellung von Geldmitteln zur Subventionierung der betreffenden Projekte eingeschlossen seien.[864]

---

861 *Dreher*, in *Dreher-Stockmann* Kartellvergaberecht, § 98 Rdnr. 197; *Eschenbruch*, in *Kulartz-Kus-Portz* Kommentar zum GWB-Vergaberecht, § 98 Rdnr. 321; *Zeiss*, in *Heiermann-Zeiss* Praxiskommentar Vergaberecht, § 98 Rdnr. 239; *Stickler*, in *Glahs u.a.* Vergaberecht, § 98 Rdnr. 60; *Aicher*, in *Müller-Wrede* (Hrsg.) Kompendium des Vergaberechts, Kapitel 4, Rdnr. 87.

862 *Dreher*, in *Dreher-Stockmann* Kartellvergaberecht, § 98 Rdnr. 197; so auch schon *Dreher*, in *Dreher*, DB 1998, 2579–2589 (2585).

863 *Frenz* Handbuch Europarecht, Band 3 Beihilfe- und Vergaberecht, § 1, Rdnr. 2695 mit Verweis auf EuGH, Urt. v. 1.12.1998, Rs. C-200/97 (Ecotrade), Slg. 1998, I-7907, Rdnr. 34. In dieser Entscheidung heißt es: „Wie der Gerichtshof bereits festgestellt hat, ist der Begriff der Beihilfe weiter als der Begriff der Subvention, denn er umfaßt nicht nur positive Leistungen wie Subventionen selbst, sondern auch Maßnahmen, die in verschiedener Form die Belastungen vermindern, die ein Unternehmen normalerweise zu tragen hat und die somit zwar keine Subventionen im strengen Sinne des Wortes darstellen, diesen aber nach Art und Wirkung gleichstehen (vgl. Urteile vom 23. Februar 1961 in der Rechtssache 30/59, De Gezamenlijke Steenkolenmijnen in Limburg/Hohe Behörde, Slg. 1961, 3, 43, und vom 15. März 1994 in der Rechtssache C-387/92, Banco Exterior de España, Slg. 1994, I-877, Randnr. 13)".

864 *Marx*, in *Motzke-Pietzker-Prieß* Verdingungsordnung für Bauleistungen Teil A (VOB/A), § 98 Rdnr. 25.

3. *Eigenständige Einschränkung durch das Wort „direkt"*

Uneinigkeit besteht auch darüber, ob und wieweit nur direkte Subventionierungsmaßnahmen erfasst werden. Die Befürworter einer weiteren Einschränkung stützen sich überwiegend auf das Wort „direkt" vor dem Wort „subventioniert" in Art. 13 BVR und nehmen eine Verengung des Tatbestandes des § 99 Nr. 4 GWB im Rahmen einer richtlinienkonformen Auslegung vor.[865] Teilweise wird dies auch mit dem Zweck des § 99 Nr. 4 GWB begründet, nur Drittvergaben zu erfassen.[866] Diese zusätzliche Einschränkung wird teilweise als unbefriedigende, aber hinzunehmende Tatsache dargestellt.[867] Was nach diesem Maßstab eine „indirekte" Subventionierung ist, die konsequenterweise nicht mehr von § 99 Nr. 4 GWB erfasst ist, wird von den Vertretern dieser Auffassung unterschiedlich interpretiert. So soll nach *Dreher* beispielsweise eine „indirekte Subventionierung" gegeben sein, wenn Dritte zur Subventionierung veranlasst werden oder wirtschaftlich vorteilhafte Maßnahmen ohne Subventionierungselement vorliegen.[868] Mittelbare Begünstigungen wie Bürgschaften werden daher teils nicht vom Subventionierungsbegriff des § 99 Nr. 4 GWB als erfasst angesehen.[869]

Andere sprechen dem Wort „direkt" eine andere Bedeutung zu. Dieses diene der Klarstellung, dass die staatlichen Mittel zur Deckung des Finanzbedarfs der konkreten Bau- und Dienstleistungsaufträge dienen muss und es nicht darauf ankomme, ob das Unternehmen in seiner Gesamtheit zu mehr als 50 % mit öffentlichen Mitteln subventioniert wird.[870] Da eine Belastungsverminderung oder ein unter dem Marktpreis liegender Grundstücksverkauf keine projektbezogene Finanzierung von Bau- oder Dienstleistungen darstelle, gelangt man teilweise gleichwohl zu dem Ergebnis, dass diese keine relevante Subventionierung darstelle, die Übernahme von Bürgschaften und Garantien allerdings schon.[871]

---

865 *Dreher*, in *Dreher-Stockmann* Kartellvergaberecht, § 98 Rdnr. 198; *Hailbronner*, in *Grabitz-Hilf-Nettesheim* Kommentar zur Europäischen Union, Bd. IV, B 4, Rdnr. 92; *Frenz* Handbuch Europarecht, Band 3 Beihilfe- und Vergaberecht, § 1, Rdnr. 2693.

866 *Ziekow*, in *Ziekow-Völlink* Kommentar zum Vergaberecht, § 98 Rdnr. 163.

867 *Dreher*, in *Dreher-Stockmann* Kartellvergaberecht, § 98 Rdnr. 198.

868 *Dreher*, in *Dreher-Stockmann* Kartellvergaberecht, § 98 Rdnr. 198.

869 *Hailbronner*, in *Grabitz-Hilf-Nettesheim* Kommentar zur Europäischen Union, Bd. IV, B 4, Rdnr. 92; *Frenz* Handbuch Europarecht, Band 3 Beihilfe- und Vergaberecht, § 1, Rdnr. 2692.

870 *Aicher, in Müller-Wrede (Hrsg.)* Kompendium des Vergaberechts, Kapitel 2, Rdnr. 87; Eschenbruch, in *Kulartz-Kus-Portz* Kommentar zum GWB-Vergaberecht, § 98 Rdnr. 321; BayObLG, Beschl. vom 29.10.2004, Az.: Verg 22/04.

871 Aicher, *in Müller-Wrede (Hrsg.)* Kompendium des Vergaberechts, Kapitel 4, Rdnr. 87.

Andere machen geltend, dass es ein Widerspruch sei, zum einen auf beihilfenrechtliche Kategorien abzustellen und zum anderen wegen des Wortes „direkt“ eine Einschränkung vorzunehmen.[872] Selbst wenn nur die „direkte Subventionierung“ im Sinne der einschränkenden Auffassung erheblich wäre, müssten Gestaltungen wie etwa ein Mietkauf mit Verpflichtung zur Übernahme des zu errichtenden Gebäudes im Hinblick auf die Gleichstellung der einzelnen Vertragstypen durch das EU-Vergaberecht diesen Voraussetzungen unterfallen.[873]

Nur vereinzelt wird die Frage aufgeworfen, ob der deutsche Gesetzgeber durch seine Wortwahl über den Mindeststandard der EU-Richtlinie hinausgehen wollte.[874] Wäre dies der Fall, so würde sich ein Rückgriff auf den Regelungsgehalt der Richtlinie verbieten.[875] Dem wird entgegengehalten, dass der deutsche Gesetzgeber erklärtermaßen den Adressatenkreis der Vergabevorschriften nicht über den vom EU-Recht vorgegebenen Rahmen hinaus erweitern wollte.[876]

4. *Divergierende Ergebnisse*

Ausgehend von den dargelegten Auffassungen kommt man bei der Bestimmung, was als „Subventionierung“ im Sinne von § 99 Nr. 4 GWB anzusehen ist, zu unterschiedlichen Ergebnissen. Die Auswirkungen auf die Praxis werden im Folgenden anhand einer Liste potenzieller Subventionierungsarten dargestellt:

- **Wirtschaftlich ausgewogene Austauschverhältnisse**

Nach einhelliger Auffassung liegt keine Subventionierung nach § 99 Nr. 4 GWB vor, wenn ein wirtschaftlich ausgewogenes Verhältnis zwischen Leistung und Gegenleistung besteht.[877] Unter diese Fallgruppe fallen nach der Umstellung von

---

872 *Eschenbruch, Kulartz-Kus-Portz* Kommentar zum GWB-Vergaberecht, § 98 Rdnr. 329.

873 *Eschenbruch, Kulartz-Kus-Portz* Kommentar zum GWB-Vergaberecht, § 98 Rdnr. 329 unter Verweis auf BayObLG, NZBau 2005, 234, 235 = VergabeR 2005, 74, 76 ff.

874 *Werner*, in *Byok-Jaeger* Kommentar zum Vergaberecht, § 98 Rdnr. 386.

875 *Stickler*, in *Glahs u.a.* Vergaberecht, § 98 Rdnr. 60.

876 *Bornheim/Stockmann*, Betriebs-Berater 1995, 577–582 (580) unter Verweis auf BR-Drucks. 5/93, 22 f; *Stickler*, in Glahs u.a. Vergaberecht, § 98 Rdnr. 60.

877 Vgl. statt vieler *Eschenbruch*, in *Kulartz-Kus-Portz* Kommentar zum GWB-Vergaberecht, § 98 Rdnr. 320; *Zeiss*, in *Heiermann-Zeiss* Praxiskommentar Vergaberecht, § 98 Rdnr. 240; *Wagner*, in *Bunte u.a.* Kommentar zum deutschen und europäischen Kartellrecht, § 98 Rdnr. 68, *Wieddekind*, in *Willenbruch-Wieddekind* Kompaktkommentar Vergaberecht, § 98 Rdnr. 114.

der Objekt- auf die Trägerfinanzierung viele vormals unter § 99 Nr. 4 GWB fallende Vorhaben beim Bau von Krankenhäusern und Pflegeheimen.[878]

- **Verlorene Zuschüsse**

Unstrittig erfasst vom Subventionierungsbegriff des § 99 Nr. 4 GWB sind vorhabenspezifische verlorene Zuschüsse.[879]

- **Kredite**

Kredite, die zu marktwirtschaftlichen Konditionen gewährt werden, stellen keine Subventionierung dar,[880] selbst wenn sie von öffentlich-rechtlichen Geldinstituten wie z. B. den Landesbanken oder der Kreditanstalt für Wiederaufbau gewährt wurden.[881] Solche Kredite gehören zu der Gruppe der wirtschaftlich ausgewogenen Austauschverhältnisse.

Anders verhält es sich bei Krediten, deren Zinsen vergünstigt sind. Hierbei ist die Differenz zwischen den tatsächlich zu zahlenden und den marktüblichen Zinsen als Subventionierung anzusehen.[882]

- **Miet- und Leasingmodelle**

Werden für eine Baumaßnahme nachträglich Mietzahlungen von Seiten der öffentlichen Hand bezahlt, so sind diese als Subventionierung anzusehen, wenn

---

878 *Eschenbruch*, in *Kulartz-Kus-Portz* Kommentar zum GWB-Vergaberecht, § 98 Rdnr. 330.

879 Vgl. statt vieler *Eschenbruch*, in *Kulartz-Kus-Portz* Kommentar zum GWB-Vergaberecht, § 98 Rdnr. 323; *Zeiss*, in *Heiermann-Zeiss* Praxiskommentar Vergaberecht, § 98 Rdnr. 239; *Wagner*, in *Bunte u.a.* Kommentar zum deutschen und europäischen Kartellrecht, § 98 Rdnr. 68, *Wieddekind*, in *Willenbruch-Wieddekind* Kompaktkommentar Vergaberecht, § 98 Rdnr. 114.

880 *Eschenbruch*, in *Kulartz-Kus-Portz* Kommentar zum GWB-Vergaberecht, § 98 Rdnr. 324; *Wagner*, in *Bunte u.a.* Kommentar zum deutschen und europäischen Kartellrecht, § 98 Rdnr. 68; *Otting*, in *Bechtold-Otting* Kartellgesetz, § 98 Rdnr. 50; *Stickler*, in *Glahs u.a.* Vergaberecht, § 98 Rdnr. 60; *Frenz* Handbuch Europarecht, Band 3 Beihilfe- und Vergaberecht, § 1, Rdnr. 2696;

881 *Hailbronner*, in *Grabitz-Hilf-Nettesheim* Kommentar zur Europäischen Union, Bd. IV, B 4, Rdnr. 93; *Frenz* Handbuch Europarecht, Band 3 Beihilfe- und Vergaberecht, § 1, Rdnr. 2696.

882 *Zeiss*, in *Heiermann-Zeiss* Praxiskommentar Vergaberecht, § 98 Rdnr. 239; *Eschenbruch*, in *Kulartz-Kus-Portz* Kommentar zum GWB-Vergaberecht, § 98 Rdnr. 325; *Otting*, in *Bechtold-Otting* Kartellgesetz, § 98 Rdnr. 50; *Stickler*, in *Glahs u.a.* Vergaberecht, § 98 Rdnr. 60; *Frenz* Handbuch Europarecht, Band 3 Beihilfe- und Vergaberecht, § 1, Rdnr. 2696.

die Miete über dem Marktniveau liegt und so ein ökonomischer Vorteil gewährt wird.[883]

- **Sicherheiten wie Bürgschaften oder Garantien**

Im Allgemeinen beinhaltet das Stellen von Sicherheiten wie Bürgschaften oder Garantien eine Subventionierung, auch wenn hier keine Geldauszahlung stattfindet.[884]

Dies gilt nicht, wenn man die Auffassung vertritt, das mangels einer „direkten“ Subventionierung Bürgschaften nicht als „Subventionierung“ i.S.d. § 99 Nr. 4 GWB in Betracht kommen.[885]

- **Übernahme von Bonitätsrisiken**

Eine weitere Art der Subventionierung kann die Übernahme von Bonitätsrisiken darstellen. Dies sind Fälle, bei denen das Ausfallrisiko für einen Kredit übernommen wird. So zum Beispiel, wenn einem Unternehmen ein Kredit gewährt wird, das sich in einer wirtschaftlich schwierigen Lage befindet, in der es unter normalen Umständen mangels Kreditwürdigkeit keinen oder nur einen sehr hoch verzinsten Kredit bekommen würde.[886] Ein Teil der oben erörterten Auffassungen wird diesbezüglich zu einem anderen Ergebnis kommen, da die Übernahme von Bonitätsrisiken – gleich einer Bürgschaft – eine mittelbare Begünstigung sei.[887]

---

883 *Hailbronner*, in *Grabitz-Hilf-Nettesheim* Kommentar zur Europäischen Union, Bd. IV, B 4, Rdnr. 93; *Wagner*, in *Bunte u.a.* Kommentar zum deutschen und europäischen Kartellrecht, § 98 Rdnr. 68; *Zeiss*, in *Heiermann-Zeiss* Praxiskommentar Vergaberecht, § 98 Rdnr. 240; *Otting*, in *Bechtold-Otting* Kartellgesetz, § 98 Rdnr. 50; *Stickler*, in *Glahs u.a.* Vergaberecht, § 98 Rdnr. 61; *Otting*, NZBau 2004, 469–471 (471).

884 *Eschenbruch*, in *Kulartz-Kus-Portz* Kommentar zum GWB-Vergaberecht, § 98 Rdnr. 327; *Zeiss*, in *Heiermann-Zeiss* Praxiskommentar Vergaberecht, § 98 Rdnr. 239; *Otting*, in *Bechtold-Otting* Kartellgesetz, § 98 Rdnr. 50.

885 *Dreher*, in *Dreher-Stockmann* Kartellvergaberecht, § 98 Rdnr. 198.

886 *Eschenbruch*, in *Kulartz-Kus-Portz* Kommentar zum GWB-Vergaberecht, § 98 Rdnr. 326; mehr dazu: *Koenig-Kühling-Ritter* EG-Beihilfenrecht, S. 49, 64; *Wagner*, in *Bunte u.a.* Kommentar zum deutschen und europäischen Kartellrecht, § 98 Rdnr. 68; *Otting*, in *Bechtold-Otting* Kartellgesetz, § 98 Rdnr. 50.

887 *Hailbronner*, in *Grabitz-Hilf-Nettesheim* Kommentar zur Europäischen Union, Bd. IV, B 4, Rdnr. 92; *Frenz* Handbuch Europarecht, Band 3 Beihilfe- und Vergaberecht, § 1, Rdnr. 2692.

- **Veranlassung Dritter zur Subventionierung**

Auch bei der Veranlassung Dritter zur Subventionierung, so etwa bei gesetzlichen Zwangsbeiträgen, gelangt man zu unterschiedlichen Ergebnissen. Geht man davon aus, dass diese lediglich eine „indirekte", von § 99 Nr. 4 GWB nicht erfasste Subventionierung ist, kommt eine Berücksichtigung bei der Ermittlung der Subventionierungsquote nicht in Betracht.[888]

- **Zuwendungen nichtfinanzieller Art**

Ähnlich verhält es sich bei anderen wirtschaftlich vorteilhaften Maßnahmen, bei denen kein Geld für das entsprechende Vorhaben fließt. So bei der Zurverfügungstellung von Grundstücken unter dem Marktpreis oder Belastungsverminderungen durch Steuervergünstigungen. Diese werden je nach Auffassung in die Berechnung der Subventionierung nach § 99 Nr. 4 GWB mit einbezogen oder nicht.[889]

III. Untersuchung des aktuellen Meinungsstandes

Die Schilderung der derzeit vertretenen Auffassungen zeigt, dass keine Einheitlichkeit bei der Auslegung des Wortes „Subventionieren" bei § 99 Nr. 4 GWB besteht. Es existiert vielmehr ein Strauß unterschiedlicher Meinungen, die sich in ihren Ergebnissen und Begründungen unterscheiden. Die folgende Untersuchung möchte diesem Phänomen auf den Grund gehen.

1. Bezug zum Beihilfenrecht

Zum Einstieg in die Materie eine kurze Rückblende: Bereits bei der Untersuchung des Verhältnisses von Vergabe- und Beihilfenrecht im zweiten Kapitel konnte eine inhaltliche Nähe des Mittelflusses von der staatlichen zur unternehmerischen Seite im Beihilfenrecht zur „Finanzierung" gemäß § 99 Nr. 2 a GWB und zur „Subventionierung" gemäß § 99 Nr. 4 GWB festgestellt werden.[890] Der daraus resultierenden Zielsetzung, dass der vergaberechtliche Finanzierungs- und

---

888 Hailbronner, in *Grabitz-Hilf-Nettesheim* Kommentar zur Europäischen Union, Bd. IV, B 4, Rdnr. 92; *Frenz* Handbuch Europarecht, Band 3 Beihilfe- und Vergaberecht, § 1, Rdnr. 2692.

889 dagegen bspw. *Frenz* Handbuch Europarecht, Band 3 Beihilfe- und Vergaberecht, § 1, Rdnr. 2692; *Aicher*, Aicher, in *Müller-Wrede (Hrsg.)* Kompendium des Vergaberechts, Kapitel 4, Rdnr. 87.

890 Vgl. zum Begünstigungsbegriff 2. Kapitel D.I.4; vgl. zur Grenzziehung hin zu einer nicht mehr relevanten Beteiligung des Staates 2. Kapitel D.II.5. und 6.

Subventionierungsbegriff soweit wie möglich an den Begriff der vom Staat oder aus staatlichen Mitteln stammenden Beihilfe anzugleichen ist, konkretisierte sich bei der anschließenden Analyse des § 99 Nr. 2 a GWB im dritten Kapitel. So konnte zunächst festgestellt werden, dass die Zurechnung von Finanzierungsleistungen zum Staat im Vergabe- und Beihilfenrecht identisch ist und die Grenzziehung hin zu einer nicht mehr relevanten Beteiligung des Staates gleich verläuft.[891] Ferner wurde nachgewiesen, dass auch bei der Art der Mittel, die eine Finanzierungsleistung i.S.d. § 99 Nr. 2 a GWB darstellen können, auf den Begriff der Begünstigung im Beihilfenrecht abgestellt werden kann.[892] Daraus ergab sich die Möglichkeit, bei der Berechnung der Finanzierungsquote die Maßstäbe des Beihilfenrechts anzulegen.[893]

Sofern bei der Auslegung des Subventionsbegriffs nach § 99 Nr. 4 GWB ebenfalls auf den beihilfenrechtlichen Begünstigungsbegriff abgestellt werden kann, würde der Subventionsbegriff des § 99 Nr. 4 GWB mit dem Finanzierungsbegriffs des § 99 Nr. 2 a GWB übereinstimmen. Im Folgenden soll daher das Verhältnis des Subventionsbegriffs nach § 99 Nr. 4 GWB zum beihilfenrechtlichen Begünstigungsbegriff anhand einer Gegenüberstellung mit dem Begriff der Finanzierung nach § 99 Nr. 2 a GWB geklärt werden.

Insbesondere ist dabei zu analysieren, inwieweit die einschlägigen Regelungen der BVR eine unterschiedliche Auslegung der beiden Begriffe zulassen bzw. gebieten. Die Untersuchung erfolgt mit Blick auf die Entstehung der sekundärrechtlichen Vorgaben sowie deren Wortlaut und Systematik. Besondere Aufmerksamkeit kommt dabei der Wortfolge *„Bauaufträge, die (…) direkt subventioniert werden“* in Art. 13 BVR zu, welche als Ursache für die divergierende Auslegung des § 99 Nr. 4 GWB identifiziert wurde. Zu klären ist im Hinblick auf die dargelegten Auffassungen, ob das Tatbestandsmerkmal „subventionieren“ und das Wort „direkt“ im Hinblick auf die angestrebte Annäherung an den Begriff der beihilfenrechtlichen Begünstigung eine engere Auslegung gebietet als dies bei der Finanzierung nach § 99 Nr. 2 a GWB der Fall ist.

2. *Gegenüberstellung: Finanzierungsbegriff des § 99 Nr. 2 a GWB und Subventionsbegriff des § 99 Nr. 4 GWB*

Fraglich ist zunächst, ob sich aus den sekundärrechtlichen Grundlagen Anhaltspunkte ergeben, die für die Annahme sprechen, dass im Vergaberecht das

891 Vgl. 3 Kapitel C.II.3.a).
892 Vgl. 3 Kapitel C.II.3.b).
893 Vgl. 3 Kapitel C.II.3.c).

Subventionieren enger zu fassen ist als das Finanzieren. Wie bereits dargelegt, findet sich die Vorgängerregelung von Art. 13 BVR erstmals in der zweiten Änderungsrichtlinie[894] zur Änderung der Baukoordinierungsrichtlinie[895]. Art. 1 a Abs. 1 der RiLi 71/305/EWG enthielt nach dieser Novellierung bereits die Maßgabe, dass er lediglich für die näher bestimmten Bauaufträge gilt, die öffentliche Auftraggeber „zu mehr als 50 v. H. direkt subventionieren." Im ersten Vorschlag der Kommission zur Änderung der alten Baukoordinierungsrichtlinie[896] wurde allerdings noch das Wort „finanzieren" gewählt. Erst im Rahmen des Rechtssetzungsverfahrens kristallisierte sich der Terminus „direkt subventionieren" heraus, der ungeachtet der späteren Änderungen dieser Regelung bis heute fortbesteht. Welche Beweggründe zu dieser Änderung führten, lässt sich anhand der veröffentlichten Gesetzgebungsmaterialien nicht nachvollziehen. Der entsprechende Beweggrund der Richtlinie 89/440/EWG lautet: *„Die Richtlinie 71/305/EWG muß auch auf von den Mitgliedstaaten subventionierte öffentliche Bauaufträge Anwendung finden, die (…)"*.Es ist daher von einer bewussten Entscheidung auszugehen, da auch in den Beweggründen zu der Richtlinie von subventionierten Bauaufträgen die Rede ist.[897]

Der Formulierung wird – wie sich aus den grundlegenden Ausführungen zum Begriff der Subventionierung i.S.d. § 99 Nr. 4 GWB ergibt – der Zweck zugesprochen, den Richtlinientext dahingehend zu präzisieren, dass hier eine nicht auf Gegenleistung beruhende Zahlung gefordert sei.[898] Dass der Richtliniengeber bezweckt hat, wirtschaftlich ausgeglichene Verhältnisse nicht zu erfassen, ist plausibel, wirft allerdings die Frage auf, warum Art. 2 Abs. 1 Nr. 4 BVR und damit einhergehend Art. 99 Nr. 2 a GWB eine derartige Einschränkung nicht enthalten. Denn schließlich werden auch in diesem Zusammenhang wirtschaftlich ausgeglichene Austauschverhältnisse nicht erfasst. Auf diesen Aspekt wird sogleich einzugehen sein.

Festzuhalten ist vorerst, dass aus den Gesetzesmaterialien für sich genommen keine Indizien resultieren, die über den Wortlaut der Richtlinienvorschriften

---

894 Richtlinie 89/440/EWG vom 18. Juli 1989.

895 Richtlinie 71/305/EWG vom 26. Juli 1971.

896 Nachzulesen in BR-Drucks. 29/87 S. 22.

897 *Dreher*, in *Dreher-Stockmann* Kartellvergaberecht, § 98 Rdnr. 197 mit Verweis auf die Beweggründe zur Richtlinie.

898 *Eschenbruch*, in *Kulartz-Kus-Portz* Kommentar zum GWB-Vergaberecht, § 98 Rdnr. 320 und *Hailbronner*, in *Grabitz-Hilf-Nettesheim* Kommentar zur Europäischen Union, Bd. IV, B 4, Rdnr. 92, die aber beide verkennen, dass im einschlägigen europäischen Sekundärrecht von Anfang an die Formulierung „direkt subventionieren" verwendet wurde.

hinaus Anhaltspunkt dafür sind, dass eine einschränkende Auslegung des Subventionierungsbegriffs in der Art zu erfolgen hat, dass dieser enger als der beihilfenrechtliche Begünstigungsbegriff ist.

Um eine Aussage drüber treffen zu können, wie der Begriff der Subventionierung gegenüber der Finanzierung systematisch zu verorten ist, ist nochmals auf verschiedene Subventionsbegriffe und die unterschiedlichen Auffassungen zu der Frage einzugehen, was unter Subventionieren in diesem Sinne zu verstehen ist. Zu klären ist, ob die Begriffe der Finanzierung nach Art. 2 Abs. 1 Nr. 4 BVR und der Subventionierung nach Art. 13 BVR, die in die deutschen Umsetzungsregelungen des § 99 Nr. 2 a und Nr. 4 GWB übernommen wurden, systematisch in der Art auszulegen sind, dass an ein „Finanzieren" geringere Anforderungen zu stellen sind als an ein „Subventionieren".

Würde man bei der Begriffsbestimmung auf den klassischen Subventionsbegriff des EuGH zurückgreifen, würde der Begriff der Subventionierung nach § 99 Nr. 4 GWB lediglich den positiven Transfer von Geld oder geldwerten Leistungen erfassen.[899] De facto wäre der Anwendungsbereich des § 99 Nr. 4 GWB weitgehend ausgehöhlt. Ob der europäische Gesetzgeber bei der Rechtsetzung einen derartig engen Anwendungsbereich gewollt hat, lässt sich – wie erörtert – nicht mit Sicherheit feststellen, ist aber zu bezweifeln. Der Einbeziehung von Drittvergaben in den Anwendungsbereich des Vergaberechts liegt der Gedanke zugrunde, dass es keinen Unterschied machen darf, ob ein öffentlicher Auftraggeber einen Auftrag selbst vergibt oder die Auftragsvergabe eines Dritten unterstützt.[900] Da nicht anzunehmen ist, dass die so geschaffene Regelung zur Bekämpfung von Umgehungsgeschäften in ihrer Effektivität durch ein allzu eingeschränktes Begriffsverständnis weitgehend wirkungslos wird, ist vielmehr anzunehmen, dass der Subventionsbegriff des Art. 13 BVR weiter als der klassische Subventionsbegriff des EuGH ist. Es dürfte daher nicht zutreffen, unter Verweis auf den klassischen Subventionsbegriff des EuGH, einen Rückgriff auf den beihilfenrechtlichen Begünstigungsbegriff mit dem Argument abzulehnen, dass der Begriff der Beihilfe im europäischen Recht weiter ist als derjenige der Subvention.[901]

---

899 *Arhold,* in *Montag-Säcker* MünchKommBeihVgR, Art. 107 AEUV, Rdnr. 107.

900 *Wagner,* in *Bunte u.a.* Kommentar zum deutschen und europäischen Kartellrecht, § 98 Rdnr. 66.

901 Dieser Auffassung *Frenz* Handbuch Europarecht, Band 3 Beihilfe- und Vergaberecht, § 1, Rdnr. 2695 mit Verweis auf EuGH, Urt. v. 1.12.1998, Rs. C-200/97 (Ecotrade), Slg. 1998, I-7907, Rdnr. 34. In dieser Entscheidung definiert der EuGH im beihilferechtlichen Zusammenhang Subventionen als „positive Leistungen".

Auch der EuGH hatte die Gelegenheit sich zu dieser Fragestellung zu äußern. In der Rechtssache *Club Les Boucaniers* vertrat die Französischen Republik die Auffassung, die vom EuG in der Vorinstanz vorgenommene Einstufung - die Förderung des streitgegenständlichen Bauprojekts in Form einer Steuerbefreiung sei eine „Subventionierung" im vergaberechtlichen Sinne - stehe *„in Widerspruch zum Wortlaut von Art. 2 Abs. 1 der Richtlinie 93/37*[902] *und zum Willen des Unionsgesetzgebers, den Begriff der Subvention auf positive Leistungen zu begrenzen"*.[903] Der EuGH wies diese Argumentation zurück. Der Begriff „subventionieren" bedeute *„in seinem gewöhnlichen Sinn entgegen dem Vorbringen der Französischen Republik jedoch ganz einfach, eine Begünstigung zu gewähren. Infolgedessen beschränkt sich dieser Begriff im Allgemeinen nicht auf positive Leistungen. Eine solche Auslegung wird auch nicht durch eine sogenannte „überkommene" Definition des Begriffs der Subvention widerlegt, auf die sich dieser Mitgliedstaat bezieht und die angeblich im Bereich staatlicher Beihilfen verwendet wird."*[904]

Damit stellte sich der EuGH einem Verweis auf den klassischen Subventionsbegriff entgegen und ebnete den Weg für eine weite funktionelle Auslegung. Interessant ist der Umstand, dass dies unter Verwendung des Wortes „Begünstigung" geschieht. Ein Verweis auf das Beihilfenrecht beinhaltet dieses zwar nicht zwingend, dennoch stützt es die These, dass bei funktioneller Betrachtung auf den weiteren beihilfenrechtlichen Begünstigungsbegriff abzustellen ist.

Bei genauer Betrachtung steht diese Annahme auch nicht im Widerspruch zur Rechtsprechung des EuGH in Bezug auf den Begriff der „Finanzierung" gemäß Art. 2 Abs. 1 Nr. 4 AEUV bzw. § 99 Nr. a 2 GWB. Denn wie bereits dargelegt, stellt der EuGH im Rahmen seiner Entscheidung *University of Cambridge* hierzu fest, dass nur finanzielle Leistungen, welche als Finanzmittel ohne spezifische Gegenleistungen die Tätigkeiten der betreffenden Einrichtungen finanzieren oder unterstützen, als öffentliche Finanzierung eingestuft werden.[905] Dementsprechend ist auch im Rahmen von § 99 Nr. 2 a GWB für die Feststellung einer überwiegenden öffentlichen Finanzierung auf Kapitalbeiträge oder sonstige einseitige Zuwendungen ohne spezifische Gegenleistung abzustellen.[906]

902 Vorgängerregelung zu Art. 13 BVR.

903 EuGH, Urt. v. 26.9.2013, C-115/12 P (Club Les Boucaniers), Rdnr. 38.

904 EuGH, Urt. v. 26.9.2013, C-115/12 P (Club Les Boucaniers), Rdnr. 46.

905 EuGH. Urt. v. 3.10.2000, C-380/98 (University of Cambridge), Slg. 2000, I-8035, Rdnr. 21.

906 *Eschenbruch*, in *Kulartz-Kus-Portz* Kommentar zum GWB-Vergaberecht, § 98 GWB Rdnr. 155.

Vor diesem Hintergrund ergibt sich aus dem Begriff „subventionieren" in Art. 13 BVR nicht die Notwendigkeit, den Begriff der Subventionierung im Sinne des § 99 Nr. 4 GWB enger auszulegen als den Begriff der Finanzierung in § 99 Nr. 2 a GWB. Vielmehr ist der Begriff der Finanzierung in der BVR einschränkend auszulegen. In diese Richtung ist auch die Rechtsprechung des EuGH zu interpretieren, die dieser Ungenauigkeit abhilft. Der Rückschluss, dass aufgrund des Richtlinientextes an das Wort „Subventionieren" bei § 99 Nr. 4 GWB strengere Anforderungen zu stellen sind als an das „Finanzieren" bei § 99 Nr. 2 a GWB, vermag daher nicht zu überzeugen.

3. Rechtssystematisch Analyse des Wortes „direkt"

Indes könnte durch das Wort „direkt" vor dem Wort „subventionieren" in Art. 13 BVR eine Einschränkung gegenüber der „Finanzierung" nach 2 Abs. 1 Nr. 4 c BVR stattfinden. Folgt man diesem Gedanken, ist eine Unterteilung in „direkte" und „indirekte" Subventionierung vorzunehmen. Die Fallgruppe der „indirekten Subventionierungen" ist dann konsequenterweise aus dem Anwendungsbereich des Art. 13 BVR bzw. § 99 Nr. 4 GWB auszuschließen. Uneinheitlich wird – wie bereits dargelegt – dabei die Frage beantwortet, welche Subventionen direkt und welche indirekt sind. Unabhängig von den Abgrenzungsschwierigkeiten ist es zudem zweifelhaft, ob dem Wort direkt tatsächlich eine einschränkende Funktion zuzusprechen ist.

Für eine solche Einschränkung könnte der Umstand sprechen, dass der EuGH in der Rechtsprechung zu Art. 107 Abs. 1 AEUV stets betont, dass der Begriff der Beihilfe nicht nur positive Leistungen umfasst, *„sondern auch Maßnahmen, die in unterschiedlicher Form die Belastungen vermindern, die ein Unternehmen normalerweise zu tragen hat und die somit zwar keine Subventionen im strengen Sinne des Wortes darstellen, diesen aber nach Art und Wirkung gleichstehen"*.[907] Es wird im weiteren Sinne somit zwischen „direkten" (Subventionen) und „indirekten" Maßnahmen (gleicher Wirkung) differenziert. Denkbar ist, dass der Richtliniengeber bei der Rechtssetzung diesen Umstand vor Augen hatte und explizit klarstellen wollte, dass er ein solch weites Verständnis wie im Beihilfenrecht bei der Rechtsanwendung nicht möchte. Die im Vergaberecht

---

907 EuGH, Urt. v. 15.3.1994, Rs. C-387/92 (Banco de Credito Industrial), Slg. 1994, I-877, Rdnr. 13; EuGH, Urt. v. 1.12.1998, Rs. C-200/97 (Ecotrade), Slg. 1998, I-7907, Rdnr. 34; EuGH, Urt. v. 8.11.2001, Rs. C-143/99 (Adria-Wien-Pipeline), Slg. 2001, I-8384, Rdnr. 38.

anzuwendende funktionelle Betrachtungsweise spricht eher gegen eine solche Sichtweise. Denn wie soeben dargelegt kommt dem Begriff der „Subventionierung" lediglich der Zweck zu, wirtschaftlich ausgeglichene Rechtsverhältnisse aus dem Anwendungsbereich der Norm auszuklammern. Dies wiederum würde durch eine Einschränkung mittels des Wortes „direkt" konterkariert werden. Dem Zweck der Umgehungsverhinderung wäre am meisten gedient, wenn es keinen Unterschied macht, ob ein Bauvorhaben durch finanzielle Mittel für den Erwerb eines Baugrundstücks, durch das Zurverfügungstellen des Grundstücks an sich oder eine das Finanzierungsdarlehen vergünstigende Bürgschaft unterstützt wird. Von der Zielrichtung vergleichbar ist das Argument, dass es die Gleichstellung der einzelnen Vertragstypen durch das EU-Vergaberecht erfordere, dass das Vergaberecht unabhängig von der Gestaltung im Einzelfall zur Anwendung kommen müsse.[908] Offen bleibt allein die Frage nach der Bedeutung des Wortes „direkt".

Als entscheidend und gegen die Annahme einer weiteren Einschränkung sprechend dürfte sein, dass dem Wort „direkt" bei genauerer Betrachtung eine andere, passendere Funktion zugesprochen werden kann. Diese ergibt sich aus dem Unterschied zwischen den Tatbeständen des § 99 Nr. 2 GWB bzw. Art. 2 Abs. 1 Nr. 4 BVR und § 99 Nr. 4 GWB bzw. Art. 13 BVR. Dieser liegt darin, dass ersterer personenbezogen und zweiter auftragsbezogen ist. Bezüglich des Flusses der Finanzierung hat das zur Folge, dass bei der personenbezogenen Finanzierung zunächst eine Person „finanziert" wird, die dann wiederum mit diesen Mitteln den Auftrag bestreitet. Im Gegensatz dazu wird bei der projektbezogenen „Finanzierung" unmittelbar auf den konkreten Auftrag abgehoben. Hält man sich diesen Unterschied vor Augen, so wird deutlich, dass das Wort „direkt" vermutlich nur diese Eigenheit der projektbezogenen Finanzierung unterstreichen soll.

Ebenfalls in der Rechtssache *Club Les Boucaniers* äußerte sich der EuGH zu der Rechtsfrage, was unter einer „direkten Subventionierung" zu verstehen ist, und stellt klar: *„Die Verwendung des Begriffs „subventionieren" in dieser Bestimmung und nicht des Verbs „finanzieren", das die Kommission in ihrem Vorschlag für Art. 1a der Richtlinie 89/440/EWG des Rates vom 18. Juli 1989 zur Änderung der Richtlinie 71/305/EWG über die Koordination der Verfahren zur Vergabe öffentlicher Bauaufträge (Abl. L 210, S. 1), der Art. 2 der Richtlinie 93/37 entspricht, verwendet hatte, kann nämlich mangels anderer Hinweise*

908 *Eschenbruch*, in *Kulartz-Kus-Portz* Kommentar zum GWB-Vergaberecht, § 98 Rdnr. 329 unter Verweis auf BayObLG, NZBau 2005, 234, 235 = VergabeR 2005, 74, 76 ff.

nicht ausreichen, um daraus den Willen des Unionsgesetzgebers abzuleiten, diesen Begriff unter Ausschluss insbesondere von Steuernachlässen auf positive Subventionen zu beschränken."[909] Dabei stellte der Gerichtshof zum einen heraus, dass sich der „*Begriff „direkte Subvention" nicht auf Personen, sondern auf das betreffende Bauwerk bezieht*" und zum anderen eine enge Auslegung dieses Begriffs es einem öffentlichen Auftraggeber ermöglichen würde, die Vorschrift zu „*umgehen und sich dadurch den ihm nach dieser Richtlinie obliegenden Pflichten zu entziehen.*"[910] Bezüglich dieser Interpretation des Wortes „direkt" wird hinsichtlich den verfahrensgegenständlichen Steuernachlässen argumentiert, dass diese „*in direktem Zusammenhang zu dem in Rede stehenden Bauauftrag gestanden hätten*" und in Abgrenzung dazu, "*dass sie ferner nicht bezweckt hätten, bestimmte allgemeine Lasten der betreffenden Personen zu verringern, und dass die Französische Republik sie schließlich für die geplante Renovierung und Erweiterung des Club Les Boucaniers speziell zur Durchführung dieser Bauarbeiten gewährt habe.*"[911]

Diese Rechtsprechung steht sowohl im Hinblick auf die Notwendigkeit einer weiten funktionellen Auslegung als auch in Bezug auf die Interpretation des Wortes „direkt" im Einklang mit der hier vertretenen Auffassung. Insbesondere wird unterstrichen, dass das Wort direkt den Zweck hat, die Auftragsbezogenheit der Vorschrift in Abgrenzung zur Personenbezogenheit hervorzuheben.

Daraus folgt, dass sich auch aus dem Wort „direkt" in Art. 2 Abs. 1 Nr. 4 BVR keine Notwendigkeit ergibt, den Begriff der Subventionierung bei § 99 Nr. 4 GWB enger auszulegen als den Begriff der Finanzierung bei § 99 Nr. 2 a GWB.

---

909 EuGH, Urt. v. 26.9.2013, C-115/12 P (Club Les Boucaniers), Rdnr. 48.
910 EuGH, a.a.O., Rdnr. 52.
911 EuGH, a.a.O., Rdnr. 53.

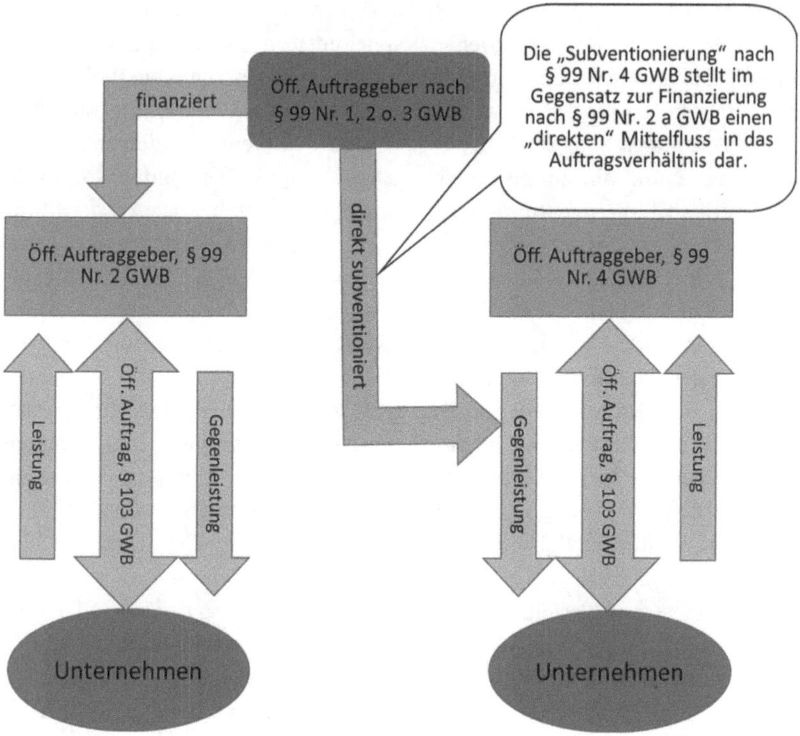

Schaubild 5:

4. Zwischenergebnis und Rückschlüsse

Eingangs wurde die Frage formuliert, ob bei der Bestimmung des vergaberechtlichen Subventionsbegriffs i.S.d. § 99 Nr. 4 GWB auf das Beihilfenrecht abgestellt werden kann. Anlass zu dieser Untersuchung gab das Ergebnis des zweiten Kapitels, demgemäß sowohl der Finanzierungsbegriff des § 99 Nr. 2 a GWB als auch der Subventionsbegriff i.S.d. § 99 Nr. 4 GWB ökonomisch und systematisch mit der Beihilfe vom Staat oder aus staatlichen Mitteln vergleichbar sind.[912] Daraus ergab sich für die weitere Untersuchung, dass diese bei der Auslegung im Rahmen des Möglichen anzugleichen sind.

912 Vgl. zum Begünstigungsbegriff 2. Kapitel D.I.4; vgl. zur Grenzziehung hin zu einer nicht mehr relevanten Beteiligung des Staates 2. Kapitel D.II.5. und 6.

Dieser Zielsetzung konnte bei der Untersuchung des Finanzierungsbegriffs nach § 99 Nr. 2 a GWB im zweiten Kapitel entsprochen werden, da bei dessen Auslegung in mehrfacher Hinsicht auf das Beihilfenrecht abgestellt werden kann. So konnte zunächst festgestellt werden, dass die Zurechnung von Finanzierungsleistungen zum Staat im Vergabe- und Beihilfenrecht identisch ist und die Grenzziehung hin zu einer nicht mehr relevanten Beteiligung des Staates gleich verläuft.[913] Ferner wurde nachgewiesen, dass auch bei der Art der Mittel, die eine Finanzierungsleistung i.S.d. § 99 Nr. 2 a GWB darstellen, sofern ihnen keine spezifische Gegenleistung gegenübersteht, auf den Begriff der Begünstigung im Beihilfenrecht abgestellt werden kann.[914] Daraus ergab sich in der Konsequenz auch die Möglichkeit, bei der Berechnung der Finanzierungsquote die Maßstäbe des Beihilfenrechts anzulegen.[915]

Da bei der Bestimmung des vergaberechtlichen Subventionsbegriffs nach § 99 Nr. 4 GWB überwiegend auf die Maßstäbe des EU-Beihilfenrechts abgestellt wird, bot sich für dessen Untersuchung eine Gegenüberstellung zum Finanzierungsbegriff des § 99 Nr. 2 a GWB an. In diesem Vergleich wurde das Verhältnis des vergaberechtlichen Subventionsbegriffs nach § 99 Nr. 4 GWB zum Beihilfenrecht inzident geprüft.

Die Untersuchung erfolgte mit Blick auf die Entstehung der sekundärrechtlichen Vorgaben und deren Wortlaut und Systematik. Im Mittelpunkt stand die Frage, ob der Wortlaut des Art. 13 BVR eine engere Auslegung des Tatbestandsmerkmal der „Subventionierung" gegenüber der „Finanzierung" nach Art. 2 Abs. 1 Nr. 4 BVR erfordert. Dies konnte im Ergebnis verneint werden. Die Tatbestandsmerkmale „Finanzieren" und „Subventionieren" weisen im vergaberechtlichen Kontext keine funktionellen Unterschiede auf. Es verhält sich vielmehr so, dass auch das Wort „Finanzieren" einschränkend dahingehend auszulegen ist, dass wirtschaftlich ausgeglichene Austauschverhältnisse nicht erfasst werden. Auch das Wort „direkt" gebietet keine engere Auslegung des § 99 Nr. 4 GWB gegenüber dem § 99 Nr. 2 a GWB. Es dient der Klarstellung, dass es sich um eine vorhabenbezogene Unterstützungsleistung handelt. Die Analyse zeigte, dass weder die sekundärrechtlichen Vorgaben der BVR noch teleologische Gesichtspunkte dagegen sprechen, den vergaberechtlichen Finanzierungs- und Subventionsbegriff einheitlich auszulegen und bei deren Bestimmung einheitlich auf beihilfenrechtliche Kategorien abzustellen. Von einer vollständigen Identität des Begriffs der „Finanzierung" im Sinne des § 99 Nr. 2 a GWB kann allerdings nicht

913 Vgl. 3 Kapitel C.II.3.a).
914 Vgl. 3 Kapitel C.II.3.b).
915 Vgl. 3 Kapitel C.II.3.c).

ausgegangen werden. Der Begriff der „Finanzierung" nach § 99 Nr. 2 a GWB ist deshalb weiter, da aufgrund der Projektbezogenheit des § 99 Nr. 4 GWB einige Mittelflüsse, die sowohl im Rahmen des Art. 107 Abs. 1 AEUV als auch bei § 99 Nr. 2 a GWB als Beihilfe bzw. Finanzierung potenziell in Ansatz gebracht werden können, nicht in Betracht kommen – beispielsweise staatliche Kapitalbeteiligungen in Form von Einlagen in eine Gesellschaft. Dieser Umstand mag dazu beigetragen haben, dass in Art. 13 BVR und Art. 2 Abs. 1 Nr. 4 c BVR trotz funktional äquivalenter Mittelflüsse einmal der Begriff "Subventionieren" und einmal der Begriff „Finanzieren" verwendet wurde.

Im Hinblick auf den Subventionsbegriff des Art. 13 BVR bzw. § 99 Nr. 4 GWB ist daher im Ergebnis festzustellen, dass dieser – abgesehen von den spezifisch institutsbezogenen Beihilfen und Finanzierungen – mit dem beihilfenrechtlichen Begünstigungsbegriff i.S.d. Art. 107 Abs. 1 AEUV als auch mit dem Finanzierungsbegriff des Art. 2 Abs. 1 Nr. 4 c BVR bzw. § 99 Nr. 2 a GWB identisch ist.

In der Konsequenz kann – ebenso wie beim Finanzierungsbegriff des § 99 Nr. 2 a GWB – bei folgenden Fragestellungen auf das Beihilfenrecht abgestellt werden:

§ 99 Nr. 4 GWB ist für die Erfassung von Mittelflüssen, die direkt oder indirekt von staatlicher Seite kommen, geschaffen. Wie bei der Finanzierung i.S.d. des § 99 Nr. 2 a GWB und der Beihilfe aus staatlichen Mitteln ist die Subventionierung mittels Zwischenschaltung von den dem Staat zuzuordnenden Einrichtungen unproblematisch vom Tatbestand des § 99 Nr. 4 GWB erfasst. Die Grenzziehung hin zu einer nicht mehr relevanten Beteiligung des Staates war im Rahmen von § 99 Nr. 2 a GWB insbesondere bei der Gegenüberstellung der Konstellationen indirekter Finanzierungen im Vergaberecht mit den „parafiskalischen Abgaben" im Beihilfenrecht von Bedeutung. In diesem Zusammenhang konnte nachgewiesen werden, dass bei Konstellationen, in denen im Vergaberecht zu beurteilen ist, ob eine indirekte Finanzierung vorliegt, auf das Beihilfenrecht zurückgegriffen werden kann. Diese Maßstäbe gelten daher auch für ein „Subventionieren" im Sinne des § 98 Nr. 4 GWB. Dementsprechend liegt ein Subventionieren im Sinne des § 99 Nr. 4 GWB bei staatlich gelenkten Mittelflüssen vor, wenn das fragliche Bauprojekt erstens durch steuerähnliche, d. h. gesetzlich angeordnete Mittel finanziert wird, zweitens auch deren Höhe und Verwendung staatlich vorgegeben ist und drittens deren Durchsetzung mittels hoheitlicher Maßnahmen stattfindet.[916] Diese Erkenntnis dürfte allerdings eher theoretischer Natur sein, da die Subventionierung einzelner Bauprojekte mittels

916 Vgl. 3 Kapitel C.II.3.a.cc.(2).

„parafiskalischer Abgaben“ von untergeordneter praktischer Relevanz ist. Diese Art des staatlich initiierten Mittelflusses dient in Regel der Finanzierung von Einrichtungen, ist also personen- und nicht auftragsbezogen. Keinesfalls vergleichbar ist die so geartete indirekte Finanzierung mit Konstellationen der Baukonzessionsvergabe. Denn das „Recht zur Nutzung des vertragsgegenständlichen Bauwerks“ im Sinne vor Art. 5 Nr. 1 a KVR ist nicht mit einem gesetzlich angeordneten steuerähnlichen Mittelfluss vergleichbar. Zudem trägt die betreffende Einrichtung bei dieser Art der indirekten Einrichtung auch kein „Betriebsrisiko“, wie es für das Bestehen einer Konzession notwendig ist.[917]

Indes kann bei der Art der Mittel, die eine Subventionierungsleistung im Sinn des Art. 13 BVR bzw. § 99 Nr. 4 GWB darstellen können, sowie dem Vorliegen einer etwaigen gleichwertigen Gegenleistung, die den Subventionierungstatbestand entfallen lässt, auf das Beihilfenrecht abgestellt werden. Dies gilt im selben Maße wie bei § 99 Nr. 2 a GWB, sodass auf die diesbezüglichen Ausführungen vollumfänglich verwiesen werden kann.[918] So können alle Leistungen, die als potenzielle beihilfenrechtliche Begünstigung einzustufen sind, auch eine Subventionierung nach § 99 Nr. 4 GWB darstellen. Ausgenommen sind lediglich Leistungen, die ihrer Natur nach nicht Vorhaben- sondern nur Institutsbezogen sein können (z.B. Gesellschaftsbeteiligungen). Um Wiederholungen zu vermeiden wird an dieser Stelle auf die – nicht abschließende – Auflistung der beihilfenrechtlichen Entscheidungspraxis und Judikatur im dritten Kapitel[919] Bezug genommen, welche von verlorenen (Investitions-) Zuschüssen[920] über zinsverbilligte Darlehen[921] bis hin zu kostenlosen oder verbilligten staatlichen Leistungen jedweder Art[922] die Vielseitigkeit unmittelbarer und mittelbarer staatlicher Begünstigungen mit den entsprechenden Nachweisen darstellt. In der Konsequenz können hinsichtlich einzelner Streitpunkte allerdings nicht nur die zum Beihilfenrecht ergangenen Kommissionsentscheidungen und Urteile und die entsprechende Kommentarliteratur zurate gezogen werden, sondern auch die Rechtsquellen zum Finanzierungsbegriff des § 99 Nr. 2 a GWB. Zur Beantwortung der Frage, ob der potenziellen Subventionierung ein marktgerechte Gegenleistung gegenüber

917 Vgl. Art. 5 Nr. 1 KVR.

918 Vgl. 3 Kapitel C.II.b.cc.(2) und (3).

919 Vgl. 3 Kapitel C.II.b.cc.(3).

920 EuGH, Urt. v. 8.3.1988, verb. Rs. 62/87 und 72/87 (Exécutif régional Wallon/Kommission), Slg. 1988, 1573, Rdnr. 13.

921 EuGH, Urt. v. 14.2.1990, Rs. C-301/87 (Frankreich/Kommission), Slg. 1990, I-307, Rdnr. 41.

922 vgl. *Cremer*, in *Callies-Ruffert* EUV AEUV, Art. 107 AEUV, Rdnr. 40.

steht, kann auf die beihilfenrechtliche Dogmatik zum „Private-Investor-Test" zurückgegriffen werden. Mit dem „Private-Investor-Test" kann dabei nicht nur ermittelt werden, ob eine Beihilfe bzw. eine „Subventionierung" im Sinne des § 99 Nr. 4 GWB vorliegt. Wie beim Begriff der Finanzierung nach § 99 Nr. 2 a GWB kann auch für die Bestimmung der Quantität der Subventionsleistung nach § 99 Nr. 4 GWB, also der Berechnung der Subventionierungsquote, auf diesen zurückgegriffen werden, was zum nächsten Prüfungspunkt überleitet.

IV. Die Berechnung der Subventionierungsquote

Bei der Prüfung, ob die 50 % – Grenze überschritten ist, ist auf das Gesamtvolumen des Bauprojekts zuzüglich aller damit in Verbindung stehenden Bau- und Dienstleistungsaufträge abzustellen.[923] Unbeachtlich ist es daher, wenn die überwiegende „Subventionierung" des Projekts weniger als die Hälfte der dem privaten Begünstigten in der Summe zukommenden Finanzierung bzw. Subventionierung ausmacht.[924] Von Relevanz sind nur die vorhabenbezogenen Zahlungen, nicht aber die institutionell gewährten.[925] Ohne jeden Zweifel ist dabei eine Subventionierung anzunehmen, wenn ein entsprechender Fördermittelbescheid ergangen oder der subventionierte Anteil ausbezahlt ist.[926] Dies ist jedoch keine notwendige Voraussetzung. Es reicht vielmehr aus, wenn ein entsprechender Mitteleinsatz bei der Gesamtkalkulation des Projekts veranschlagt wurde, selbst wenn sich dies noch nicht in einem entsprechenden Bescheid manifestiert hat.[927] Keine Rolle spielt auch die in Zusammenhang mit dem Subventionsrecht und Zuwendungsbescheiden bekannte Kategorisierung in förderfähige und nicht förderfähige Kosten.[928]

---

923 *Wagner*, in *Bunte u.a.* Kommentar zum deutschen und europäischen Kartellrecht, § 98 Rdnr. 69; *Frenz* Handbuch Europarecht, Band 3 Beihilfe- und Vergaberecht, § 1, Rdnr. 2697; *Hailbronner*, in *Grabitz-Hilf-Nettesheim* Kommentar zur Europäischen Union, Bd. IV, B 4, Rdnr. 95; *Zeiss*, in *Heiermann-Zeiss* Praxiskommentar Vergaberecht, § 98 Rdnr. 237; *Stickler*, in *Glahs u.a.* Vergaberecht, § 98 Rdnr. 61.

924 *Aicher*, in *Müller-Wrede (Hrsg.)* Kompendium des Vergaberechts, Kapitel 4, Rdnr. 88 mit erläuterndem Beispiel.

925 *Ziekow*, in *Ziekow-Völlink* Kommentar zum Vergaberecht, § 98 Rdnr. 165.

926 *Dippel*, in *Hattig-Maibaum* Praxiskommentar Kartellvergaberecht, § 98 GWB, Rdnr. 207 mit Verweis auf VK Bund, Beschluss vom 3.7.2007, VK 2–45/07, VK 2–57/07.

927 *Dippel*, in *Hattig-Maibaum* Praxiskommentar Kartellvergaberecht, § 98 GWB, Rdnr. 206 mit Verweis auf *VK Hamburg, Beschluss vom 27.09.2006 – VK BSU-3/06.*

928 *Stickler*, in *Glahs u.a.* Vergaberecht, § 98 Rdnr. 60; Hailbronner, in *Grabitz-Hilf-Nettesheim* Kommentar zur Europäischen Union, Bd. IV, B 4, Rdnr. 95; *Zeiss*, in *Heiermann-Zeiss* Praxiskommentar Vergaberecht, § 98 Rdnr. 237; *Wagner*, in *Bunte u.a.* Kommentar zum deutschen und europäischen Kartellrecht, § 98 Rdnr. 69.

Des Weiteren lässt das Zwischenergebnis, dass der Subventionierungsbegriff des § 99 Nr. 4 GWB mit dem Begriff der „Finanzierung" nach § 99 Nr. 2 GWB sowie dem beihilfenrechtliche Begünstigungsbegriff im Sinne des Art. 107 Abs. 1 AEUV identisch ist, schlussfolgern, dass bei der Ermittlung der Subventionierungs- bzw. Finanzierungsquote einheitlich auf beihilfenrechtliche Maßstäbe abzustellen ist. Die Methodik zur Ermittlung des Beihilfenäquivalentes, welche aus den zahlreichen Mitteilungen, Entscheidungen und Urteilen, welche die Kommission und die europäischen Gerichte im beihilfenrechtlichen Kontext erlassen haben, abgeleitet wird, kann daher im Rahmen des § 99 Nr. 4 GWB herangezogen werden. Auch bezüglich der Berechnung der Subventionierungsquote kann daher auf die ausführliche Darstellung der diesbezüglichen Systematik bei der Untersuchung des § 99 Nr. 2 a GWB verwiesen werden.[929] Bis auf den Umstand, dass bei § 99 Nr. 4 GWB die Subventionierung projektbezogen zu ermitteln ist, während es bei § 99 Nr. 2 a GWB auf die betreffende Einrichtung ankommt, ergeben sich nach der hier vertretenen Auffassung keine Unterschiede.

Auffällig ist, dass in der Literatur überwiegend im Zusammenhang mit dem Subventionierungsbegriff des § 99 Nr. 4 GWB auf beihilfenrechtliche Maßstäbe Bezug genommen wird[930], während dies bei der „Finanzierung" gemäß § 99 Nr. 2 a GWB weniger der Fall ist. Dies hängt vermutlich mit dem Umstand zusammen, dass das Tatbestandsmerkmal „Subventionieren" bei § 99 Nr. 4 GWB und Art. 13 BVR eine Assoziation zum beihilfenrechtlichen Vorteilsbegriff auslöst. Gleichwohl führt die Diskussion darüber, ob aufgrund des Wortes „direkt" in Art. 13 BVR eine einschränkende Auslegung des Tatbestandsmerkmals vorzunehmen ist, zu dem Ergebnis, dass teilweise uneingeschränkt auf die Maßstäbe des europäischen Beihilfenrechts verwiesen wird[931] und teils Einschränkungen vorgenommen werden.[932] Nach der hier vertreten Auffassung stellt sich diese Frage nicht.

---

929 Vgl. 3 Kapitel C.II.3.c).

930 Vgl. beispielsweise *Werner*, in *Byok-Jaeger* Kommentar zum Vergaberecht, § 98 Rdnr. 104; *Dippel*, in *Dippel*, in *Hattig-Maibaum* Praxiskommentar Kartellvergaberecht, § 98 GWB, Rdnr. 206–207; *Eschenbruch*, in *Kulartz-Kus-Portz* Kommentar zum GWB-Vergaberecht, § 98 GWB, Rdnr. 321 ff.; *Dreher*, in *Dreher-Stockmann* Kartellvergaberecht, § 98 Rdnr. 197–198.

931 Vgl. beispielsweise *Dippel*, in *Hattig-Maibaum* Praxiskommentar Kartellvergaberecht, § 98 GWB, Rdnr. 206–207.

932 Vgl. beispielsweise *Dreher*, in *Dreher-Stockmann* Kartellvergaberecht, § 98 Rdnr. 197–198.

D. Zusammenfassung der Ergebnisse

Im zweiten Kapitel wurde die Möglichkeit einer auslegungsergänzenden Wirkung des Beihilfenrechts allgemein und speziell für die Tatbestandsmerkmale des § 99 Nr. 2 und Nr. 4 GWB untersucht. Im Hinblick auf § 99 Nr. 4 GWB ergaben sich zwei Ansatzpunkte für eine auslegungsergänzende Wirkung des Beihilfenrechts, denen in diesem Kapitel nachgegangen wurde.

In einem ersten Schritt konnte dabei eine funktionale Äquivalenz des beihilfenrechtlichen Tatbestandsmerkmals der Beihilfe „vom Staat oder aus staatlichen Mitteln" zu den von § 99 Nr. 4 GWB erfassten Bauaufträgen, die ein staatsnahes Handeln indizieren, ausgeschlossen werden. Es fehlte offensichtlich an einer funktionalen Äquivalenz. Zwar teilt dieses Tatbestandsmerkmal die einschränkende Funktion mit der Zurechenbarkeit der konkreten Mittelgewährung zum Staat, die Voraussetzung für das Vorliegen einer „Staatlichen Maßnahme oder Maßnahme unter Inanspruchnahme staatlicher Mittel" im Beihilfenrecht ist, mit dem Abstellen auf eine abstrakte Gefährdung durch bestimmte Bauaufträge ist dies aber nicht vergleichbar.

Gleichwohl wurde die sachliche Einschränkung des Anwendungsbereichs einer kritischen Prüfung unterzogen. Grundlage dafür war jedoch nicht das Verhältnis von Vergabe- und Beihilfenrecht, sondern die Frage, warum der europäische Gesetzgeber den Auffangtatbestand des § 99 Nr. 4 GWB auf die konkret benannten Bauaufträge und die damit verbundenen Dienstleistungsaufträge beschränkt. Als Grundproblem wurde dabei ausgemacht, dass dieser Methodik die Flexibilität fehlt, die im Vergaberecht typischerweise eine funktionelle Auslegung zulässt. Dieser Problemstellung wurde anhand einer detaillierten Betrachtung der Regelungshistorie nachgegangen, welche die Entwicklung des Tatbestandes von seinen Anfängen in der RiLi 89/440/EWG bis heute nachvollzog. Es konnte dabei nicht abschließend ergründet werden, warum die Regelung auf die enumerativ benannten Bauaufträge und damit verbundenen Dienstleistungsaufträge beschränkt wurde. Es zeigte sich jedoch, dass die Regelung zu den direkt subventionierten Bauaufträgen schon vor den Regelungen zum funktionellen Auftraggeberbegriff in der BKR kodifiziert wurde und im Kern unverändert bestehen blieb. Daraus resultierte die These, dass die Regelung nicht entsprechend der Entwicklung des funktionellen Auftraggeberbegriffs angepasst wurde. Ließe man Kriterien mit einfließen, die man bei den „öffentlichen Einrichtungen" im Sekundärrecht verwendet, namentlich das Tatbestandsmerkmal der „im Allgemeininteresse liegenden Aufgabe", könnten die durch die tatbestandliche Begrenzung resultierenden Probleme beschränkt oder gar beseitigt werden. Es wurde daraus der Vorschlag entwickelt, den Anwendungsbereichs des Art. 13 BVR und damit einhergehend den des § 99 Nr. 4 GWB auf sämtliche Bauaufträge zu erweitern, die einer „im Allgemeininteresse liegenden Aufgabe" dienen. Im Zuge dessen wurde die Überlegung angestellt, nicht nur die verbundenen Dienstleistungsaufträge, sondern weitere Auftragsbereiche der Regelung zur Erfassung auftragsbezogener Umgehungsstrategien zu unterwerfen.

Das Hauptaugenmerk lag beim vierten Kapitel auf dem Begriff der Subventionierung. In Bezug auf eine etwaige auslegungsergänzende Wirkung des Beihilfenrechts wurde untersucht, ob bei der Bestimmung des vergaberechtlichen Subventionsbegriffs i.S.d. § 99 Nr. 4 GWB auf das Beihilfenrecht abgestellt werden kann. Bei der Analyse wurde der vergaberechtliche Subventionsbegriff nach § 99 Nr. 4 GWB auch dem Finanzierungsbegriff des § 99 Nr. 2 a GWB gegenübergestellt. Im Ergebnis wurde festgestellt, dass der Subventionsbegriff des Art. 13 BVR bzw. § 99 Nr. 4 GWB weitgehend identisch mit dem beihilfenrechtlichen Begünstigungsbegriff i.S.d. Art. 107 Abs. 1 AEUV und mit dem Finanzierungsbegriff des Art. 2 Abs. 1 Nr. 4 c BVR bzw. § 99 Nr. 2 a GWB ist. Wie beim Finanzierungsbegriff des § 99 Nr. 2 a GWB kann daher auf das Beihilfenrecht abgestellt werden, wenn es darum geht, welche Formen der (indirekten) Subventionierungen der staatlichen Seite zugerechnet werden können, welche Mittel eine Subventionierungsleistung im Sinn des Art. 13 BVR bzw. § 99 Nr. 4 GWB darstellen können und ob diesen eine gleichwertige Gegenleistung, die den Subventionierungstatbestand entfallen lässt, gegenübersteht. Hierbei kann auf die beihilfenrechtliche Dogmatik zum „Private-Investor-Test" zurückgegriffen werden. Auch für die Bestimmung der Quantität der Subventionsleistung nach § 99 Nr. 4 GWB, also der Berechnung der Subventionierungsquote, kann auf beihilferechtliche Kategorien, namentlich den „Private-Investor-Test", zurückgegriffen werden. Zur Vermeidung von Wiederholungen wird an dieser Stelle ergänzend auf die ausführliche Zusammenfassung im letzten Abschnitt verwiesen[933], welche die auslegungsergänzende Wirkung des Beihilfenrechts für den vergaberechtlichen Subventionsbegriffs i.S.d. § 99 Nr. 4 GWB und die möglichen Rückschlüsse für den Rechtsanwender ausführlich darstellt.

933 Vgl. 4 Kapitel C.III.4.

Schlussbetrachtung und Thesen

Gegenstand der Untersuchung war der Anwendungsbereich des § 99 GWB, also der persönliche Anwendungsbereich des Vergaberechts. Im Mittelpunkt standen dabei die Tatbestände des § 99 Nr. 2 und Nr. 4 GWB, welche im deutschen Recht den funktionellen Auftraggeberbegriff verkörpern.

Die Untersuchung erfolgte unter besonderer Berücksichtigung des europäischen Beihilfenrechts. Den Ausgangspunkt für diese Herangehensweise begründete die Beobachtung, dass das Vergaberecht und das Beihilfenrecht als ökonomische Lenkungsinstrumente nicht nur den Staat im weiteren Sinne als gemeinsamen Adressaten haben, sondern auch in tatsächlicher und rechtsdogmatischer Hinsicht teils ähnliche Strukturen aufweisen und darüber hinaus auch hinsichtlich der sachlichen Anwendungsbereiche Überschneidungen erkennen lassen. Die Ausgangsfrage lautete daher, ob aufgrund einer Wechselbezüglichkeit die Möglichkeit besteht, dem Beihilfenrecht bei der Auslegung des Begriffs des öffentlichen Auftraggebers im Vergaberecht eine auslegungsergänzende Wirkung zuzuschreiben. Daneben kamen auch die Methoden der europarechtskonformen und der historisch-teleologische Auslegung zur Anwendung, anhand derer die vergaberechtliche Rechtssetzung kritisch hinterfragt wurde.

1. Zur thematischen Annäherung an den eigentlichen Untersuchungsgegenstand wurde im ersten Kapitel die Entwicklung des europäischen und des nationalen Vergaberechts und der Status quo des vergaberechtlichen Normengefüges dargestellt. Es zeigte sich, dass die Entwicklung des Vergaberechts in Europa und auf nationaler Ebene, welche im europäischen Primärvergaberecht ihren Ausgangspunkt hatte, sich bis heute im Fluss befindet. Der europäische Gesetzgeber entwickelt aus dem Primärvergaberecht immer neue Subsysteme, welche er im weiteren Verlauf teils weiter ausdifferenziert und teils wieder vereint, indem er das Allgemeine vom Speziellen trennt, um so Regelungen kompakter fassen zu können. Im deutschen Recht wird ebenso verfahren. Bildlich gesprochen vollzieht sich die Entwicklung von einer Quelle in unterschiedliche Bahnen, die sich teils wieder vereinen. Diese Entwicklung entlang zahlreicher Novellierungen bringt neben der gewünschten Optimierung auch Probleme mit sich. Es kommt zu Unstimmigkeiten innerhalb des Vergaberechts und im Verhältnis des Vergaberechts zu anderen Rechtgebieten, namentlich dem Beihilfenrecht, die es aufzudecken und einer kohärenten Rechtsanwendung zuzuführen gilt.

2. Vor der Untersuchung der einzelnen Tatbestandsmerkmale von § 99 Nr. 2 und Nr. 4 GWB war daher zu klären, ob und – wenn ja – welche beihilfenrechtlichen Aspekte bei der Auslegung des Vergaberechts herangezogen werden können. Zu diesem Zweck wurde im zweiten Kapitel in einem ersten Schritt die Konnexität von Vergaberecht und Beihilfenrecht untersucht und im zweiten Schritt analysiert, in welchem Zusammenhang diese ein konkreter Einflussfaktor für die Auslegung des Tatbestandes des öffentlichen Auftraggebers sein kann.

2.1. Als Zwischenergebnis konnte festgestellt werden, dass das Beihilfenrecht auslegungsergänzend für die Bestimmung des Anwendungsbereichs des § 99 Nr. 2 und Nr. 4 GWB herangezogen werden kann, sofern eine funktional äquivalente Regelungskonstellation vorliegt.

Im Einzelnen:

2.1.1. Das Beihilfen- und das Vergaberecht weisen trotz unterschiedlicher Ansatzpunkte strukturelle und funktionale Ähnlichkeiten auf. Sie dienen beide der Verwirklichung des gemeinsamen Binnenmarktes durch Wettbewerb. Speziell unter dem Blickwinkel von Austauschverhältnissen zwischen der staatlichen und der unternehmerischen Seite gibt es Überschneidungen, aufgrund derer das Vergaberecht und das Beihilfenrecht in wechselseitiger Beziehung stehen und daher nicht isoliert betrachtet werden können.

2.1.2. Das „vergaberechtliche" und das „beihilfenrechtliche" Ausschreibungsverfahren stellen sich als Subsysteme des Primärvergaberechts dar, welches in erster Linie aus den Grundfreiheiten der Warenverkehrsfreiheit, der Niederlassungsfreiheit und der Dienstleistungsfreiheit sowie dem allgemeinen Diskriminierungsverbot des AEUV abgeleitet wird. Diesem kommt die Rolle eines „Urvergaberechts" zu, aus dem sich verschiedene Regelungssysteme entwickelten. Diese unterscheiden sich zwar in ihren sachlichen Anwendungsbereichen und ihrer Ausgestaltung, sind dabei aber in der Grundstruktur instrumentell äquivalent. Dies konnte anhand einer detaillierten Gegenüberstellung des primären und sekundären EU-Vergaberechts, des beihilfenrechtlichen Ausschreibungsverfahrens und des Sondervergaberechts der VO 1370 als vergabe- und beihilfenrechtlicher Hybrid nachgewiesen werden. Die funktionale Äquivalenz erlaubt den Rückschluss auf einen identischen Staatsbegriff, der dem Vergabe- und dem Beihilfenrecht zugrunde liegt. Das primäre und sekundäre EU-Beihilfenrecht hinsichtlich der „staatliche(n) oder aus staatlichen Mitteln gewährten Beihilfen" und der Begriff des öffentlichen Auftraggebers im Sinne von Art. 2 Abs. 1 Nr. 1 BVR gehen von einem einheitlichen Staatsverständnis aus. In der Konsequenz öffnet dies den Weg zu einer systematisch-teleologischen Auslegung.

2.2. Darauf aufbauend wurden die einzelnen Punkte des beihilfenrechtlichen Prüfungsschemas dargestellt. Im Detail wurde dabei auf die Tatbestandsmerkmale eingegangen, die für die folgende Untersuchung der Tatbestandsmerkmale des Begriffs des „öffentlichen Auftraggebers" von Relevanz sein könnten. Nun wurde gezielt nach funktional äquivalenten Regelungskonstellationen gesucht, die der Schlüssel für die angestrebte auslegungsergänzende Wirkung des Beihilfenrechts sind. Es konnten mehrere Anknüpfungspunkte ausgemacht werden, die im Hinblick auf die funktionale Äquivalenz des vergabe- und des beihilfenrechtlichen Staatsbegriffs bei der Untersuchung der Tatbestände des § 99 Nr. 2 und Nr. 4 GWB zu berücksichtigen bzw. näher zu untersuchen waren:

2.2.1. Da sie funktional äquivalente Mittelflüsse von der staatlichen zur unternehmerischen Seite darstellen, sind die Tatbestandsmerkmale der „Finanzierung" im Sinne des Art. 2 Abs. 1 Nr. 4 der BVR (umgesetzt in § 99 Nr. 2 a GWB) und der „Subventionierung" im Sinne des Art. 13 BVR (umgesetzt in § 99 Nr. 4 GWB) im Idealfall mit dem beihilfenrechtlichen Begriff der Begünstigung gemäß Art. 107 Abs. 1 AEUV identisch und im Rahmen des Möglichen bei der Auslegung anzugleichen.

2.2.2. Das beihilfenrechtliche Tatbestandsmerkmal der Beihilfe „vom Staat oder aus staatlichen Mitteln" i.S.d. Art. 107 Abs. 1 AEUV weist in mehrfacher Hinsicht eine Nähe zum funktionellen Aufraggeberbegriff auf. Zu differenzieren ist dabei entsprechend der Zweistufigkeit der diesbezüglichen Prüfung, welche

(1) auf der ersten Stufe eine prinzipielle Zuordnung der Einrichtung zum Staat und
(2) auf der zweiten Stufe eine konkrete Zurechenbarkeit der Mittelgewährung zum Staat erfordert.

Hinsichtlich der ersten Stufe konnte festgestellt werden, dass die prinzipielle Zuordnung zum Staat im Beihilfenrecht insoweit mit § 99 Nr. 2 und Nr. 4 GWB korrespondiert, als dass auch hier der staatlichen Seite gewisse Tatbestände zugerechnet werden. Dies geschieht bei § 99 Nr. 2 GWB durch die Tatbestandsmerkmale der „überwiegenden Finanzierung", der „Leitung über die Aufsicht" und das „Stellen mehr als der Hälfte der Mitglieder eines ihrer zur Geschäftsführung oder zur Aufsicht berufenen Organe". Bei § 99 Nr. 4 GWB ist die „mehr als fünfzigprozentige Subventionierung" eines Bauvorhabens zu nennen. Des Weiteren wurde festgestellt, dass diese vergaberechtlichen Staatsnähekriterien denjenigen ähneln, die im Beihilfenrecht, speziell bei „staatlich benannten oder errichteten öffentlichen oder privaten Einrichtungen" und den „öffentlichen Unternehmen" zur Feststellung einer staatlichen Kontrolle herangezogen werden.

Hinsichtlich der konkreten Zurechenbarkeit der Mittelgewährung zum Staat, also der zweiten Prüfungsstufe, konnte aufgezeigt werden, dass diese eine funktionale Ähnlichkeit zum „Gründungszweck" der „im Allgemeininteresse liegenden Aufgaben nichtgewerblicher Art" i.S.d. § 99 Nr. 2 GWB und die speziellen Bauvorhaben i.S.d. § 99 Nr. 4 GWB aufweisen. Die Gemeinsamkeit dieser Tatbestandsmerkmale besteht darin, dass diese den Zweck haben, neben der Zuordnung zum Staat eine weitere Einschränkung zu etablieren.

Eine abschließende Beurteilung, ob die Möglichkeit einer auslegungsergänzenden Wirkung besteht, war in diesem Zusammenhang allerdings nicht möglich. Diese erforderte eine eingehende Betrachtung der fraglichen vergaberechtlichen Tatbestandsmerkmale. Für die folgenden Kapitel 3 und 4 wurden daher zwei Fragen formuliert:

(1) Sind die in § 99 Nr. 2 und Nr. 4 GWB verwendeten Staatsnähekriterien funktional äquivalent zu der prinzipiellen Zuordnung einer Einrichtung zum Staat im Beihilfenrecht?
(2) Ist der „Gründungszweck" der „im Allgemeininteresse liegenden Aufgaben nichtgewerblicher Art" i.S.d. § 99 Nr. 2 GWB oder die speziellen Bauvorhaben i.S.d. § 99 Nr. 4 GWB funktional verwandt mit der konkreten Zurechenbarkeit der Mittelgewährung zum Staat im Beihilfenrecht?

2.2.3. Zudem wurde im Zusammenhang mit der Vorschrift des Art. 106 Abs. 2 AEUV die teilweise vertretene Auffassung erläutert, *„dass es sich bei den „im Allgemeininteresse liegenden Aufgaben nichtgewerblicher Art" im Sinne des Art. 1 Abs. 9 der allgemeinen Vergaberichtlinien 2004/18/EG genau und ausschließlich um die im Beihilfenrecht relevanten „Dienstleistungen im allgemeinen nichtwirtschaftlichen Interesse" handelt"*. Ob die daraus geschlossene Konsequenz, dass beim Vorliegen von „Dienstleistungen von allgemeinem wirtschaftlichen Interesse" im Sinnes des Art. 106 Abs. 2 AEUV der Anwendungsbereich des § 99 Nr. 2 GWB nicht eröffnet sein kann, richtig ist, konnte im zweiten Kapitel nicht abschließend geklärt werden und blieb ebenfalls der weiteren Untersuchung vorbehalten.

Auf Basis der im zweiten Kapitel gewonnen Erkenntnisse widmeten sich das dritte und das vierte Kapitel den Tatbeständen des § 99 Nr. 2 und Nr. 4 GWB, die in all ihren Facetten beleuchtet wurden. Da die Zusammenfassungen des dritten und des vierten Kapitels die jeweiligen Rückschlüsse im Kontext der Gesamtuntersuchung und unter Benennung der konkreten Anwendungsfälle darstellen, werden an dieser Stelle nur die Ergebnisse, sortiert nach den Tatbestandsmerkmalen des § 99 Nr. 2 und Nr. 4 GWB dargestellt.

3. § 99 Nr. 2 GWB

3.1. „im Allgemeininteresse liegende Aufgabe nichtgewerblicher Art“

3.1.1. Die teilweise vertretene These, dass die „im Allgemeininteresse liegenden Aufgaben nichtgewerblicher Art“ den „Dienstleistungen im allgemeinen nichtwirtschaftlichen Interesse“ entsprechen und im Umkehrschluss beim Vorliegen von „Dienstleistungen im allgemeinen wirtschaftlichen Interesse“ im Sinne des Art. 106 Abs. 2 AEUV der Tatbestand des „öffentlichen Auftraggebers“ nach § 99 Nr. 2 GWB mangels Vorliegens einer „im Allgemeininteresse liegenden Aufgaben nichtgewerblicher Art“ nicht eröffnet sein kann, ist nicht richtig. Der Begriff der „im Allgemeininteresse liegenden Aufgabe nichtgewerblicher Art“ im Sinne des § 99 Nr. 2 GWB umfasst sowohl Dienstleistungen im allgemeinen wirtschaftlichen als auch im allgemeinen nichtwirtschaftlichen Interesse. Dem Tatbestandsmerkmal der „Dienstleistungen im allgemeinen nichtwirtschaftlichen Interesse“ fehlt es an der funktionalen Vergleichbarkeit zu der „im Allgemeininteresse liegenden Aufgaben nichtgewerblicher Art“, die zwingende Voraussetzung für eine auslegungsergänzende Wirkung wäre.

3.1.2. Auch die konkrete Zurechenbarkeit der Mittelgewährung zum Staat, welche die zweite Prüfungsstufe für das Vorliegen einer Beihilfe „vom Staat oder aus staatlichen Mitteln“ darstellt, hat kein funktionales Äquivalent im Tatbestand des § 99 Nr. 2 GWB. Zwar kann eine Vergleichbarkeit zu der einzuschränkenden Funktion festgestellt werden, die der erforderliche Gründungszweck im Vergaberecht etabliert. Ein wesentlicher dogmatischer Unterschied ist aber darin begründet, dass das Vergaberecht auf eine abstrakte Gefährdung abhebt, die von staatsnahen Einrichtungen ausgeht, welche sich bei ihren Beschaffungen potenziell von anderen als wirtschaftlichen Erwägungen leiten lassen können. Demgegenüber untersucht das Beihilfenrecht die Zurechenbarkeit einer Beihilfe im Einzelfall, also die konkrete Maßnahme, der andere als wirtschaftliche Überlegungen zugrunde liegen und die daher eine konkrete Gefahr für den Wettbewerb ist. An der erforderlichen Äquivalenz fehlt es daher, da zwar ein vergleichbares Ziel verfolgt wird, aber nicht mit vergleichbaren Mitteln.

3.2 Finanzieren

3.2.1. „indirekt finanzieren“

Die Zurechnung von Finanzierungsleistungen zum Staat ist im Vergabe- und im Beihilfenrecht identisch. Die Grenzziehung hin zu einer nicht mehr relevanten Beteiligung des Staates verläuft gleich. Die Konstellationen indirekter Finanzierungen im Vergaberecht mit den „parafiskalischen Abgaben“ im Beihilfenrecht sind funktional äquivalent. Da dem Vergabe- und dem Beihilfenrecht ein identischer Staatsbegriff zugrunde liegt, bedeutet dies, dass bei Konstellationen, in denen im Vergaberecht zu beurteilen ist, ob eine indirekte Finanzierung vorliegt, auf das Beihilfenrecht zurückgegriffen werden kann. Erhält eine Einrichtung nach beihilfenrechtlichen Maßstäben eine „parafiskalische Abgabe" aus staatlichen Mitteln, ist diese potenziell auch „finanziert" im Sinne von § 99 Nr. 2 a GWB. Dieses Ergebnis ergab sich zum einen aus der abstrakten instrumentellen Zielvergleichbarkeit dieser Tatbestandsmerkmale im Vergabe- und Beihilfenrecht und zum anderen aus einer konkreten Rechtsprechungsanalyse betreffend berufsständische Organisationen und Sozialversicherungsträger. Rückschlüsse betreffend die Eigenschaft als öffentliche Auftraggeber nach § 99 Nr. 2 a GWB konnten bezüglich den Einrichtungen der Absatzförderung, namentlich des Deutschen Weinfonds und der deutschen Filmförderanstalt, gezogen werden.

3.2.2. „Art der Mittel, die eine Finanzierung darstellen können" und „Leistung ohne Gegenleistung"

Der Finanzierungsbegriff des § 99 Nr. 2 a GWB und der beihilfenrechtliche Begünstigungsbegriff sind funktional äquivalent. Die Vielfältigkeit der möglichen Finanzierungsarten im Vergaberecht entspricht derjenigen, die bei der Beihilfengewährung vorzufinden ist. Bei der Art der Mittel, die eine Finanzierungsleistung darstellen können, sowie dem Vorliegen einer etwaigen „spezifischen Gegenleistung", die den Finanzierungstatbestand entfallen lässt, kann daher auf das Beihilfenrecht abgestellt werden. Bezüglich letzterem kann auf die beihilfenrechtliche Dogmatik zum „Private-Investor-Test" zurückgegriffen werden. Kurz: (1) Was als beihilfenrechtliche Begünstigung in Betracht kommt, kann auch eine Finanzierung gemäß § 99 Nr. 2 a GWB sein (Art der Mittel). (2) Wenn unter Anwendung des im Beihilfenrecht entwickelten „Private-Investor-Test" der Begünstigungstatbestand entfällt, ist auch eine spezifische Gegenleistung im Sinne der University-of-Cambridge-Rechtsprechung zu bejahen, die den Tatbestand der Finanzierung nach § 99 Nr. 2 a GWB entfallen lässt.

3.2.3. „Berechnung der Finanzierungsquote"

Mit dem „Private-Investor-Test" kann nicht nur ermittelt werden, ob eine Beihilfe bzw. eine „Finanzierung" im Sinne des § 99 Nr. 2 a GWB vorliegt. Auch für die Bestimmung der Quantität der Beihilfen- bzw. Finanzierungsleistung bietet dieser den richtigen Ansatz. Denn die Auslegung des Begriffs der Finanzierung nach § 99 Nr. 2 a GWB anhand des beihilfenrechtlichen Begünstigungsbegriffs bezieht sich nicht nur auf die Art der Mittel. Auch bei der Ermittlung, welche Höhe die staatliche Finanzierung im Einzelfall hat, kann auf die Maßstäbe des

Beihilfenrechts abgestellt werden. Die Berechnung des Finanzierungsäquivalents ist das vergaberechtliche Pendant zur Berechnung des Beihilfenäquivalents. Beide bemessen sich aus der Differenz zwischen dem Marktwert der tatsächlich erbrachten Leistung und der tatsächlich erhaltenen Gegenleistung. Bei der Berechnung des finanziellen Wertes einer Finanzierung, welche aus vergaberechtlicher Sicht notwendig ist, um bestimmen zu können, ob die 50%-Grenze bei der Finanzierung überschritten wurde, kann daher auf die zahlreichen Mitteilungen, Entscheidungen und Urteile, welche die Kommission und die europäischen Gerichte im beihilfenrechtlichen Kontext erlassen haben, abgestellt werden.

3.4. „Aufsicht über die Leitung"

Das Tatbestandsmerkmal der „Ausübung der Aufsicht über die Leitung" gemäß § 99 Nr. 2 b GWB ist mit dem Begriff der Beherrschung, der in Art. 2 lit b der Transparenzrichtlinie bzw. Art. 3 Abs. 2 SKR zugrunde gelegt wird, funktional äquivalent. Dies zeigte eine Gegenüberstellung der einzelnen Tatbestände, welche im Rahmen der Transparenzrichtlinie bzw. der SKR die Vermutung eines beherrschenden Einflusses der öffentlichen Hand begründen und den Auslegungsmaßstäben, anhand derer sich die „Aufsicht über die Leitung" im Vergaberecht bestimmt. Insbesondere der Besitz der Mehrheit des gezeichneten Kapitals eines Unternehmens und das Verfügen über die Mehrheit der mit den Anteilen des Unternehmens verbundenen Stimmrechte begründet gleichsam im Beihilfen- und Vergaberecht eine widerlegliche Vermutung für die Beherrschung des Unternehmens durch die staatliche Seite. Hinsichtlich der Möglichkeit *„mehr als die Hälfte der Mitglieder des Verwaltungs-, Leistungs- oder Aufsichtsorgans des Unternehmens bestellen"* zu können, ergeben sich indes keine eigenständigen Anwendungsmöglichkeiten für die Auslegung, da dieser Vermutungstatbestand in der Regel deckungsgleich mit der Bestimmung der Mehrheit der Mitglieder eines Geschäftsführungs- oder Aufsichtsorgans im Sinne des § 99 Nr. 2 c GWB ist. Selbiges gilt für hoheitliche Möglichkeiten der Einflussnahme, da Art. 2 lit b der Transparenzrichtlinie und Art. 3 Abs. 2 SKR lediglich privatrechtliche Möglichkeiten der Beherrschung erfassen.

4. § 99 Nr. 4 GWB

4.1 Die erfassten Bauaufträge

Da eine auslegungsergänzende Wirkung des beihilfenrechtlichen Tatbestandsmerkmals der Beihilfe „vom Staat oder aus staatlichen Mitteln" für die von § 99 Nr. 4 GWB erfassten Bauaufträge mangels Vorliegens einer funktionalen Äquivalenz ausschied, bildete die Beschränkung des § 99 Nr. 4 GWB auf die erfassten „Bauaufträge" den ersten Schwerpunkt des vierten Kapitels.

Es wurde der Frage nachgegangen, warum § 99 Nr. 4 GWB lediglich die konkret benannten Bauaufträge und damit verbundenen Dienstleistungsaufträge und Wettbewerbe erfasst. Die europäische und die nationale Rechtsprechung zu Art. 13 BVR bzw. § 99 Nr. 4 GWB gelangen aufgrund des engen Wortlauts schnell an die Grenzen des Möglichen, wenn es um die Erfassung staatlich subventionierter Bauaufträge geht. Der als Auffangtatbestand konzipierten Regelung fehlt es an der notwendigen Flexibilität, die im Vergaberecht typischerweise eine funktionelle weite Auslegung zulässt. Auch anderen als den erfassten Bauwerken kann eine Gemeinwohlorientierung immanent sein. Die Regelung wurde unter diesem Gesichtspunkt untersucht, wobei die regelungshistorische Betrachtung den Schwerpunkt bildete. Auch wenn nicht abschließend ergründet werden konnte, warum die Regelung derart eingeschränkt ist, so legte die Betrachtung dennoch die Vermutung nahe, dass im Rahmen der Weiterentwicklung des Vergaberechts die Anpassung an den modernen funktionellen Auftraggeberbegriff schlicht nicht vollzogen wurde. Daraus resultierte die Überlegung, dass bei der künftigen Rechtssetzung die Kriterien Berücksichtigung finden sollten, die man bei den „öffentlichen Einrichtungen" im Sekundärrecht verwendet. So könnten die durch die tatbestandliche Begrenzung resultierenden Probleme beschränkt oder gar beseitigt, wenn sämtliche Bauaufträge und damit verbundene Dienstleistungsaufträge und Wettbewerbe erfasst werden, die einer „im Allgemeininteresse liegenden Aufgabe" dienen, sofern diese zu mehr als 50 % subventioniert sind.

4.2. „direkt subventioniert"

Den zweiten und weitaus gewichtigeren Schwerpunkt des vierten Kapitels bildete die Untersuchung des Subventionsbegriffs des Art. 13 BVR bzw. § 99 Nr. 4 GWB. Es wurde das überraschende Ergebnis festgestellt, dass dieser weitgehend identisch mit dem beihilfenrechtlichen Begünstigungsbegriff i.S.d. Art. 107 Abs. 1 AEUV und mit dem Finanzierungsbegriff des Art. 2 Abs. 1 Nr. 4 c BVR bzw. § 99 Nr. 2 a GWB ist. Die Tatbestandsmerkmale „finanzieren" i.S.d. § 99 Nr. 2 a GWB und „subventionieren" i.S.d. § 99 Nr. 4 GWB weisen im vergaberechtlichen Kontext keine funktionellen Unterschiede auf. Es ist daher nicht geboten, das Tatbestandsmerkmal „subventionieren" enger auszulegen als das Tatbestandsmerkmal „finanzieren". Vielmehr wäre es in systematischer Hinsicht treffender, auch im Rahmen des § 98 Nr. 2 a GWB von einem Subventionieren zu sprechen, da wirtschaftlich ausgeglichene Austauschverhältnisse auch in diesem Kontext nicht erfasst werden. Auch das Wort „direkt" in Art. 13 BVR gebietet keine engere Auslegung des § 99 Nr. 4 GWB gegenüber § 99 Nr. 2 a GWB. Es dient der Klarstellung, dass es sich um eine vorhabenbezogene Unterstützungsleistung handelt. Ein Unterschied zu dem Begriff der „Finanzierung" im Sinne des § 99 Nr. 2 a

GWB besteht lediglich darin, dass Mittelflüsse wie staatliche Kapitalbeteiligungen in Form von Einlagen in eine Gesellschaft ihrer Natur nach keine „direkte Subventionierung“ sein können.

Wie beim Finanzierungsbegriff des § 99 Nr. 2 a GWB kann daher auf das Beihilfenrecht abgestellt werden, wenn es darum geht, welche Formen der (indirekten) Subventionierung der staatlichen Seite zugerechnet werden können, welche Mittel eine Subventionierungsleistung im Sinn des Art. 13 BVR bzw. § 99 Nr. 4 GWB darstellen können, ob diesen eine gleichwertige Gegenleistung, die den Subventionierungstatbestand entfallen lässt, gegenübersteht und welches Subventionierungsäquivalent bei der Berechnung der Subventionierungsquote zu berücksichtigen ist. Bei der Auslegung des Subventionierungsbegriffs nach § 99 Nr. 4 GWB kann daher im selben Umfang auf die Mitteilungen, Entscheidungen und Urteile, welche die europäische Kommission und die europäische Gerichtsbarkeit im beihilfenrechtlichen Kontext erlassen haben, abgestellt werden.

Zuletzt soll die in der Einleitung verwendete Metaphorik nochmals aufgegriffen werden. Es ging darum, das Netz zu verbessern, mit dem aus dem europäischen Ozean der Auftraggeber die „öffentlichen Auftraggeber“ herausgezogen werden sollen. Die flexiblen Maschen, die sich immer neuen Formen und Gegebenheiten anpassen müssen, galt es zu optimieren. Dabei sollte auch die Möglichkeit der Verwendung von Knowhow geprüft werden, das beim Knüpfen anderer Netze entwickelt wurde – namentlich dem des Beihilfenrechts. Das zweite Kapitel zeigte, dass diese Überlegung ertragreich sein könnte. Das Vergaberecht und das Beihilfenrecht sind auf die Erfassung funktional äquivalenter Konstellationen aus, entscheidende Paradigmen wie der einheitliche Staatsbegriff und das Ziel, den europäischen Wettbewerb vor staatlich initiierten Wettbewerbsstörungen zu schützen, stimmen überein. Auf dieser Grundlage konnten im Beihilfenrecht mehrere „Maschen“ gefunden werden, die für das vergaberechtliche „Fangschema“ passen oder deren Nutzen zumindest möglich erschien. Die konkrete Verwendungsmöglichkeit in Form einer Übertragbarkeit bestimmter Lösungen zeigte sich in den Kapiteln 3. und 4., in denen aufgezeigt wurde, dass sich bestimmte Problemfelder und deren Lösung 1 zu 1 übertragen lassen. Hier konnten zugleich die Konturen der betreffenden vergaberechtlichen Tatbestandsmerkmale geschärft und ein Beitrag zur Kohärenz des europäischen Wirtschaftsrecht geleistet werden. Bei anderen Konstellationen war dies nicht oder nur eingeschränkt möglich. Dies lag nicht an grundsätzlichen dogmatischen Unterschieden, sondern vielmehr daran, dass sich die Fangmethoden trotz des gleichen Fangschemas in unterschiedliche Richtungen entwickelt haben, sodass eine Übertragbarkeit im Rahmen der Tatbestände nicht möglich ist.

Literaturverzeichnis

Bartosch, Andreas (Begr.), EU-Beihilfenrecht, Kommentar; Art. 106–109 AEUV, De-minimis-Verordnung, DAWI-Paket, Allgemeine Gruppenfreistellungsverordnung sowie Verfahrensverordnung, 2 Auflage, München 2016.

Bechtold, Rainer/Otting, Olaf, Kartellgesetz, Gesetz gegen Wettbewerbsbeschränkungen, 6. Aufl., München 2010.

Bode, Jochen Richard, Beihilfenbegünstigte Bieter im Vergabeverfahren, Göttingen 2012

Boesen, Arnold, Vergaberecht, Kommentar zum 4. Teil des GWB, 1. Aufl., Köln 2000.

Bornheim, Helmrich/Stockmann, Rainer, Die neuen Vergabevorschriften, Sind auch private Auftraggeber zur europaweiten öffentlichen Vergabe von Bauaufträgen verpflichtet?, Betriebs-Berater 1995, 577–582.

Bultmann, Peter Friedrich, Beihilfenrecht und Vergaberecht, Beihilfen und öffentliche Aufträge als funktional äquivalente Instrumente der Wirtschaftslenkung - ein Leistungsvergleich, Tübingen 2004.

Brauer, Eva, Das Verfahren vor der Vergabekammer, NZBau 2009, 297–300.

Bunte, Hermann-Josef/Langen, Eugen/Langen-Bunte, Kommentar zum deutschen und europäischen Kartellrecht, 11. Aufl., Köln 2010.

Byok, Jan, Das neue Vergaberecht, NJW 1998, 2774–2779.

Byok, Jan/Jaeger, Wolfgang/Bormann, Guido (Begr.), Kommentar zum Vergaberecht, Erläuterungen zu den vergaberechtlichen Vorschriften des GWB und der VgV, 3. Aufl., Frankfurt am Main 2011.

Calliess, Christian/Ruffert, Matthias/Callies-Ruffert, EUV, AEUV, Das Verfassungsrecht der Europäischen Union mit Europäischer Grundrechtecharta, Kommentar, 5. Aufl., München 2016.

Dageförde, Angela, Einführung in das Vergaberecht, Berlin 2008.

Dietlein, Johannes, Der Begriff des funktionalen Auftraggebers nach § 98 Nr. 2 GWB, NZBau 2002, 136–142.

Donat, Christoph von, IÖPP zwischen Vergaberecht und EU-Beihilfenrecht, EuZW 2010, 812–817.

Dörr, Dieter, Europarechtliche Rahmenbedingungen für die Filmförderung in Deutschland, ZUM 2010, 746–752.

Dörr, Oliver, Infrastrukturförderung (nur) nach Ausschreibung?, NZBau 2005, 617–623.

Dreher, Meinrad/Motzke, Gerd/Dreher-Motzke, GWB 4. Teil, VgV, SektVO, VOB Teil A, 2. Aufl., München 2013.

Dreher, Meinrad, Öffentlich-rechtliche Anstalten und Körperschaften im Kartellvergaberecht, Der Auftraggeberbegriff vor dem Hintergrund von Selbstverwaltung, Rechtsaufsicht und Finanzierung durch Zwangsbeiträge, NZBau 2005, 297–304.

Dreher, Meinrad, Der Anwendungsbereich des Kartellvergaberechts, DB 1998, 2579–2589.

Dreher, Meinrad/Hoffmann, Jens, Die Informations- und Wartepflicht sowie die Unwirksamkeitsfolge nach den neuen §§ 101a und 101b GWB, NZBau 2009, 216–219.

Dreher, Meinrad/Stockmann, Kurt/Dreher-Stockmann, Kartellvergaberecht, München 2008.

Fischer, Hans Georg, Öffentliche Aufträge im Spannungsfeld zwischen Vergaberecht und europäischem Beihilfenrecht, VergabeR 2004, 1–16.

Frenz, Walter, Handbuch Europarecht, Band 3 Beihilfe- und Vergaberecht, Berlin, Heidelberg 2007.

Frenz, Walter, Öffentlich-rechtliche Rundfunkanstalten als Beihilfeempfänger und öffentliche Auftraggeber, WRP 2007, 264–273.

Frenz, Walter, Handbuch Europarecht, Band 5 Wirkungen und Rechtsschutz, Berlin, Heidelberg 2010.

Geiger, Rudolf/Khan, Daniel-Erasmus/Kotzur, Markus/Geiger-Khan-Kotzur, EUV/AEUV, Vertrag über die Europäische Union und Vertrag über die Arbeitsweise der Europäischen Union; Kommentar, 5., neubearb. und erw. Aufl., München 2010.

Grabitz, Eberhard/Hilf, Meinhard/Nettesheim, Martin, Kommentar zur Europäischen Union, Vertrag über die Europäische Union, Vertrag zur Gründung der Europäischen Gemeinschaft, München 2017 (62.EL).

Gröben, Hans von der/Schwarze, Jürgen/Hatje, Armin/von der Gröben-Schwarze-Hatje Europäisches Unionsrecht; Vertrag über die Europäische Union, Vertrag über die Arbeitsweis der Europäischen Union/Charta der Grundrechte der Europäischen Union, Kommentar, 7. Auflage, Baden-Baden 2015.

Hattig, Oliver/Maibaum, Thomas/Hattig-Maibaum (Hrsg.), Praxiskommentar Kartellvergaberecht, Der 4. Teil des GWB und VgV, 2. Aufl., Köln 2014.

Hausmann, Friedrich Ludwig/Queisner, Georg, Autonomie trotz mittelbarer staatlicher Finanzierung, Die Rechtsprechung des EuGH zu dem Kriterium der überwiegenden Finanzierung einer Einrichtung durch öffentliche Stellen, VergabeR 2014, 1–12.

Heidenhain, Martin, European State Aid Law, [handbook], München 2010.

Heiermann, Wolfgang/Zeiss, Christopher/Heiermann-Zeiss, juris PraxisKommentar Vergaberecht, GWB - VgV - SektVO - VOB/A - VOL/A - VOF, 4. Aufl., Saarbrücken 2013.

Heinze, Florian/Schwenker, Christian, Vergaberechtliche Aspekte der Modernisierung von Fußballstadien, VergabeR 2001, 96–107.

Hertwig, Stefan, Öffentliche Unternehmen und Einrichtungen im europäischen Beihilfe- und Vergaberecht, VergabeR 2008, 589–601.

Heßhaus, Matthias, Ausschreibungen durch die gesetzlichen Krankenkassen, Vergaberecht Sonderheft 2007, 333–342.

Heuvels, Klaus, Mittelbare Staatsfinanzierung und Begriff des funktionalen Auftraggebers, NZBau 2008, 166–168.

Heyne, Karolin, Vergaberechtliche Auftraggebereigenschaft der Kammern trotz „Nein" des EuGH?, NVwZ 2014, 621–625.

Heyne, Karolin, Die Vergaberechtsgebundenheit von Kammern und ihrer Einrichtungen, - Kammern, Kammerunternehmen und Dachverbände im Lichte des § 98 GWB -, Gewerbe Archiv 2010, 54–59; 108–111.

Hölzl, Franz Josef/Prieß, Hans Joachim, GWB 2009: Öffentlicher Auftraggeber und Auftrag - keine Überraschungen, NZBau 2009, 159–163.

Jellinghaus, Lorenz, Zum Verhältnis von Vergabe- und Beihilferecht bei ÖPP Projekten, VergabeR 2010, 574–580.

Jennert, Carsten, Die Berücksichtigung des Empfängerverhaltens im europäischen Beihilfenrecht, EuR 2003, 343–355.

Kapellmann, Klaus Dieter/Messerschmidt, Burkhard/Kapellmann-Messerschmidt, VOB, Teile A und B, Vergabe- und Vertragsordnung für Bauleistungen mit Vergabeverordnung (VgV), Bd. 58, 5. Aufl., München 2015.

Knauff, Matthias, Strukturfragen des neuen Vergaberechts, NZBau 2016, 195–198.

Knauff, Matthias, Das wettbewerbliche Vergabeverfahren nach Art. 5 III Verordnung (EG) Nr. 1370/2007 i. V. mit § 8 b PBefG-E, NZBau 2011, 655–658.

Koenig, Christian/Hentschel, Kristin, Der Public Private Partnership-Infratrukturträger als öffentlicher Auftraggeber (§ 98 GWB), ZfBR 2005, 442–448.

Koenig, Christian/Kühling, Jürgen, Grundfragen des EG-Beihilfenrechts, NJW 2000, 1065–1074.

Koenig, Christian/Kühling, Jürgen, Diskriminierungsfreiheit, Transparenz und Wettbewerbsoffenheit des Ausschreibungsverfahrens - Konvergenz von EG Beihilfenrecht und Vergaberecht, NVwZ 2003, 779–786.

Koenig, Christian/Kühling, Jürgen/Ritter, Nicolai, EG-Beihilfenrecht, Mit Tabellen, 2., überarb. und erg. Aufl., Frankfurt am Main 2005.

Koenig, Christian/Schreiber, Kristina, Europäisches Wettbewerbsrecht, Kartell- und Missbrauchsverbot, Fusionskontrolle, Beihilfen- und Vergaberecht, Bd. 3452, 1. Aufl., Tübingen 2010.

Kokew, Christian, Ärztekammer kein öffentlicher Auftraggeber iSv. § 98 Nummer 2 GWB, NZBau 2014, 96–98.

Korthals, Claudia, Sind öffentliche Rundfunkanstalten öffentliche Auftraggeber im Sinne des Vergaberechts?, NZBau 2006, 215–219.

Kratzenberg, Rüdiger, Der Begriff des „Öffentlichen Auftraggebers" und der Entwurf des Gesetzes zur Modernisierung des Vergaberechts., NZBau 2009, 103–107.

Kühnen, Jürgen, Das Verfahren vor dem Vergabesenat, NZBau 2009, 357–360.

Kulartz, Hans P/Brauer, Eva/Kulartz-Kus-Portz, Kommentar zum GWB-Vergaberecht, 3. Aufl., Köln 2014.

Ley, Rudolf/Schabel, Thomas, Das neue Vergaberecht 2009, Ein Schnelleinstieg in das Gesetz zur Modernisierung des Vergaberechts vom 20. April 2009, 1. Aufl., Heidelberg 2009.

Mestmäcker, Ernst-Joachim/Schweitzer, Heike/Mestmäcker-Schweitzer, Europäisches Wettbewerbsrecht, 2. Aufl., München 2004.

Montag, Frank/Säcker, Franz Jürgen (Hrsg.), Münchner Kommentar zu Europäischen und Deutschen Wettbewerbsrecht (Kartellrecht), Band 3 Beihilfen- und Vergaberecht, München 2011.

Motzke, Gerd/Pietzcker, Jost/Prieß, Hans-Joachim/Motzke-Pietzker-Prieß, Verdingungsordnung für Bauleistungen Teil A (VOB/A), Mit Gesetz gegen Wettbewerbsbeschränkungen, 4. Teil: Vergabe öffentlicher Aufträge, München 2001.

Müller-Wrede, Malte, GWB-Vergaberecht; Kurzkommentar zum 4. Teil des GWB, 2. Aufl., Köln 2014.

Müller-Wrede, Malte (Hrsg.), Kompendium des Vergaberechts, Systematische Darstellung unter Berücksichtigung des EU-Vergaberechts, 2. Aufl., Köln 2013.

Nettesheim, Martin, Das neue Dienstleistungsrecht des ÖPNV-Die Verordnung (EG) Nr. 1370/2007, NVwZ 2007, 1449–1455.

Opitz, Marc, Vergaberechtliche Staatsgebundenheit des öffentlichen Rundfunks, NVwZ 2003, 1087–1091.

Oppermann, Thomas/Classen, Claus Dieter/Nettesheim, Martin/Oppermann-Classen-Nettesheim, Europarecht, Ein Studienbuch 6., vollst. neu bearb. Aufl., München 2014.

Otting, Olaf, Bau und Finanzierung öffentlicher Infrastruktur durch private Investoren., Ein Beitrag zur Auslegung des § 99 III, 3. Alt. GWB, NZBau 2004, 469–471.

Polster, Julian, Der Rechtsrahmen für die Vergabe von Eisenbahnverkehrsleistungen, NZBau 2010, 662–671.

Pünder, Hermann/Schellenberg, Martin/Pünder-Schellenberg (Hrsg.), Vergaberecht, GWB, VgV, VsVgV, SektVO, VOL/A, VOB/A, VOF, Haushaltsrecht, Öffentliches Preisrecht; Handkommentar, 2. Auflage, Baden-Baden 2015.

Pünder, Herrmann, Beschränkungen der In-house-Vergabe im öffentlichen Personenverkehr, NJW 2010, 263–268.

Pünder, Herrmann, Die Vergabe von Personenverkehrsdienstleistungen in Europa und die völkerrechtlichen Vorgaben des WTO-Beschaffungsübereinkommens, EuR 2007, 564–596.

Rechten, Stephan/Junker, Maike, Das Gesetz zur Modernisierung des Vergaberechts - oder: Nach der Reform ist vor der Reform, NZBau 2009, 490–493.

Reidt, Olaf/Stickler, Thomas/Glahs, Heike/Reidt-Stickler-Glahs, Vergaberecht, Kommentar, 2., erw. Aufl., Köln 2003.

Riesenhuber, Karl (Hrsg.), Europäische Methodenlehre, Berlin 2006

Roth, Rudolf, Reform des Vergaberechts - der große Wurf?, VergabeR 2009, 404–413.

Ruthig, Josef/Storr, Stefan, Öffentliches Wirtschaftsrecht, 4. neu bearb. Aufl., Heidelberg 2015.

Schladebach, Marcus/Simantiras, Nikolaos, Grundstrukturen des unionalen Rundfunkrechts, EuR 2011, 784–808.

Schröder, Holger, Inhalt, Gestaltung und Praxisfragen des wettbewerblichen Vergabeverfahrens nach der neuen europäischen ÖPNV-Verordnung, NVwZ 2008, 1288–1295.

Schwarze, Jürgen/Becker, Ulrich/Hatje, Armin/Schoo, Johann/Schwarze, EU-Kommentar, 3. Aufl., Baden-Baden 2012.

Soltész, Ulrich, Von PreussenElektra zu France Télécom - Die „Belastung des Staatshaushaltes" als Beihilfekriterium, EuZW 2011, 254–256.

Stickler, Thomas/Feske, Kristin, Die In-House-Vergabe von ÖSPV-Dienstleistungen nach der VO (EG) 1370/2007, VergabeR 2010, 1–10.

Streinz, Rudolf, EUV, AEUV, Vertrag über die Europäische Union und über die Arbeitsweise der Europäischen Union, 2. Aufl., München 2012.

Wagner, Olav/Raddatz, Fabian, Ausschreibungspflicht mittelbar staatlich finanzierter Einrichtungen - Zur Reichweite des § 98 Nr. 2 GWB, NZBau 2010, 731–734.

Weyand, Rudolf (Begr.), Praxiskommentar Vergaberecht, Zu GWB, VgV, SektVO, VSVgV, VOB/A 2012, VOL/A, VOF mit sozialrechtlichen Vorschriften, 4. Aufl., München 2013.

Widmann, Simon Philipp, Vergaberechtsschutz im Unterschwellenbereich, Rechtsschutzmöglichkeiten unterlegener Bieter im öffentlichen Vergaberecht außerhalb des Geltungsbereiches des vierten Teiles des Gesetzes gegen Wettbewerbsbeschränkungen (GWB), Univ., Diss., Mainz, 2008., Bd. 2, 1. Aufl., Baden-Baden 2008.

Wietersheim, Mark von (Hrsg.), Vergaben im ÖPNV, Novellierung des PBefG Umsetzung der VO 1370/2007, Köln 2013.

Wietersheim, Mark von, Das neue Gesetz gegen Wettbewerbsbeschränkungen, Grundlegende Änderung des Vergaberechts, Berlin, Wien, Zürich 2009.

Willenbruch, Klaus/Wieddekind, Kristina/Willenbruch-Wieddekind (Begr.), Kompaktkommentar Vergaberecht, 3. Aufl., Köln 2014.

Ziekow, Jan, Der funktionelle Auftraggeberbegriff des § 98 Nr. 2 GWB, Der persönliche Anwendungsbereich des Vergaberechts - ein Arkanum?, VergR 2003, 483–502.

Ziekow, Jan, Die vergaberechtliche Auftraggebereigenschaft konzernverbundener Unternehmen, NZBau 2003, 181–187.

Ziekow, Jan, Öffentliches Wirtschaftsrecht, Ein Studienbuch, 3. Aufl., München 2013.

Ziekow, Jan/Völlink, Uwe-Carsten/Ziekow-Völlink (Begr.), Vergaberecht, Gesetz gegen Wettbewerbsbeschränkungen - 4. Teil, Vergabeverordnung, Sektorenverordnung, Vergabeverordnung für die Bereiche Verteidigung und Sicherheit, Vergabe- und Vertragsordnung für Bauleistungen, Vergabe- und Vertragsordnung für Leistungen, Vergabeordnung für freiberufliche Leistungen, Verordnung über öffentliche Personenverkehrsdienste; Kommentar, 2. Auflage, München 2013.

FSC
www.fsc.org
MIX
Papier | Fördert gute Waldnutzung
FSC® C083411

Kolibri 360 GmbH
Ferdinand-Jühlke-Straße 7
99095 Erfurt, Deutschland
produktsicherheit@kolibri360.de